Sport – Gesellschaft – Kultur

Reihe herausgegeben von

Sebastian Braun, Institut für Sportwissenschaft, Humboldt Universität zu Berlin, Berlin, Deutschland

Ulrike Burrmann, Institut für Sportwissenschaft, Humboldt-Universität zu Berlin, Berlin, Deutschland

Michael Mutz, Gießen, Deutschland

Die Buchreihe *Sport – Gesellschaft – Kultur* versammelt Bände, die aus sozi-alwissenschaftlichen Perspektiven das gesellschaftliche Phänomen des Sports mit seinen sozialen Strukturen, Akteuren und Prozessen untersuchen und die Wechselwirkungen zwischen Sport, Gesellschaft und Kultur in den sich immer schneller wandelnden Sport- und Bewegungswelten moderner Gesellschaften auf theoretischer und empirischer Ebene in den Blick nehmen. Angesprochen sind damit insbesondere die Sportwissenschaft, Soziologie, Politikwissenschaft und Erziehungswissenschaften; aber auch für Teilgebiete anderer Wissenschaftsdiszi-plinen wie z.B. die Sozialpsychologie, -geschichte, -philosophie und -geografie oder Forschungsarbeiten in Public Health und Sozialer Arbeit soll die Reihe einen Disziplinen übergreifenden Publikationsort sportbezogener Forschungen bieten. Auf diese Weise eröffnet die Reihe auch einen Raum für trans- und interdiszipli-näre Forschung über ein sozial, zeitlich, räumlich und sozial immer komplexer werdendes gesellschaftliches Phänomen.

Gabriele Sobiech

„Forever Young?"

Intersektionale Perspektiven auf
Alter(n), Fitness und Gesundheit

 Springer VS

Gabriele Sobiech
Institut für Soziologie
Pädagogische Hochschule Freiburg
Freiburg, Deutschland

ISSN 2662-2262   ISSN 2662-2270   (electronic)
Sport – Gesellschaft – Kultur
ISBN 978-3-658-40769-8   ISBN 978-3-658-40770-4   (eBook)
https://doi.org/10.1007/978-3-658-40770-4

Die Deutsche Nationalbibliothek verzeichnet diese Publikation in der Deutschen Nationalbibliografie; detaillierte bibliografische Daten sind im Internet über http://dnb.d-nb.de abrufbar.

Planung/Lektorat: Cori Antonia Mackrodt
Springer VS ist ein Imprint der eingetragenen Gesellschaft Springer Fachmedien Wiesbaden GmbH und ist ein Teil von Springer Nature.
Die Anschrift der Gesellschaft ist: Abraham-Lincoln-Str. 46, 65189 Wiesbaden, Germany

Vorwort

Die Idee zu diesem umfangreichen Forschungsprojekt ist im Jahr 2016 entstanden, den Prozess und die Durchführung haben verschiedene Institutionen und Personen begleitet und unterstützt, denen ich an dieser Stelle danken möchte.

Da ist zuerst die Pädagogische Hochschule Freiburg zu nennen, die das Projekt finanziell unterstützt hat sowie das „Women's Studies Research Center" am Mount Holyoke College an der Ostküste Amerikas, die mir dort im Wintersemester 2016/17 als *Research Associate* nicht nur einen Arbeitsplatz zur Verfügung gestellt, sondern mich auch in einen anregenden, wissenschaftlichen Austausch eingebunden haben. Zum einen konnte ich von dort aus in Amherst amerikanische ältere, fitnessaktive Frauen für meine Interviewstudie gewinnen und zum anderen wurden mir durch Diskussionen über mein Projekt wichtige Hinweise bezüglich der amerikanischen Diskurse zu Alter(n), Geschlecht und Fitness gegeben.

Ein weiterer Dank geht an meinen wiss. Mitarbeiter Sebastian Hartung, der das Projekt über vier Jahre lang, bis Ende des Jahres 2020, begleitet hat und mit seiner Untersuchung der Internetplattformen von Freiburger Fitnessstudios (unveröffl. Masterarbeit) einen wertvollen Beitrag zum Gelingen des Gesamtprojekts geleistet hat. Zudem haben wir gemeinsam Vorträge zu verschiedenen Themenfeldern des Projekts auf den Tagungen der Kommission „Geschlechter- und Diversitätsforschung" in der Deutschen Vereinigung für Sportwissenschaft (dvs) sowie im Soziologiekolloquium an der PH Freiburg gehalten. Auch diese Diskussionen, Anregungen und konstruktive Kritik, vor allem durch die Teilnehmer*innen des Kolloquiums, haben zum Gelingen der Auswertung der verschiedenen Studien beigetragen.

Als Nachfolger ist Sebastian Leipert als wiss. Mitarbeiter in das Projekt eingestiegen (2020 bis 2022), der dann die von Sebastian Hartung durchgeführten Expert*inneninterviews im Rahmen seiner Masterarbeit (unveröffl.) ausgewertet und einen weiteren wichtigen Baustein zum Projekt hinzugefügt hat. Ihm und ebenso meiner Freundin Hanne Werth gilt, für die zusätzliche Unterstützung bei der Abgabe der Buchfassung an den Verlag, mein herzlicher Dank.

Auch meine Freundinnen Heidi Scheffel und Birgit Palzkill haben auf ihre Weise zum Gelingen dieses Buches beigetragen, indem sie mich bei einem zentralen Kapitel auf meine ‚blinden Flecken' hingewiesen haben, die ich dann dank ihrer Hilfe beseitigen konnte.

Mit Unterstützung und Mitautorenschaft der beiden wiss. Mitarbeiter sind vor der Buchpublikation ausgewählte Ergebnisse des Projekts in verschiedenen *Journals* veröffentlicht worden. Durch die konstruktive Kritik der Begutachtenden erhielten die Beiträge vor der endgültigen Publikation einen letzten ‚Schliff'. Auch den Gutachter*innen möchte ich an dieser Stelle für ihre wertvolle Arbeit und Hinweise danken.

Mein besonderer Dank gilt jedoch all jenen Frauen, die durch ihre Offenheit und ihre Bereitschaft von sich und ihrem Leben und Altern zu erzählen, die zentrale Studie dieses Projekts erst möglich gemacht haben. Durch ihre Aussagen wird deutlich, dass mit sportlichen Aktivitäten und einer Bearbeitung des Körpers im Alter zwar kein ‚*Forever Young*' erzielt werden kann, auch wenn Heilsversprechen solcher Art gesellschaftliche und wissenschaftliche Diskurse über Alter(n), Fitness und Gesundheit prägen. Die Interviewpartnerinnen zeigen vielmehr, dass auch das Alter(n) das ganze pralle und zugleich zerbrechliche Leben bereithält! Diesen Frauen sei das Buch gewidmet.

Freiburg   Gabriele Sobiech
im Januar 2023

Inhaltsverzeichnis

Einleitung

Dieser Band stellt zusammengefasst wissenschaftliche Diskursstränge zu Alter(n)s-, Geschlechter- und sportbezogenen Gesundheitskonzepten dar und präsentiert qualitative Forschungsergebnisse unter Berücksichtigung der Strukturkategorien Geschlecht und Klasse zu Subjektivität im Alter. Die Ergebnisse umfassen zum einen die Positionierungschancen und Ermächtigungsgewinne der Körperbearbeitung für Ältere durch Fitnesstraining und verweisen zum anderen auch auf die Kehrseite: sozialpolitische Aktivierungsprogramme, wissenschaftliche Studienergebnisse zu Sport und Gesundheit wie auch gesellschaftliche Fitnessnormen und Körperidealbilder können ebenso als sozialer Druck, als Pflicht und Verpflichtung zur Selbstvermessung und Selbstgestaltung wahrgenommen werden.

Alter(n) im Kontext des demografischen Wandels der Bevölkerung ist vielfach als Krisenszenario beschrieben worden, durch den der Staat, Gesellschaft und Wirtschaft große Anforderungen zu bewältigen haben. Kennzeichnend ist, dass seit den 1970er Jahren die Geburtenrate niedriger ist als die Sterberate und ein Sinken der Bevölkerungszahl nur durch Zuwanderung verhindert werden kann. Die gestiegene Lebenserwartung führt im Weiteren zu einem größeren Anteil der älteren Bevölkerung im Vergleich zu dem Anteil an Jüngeren, was vor allem im Gesundheitsbereich, in der gesetzlichen Kranken- und Pflegeversicherung einen steigenden Kostendruck zur Folge hat. Um diesem Kostendruck zu begegnen und um die länger werdende Lebenszeit gesund und leistungsfähig verbringen zu können, wurde sozialpolitisch die „Aktivierbarkeit des Alters" (van Dyk und Lessenich 2009, S. 11) eingeführt. Van Dyk (2019, S. 2) spricht von einer doppelten Entwicklung hinsichtlich des wachsenden gesellschaftspolitischen Interesses am Alter(n): der „Alterung der Gesellschaft bei gleichzeitiger Verjüngung der Alten". Anstelle der Vorstellung einer abhängigen, hilfsbedürftigen Altersphase treten nun die „jungen Alten" (van Dyk 2015), die aufgrund höherer Bildungsabschlüsse,

G. Sobiech, „*Forever Young?*", Sport – Gesellschaft – Kultur,
https://doi.org/10.1007/978-3-658-40770-4_1

größerer finanzieller Mittel und eines besseren Gesundheitszustandes stärker in die Pflicht genommen werden sollen, sich produktiv gesellschaftlichen Aufgaben, z. B. durch die Übernahme von Betreuungs- und Pflegetätigkeiten und/oder durch die Ausübung ehrenamtlichen Engagements, zu widmen. Verantwortlichkeiten für finanzielle, soziale und körperliche Risiken des Alterns wurden demnach zunehmend vom Staat und anderen Institutionen zu den Individuen hin verschoben. Während also präziser das dritte Lebensalter der „jungen Alten" mit positiven Attributen belegt wird, wird Hochaltrigkeit, körperlicher Verfall und Abhängigkeit ins vierte Lebensalter verlagert (Gilleard und Higgs 2015). Über die ‚richtige' Art alt zu werden, d. h. einen jugendlichen Habitus so lange wie möglich zu bewahren und den eigenen Lebensstil nach dem Erwerbsleben dem folgenden (Un-)Ruhestand besser anpassen zu können, können sich Ältere über Medien, Ratgeberbücher, Werbung, Gesundheitsinitiativen sowie über wissenschaftliche Literatur informieren (vgl. Abschn. 2.1).

Dazu gehören neben vielfältigen Angeboten auf dem Gesundheits- und Anti-Ageing-Markt vor allem Sport, Bewegung, Fitness als vielversprechende Bearbeitungstechniken zum Erhalt der Funktionsfähigkeit des Körpers. Allerdings hängt es maßgeblich von der sozialen Position einer Person ab, welche altersbedingten gesundheitlichen Risiken sie zu erwarten hat, welche soziale Einbindung und Unterstützung mit ihren Alterungsprozessen einhergeht (Lampert und Kroll 2014) und ob aufgrund kulturellen Kapitals (Bourdieu 1999) Sport/Fitness als Mittel der Körperbearbeitung überhaupt eine Option darstellen. Denn soziale Unterschiede in den Lebensverhältnissen, die durch Herkunft, Bildung, beruflichen Status, Einkommen und Vermögen gekennzeichnet sind, schlagen sich u. a. im Körperwissen und in Körperstrategien nieder, z. B. im gesundheitsrelevanten Verhalten, in der Wahl sportbezogener Aktivitäten, zeigen sich in Essgewohnheiten, im Alkohol- und Nikotinkonsum und in der Inanspruchnahme von Vorsorgeuntersuchungen. Gesundheitliche Ungleichheiten ergeben sich demnach zum einen durch den sozialen Status einer Person, werden aber auch durch gesellschaftliche Gesundheitssysteme beeinflusst oder sogar hervorgerufen, wie der Vergleich zwischen Deutschland und den USA zeigt, der in den Ergebnissen der qualitativen Interviewstudie in diesem Band noch einmal aufgegriffen wird (vgl. Abschn. 2.3 und 4.3).

In neoliberalen Gesellschaften mit ihren Aufrufen zur Eigenverantwortung stellen Willensstärke, Disziplin und Flexibilität sowie die Bereitschaft, immer neue Verbesserungsmöglichkeiten zu erschließen, um sich selbst einem optimalen Soll-Zustand anzupassen (Straub und Balandis 2018, S. 73), zentrale Eigenschaften dar. Diese Technologien des Selbst sind nach Foucault (1993, S. 26 f.) als jene „Formen" zu klassifizieren, „in denen das Subjekt" im Sinne neoliberaler

Wissensformen der praktischen Ökonomie „auf sich selbst einwirkt". Der Körper erscheint im Kontext dieser Machtmechanismen als „Rohmaterial", der erst durch die zielgerichteten Eingriffe des Individuums nach den Prinzipien des Marktes und des Wettbewerbs zu einem besseren Selbst transformiert wird (Wagner 2017, S. 109). Die Arbeit am Selbst, verstanden als Bearbeitung des eigenen Körpers im Sinne kultureller, auch medial vermittelter Körperideale (Meuser 2014, S. 67), hat danach ihren Preis: Erst durch die in den Körper investierte Zeit und Pflege, durch Training, Ernährung, insgesamt durch einen gesunden Lebensstil kann Körperkapital erwirtschaftet werden, was Chancen auf Distinktionsgewinne und Ressourcen zur Selbstermächtigung eröffnet, zugleich aber auch einen sozialen Druck für die einzelnen bedeuten kann. Auch in Amerika galt bereits in der zweiten Hälfte des 19. Jahrhundert der Begriff ‚Fitness' im Rahmen der Prinzipien von Freiheit und individueller Selbstverantwortung als Aufforderung, den Körper aktiv und fit zu halten. Graf (2013, S. 142) betont, dass Fitness als Körperpraxis über das Fitnessstudio hinausweist und zum „Leitbild aktueller Subjektkonstitutionen" avanciert. Für ältere Aktive ist diese Form der Körperbearbeitung zusätzlich mit dem Heilsversprechen versehen, das Leben selbst verlängern zu können. Mit der Herstellung des fitten, funktionsfähigen Körpers ist darüber hinaus die Hoffnung verbunden das eigene „Alt-Aussehen" durch ein langanhaltendes ‚look young' zu ersetzen. Vor allem die urbane Mittelklasse hat die hegemonialen Diskurse um den fitten Körper selbst aktiv mit hervorgebracht, profitiert sie doch durch Wettbewerbsvorteile, die die eigene Positionierung stärken (ebd.) (vgl. Abschn. 2.4).

Neben der Klassenzugehörigkeit stellt die Geschlechtszugehörigkeit ein weiteres zentrales Merkmal dar, das neben dem *Doing Age* im *Doing Gender* am Körper visualisiert wird. Geschlecht wird in diesem Band als zentrale Strukturkategorie verstanden, der eine Platzanweiserfunktion innewohnt und deshalb mit Fragen sozialer Ungleichheit in den Geschlechterverhältnissen verknüpft ist. Körper-, Alters- und Geschlechterdifferenzen sind in diesem Sinne nicht natürlich oder biologisch, werden „jedoch, sobald sie erst einmal konstruiert sind, wie real existierende Tatbestände behandelt" (Schroeter 2012, S. 159). Um Machtverhältnisse angemessen zu untersuchen und darzustellen, werden die Verwobenheiten von Alter(n), Geschlechts- und Klassenzugehörigkeit sowie Chancen der individuellen Wahl einer gesundheits- und fitnessbezogenen Körperpraxis durch eine *intersektionale Perspektive* fokussiert. Dieser Ansatz schließt eine Forschungslücke, denn die Kategorie Alter(n) fristet sowohl in der sozialkonstruktivistischen Geschlechterforschung (Leontowitsch und Werny 2021) als auch in der Intersektionalitätsforschung bislang, wenn überhaupt, ein eher randständiges Dasein, während in der gerontologischen Forschung eine intersektionale Perspektive fehlt (Richter und Kricheldorff 2020) (vgl. Abschn. 2.2).

Nach Winker und Degele (2009) sind für eine intersektionale Perspektive vornehmlich Wechselwirkungen zwischen drei Ebenen relevant: der Subjektebene, die die Identitätskonstruktionen und -praktiken über den Lebenslauf unter Berücksichtigung von Klasse und Geschlecht umfasst; der Ebene der symbolischen Repräsentationen, die auf individuelle Alter(n)s- und Geschlechterbilder als Effekte sozialer Diskurse im Kontext von Macht und Wissen verweisen, und der Strukturebene, die sich auf Macht- und Herrschaftsverhältnisse bezieht. Alle drei Ebenen sind durch historische, kulturelle und sozialpolitische Einflussfaktoren geprägt, die durch Wechselwirkungsprozesse gekennzeichnet und in den in diesem Band ausgeführten Projekt- und Forschungsergebnissen wie folgt berücksichtigt worden sind (vgl. Abb. 3.1: Projektübersicht in Kap. 3):

1. Für die *Subjektebene* wurden ältere Frauen als Interviewpartnerinnen ausgewählt, die mindestens zwei Jahre Mitglied in einem Fitnessstudio waren (zur Methodologie und Methoden vgl. Kap. 3). Ältere Frauen rücken deshalb ins Zentrum dieses Projekts, weil sie immer noch als marginalisierte Gruppe gelten, die eher mit physischen Defiziten als mit Freude an der Bewegung in wissenschaftlichen Kontexten erscheinen. Auch in populären Medien sind ältere Frauen weder bei sportlichen Aktivitäten – dies zeigt auch die in diesem Band präsentierte Diskursanalyse (s. u.) – noch bei beruflichen Herausforderungen präsent. Zum einen sind insgesamt 26 Interviewpartnerinnen aus Fitnessstudios in Süddeutschland (Freiburg/Kirchzarten) gewonnen worden, zum anderen stammen 14 Interviewpartnerinnen von der Ostküste Amerikas[1] (Amherst). Dort sind 60 Jahre alte Frauen (im Jahr 2016) die erste Welle derjenigen, die sehr begrenzte organisierte Sportgelegenheiten während ihrer High-School-Zeit hatten (Smith 2016, S. 75). Ähnlichkeiten und Unterschiede zwischen beiden Samples ergeben sich vor allem durch die Klassenzugehörigkeit, die im Eintrittsalter ins Fitnessstudio, in Formen der Körpergestaltung, insgesamt in den Lebensverhältnissen und durch die soziale Positionierung zu produktivem und erfolgreichem Alter(n) zum Ausdruck kommen (vgl. Kap. 4).

Die Interviewstudie hat zum einen zum Ziel zu zeigen, dass die Herstellung eines fitten Körpers im Zuge eines „neoliberalen Diktats" als „Distinktionsmedium zur sozialen Positionierung" (Schroeter 2009a, S. 367 ff.) dient und

---

[1] Gelegenheit, ältere Amerikanerinnen nach ihren Fitnesspraktiken zu befragen, erhielt ich durch den Aufenthalt als *Research Associate* am *Women's Studies Research Center* am *Mount Holyoke College* (Ostküste USA) im Rahmen meines Forschungssemesters im Wintersemester 2016/17 (vgl. Abschn. 3.2.1).

aufgrund ungleicher Chancen zu problematisieren ist. Andererseits soll veranschaulicht werden, welche größeren Handlungsspielräume für ältere Frauen durch das Fitnesstraining neben der Erfüllung des „Imperativ(s) persönlicher Verpflichtung und Verantwortung" (ebd.) entstehen, geprägt durch die Wiederherstellung oder den Erhalt von Lebensqualität, Freude an der Bewegung und durch größere Chancen auf soziale Einbindung. Im Weiteren geht es vor allem darum, älteren Frauen eine Stimme zu geben, sie als aktiv am Leben Teilhabende darzustellen und nicht als Leidende zu konstruieren (vgl. Krekula 2007), ihnen Subjektivität gegenüber den verwendeten Analyseinstrumenten zuzusprechen und der neoliberalen Dekontextualisierung von Selbstverantwortlichkeit entgegenzuwirken.

Eine Ausdifferenzierung der körper-, geschlechts- und klassenbezogenen Strategien der Interviewpartnerinnen – d. h. z. B. den Körper als Ort des Eigensinns, der Widersprüchlichkeit und nicht nur als Objekt der Zurichtung und Disziplinierung zu fokussieren (Hoffarth 2018) – mit Blick auf den Stellenwert sportlicher Aktivität im Lebenslauf wird durch die Typenbildung (Kelle und Kluge 2010; Kuckartz 2016; Bremer und Teiwes-Kügler 2013) in Kap. 6 geleistet. Insgesamt werden vier verschiedene Typen konstruiert und dargestellt (vgl. Abb. 3.2 in Abschn. 6.2). Während der *struktur- und haltorientierte Typus* Gewinne durch das Fitnesstraining auf der leiblich-affektiven Ebene durch emotionale Stabilisierung und Selbstwertstärkung zu verzeichnen hat, kann der *leistungsorientierte Typus* symbolisches Kapital durch sein sportliches Erscheinungsbild und seinen sportiven Lebensstil erzielen, was aber mit einer Instrumentalisierung des Körpers im Sinne der sportlichen Ziele und daraus resultierender körperlicher Einschränkungen verbunden sein kann. Der *autonomieorientierte Typus* tritt zum Teil spät im Lebenslauf ins Fitnessstudio ein. Diesen Interviewpartnerinnen geht es vor allem um die Aufrechterhaltung eines körperlichen und sozialen Status einer autonomen, akademisch geprägten Identität; mit dem Training sollen vor allem Selbstständigkeit und Mobilität im Alterungsprozess bewahrt werden. Die Analyse des *widerständigen, gesundheitsorientierten Typus* zeigt, dass innerhalb der Fitnesskultur vor allem dann Ausschließungsprozesse stattfinden, wenn die Unterwerfung unter körperbezogene Fitnessideale aus verschiedenen Gründen nicht stattfindet oder sogar verweigert wird.

2. Die Ebene *der symbolischen Repräsentationen* wird vor allem durch die Diskurs- und Bildanalyse von Internetplattformen Freiburger Fitnessstudios gefüllt, durch die gesellschaftliche Fitnessnormen und Körperidealbilder zu Alter(n), Geschlecht und Gesundheit untersucht wurden (vgl. Abschn. 5.1). Der fitte Körper erscheint auf den Homepages in Text und Bild als Ausdruck von Selbstverantwortung; als Visitenkarte verweist er auf ein charakterstarkes,

leistungsfähiges Individuum, was auch für Ältere an Bedeutung gewinnt. Empfohlene Selbsttechnologien beziehen sich hauptsächlich auf die Herstellung von
Gesundheit, Schmerzfreiheit und Jugendlichkeit. ‚Übergewicht' gilt als Abweichung; als Zeichen für Disziplinlosigkeit und einen ungesunden Lebensstil wird
der dicke Körper in den Texten der Internetplattformen abgewertet und ist in
Abbildungen nicht präsent. Insgesamt lassen sich stereotype Zuschreibungen an
Ältere finden, die auch von den 12 befragten Trainer*innen in den Freiburger Fitnessstudios – dies zeigt die Analyse der Expert*inneninterviews – geteilt
werden (vgl. Abschn. 5.2). Ein Grund für die stereotypen Eigenschaftszuschreibungen an ältere Aktive liegt möglicherweise in den mangelnden beruflichen
Qualifikationen, die sich speziell auf das Training mit Älteren richten. Einstellungen zu Fitnessstudiobesucher*innen nach Geschlecht sind ebenso von
stereotypen Geschlechterbildern geprägt, die sich auch auf die Trainingsgestaltung auswirken. Insgesamt zeigen sich sowohl bei der Diskursanalyse als auch
bei der Analyse der Expert*inneninterviews, dass ausnahmslos heteronormative Geschlechterkonstruktionen das Fitnessfeld prägen, geschlechtliche Vielfalt
kommt nicht vor.

 3. Die Strukturebene der *Macht- und Herrschaftsverhältnisse* zeigt sich zum
einen in der Herstellung korporaler Alters- und Geschlechterdifferenzen auf dem
Hintergrund körper- und gesundheitspolitischer Regulierungen und Programme.
Dazu gehören z. B. Aktivierungsprogramme, die mit Aufforderungen zum produktiven Altern verbunden sind. Kritiker*innen (Martinson und Minkler 2006)
solcher Programme verweisen darauf, dass die Förderung und Schaffung von
Beteiligungsmöglichkeiten für Ältere wachsende gesellschaftliche Leistungserwartungen nach sich ziehen könnten. Zudem könnten diejenigen, die nicht in der
Lage oder willens sind, ein Ehrenamt auszuüben, abgewertet werden (Caro 2008).
Wie unterschiedlich, auch aufgrund historischer und geografischer Gegebenheiten
die Interviewpartnerinnen des deutschen und amerikanischen Samples auf eine
solche Forderung reagieren, wird in Abschn. 4.3 dargestellt. Zum anderen zeigen sich strukturelle Machtverhältnisse gesundheitspolitischer Regulierungen in
unterschiedlichen Gesundheitssystemen, wie im Vergleich Deutschland und USA
deutlich wird, die letztlich zu ungleichen Gesundheitschancen und Strategien in
der Gesundheitsprävention führen, was auch durch Ergebnisse der Interviewstudie
bestätigt wird.

 Die Wechselwirkungen zwischen allen Ebenen, also eine intersektionale Per-
spektive auf Alter(n), Geschlecht und Klasse, Fitness und Gesundheit, werden im
Abschlusskapitel dieses Bandes (vgl. Kap. 7) an Ergebnissen der verschiedenen
Studien noch einmal herausgestellt und zusammengeführt.

Einführung in Begrifflichkeiten und Konzepte

2

2.1 Alter(n)[1] aus sozialwissenschaftlicher Perspektive

2.1.1 Alter(n)sforschung und Alter(n)skonzepte

Der Bevölkerungsanteil der Menschen im Alter über 65 Jahren hat sich zwischen 1991 und 2020 von 15 % auf 22 % erhöht[2] (Statistisches Bundesamt 2021a). Auch in den USA ist der Bevölkerungsanteil im selben Zeitraum von 12,7 % auf 16,2 % gestiegen (World Bank 2019). Durch diesen demografischen Wandel in westlichen Gesellschaften rückt die wissenschaftliche (und politische) Auseinandersetzung mit Alter(n) immer mehr in den Fokus verschiedener Disziplinen wie der Soziologie, Biologie, Medizin, Psychologie, Erziehungswissenschaft u. a. Die Gerontologie ist in diesem Kanon ein eigenes multidisziplinäres Forschungsfeld, das sich für die empirische Erforschung altersbezogener Fragestellungen interessiert (van Dyk 2015, S. 7).

Während die gerontologische Forschung in den USA bereits in den 1970er Jahren fest etabliert war, konnte diese Wissenschaftsrichtung in Europa erst später Fuß fassen, nämlich in den 1980er Jahren (van Dyk und Lessenich 2009; van Dyk 2015). Die starke Dominanz medizinischer und biologischer Ansätze einer quantitativ ausgerichteten sozial- und psychogerontologischen Forschungstradition in den USA kennzeichnete zunächst auch die Entwicklung in Europa (Birren und Bengtson 1988). So war noch bis zu Beginn der 80er Jahre des 20. Jh. auch

---

[1] Der Begriff verweist zum einen auf Alter als Differenzkategorie (jung/alt), zum anderen auf den Prozess des Alterns, der mit der Geburt beginnt.

[2] Schätzungen für Deutschland bezüglich des Anteils der Bevölkerung für den Zuwachs von Älteren (mindestens 65 Jahre) belaufen sich von gegenwärtig 22 % auf 34 % im Jahr 2060 (Statistisches Bundesamt 2021b).

© Der/die Autor(en), exklusiv lizenziert an Springer Fachmedien Wiesbaden GmbH, ein Teil von Springer Nature 2023
G. Sobiech, „Forever Young?", Sport – Gesellschaft – Kultur,
https://doi.org/10.1007/978-3-658-40770-4_2

in Deutschland eine biomedizinische Defizitperspektive auf den Alterungsprozess als Lebensphase des Abbaus und der Abhängigkeit vorherrschend (van Dyk 2015; Karl und Tokarski 1989).

Durch den einsetzenden Wandel der Sozialpolitiken in den späten 1990er Jahren und die Etablierung des aktivierenden Sozialstaats änderte sich die Vorstellung der Unabänderlichkeit des Alter(n)s in seine Gestaltbarkeit. Älteren Menschen werden im Zuge dieses Wandels zwar vermehrt positive Eigenschaften zugeschrieben, zugleich wird jedoch auch die Nutzbarmachung ihrer Potentiale eingefordert (BMFSFJ 2011). Aus der Idee der Aktivierung des höheren Lebensalters entstand ein internationaler Trend, der von internationalen Organisationen wie der WHO, der OECD, den Vereinten Nationen sowie der Europäischen Kommission aufgegriffen und durch entsprechende Konzepte gestützt wurde (van Dyk 2017, S. 33). Damit stieg die Relevanz einer (sozial)gerontologischen Forschung, die die Lebenswelten und die gesellschaftlichen Zuschreibungen an diesen heterogenen Bevölkerungsanteil machtkritisch untersucht. Eine kritische Gerontologie hat sich seit den 1990er Jahren zunächst im US-amerikanischen Raum neben dem positivistischen Mainstream etabliert (Katz 1996; Öberg 1996; Gilleard 1996; Minkler 1996). Diese kritisiert vor allem die vom Mainstream verwendeten Konzepte und reflektiert die damit verbundenen Machtwirkungen und sozialen Ausschlussmechanismen sowie das Selbstverständnis der Gerontologie als Fürsprecherin des hohen Alters (van Dyk 2015, S. 33). Im deutschsprachigen Raum konnte eine kritische Perspektive erst ab den 2000er Jahren Fuß fassen (Backes 2008; Schroeter 2008; Göckenjan 2000; van Dyk und Lessenich 2009). Nicht nur die biomedizinische Defizitperspektive auf das Alter(n), wie sie sich zum Beispiel in der Disengagement-Theorie – Grundlage für die Konzepte des erfolgreichen, aktiven und produktiven Alter(n)s – zeigt, auch die negativen Auswirkungen der Aktivitätsthese (Havighurst et al. 1968) standen zur Debatte. Wurde in der Disengagement-Theorie noch auf den Status- und Funktionsverlust älterer Menschen in modernen Industrienationen durch Eintritt in den Ruhestand fokussiert (Cumming und Henry 1961), setzte die Aktivitätsthese normativ auf die „Wünschenswertigkeit einer fortgesetzt aktivitätsbasierten Lebensweise bis ins hohe Alter" (van Dyk 2015, S. 37). Die Kritik am letztgenannten Ansatz bezieht sich vor allem auf ihren radikalen Optimismus und die damit vernachlässigten negativen Wirkungen von Altersstereotypen auf ältere Menschen.

Diskurse um *aktives Alter(n)* sind vor allem in Europa entwickelt worden. Aktives Alter(n) stellt zumindest theoretisch ein stärker ganzheitliches Konzept mit Bezug zu Biografien und Zugangschancen von Älteren dar (Foster und Walker 2015, S. 83). Im Zentrum steht die Partnerschaft zwischen Staat und Individuum, die beide für die aktive Gestaltung des Alter(n)s verantwortlich zeichnen (ebd.,

S. 84). Kritisiert wird an der politischen Umsetzung des Konzepts seine zu starke ökonomische Ausrichtung, wodurch aktives auf produktives Alter(n) reduziert werde (ebd., S. 86).

Die Idee des *produktiven Alter(n)s* wiederum wurde von Butler und Gleason (1985) eingeführt mit dem Ziel, ältere Menschen als produktiv aufzuwerten. Das Konzept fokussiert auf Aktivitäten, durch welche Ältere einen gesellschaftlichen Beitrag leisten. Hierbei stehen vor allem die Bereiche Selbsterhalt von Gesundheit, innerfamiliäre Arbeit, ehrenamtliche Arbeit und Erwerbsarbeit im Zentrum. Pichler (2020, S. 575) kritisiert, dass es hier vor allem darum geht, wie die ‚Ressource alter Mensch' für die Gesellschaft produktiv erschlossen werden kann.

Durch die Etablierung des aktivierenden Sozialstaates wurden zunehmend wohlfahrtsstaatliche Leistungen minimiert, was als Reaktion auf die ökonomischen Auswirkungen des demografischen Wandels im Kontext des Gesundheits- und Rentensystems gedeutet werden kann (Lessenich 2009). Mit der Durchsetzung aktivierender Sozialpolitik manifestierte sich die Forderung an den Einzelnen „sich als Risiko ernst zu nehmen und sich entsprechend selbst zu kontrollieren" (Vobruba 1983, S. 40). Sozialgerontologische Konzepte greifen die Idee der Selbstregulierung in ihren Konzepten „aktiven" oder „produktiven Alter(n)s" auf und verweisen auf die Chance, physiologische und psychologische Kapazitäten älterer Menschen durch einen gesunden Lebensstil zu stärken (Butler und Gleason 1985; Denniger et al. 2014). Während sich also der deutschsprachige Diskurs vom „Alter als Problem" zum „Alter als Befreiung" „verschob" (van Dyk und Lessenich 2009, S. 18) zielte der US-amerikanische Diskurs auf Alter(n) als zu nutzende Ressource. Infolgedessen wurde das Konzept des *„successful aging"* populär. Der Diskurs um erfolgreiches Alter(n) begann in den USA bereits in den 1940er Jahren durch das von Lawton unter dem Titel „Aging successfully" (1946) herausgegebene Selbsthilfebuch für ältere Menschen. Havighurst et al. formulierten 1968 den heute gängigen Begriff „successful aging" aus, popularisiert wurde das Konzept, das die Abwesenheit von Krankheit, die Optimierung der körperlichen und mentalen Konstitution sowie die aktive Gestaltung des Alltags- und Soziallebens betont, jedoch von Rowe und Kahn (1997). Es ist zwar *„one of gerontology's most successful ideas"* (Katz und Calasanti 2015, S. 26), kritisiert wurde aber, dass per Definition festlegt wird, ob ein Individuum erfolgreich gealtert ist oder nicht. Zudem bleiben die zur Verfügung stehenden oder mangelnden Ressourcen unberücksichtigt. Erfolgreiches Alter(n) verkennt somit die sozialen, politischen und ökonomischen Kontexte von Alter(n) (Martinson und Berridge 2015, S. 62).

Auch die WHO definierte später aktives Altern ebenfalls unter der Prämisse der Optimierung der Lebensverhältnisse: „*the process of optimizing opportunities for health, participation and security in order to enhance quality of life as people age*" (2002, S. 12). Der ‚Wille zur Gesundheit', die Bearbeitung körperlicher Risiken durch Fitness und Disziplin in eigener Verantwortung, um die Funktionstüchtigkeit des Körpers so lange wie möglich zu bewahren, erfordert inzwischen in vielen westlichen Nationen eine Rekonfiguration des ‚Ruhestands'. Rudman (2015) zeigt auf, wie durch Medien, Ratgeberbücher, Werbung, Gesundheitsinitiativen etc., aber auch durch wissenschaftliche Literatur Diskurse in Umlauf geraten, die mit einer neoliberalen Rationalität verbunden neue Standards für die ‚richtige' Art alt zu werden schaffen. Verantwortlichkeiten für finanzielle, soziale und körperliche Risiken des Alterns werden demnach zunehmend vom Staat und anderen Institutionen zu den Individuen hin verschoben.

Die mit dem Alter(n) assoziierten Negativzuschreibungen von Krankheit, Unmündigkeit und Pflegebedürftigkeit verschwinden in der gerontologischen Debatte nicht, sondern stellen weiterhin wirkmächtige diskursive Instrumente der Disziplinierung dar. Während die positiven Attribute von gesellschaftlicher Teilhabe, Aktivität und Gesundheit dem dritten Alter zugesprochen werden, erscheint die Defizitperspektive erneut im vierten Alter unter dem Begriff ‚Hochaltrigkeit' (Gilleard und Higgs 2000, S. 199).

2.1.2   Körper und Alter(n) als soziale Konstruktionen

Zentraler Ausgangspunkt für eine *kritische* Gerontologie ist der Körper als grundlegende Bedingung sozialen Handelns über den Lebenslauf (Laz 2003; Katz 2005, Gilleard und Higgs 2015), denn die eigene Lebenslage, also die Handlungsbedingungen, gesellschaftlich-kulturelle Zuschreibungen und sozialstrukturelle Gegebenheiten werden ‚inkorporiert' (Bourdieu 1999) und in jeder Lebensphase körperlich zum Ausdruck gebracht.[3] Der Körper ist also nicht als bloße Natur, sondern als ein historisch situiertes, „soziales Gebilde" aufzufassen (Douglas 1974, S. 99 f.): Das individuelle Körpermanagement, aber auch körperliche Empfindungen, die Verwendung des Körpers als Ausdrucks- und Interaktionsmedium, also insgesamt die Körpernutzung ist tief mit der Kultur einer Gesellschaft verwoben. Auch der Soziologe Boltanski (1976, S. 138 ff.) betont, dass eine Analyse

---

[3] Nicht nur Bourdieu, auch Garfinkel, Goffman, Foucault und Elias zeigen in ihren soziologischen Überlegungen auf, wie sich gesellschaftliche Strukturen im Körper manifestieren: „Verhaltensregeln. Normen, Idealvorstellungen werden so inkorporiert, dass sie uns als ‚natürlich' und ‚angeboren' erscheinen" (Gildemeister und Hericks 2012, S. 290).

der „sozialen Verwendung des Körpers" – hier ließe sich ergänzen: in den verschiedenen Altersstufen – innerhalb einer Gesellschaft die normativen Setzungen, hierarchischen Strukturen, also ihre Macht- und Herrschaftsverhältnisse offenbart und damit eine Sonderform der Gesellschaftsanalyse darstellt. Soziale Ordnungen zeigen sich in einem fundamentalen Sinn in Körper(an)ordnungen sowie in individuellen Positionierungen im sozialen Raum. So sind auch körperliche Alterungsprozesse und altersbedingte gesundheitliche Risiken bis hin zur Lebenserwartung maßgeblich von der sozialen Position einer Person bestimmt (Lampert und Kroll 2013). Zentral für die gesellschaftliche Positionierung und damit das Ausmaß der Teilhabe am gesellschaftlichen Leben sind Herkunft, Geschlecht, Bildung, beruflicher Status, Einkommen und Vermögen. Soziale Unterschiede in den Lebensverhältnissen schlagen sich u. a. im Körperwissen und in Körperstrategien nieder, z. B. im gesundheitsrelevanten Verhalten (Essgewohnheiten, Alkohol- und Nikotinkonsum, Vorsorgeuntersuchungen etc.). Alterungsprozesse sind demnach nur dann adäquat zu erfassen, wenn der Körper einbezogen wird, denn Alter(n) wird körperlich erfahren und über den Körper repräsentiert (Riedel 2017). Menschen besitzen einen Körper und sind gleichzeitig Körper.[4] Diese Sichtweise ermöglicht es, die Wechselwirkungen zwischen Körper- und Identitätskonstruktionen nachzuzeichnen (Tulle 2015, S. 126), eine Perspektive, die allerdings im deutschsprachigen Raum deutlich unterrepräsentiert ist (Riedel 2017, S. 7).[5] Das Alter und die mit ihm verbundenen Alterungsprozesse sind demnach nicht bloß bio-physische, quasi präkulturelle Erscheinungen, „das biologisch Vorgegebene und das gesellschaftlich Konstruierte lassen sich im Erkenntnisprozess nicht voneinander trennen" (Schroeter und Künemund 2020, S. 549).

Alter erscheint zunächst als Differenzkategorie (jung/alt), in der das kalendarische Alter und das biologische Alter keine eindeutige Aussagekraft gegenüber der Selbst- und Fremdwahrnehmung des eigenen Alter(n)s besitzt. Die Einteilungen in Kindheits- und Jugendphase, Erwachsenenalter[6] sowie drittes (60–80 Jahre) und viertes Alter (ab 80 Jahren) sind nach Schroeter und Künemund (2020)

---

[4] Gilleard und Higgs (2015) unterscheiden zwischen Altern als „embodiment" („treating the aging body as co-constructor of its own identity") and „corporeality" („treating the aging body as a social actant").

[5] Inzwischen existieren eine Reihe von qualitativen Studien, die sich unter einer soziologischen Perspektive mit Alter(n), Geschlecht, Intersektionalität und Körper auseinandergesetzt haben (Denninger und Schütze, 2017).

[6] Featherstone und Hepworth (1991) haben in ihrer kultursoziologischen Analyse diese Altersspanne von 30–60 Jahren, die scheinbar alterslos verläuft und in der das chronologische Alter kaum thematisiert wird, als „midlifestyle" beschrieben.

idealtypische Konstrukte, die aber real existierend gedacht und mit realen Konsequenzen verbunden sind. Denn auch Altersdifferenzen sind nicht natürlich oder biologisch vorgegeben, werden „jedoch, sobald sie erst einmal konstruiert sind, wie real existierende Tatbestände behandelt" (Schroeter 2012, S. 159). Für Schroeter und Künemund (2020, S. 546) lässt sich die soziale Konstruktion des Alter(n)s auf mindestens vier Ebenen manifestieren:

a) „auf der symbolischen Ebene": hierunter fallen Definitionen und Semantiken des Alter(n)s, symbolische Alters(an)ordnungen;
b) „interaktive Ebene": hierbei geht es um körperliche Präsentationen und Inszenierungen in Interaktionen und um ihre Selbst- und Fremdwahrnehmung, um *„Doing Age"* und „soziale Performanz";
c) „materiell-somatische Ebene": neben der „Soziosomatik von Altersdifferenzen" geht es um Körperpolitik und Körperstrategien, um die Formung des eigenen Körpers;
d) „leiblich-affektive Ebene": diese Ebene umfasst das subjektiv empfundene Altern, die gespürten Alterungsprozesse.

Das idealtypische Konstrukt des dritten Alters auf der symbolischen Ebene adressiert die „Jungen Alten" (van Dyk und Lessenich 2009); sie gelten als aktiv, autonom, normal und werden damit als „(leistungsfähige) Gleiche" (van Dyk 2017, S. 41) stereotypisiert.[7] Personen des vierten Alters werden hingegen als defizitär betrachtet, sie erscheinen als die Anderen, ihnen wird Passivität, Abhängigkeit und Krankheit zugeschrieben. Pichler (2020, S. 72) zeigt auf, dass mit Altersbildern immer auch Machtverhältnisse verbunden sind, die nicht nur Wirklichkeit abbilden, sondern erst herstellen. So bleiben die mittleren Lebensjahre von Konstruktionen verschont, weshalb sie genau deshalb den Maßstab setzen. Denn das Allgemeine – das „vermeintlich alterslose Erwachsenenleben" (van Dyk 2019, S. 14) – bildet die Norm, das höhere Lebensalter erscheint hingegen als das Besondere, Andere und sogar als das Mindere in der vierten Altersspanne. Auch die den jungen Alten attestierten Qualitäten unterscheiden sich grundlegend von den positiven Zuschreibungen der mittleren Lebensjahre, die im flexiblen Kapitalismus mit Flexibilität, Kreativität und Risikobereitschaft einhergehen (Bröckling 2007). Den Älteren im dritten Alter werden demgegenüber Erfahrungswissen, Gewissenhaftigkeit, Ausgeglichenheit und soziale Wärme

---

[7] Havighurst et al. (1968, S. 161) bewerteten diese Altersgruppe als *„the same as middle-aged people"*, nur dadurch, dass sie aus der Mitte der Gesellschaft ausgegliedert werden, erscheinen sie als die Anderen (van Dyk 2019, S. 5).

bescheinigt (Denninger et al. 2014, S. 194 f.), während die Bilder über Hochaltrige im vierten Alter „mit Hilfsbedürftigkeit, Verlusten und Abbau" einhergehen (Pichler 2020, S. 580), sie sogar als *„living-dead"* (Hazan 2011 zit. n. van Dyk 2019, S. 16) sozial stigmatisiert werden. Um Abhängigkeit und körperlichen Verfall solange wie möglich hinauszuschieben[8], werden diejenigen, die über das entsprechende Wissen, Selbstdisziplin und das notwendige finanzielle Kapital verfügen, zu einem Lebensstil der Selbstoptimierung und eigenverantwortlichen Gesundheitsprophylaxe aufgerufen. Die Nutzung des Körpers als „Darstellungs- und Realisierungsfläche" (Schroeter 2012, S. 159) geschlechtsbezogener Funktions-, Aktivitäts- und Gesundheitsnormen eröffnet durch das hergestellte Körperkapital lebenslagenbezogene Handlungsspielräume. Allerdings kann die zum Individuum hin verschobene Gesundheitsideologie und der Trend zur Altersaktivierung im Sinne einer körperlichen ‚Selbst-Vermessung' aber auch einen gesellschaftlichen Druck für die einzelnen hin zur Selbstdisziplinierung und -regulierung des Körpers erzeugen.

Auch wenn Alterseinteilungen und Beschreibungen körperlicher Prozesse sowie die Wahrnehmung der Älteren und Ältesten letztlich ‚nur' aufgrund von konstruierten Altersbildern wirkmächtig werden, hängt nach Riedel (2017, S. 9) ihr „Weltzugang" dennoch von basalen Körperphänomenen ab: Sind Stehen, Laufen, sich Bewegen ohne Einschränkungen möglich oder verhindern körperliche Prozesse des Alterns gesellschaftliche Teilhabe? Wie ist ein Thematisieren des alten Körpers möglich, ohne Defizite und eine Abbauperspektive zu aktualisieren? Um genau dies zu verhindern, wurde der Körper bis in die jüngste Vergangenheit als Forschungsgegenstand in der Sozialgerontologie in Deutschland eher gemieden, weil mit ihm die Befürchtung verbunden war, zum biologischen Determinismus der Disengagement-Theorie zurückzukehren (Backes 2008; Schroeter 2012, S. 155 f.). Van Dyk (2019, S. 20) kommt bezogen auf das vierte Alter zu dem Schluss, dass die mit „jung" verbundene Idee des autonomen (männlichen) Subjekts eine Fiktion darstellt; erst durch ihre Dekonstruktion kann das Angewiesensein auf Andere in dieser Lebensphase nicht mehr als Anomalie interpretiert werden.

---

[8] Allain und Marshall (2017, S. 402) bezeichnen diese Arbeit am Körper als *„boundary work"*, die das stufenweise Aufgeben einer erfolgreichen Körperpräsentation, welches mit einer verstärkten Akzeptanz von körperlichen Grenzen einhergeht, beschreibt.

2.2   Geschlecht(erverhältnisse) und Intersektionalitätsforschung

2.2.1   Geschlecht als soziale Konstruktion und intersektionale Kategorie

Geschlecht ist zunächst eine zentrale Strukturkategorie, die auf ähnliche Weise konstruiert wird wie Alter(n) und über soziale Platzierungen entscheidet. Entgegen der alltagstheoretischen Grundannahme, dass Geschlechtszugehörigkeit natürlich, von Geburt an vorgegeben und unveränderbar sei, verstehen Konzepte sozialer Konstruktion die Zuordnung zu einem Geschlecht und die Herstellung von Geschlechtszugehörigkeit als Ergebnis historischer Entwicklungsprozesse und einer fortlaufenden sozialen Praxis. Die auch von der Frauenforschung zunächst vertretene Unterscheidung zwischen *sex,* dem biologischen Geschlecht, und *gender,* dem sozialen Geschlecht[9] wird durch die zunehmende Institutionalisierung sozialwissenschaftlicher und feministischer Wissenschaftskritik im Laufe der 1980er und insbesondere 1990er Jahre als „bloß verlagerter Biologismus" (Villa 2011, S. 77) kritisiert. Denn durch diese Zweiteilung wird weiterhin unterstellt, es gäbe ein eindeutiges biologisches, sprich natürliches, Geschlecht. ‚Biologische' Tatsachen des Lebens und damit körperliche Vorgänge wie Gebären, Sexualität u. ä. sind aber ebenso vergesellschaftete Phänomene, durch ihre soziale Überformung ist ein Zugriff auf die reine ‚Natur' nicht möglich.[10] „Erkenntnistheoretisch gesehen gibt es keinen unmittelbaren Zugang zur ‚reinen', ‚wirklichen' oder ‚bloßen' Natur; und anthropologisch gesehen lässt sich über die ‚Natur' des Menschen nicht mehr, aber auch nicht weniger sagen, als dass sie gleichursprünglich mit Kultur ist" (Gildemeister und Wetterer 1992, S. 210).

Zugrunde gelegt wird im Anschluss an die ethnomethodologische Mikrosoziologie (Villa 2011), eine konstruktivistische Perspektive, die die Wirklichkeit des Geschlechtskörpers, das sowohl kognitive wie unbewusste Tun und Erleben, als konstruierte Wirklichkeit bezeichnet. Hiernach ist auch die Annahme einer „Zweigeschlechtlichkeit" (Hagemann-White 1988) eine Setzung, die inzwischen

---

[9] Die Unterscheidung von *sex* und *gender* ist in der Sexualwissenschaft der 1950er Jahre entstanden (Gildemeister und Hericks 2012, S. 190).

[10] Auch Butler (1991) betrachtet *sex, gender* und *desire* (sex. Orientierung) als sich wechselseitig stützender Machtkomplex, der Heterosexualität und Zweigeschlechtlichkeit naturalisiert.

per Gesetz um ‚divers' erweitert worden ist.[11] Geschlecht kann „also keine Eigenschaft einzelner Personen bzw. kein ‚askriptives Merkmal'" sein, vielmehr ist es „eine ‚Vollzugswirklichkeit'" (Villa 2011, S. 98). Wie Geschlechterdifferenz und Alltagshandeln zusammenhängen, zeigt präziser Hirschauer (1989) auf. Danach umfassen Geschlechterkonstruktionen in Interaktionen (ebd., S. 103) zum einen *Darstellungsressourcen* wie Kleidung, Tätigkeiten, Raumnutzung etc. Es handelt sich dabei um eine präreflexive, spontane und verbindliche „Zur-Schau-Stellung" der sozialen Ordnung im Alltag, die ein körperliches Know-how voraussetzt. Geschlechtszugehörigkeit ist also nicht etwas, was ein Individuum besitzt, sondern im Interaktionsprozess erst hervorgebracht wird *(Doing Gender)*. Die andere Dimension bezieht sich auf *Geschlechtsattributionen,* die von anderen beteiligten Personen in der Interaktion vorgenommen werden. Durch die ‚richtige' Einordnung – die Klassifikation einer Person als Mann, Frau oder divers – beweisen die Interaktionspartner*innen die notwendige Interaktionskompetenz. Da jede Interaktion auf Typisierung und Klassifikation des Gegenübers basiert, stellen Interaktionen einen formenden Prozess dar, dem sich die Beteiligten kaum entziehen können. Fenstermaker und West (2001) entwickeln ebenfalls unter einer ethnomethodologischen Perspektive den Ansatz *„Doing Difference",* der auf den Herstellungscharakter sozialer Ungleichheit ausgedehnt wird. Der Ausgangspunkt hierbei ist, dass Geschlecht nicht isoliert erfasst werden kann, sondern zugleich mit sozialer Klasse und Ethnizität simultan konstruiert wird. Im Zentrum steht die aktive Herstellung von Differenz, die zum besseren Verständnis von individueller und institutioneller Praxis und von verschiedenen Ungleichheitsformen führen soll (ebd., S. 237). Dieser Ansatz verweist bereits darauf, dass Geschlecht nicht unabhängig von anderen Kategorien betrachtet werden kann, wenn Machtverhältnisse angemessen untersucht werden sollen. Intersektionale Konzepte greifen diese Perspektive bereits im letzten Drittel des zwanzigsten Jahrhunderts auf.

Die Forschungsperspektive ‚Intersektionalität'[12] geht zurück auf die Schwarze Frauenbewegung in den USA. Dort wurde in den 1970er Jahren die Kategorie ‚Frau', wie sie durch die weiße bürgerliche Frauenbewegung definiert worden war, stark kritisiert, da ohne Bezug auf Ressourcen- und Machtverhältnisse die

---

[11] Das Bundesverfassungsgericht verabschiedete am 10. Oktober 2017 eine Änderung des Personenstandsrechts, die am 18. Dezember 2018 in Kraft trat. Danach haben sich die Optionen zur Erfassung des Geschlechts erweitert. Neben „männlich" und „weiblich" sind nun auch „divers" oder „keine Eintragung" zu markieren, sodass Personen, die sich dem binären Geschlechtersystem nicht zuordnen wollen oder können, eine Möglichkeit erhalten, ihr Recht auf geschlechtliche Selbstbestimmung geltend zu machen.

[12] Der intersektionale Ansatz wird hier präferiert, da er international und national am breitesten rezipiert und verwendet wird (Dierckx 2018, S. 25).

ungleichheitserzeugenden Wechselwirkungen zwischen soziostrukturellen Kategorien wie *„gender, race and class"* nicht ins Blickfeld geraten können (Bolte
und Lahn 2015; Lutz 2018; Dierckx 2018). Kimberlé Crenshaw (1989) entwarf
später das Bild einer Straßenkreuzung, um die Verwobenheit sozialer Ungleich-
heitskategorien aufzuzeigen, „an der sich Machtwege kreuzen, überlagern und
überschneiden" (Winker und Degele 2009, S. 12). In Deutschland setzt die
Berücksichtigung intersektionaler Konzepte, zunächst in der Geschlechterforschung[13], wesentlich später, zu Beginn der 2000er Jahre, ein, wobei die Frage
nach der Übertragbarkeit der US-amerikanischen Debatte bis heute nicht als abgeschlossen gilt. *„Race"* ist in den USA ein staatsbürgerlich rechtlich verankerter
Begriff, in Deutschland gilt dieser aufgrund der deutschen Nachkriegsdebatte als
negative Kategorie (Lutz 2018, S. 141). Deshalb wird im deutschen Diskurs stattdessen von ‚kulturellen' oder ‚ethnischen' Differenzen gesprochen.[14] Walgenbach
(2014, S. 54 f.) definiert Intersektionalität in diesem Sinne als eine Forschungsperspektive, die „historisch gewordene Macht- und Herrschaftsverhältnisse wie
Geschlecht, Sexualität/Heteronormativität, *Race*/Ethnizität/Nation, Behinderung
oder soziales Milieu nicht isoliert voneinander konzeptualisiert", (…) sondern in
ihren ‚Verwobenheiten' oder ‚Überkreuzungen' *„(intersections)"* analysieren will
(Herv. i. Orig.). Leiprecht und Lutz (2005) vertreten dabei den Ansatz, dass sich
die Anzahl der Kategorien aus der Forschungsfrage ergeben muss. Zugleich legen
die Autor*innen aber mindestens drei Kategorien als Standard fest, die bei der
Analyse von Inklusions- und Exklusionsprozessen gelten sollen. Soziale Katego-
risierungen sind zudem in ihrer Wirkmächtigkeit nicht statisch, sondern vielmehr
zeitgeschichtlich und kontextuell dynamisch und als unterschiedlich wirksam zu
verstehen. Winker und Degele (2009, S. 38) unterscheiden auf der „Strukturebene
kapitalistischer Gegenwartsgesellschaften vier Herrschaftsverhältnisse entlang der
Kategorien Klasse, Geschlecht, Rasse und Körper, nämlich Klassismen, Heteronormativismen, Rassismen und Bodyismen". Die Körperdimension erhält über

---

[13] Lutz (2018, S. 140) hebt hervor, dass das Aufgreifen dieses Konzepts in der Geschlechterforschung durch den Poststrukturalismus befördert wurde, der die binären Zuschreibungen
(weiblich/männlich), Universalismen, Homogenisierungen und gruppenbezogenen Eigen-
schaftszuweisungen dekonstruierte.

[14] Winker und Degele (2009, S. 47) bevorzugen den Begriff „Rasse", obwohl er wegen
seiner Konnotation mit dem Holocaust tabuisiert ist, da „rassistische Ausgrenzungen und
Diskriminierungen tendenziell verschleiert" werden. Dieser Haltung wird hier aus den oben
genannten Gründen nicht gefolgt. Zudem bilden ethnische Zugehörigkeiten keinen Unter-
suchungsschwerpunkt, auf Ungleichheiten und Diskriminierungen in Zusammenhang mit
ethnischer Zugehörigkeit wird aber dennoch verwiesen.

Aspekte wie Alter, Gesundheit und Attraktivitätsgebote im Rahmen von kulturellen Standardisierungen und Optimierungen eine immer größere Bedeutung, da z. B. der Gewinn von Körperkapital mit einer höher bewerteten Position im sozialen Gefüge einhergeht. Allerdings fristet die Kategorie Alter(n) sowohl in der sozialkonstruktivistischen Geschlechterforschung (Leontowitsch und Werny 2021) als auch in der Intersektionalitätsforschung bislang, wenn überhaupt, ein eher randständiges Dasein, während in der gerontologischen Forschung eine intersektionale Perspektive fehlt (Richter und Kricheldorff 2020).

2.2.2 Hierarchische Geschlechterverhältnisse im Lebenslauf

In den 1980er Jahren beschrieb Kohli (1985) die Institutionalisierung des (Normal-)Lebenslaufs, der, in drei Phasen unterteilt – Kindheit und Jugend, Erwerbsleben, Ruhestand – vor allem die erwerbszentrierte männliche Biografie ins Zentrum stellte. Die Notwendigkeit, auch das Alter nach Geschlecht zu unterscheiden und unter diesem Fokus einer weitergehenden Analyse zu unterziehen, wurde erst nach und nach in die Gerontologie und soziologische Alter(n)sforschung eingebracht. Eine der maßgeblichen Vertreterinnen einer Geschlechterperspektive war (und ist) Gertrud Backes, die den Blick auf soziale und individuelle Altersprobleme, die primär über Vergesellschaftung von Männern definiert sind, kritisierte und erweiterte. Die hierarchische Komplementarität geschlechtsbezogener Vergesellschaftungsweisen[15] führen, so Backes (2008, S. 449), bei Frauen zur „Kumulation sozialer Alter(n)srisiken", die sich in widersprüchlicher Form, in der Situation älterer Frauen zwischen ‚„Alterslast' und ‚Altersressource'", ausdrückt. „(…) geschlechtliche[r] Ungleichheit in der gesellschaftlichen Organisation von Lohn- und Reproduktionsarbeit" (Richter 2020, S. 206) zeigt sich vor allem im sogenannten *gender pay gap*, der sich durch den gesamten Lebenslauf von Frauen zieht. Frauen weisen zwar eine längere Lebenserwartung auf als Männer[16] – 41 % Frauen leben allein (Auth und Leitner

---

[15] Kulturelle Schreib- und Sprechweisen, in denen Männer und Männlichkeit das Allgemeine, Eigentliche repräsentieren und als das „Nicht-Geschlechtliche gesetzt wurden und werden", sind ebenso Ausdruck hierarchischer Machtverhältnisse, wie Gregor und Ruby (2018, S. 238) betonen.

[16] Wattenberg et al. (2018, S. 5) heben hervor, dass die Lebenserwartung nicht nur von der Geschlechtszugehörigkeit abhängt, sondern ein niedriger Bildungsstand und ein niedriger beruflicher Status mit einem deutlich erhöhten Mortalitätsrisiko korreliert. So liegt die Lebenserwartung von Frauen mit sehr niedrigem Einkommen acht Jahre unter der von Frauen mit hohem Einkommen.

2018) –, sie sind aber zugleich stärker von sozialen sowie finanziellen Problemen betroffen. Alleinlebende Frauen haben im Durchschnitt 12 % weniger Einkommen als alleinlebende Männer zur Verfügung, besitzen geringeres Vermögen und leiden häufiger unter Altersarmut (ebd.). Selbstverständlich hat Bildung hier einen hohen Einfluss auf den Zeitraum der Familiengründung, Kinderzahl und der Lebenslage im Alter. Inzwischen führt der Wandel der Hausfrauenehe dazu, dass Frauen längere und kontinuierlichere Erwerbsverläufe aufweisen. Allerdings sind mit der Mehrfachbelastung durch die Vereinbarung von Beruf und Familie, vor allem auch durch die Erfahrung häuslicher Gewalt, verstärkte Gesundheitsbelastungen verbunden, die z. B. ein Burn-out-Syndrom nach sich ziehen können (Wattenberg et al. 2018). Insgesamt sind Frauen aufgrund von Kindererziehung oder Pflege älterer Angehörige *(gender care gap)* häufiger als Männer in Teilzeit oder gar nicht berufstätig gewesen, üben Berufe im eher niedrig dotierten Sektor aus (Brandt und Schmitz 2020), was zur Folge hat, dass Frauen im Rentenalter etwa ein Viertel weniger Rente beziehen als Männer *(gender pension gap)*. Im Alter übernehmen zudem bei der Mehrheit älterer Paare Frauen weiterhin hauptverantwortlich die Hausarbeit (Auth und Leitner 2018). Auch bezogen auf ehrenamtliche Arbeit sind Frauen stärker an Schulen, Kindergärten und im kirchlich-religiösen Bereich aktiv (ebd., S. 4). Soziale Beziehungen sind für beide Geschlechter eine wichtige Unterstützungsressource, die sich mit zunehmendem Alter auf enge Familienbindungen konzentriert. In der Regel haben Frauen ein größeres soziales Netzwerk als Männer und können z. B. nach dem Tod des Lebenspartners auf weitere soziale Ressourcen zurückgreifen (Brandt und Schmitz 2020). Nach Leontowitsch und Werny (2021) stellt Alter einen wichtigen Platzanweiser dar, der Handlungsspielräume eröffnet oder begrenzt. Zudem kann für die Kategorie Alter die auf Geschlecht bezogene gesellschaftliche Aufforderung, sich im Lebenslauf *konstant* entweder als Mann oder Frau zu inszenieren und zu präsentieren, nicht auf diese Weise gelten, da über den Lebenslauf hinweg verschiedene Lebensalter durchlaufen werden. Alter(n) als Prozess bedeutet, dass die unterschiedlichen Altersgruppen verschiedene Zuschreibungen erfahren (ebd., S. 7), die dann allerdings, ähnlich wie bei Geschlecht durch performative Mittel, z. B. durch leibliche Zeichen und signifikante Symbole, eine „visuelle Empirie" des Alter(n)s (Schroeter 2012, S. 161) erzeugen. Frauen sind, was das äußere Erscheinungsbild angeht, von altersbedingten negativen Assoziationen und Diskriminierungen stärker betroffen als ältere Männer (Jin und Harvey 2021).

Da für eine selbstbestimmte Lebensgestaltung im Alter der Gesundheitszustand die zentrale Rolle spielt, soll an dieser Stelle kurz auf wesentliche Ergebnisse eingegangen werden. Frauen werden zwar auch aufgrund eines besseren Präventionsverhaltens (Wattenberg et al. 2018) älter als Männer, sind dann aber häufiger von Beeinträchtigungen betroffen. So leiden Frauen stärker an Erkrankungen, die sich auf die körperliche Funktionstüchtigkeit (z. B. Arthritis und Osteoporose) auswirken, Männer sind hingegen bereits in jüngeren Jahren von Krankheiten mit einem hohen Sterblichkeitsrisiko (Herzkreislauferkrankungen, Schlaganfall etc.) konfrontiert. Deutliche Unterschiede zeigen sich mit Blick auf die psychische Gesundheit: Während Männer häufiger Suchterkrankungen (auch durch erhöhtes Risikoverhalten) und dissoziale Persönlichkeitsstörungen aufweisen, ist die Prävalenz von Depressionen und Angsterkrankungen bei Frauen um ein vielfaches höher (Brandt und Schmitz 2020). Vor allem im höheren Alter stimmt der objektive Gesundheitszustand mit der subjektiven Gesundheit im Vergleich zur jüngeren Altersgruppe nicht überein (Homfeldt 2020). Geschlecht ist zwar bezogen auf gesundheitliche Ungleichheiten eine grundlegende Differenzierungskategorie, die jedoch im Spiegel ungleicher Lebenslagen und Lebensstile weiter zu differenzieren ist. D. h. soziale Unterschiede innerhalb der Geschlechtergruppen sind zum Teil größer als die zwischen Männern und Frauen (Brandt und Schmitz 2020). So sind Menschen mit niedrigem sozioökonomischem Status in allen Lebensaltern in Deutschland, aber auch anderen Ländern, bei nahezu allen Krankheiten und Todesursachen stärker betroffen (s. Abschn. 2.3). Zudem verfügen sie über geringe personale und soziale Ressourcen, um Belastungssituationen bewältigen zu können (Lampert 2016). Diese Zusammenhänge werden im nächsten Kapitel in Zusammenhang mit sportlicher Aktivität genauer aufgezeigt.

2.3 Sportliche Aktivität und Gesundheit

2.3.1 Sportliche Aktivität im Lebenslauf im Spiegel sozialer Ungleichheit

Sport[17] hat sich seit dem Zweiten Weltkrieg von einem Privileg für männliche Jugendliche aus gutem Hause, auch durch die Zunahme der Freizeit, zu einem generations- und geschlechtsübergreifenden Phänomen entwickelt (Rohrer und Haller 2015, S. 59). Vor allem die Ausdifferenzierung und Pluralisierung

---

[17] Zur sozialen Konstruktion des „Sports" mit seinen konstitutiven Merkmalen „körperliche Bewegung", „Wettkampf und Leistungsvergleich", „sportartspezifisches Regelwerk" und seiner „Unproduktivität" s. Heinemann (1998, S. 34 f.).

von Sportarten und Sportinteressen[18] mit den 80er Jahren hat dazu beigetragen, dass in Deutschland seit Mitte der 90er Jahre ein kontinuierlicher Anstieg des Sportengagements[19] festzustellen ist. Ein Zuwachs sportlich Aktiver ist insbesondere in der Altersgruppe der 55- bis 74-jährigen zu verzeichnen, nämlich um 37 Prozentpunkte. Bei den 35- bis 64-jährigen zeigt sich darüber hinaus eine überproportionale Zunahme sportlich aktiver Frauen, sodass Sportaktivitäten jenseits des Jugendalters nicht mehr nur für Männer eine typische Freizeitbeschäftigung darstellen (Hartmann-Tews und Hoppe 2018, S. 150 f.). Dies mag auch damit zusammenhängen, dass durch die Pluralisierung der Sportkultur inzwischen auf Fitness und Ausdauer zielende Aktivitäten auch als Sport gelten, die vor allem von Frauen und Älteren bevorzugt betrieben werden. Der Wettkampfsport ist hingegen nach wie vor eine Domäne von Männern und Jüngeren (Haut und Emrich 2011). Um genauer bestimmen zu können, welche sozialen Faktoren den Zugang zu sportlicher Aktivität im Lebenslauf erleichtern oder erschweren, sei an dieser Stelle auf Bourdieu (1999) verwiesen, der die Bedeutung kultureller Praktiken im Rahmen des individuellen Lebensstils für die Reproduktion sozialer Ungleichheiten[20] in den Fokus stellte. Zentral sind dabei die Lebensbedingungen der Akteur*innen, durch die sie sich einen spezifischen Habitus mit spezifischen Wahrnehmungs- und Handlungsdispositionen aneignen. Aufgrund dessen nehmen sie eine soziale Position im sozialen Raum ein, die die Akkumulation ökonomischen, sozialen und kulturellen Kapitals entweder erschweren oder begünstigen kann. Der Zugang zum Sport wird nicht in erster Linie über das ökonomische Kapital entschieden, sondern vielmehr über das kulturelle Kapital, da es zum einen in Form von Wissen, um

---

[18] Neben dem vorherrschenden Wettkampfcharakter und Leistungsgedanken des Sports trat ein breites Spektrum von Motiven Sport zu betreiben, z. B. „Spaß an der Bewegung, Unterhaltung, Geselligkeit, die Verbesserung der Gesundheit und körperlichen Leistungsfähigkeit, die Verwirklichung von Schönheitsidealen" (Klein 2009, S. 2).

[19] Der vereinsorganisierte Breitensport wuchs ab den 1960er Jahren stark an, was auch auf die Förderung durch sportpolitische Initiativen wie z. B. „Sport für alle" oder die „Trimm dich"-Bewegung zurückzuführen ist. Erst seit der Jahrtausendwende sind durch die Ausdifferenzierung des Sports in unterschiedliche Trendsportarten und durch das Erstarken der Fitnesskultur die Mitgliederzahlen stagnierend oder rückläufig (Haut 2018).

[20] Kreckel (1992, S. 17) betont, dass soziale Ungleichheiten überall dort vorliegen, „wo die Möglichkeiten des Zugangs zu allgemein verfügbaren und erstrebenswerten sozialen Gütern und/oder zu sozialen Positionen, die mit ungleichen Macht- und/oder Interaktionsmöglichkeiten ausgestattet sind, dauerhafte Einschränkungen erfahren und dadurch die Lebenschancen der betroffenen Individuen, Gruppen und Gesellschaften beeinträchtigt bzw. begünstigt werden".

z. B. gesundheitliche Vorteile von Sportaktivitäten, eine Rolle spielt. Zum anderen sind Körperbilder, Verhaltensdispositionen, insgesamt individuelle Haltungen entscheidend darüber, ob sich jemand sportlichem Wettkampf mit Disziplin, Leistungsbereitschaft und Durchhaltevermögen stellen, den Körper mit Übungen kräftigen und gesund erhalten will oder einen nicht-sportlichen Lebensstil pflegt (Haut 2018). Der durch Essgewohnheiten, Kleidungsstil und eben Sportverhalten geformte Körper ist nach Bourdieu (1999, S. 307) die „unwiderlegbarste Objektivierung des Klassengeschmacks". Dass insbesondere der soziale Status Einfluss auf die Sportpartizipation und Sportvereinsmitgliedschaft hat, zeigte Schlagenhauf bereits 1977 auf. Auch neuere empirische Studien belegen, dass der Einfluss vertikaler, schichtspezifischer Ungleichheiten[21] konstant bleibt[22], aber auch horizontale Ungleichheiten wie Alter, Geschlecht, Nationalität etc. zu berücksichtigen sind (Rohrer und Haller 2015; Breuer 2018; Jekauc et al. 2018; Klein 2009). Beide Ungleichheitsdimensionen stehen in Wechselwirkung zueinander (Winker und Degele 2009) und wirken sich auf die Sportpartizipation und den Gesundheitszustand aus.

Die Sportteilnahme kann als lebenslanger, Schwankungen unterliegender Prozess bezeichnet werden, d. h. über den Lebenslauf lösen sich Phasen der Aktivität mit Phasen der Inaktivität ab, in denen unterschiedliche Faktoren zur Aufrechterhaltung oder Unterbrechung der sportlichen Betätigung beitragen (Jekauc et al. 2018, S. 256; Pahmeier 2008, S. 168). Eine Abnahme der Sportaktivität ist eher im höheren Alter nach Breuer und Wicker (2009) nicht nur in Deutschland, sondern auch in anderen europäischen Ländern wie auch in den USA zu verzeichnen. Die Altersklasse der 60- bis 69-jährigen weist allerdings im Vergleich mit den 50- bis 59-jährigen eine höhere Aktivitätsrate auf (Krug et al. 2013). Möglicherweise ergeben sich in der 60er Dekade durch den Austritt aus dem aktiven Berufsleben mehr Zeit- und Freiräume, um Sportaktivitäten nachzugehen. Zentrale Faktoren, die eine Sportteilnahme eher begrenzen bis verhindern, sind, wie oben erwähnt, der Sozialstatus, der vor allem bei Frauen mit niedrigem Sozialstatus niedrigere Aktivitätsraten im Sport zur Folge hat. Aber auch familiär-private Verpflichtungen sowie der Eintritt ins Berufsleben, der eventuell mit langen Anfahrtswegen und Arbeitszeiten verbunden ist, sind Faktoren,

---

[21] Dazu gehören Bildung, Beruf und Einkommen, die zu einer je individuellen Positionierung im hierarchischen Gefüge einer Gesellschaft führt. Diese Positionierung wird auch mit dem Begriff ‚Sozioökonomischer Status' bezeichnet (Richter und Hurrelmann 2006).

[22] Etwa die Hälfte der Personen aus der unteren Schicht sind sportlich inaktiv, dagegen nur ein Drittel aus der mittleren und nur ein Fünftel aus der höheren Schicht (Lampert et al. 2013, S. 816 f.).

die die Aufnahme oder Weiterführung von Sportaktivitäten erschweren. So führen jedes Kind sowie zu versorgende ältere Personen im Haushalt zu familiären
Belastungen, die sich negativ auf die Aufnahme einer Sportaktivität auswirken.[23]
Hiervon sind vor allem Frauen im mittleren Erwachsenenalter betroffen, die dann
aber wieder in der zweiten Hälfte des mittleren Erwachsenenalters vom Sport-
trend profitieren (Jekauc et al. 2018, S. 275). Für die USA[24] zeigt sich, dass
neben dem Sozialstatus die ethnische Zugehörigkeit ein relevanter Faktor für
die Sportpartizipation darstellt. Humphreys und Ruseski (2006) belegen, dass
Afroamerikaner*innen und Hispanics unabhängig vom ökonomischen Kapital
seltener sportlich aktiv sind als weiße Amerikaner*innen. Breuer und Wicker
(2008) zeigen für Deutschland auf, dass Mitbürger*innen mit türkischen oder
südeuropäischen Migrationserfahrungen signifikant seltener sportlich aktiv sind.
Im europäischen Vergleich sind Sportaktivitäten in denjenigen Ländern (zumeist
in den nordeuropäischen) stärker nachgefragt, in denen Frauen und Ältere eine
höhere Beteiligung aufweisen.

Alter ist ein wichtiger Einflussfaktor für die Aufnahme sportlicher Aktivitäten, allerdings sinkt die Wahrscheinlichkeit für diejenigen, die inaktiv waren,
sich im Sport zu engagieren. Klein (2009, S, 7) spricht von einer „Verfestigung des Lebensstils", der je nachdem von sportlicher Aktivität oder Inaktivität
geprägt war. Mit zunehmendem Alter wird zudem ein Wechsel von Sportarten
wahrscheinlich, da ein geringeres Verletzungsrisiko zur Aufnahme von gesund-
heitsorientiertem Sport motiviert. Breuer (2018, S. 52) verweist darauf, je älter die
Personen sind, die Sport betreiben wollen, desto höher sind auch die Gesamtan-
sprüche an die Dienstleistung und andere Qualitätsfaktoren (z. B. infrastrukturelle
Faktoren wie die Erreichbarkeit, aber auch Umkleideräume, Duschen etc.). Dies
ist schon ein Hinweis darauf, dass Fitnessstudios mit ihrer besseren Infrastruktur
als Sportanbieter ins Blickfeld geraten können.

---

[23] Hyde et al. (2013, S. 107) kommen für die USA zu ähnlichen Ergebnissen.

[24] Hyde et al. (2013, S. 106) werteten aktuelle Studien zu Sportaktivitäten über den Lebenslauf in den USA aus. Ihre Analyse ergab folgendes Ergebnis: „it seems that the highest level
of physical activity seems to occur in childhood, followed by a steep drop-off in adolescence,
continued decline in emerging adulthood, stabilization in adulthood, and another drop-off in
old age".

2.3.2 Ungleiche Gesundheitschancen im Kontext sportlicher Aktivitäten

Körperliche Inaktivität gilt als viertstärkster Risikofaktor für die globale Mortalitätsrate, wie die WHO feststellt (Lim et al. 2013). Vielzählige Studien zeigen, dass eine angemessene körperlich-sportliche Aktivität[25] das Risiko von zahlreichen (im Alter häufig auftretenden) Krankheiten mindert (Finger et al. 2012; Hoebel et al. 2016). Ebenso wirkt sich gesundheitsfördernde körperliche Aktivität positiv auf das psychische Befinden aus (White et al. 2017). Dennoch haben weder die Geschlechterforschung im Themenbereich ‚Geschlecht und Altern‘ noch die kritische, soziologische Alter(n)sforschung die positiven Auswirkungen des Sporttreibens für Ältere[26] in den Blick genommen. Diese Perspektive erfolgt verstärkt, was ja nahe liegt, aus den Trainings- und Bewegungswissenschaften (Granacher et al. 2018). Im Fokus stehen alter(n)sspezifische körperliche Veränderungen und Trainingskonzepte, die die körperliche Leistungsfähigkeit stärken und erhalten sollen.

Im Folgenden werden die Zusammenhänge von Gesundheit und sportlicher Aktivität unter Berücksichtigung ungleicher Partizipationschancen[27] genauer betrachtet.

Gesundheitsvorstellungen haben sich mit den Aktivierungspolitiken seit den 1980er Jahren stark gewandelt. So zeichnet sich Gesundheit nicht mehr nur durch die Abwesenheit von Krankheit aus, sondern erhielt erstmals durch die WHO (1986) eine Erweiterung. Nicht nur körperliche Aspekte, sondern auch ökonomische, kulturelle, soziale Faktoren und Umwelteinflüsse gelten nun als voraussetzungsvoll für eine gesunde Lebensweise. Durch diese Ausdehnung des

---

[25] In vielen Studien bleibt offen, was darunter genau zu verstehen ist. So kritisieren Daskalopoulou et al. (2017), die 23 Langzeitstudien (10 allein aus den USA) zu körperlicher Aktivität und Gesundheit auswerteten, dass nicht leicht nachzuvollziehen war, was unter körperlicher und sportlicher Aktivität verstanden und gemessen wurde.

[26] Schroeter (2009a, S. 367 ff.) setzt sich mit „Fitness und Wellness unter ‚neoliberalem Diktat‘“ auseinander, ohne darauf einzugehen, welche positiven Effekte auf der körperlichen Ebene für die Aktiven damit verbunden sein können. Der Verweis auf den gestalteten Körper nach Maßgabe des „Imperativ[s] persönlicher Verpflichtung und Verantwortung“, der als „Distinktionsmedium zur sozialen Positionierung“ dient, ist sicher richtig und aufgrund ungleich verteilter Ressourcen zu problematisieren, zeigt aber dennoch nur die eine Seite der Medaille. Die hier vorliegende Studie veranschaulicht auch, welche größeren Handlungsspielräume für die Aktiven (der sozialen Mittelklasse) damit verbunden sind.

[27] Soziale Unterschiede in der Morbidität und Mortalität und damit ungleiche Partizipationschancen an Gesundheitswissen und Gesundheitsstrategien (z. B. die Partizipation an sportlichen Aktivitäten) werden als soziale Ungleichheiten beschrieben (Mielck 2000).

Gesundheitsbegriffs werden Praktiken des alltäglichen Lebens wie der Erwerb von Konsumgütern auf dem Gesundheitsmarkt, die Ernährungsweisen sowie Sport-, Wellness- und andere Aktivitäten, die dem individuellen Wohlbefinden dienen, zugleich zum Gesundheitshandeln. „Gesundheit hat sich als eine Art Code generalisiert, der völlig disparate Bereiche des menschlichen Lebens und Arbeitens (...) unter einem Label fasst und in einem Deutungsfeld vereint" (Brunett 2009, S. 77). Gesundheit wird damit nicht mehr allein medizinischer Expertise überlassen, sondern als zentraler Bestandteil der Steigerung von Lebensqualität verstanden (Herzlich 1998, S. 176), die allerdings von den Individuen selbst geleistet werden muss. Techniken der Selbstsorge, Selbstbeobachtung und Selbstaufmerksamkeit, die durch Erziehung und Training angeeignet und habitualisiert werden können, führen dann zu einer gesunden Selbstformung. In diesem Sinne kommt Gesundheit ein symbolischer Mehrwert zu, der über Körperpraktiken wie Fitness oder Yoga, aber auch über Güter und Dienstleistungen, die als gesund codiert sind, hergestellt wird. Die Pluralisierung der Angebote lässt die Auswahl als individuelle Wahl und „Ausdruck von Präferenzen und Geschmack erscheinen" (Brunett 2009, S. 93). Diejenigen, die trotz der Freiwilligkeit der Selbstkontrolle und trotz des prinzipiell offenen Zugangs zu Präventions- und Gesundheitstechniken die Verantwortung für die Arbeit am Selbst nicht übernehmen (können), werden als unwillig und undiszipliniert charakterisiert. Im Kontext gesellschaftlicher „Machtverhältnisse und Normierungszwänge" (van Dyk 2015, S. 104) wird sportliche Aktivität als Zauberformel für gesundes Alter(n) propagiert, aber zugleich außer Acht gelassen, dass die Befähigung zur Selbstorganisation und permanenten Selbstsorge vom kulturellen Kapital und finanziellen Ressourcen abhängen. Ein Zusammenhang von sozialen Ungleichheiten und Gesundheit gilt mittlerweile als unumstritten (Richter und Hurrelmann 2006). Unter dieser Perspektive zeigen Studien (Banks et al. 2006; Erikson und Torssander 2008; Lampert 2016; Tuppat 2021), dass Menschen mit einem niedrigen sozialen Status häufiger von (chronischen) Erkrankungen betroffen sind, den eigenen, allgemeinen Gesundheitszustand als schlechter einschätzen und ein erhöhtes vorzeitiges Sterberisiko in Kauf nehmen müssen. Zu den (vor allem im Alter) häufig auftretenden Erkrankungen gehören genauer Erkrankungen des Herz-Kreislauf-Systems, Diabetes mellitus Typ 2 (Wahid et al. 2016), verschiedene Krebserkrankungen (Moore et al. 2016), Übergewicht (Reiner et al. 2013), hohe Cholesterinwerte (Mann et al. 2014) oder Demenz- und Alzheimererkrankungen (Reiner et al. 2013). Auch die durchschnittliche Lebenserwartung von Menschen mit niedrigem Einkommen ist fünf bis zehn Jahre kürzer als derjenigen, die über ein vergleichsweise hohes Einkommen verfügen (Lampert und Kroll

2014). Differenzierter zeigen Lampert et al. (2019) geschlechtsbezogene Unterschiede auf: Männer und Frauen mit niedrigem Einkommen versterben häufiger vor der Vollendung des 65. Lebensjahres (Männer zu 27,2 %/Frauen zu 13,2 %) als Männer und Frauen mit hohem Einkommen (Männer zu 13,6 %/Frauen zu 8,3 %).

Die Studie „Gesundheit in Deutschland aktuell 2014/15" (RKI 2017) untersucht regelmäßige gesundheitsfördernde Aktivität[28] und unterscheidet dabei zwischen einer unteren, mittleren und oberen Bildungsgruppe. Dabei wird in allen Altersgruppen sichtbar, dass sportliche Aktivitäten in der oberen Bildungsgruppe[29] am höchsten und in der unteren am geringsten sind. Besonders deutlich werden die Ungleichheiten in der Altersgruppe ab 65 Jahren: Während bspw. 51,1 % der befragten Frauen aus der oberen Bildungsgruppe regelmäßig Ausdaueraktivität betreiben, sind es bei der unteren Bildungsgruppe nur 29 % (ebd.). Abgesehen vom Bildungsstatus sind finanzielle Mittel, Alter, Geschlecht, Beruf und regionale und soziale Lebensumwelten Faktoren, welche soziale Unterschiede bei körperlicher Aktivität – und damit auch bei Gesundheit – verdeutlichen (Lehne und Bolte 2018; Hoebel et al. 2016).

Erklärungsansätze verweisen auf der Grundlage des erworbenen kulturellen und körperlichen Kapitals auf individuelles Gesundheitsverhalten wie Ernährungsverhalten, die Inanspruchnahme ärztlicher Vorsorgeuntersuchungen, Erholungsverhalten, Schlafverhalten und Tabak- und Alkoholkonsum sowie auf körperliche und sportliche Aktivität mit maßgeblichem Einfluss auf Erkrankungsrisiken (Lampert 2018). Neben diesen Erklärungsansätzen stehen solche, die stärker makrosoziologische Einflüsse miteinbeziehen. Hierzu gehört zum Beispiel das Modell der WHO Expertenkommission *„Social Determination of Health"* (WHO 2010, S. 6). Es identifiziert auf der Makroebene Globalisierungsprozesse, makroökonomische Politik, Sozialpolitik und das Bildungs-, Gesundheits- und Sozialversicherungssystem als strukturelle Determinanten. Hier gilt anzumerken, dass das Modell daneben auch den sozialen Status[30] als signifikanten Faktor für gesundheitliche Ungleichheiten identifiziert. Ein weiterer Aspekt, den es bezüglich der Erklärungsansätze für gesundheitliche Ungleichheiten zu beachten gilt, ist

---

[28] Indikatoren waren unter anderem Ausdaueraktivität, mindestens 2,5 h pro Woche und Muskelkräftigungsaktivität, mindestens 2-mal pro Woche (RKI 2017).

[29] Auch Brehm et al. (2013) sehen Sportaktivität als gesundheitsfördernd an, verweisen aber darauf, dass Sporttreiben nicht automatisch das Wohlbefinden steigert, sondern nur dann, wenn es in richtigem Maße, heißt systematisch und strukturiert, ausgeübt wird, ein Umstand, der nur aufgrund entsprechender Ressourcen (z. B. Wissen) umzusetzen ist.

[30] Das Modell benennt neben Bildungsniveau, Beruf, Einkommen, auch Geschlecht und soziale Herkunft.

eine zeitliche Dimension – also die Betrachtung von Lebensläufen. Da es bereits im Kindes- und Jugendalter einen Zusammenhang von Sozialstatus und Gesundheit gibt, ist dieser Lebensabschnitt als bedeutsam zu betrachten (Gerlinger 2018; Tuppat 2021). So haben Kinder und Jugendliche, die gesundheitlich (stark) beeinträchtigt sind, schlechtere Bildungs- und Ausbildungschancen und damit auch schlechtere Voraussetzungen auf dem Arbeitsmarkt (Lampert und Kunz 2015), die sich wiederum gesundheitlich auswirken können.

Wie in Deutschland gilt es auch für die USA zum einen als unumstritten, dass soziale Ungleichheiten und Gesundheit zusammenhängen (Dickman et al. 2017; Richter und Hurrelmann 2006). Zum anderen weisen vielzählige Studien darauf, dass eine soziale Benachteiligung im Kindesalter die Gesundheit im späteren Leben beeinflussen kann. Soziale Benachteiligungen können sich auch aufgrund kontextbezogener Ungleichheitsdimensionen ergeben, die während Kindheit und Jugendalter eine besondere Rolle spielen. Zu diesen zählen insbesondere Ressourcen und Belastungen der sozialen und gebauten Umwelt, z. B. soziale Netzwerke, Grünflächen[31] oder Verkehrslärm (Mena et al. 2018), die, wie Mc Conatha et al. (2018, S. 10) beschreiben, *„a direct link to a person's health and happiness in later life"* herstellen. So leiden ältere Erwachsene, die im Kindesalter soziale Benachteiligung erfahren haben, unter einem erhöhten Risiko für Herzinfarkte (O'Rand und Hamil-Luker 2005), Funktionseinschränkungen (Hamil-Luker und O'Rand 2007) oder Diabetes und Arthritis (Blackwell et al. 2001). Des Weiteren ist festzuhalten, dass in den Bereichen Bildung, Einkommen und Krankenversicherung bestimmte ethnische Bevölkerungsgruppen benachteiligt sind. Beispielsweise waren 2018 19 % aller *Hispanics* und 11,5 % aller Afroamerikaner*innen nicht krankenversichert, während der Wert innerhalb der weißen Bevölkerung bei nur 7,5 % lag (Kaiser Family Foundation 2020a).[32] Auch die Armutsquote innerhalb der afroamerikanischen (21,2 %) und hispanischen Gesellschaft (17,2 %) ist deutlich höher als innerhalb der weißen Bevölkerung (9 %) (Kaiser Family Foundation 2019).

Amerikaner*innen mit hohem Bildungsabschluss (Hochschulabsolvent*innen) sind dagegen deutlich seltener von Adipositas[33] betroffen als jene mit einem mittleren und niedrigen Bildungsabschluss (Highschool-Abschluss oder weniger)

---

[31] Haselwandter et al. (2015, S. 324) bezeichnen den Zugang zu Parks, zu Fitnessstudios, zu Arealen fernab von städtischen Einrichtungen und Verkehr mit *„walkability"*, was Einfluss auf moderate bis intensive Aktivitäten für Menschen hat.

[32] Die Zahlen beziehen sich auf Amerikaner*innen im Alter zwischen 0 und 63.

[33] Die Darstellung des Beispiels Adipositas ist insofern sinnvoll, da die USA unter allen OECD Ländern mit die höchste Adipositas-Rate hat (OECD 2021). An dieser Stelle gilt es jedoch auch auf eine kritische Sichtweise dieser Thematik hinzuweisen, welche versucht

(Ogden et al. 2017). Ein ähnliches Bild zeigt sich auch bei weiteren Zivilisationskrankheiten wie bspw. Krebs oder Diabetes. Dies kann mitunter damit
begründet werden, dass es einen eindeutigen Zusammenhang zwischen Bildungs-
grad und (sportlich) körperlicher Aktivität gibt. Zudem gilt wie in Deutschland,
je höher der Bildungsabschluss, desto höher ist das Ausmaß an sportlicher Aktivität (Woods 2017). Allerdings sind von der älteren Bevölkerung lediglich 25 bis
30 % in regelmäßige sportliche Aktivitäten involviert (Mc Conatha et al. 2018,
S. 14), was nach den Autor*innen auch mit fehlendem Zugang zu Parks, Sport-
clubs oder Plätzen, die für sportliche Aktivitäten genutzt werden können (ebd.,
S. 13) zusammenhängt. Zudem existieren unterschiedliche Vorstellungen darüber,
wie sportliche Aktivität zu definieren ist. Während Männer sich mehr in standar-
disierten Formen von Sport engagieren, rechnen Frauen stärker Aktivitäten mit
der Familie oder Arbeiten im Haushalt zu sportlichem Engagement.

Im Endeffekt führen gesundheitliche Ungleichheiten zu ungleichen Lebens-
erwartungen: Der Unterschied in der Lebenserwartung zwischen den reichsten
und ärmsten 1 % der Amerikaner*innen beträgt bei der männlichen Bevölkerung
10,1 und bei der weiblichen sogar 14,6 Jahre (Chetty et al. 2016). Dem amerikanischen Gesundheitssystem (mit seinen hohen Kosten) kann hierbei eine große
Verantwortung zugeschrieben werden (s. Abschn. 2.2).

2.3.3 Ungleiche Gesundheitschancen im deutschen und US-amerikanischen Gesundheitssystem: ein Vergleich

Hinsichtlich ihrer Grundstruktur sind beide Systeme in einen öffentlichen und
einen privaten Sektor unterteilt. Jedoch liegen die Unterschiede zum einen darin,
dass in Deutschland die meisten Bürger*innen in den öffentlichen gesetzlichen
Krankenversicherungen eingeschrieben sind (73,36 % der Gesamtbevölkerung
(Statistisches Bundesamt 2020)) und in den Vereinigten Staaten hingegen 34,1 %
dem öffentlichen und 68 % dem privaten Sektor zugeordnet werden können
(U.S. Census Bureau 2019). Auch die Leistungsangebote in beiden Ländern sind
unterschiedlich: In Deutschland sind die Leistungsinhalte der 110 gesetzlichen
Krankenkassen zu 95 % vorgegeben, wodurch sich die Konditionen der Kassen
nicht signifikant unterscheiden. Diese gelten unabhängig von persönlichen Voraussetzungen wie bspw. Alter, Gesundheitszustand oder Vermögen (Land 2018).

---

negative Zuschreibungen gegenüber übergewichtigen Menschen zu überwinden (s. z. B.
Rose und Schorb 2017; Stoll 2019).

In den amerikanischen Gesundheitsprogrammen sind solche persönlichen Voraussetzungen von hoher Relevanz – zum einen für die Wahl der Versicherung und
zum anderen für die angebotenen Konditionen der jeweiligen Versicherungspro-
gramme (Roth 2018). Zudem ist in Amerika das föderal-politische System auch
im Gesundheitswesen sichtbar: Die politische Entscheidungskraft wird zwischen
Regulierungsbehörden, den Einzelstaaten und dem Bundesgesundheitsministerium aufgeteilt. Das Gesundheitswesen kann sich demnach in den einzelnen
Bundesstaaten durchaus unterscheiden (ebd., 47 f.). Ein weiterer Punkt, den
es zu beachten gilt, sind die Kosten für Versicherte. Selbst in den staatlich
organisierten *Medicaid*- und *Medicare*-Programmen sind einige medizinische
Behandlungen mit teils enormen Zusatzzahlungen verbunden.[34] Durchschnitt-
lich geben Amerikaner*innen jährlich 10 586 US$ für ihre Gesundheit aus. In
Deutschland lag die Zahl bei 5986 US$ (OECD 2019). Dabei spielen neben den
Zusatzzahlungen hohe Prämien und Medikamentenpreise eine bedeutende Rolle.
Dass US-Bürger*innen aufgrund hoher Kosten den Abdeckungsgrad ihrer Versi-
cherung reduzieren, medizinische Behandlungen auslassen oder sogar gänzlich
auf eine Krankenversicherung verzichten, unterstreicht die Kostenproblematik
(Roth 2018; Lammert 2017; Neelsen und Metzger 2009). Die hohen Kosten für
Versicherte sind sicherlich ein Grund dafür, dass in den USA enorm unterschiedliche Gesundheitschancen herrschen. Zwar gehören die USA zu den medizinisch
hochentwickeltsten Ländern der Erde, jedoch ist der Zugang zu bestmöglicher
Versorgung nicht für alle US-Bürger*innen ohne Einschränkungen möglich. Auch
in Deutschland sind soziale Ungleichheiten bei Gesunderhalt, Erkrankungsrisiken und Lebenserwartung vorzufinden[35] (Lampert 2018), jedoch scheinen diese
nicht so stark ausgeprägt zu sein wie in der amerikanischen Bevölkerung. Ein
wohl entscheidender Unterschied liegt darin, dass in Deutschland trotz sozialer
Ungleichheiten das Problem der Nicht- oder Unterversicherung kaum Bestand
hat. 2019 waren ca. 8 % der US-Gesamtbevölkerung ohne Krankenversicherungsschutz (U.S. Census Bureau 2019), während es in Deutschland weniger
als 0,1 % waren (Statistisches Bundesamt 2020). Ob sich dies im Zuge der

---

[34] Auch innerhalb der deutschen gesetzlichen Krankenkassen sind Zusatzzahlungen zu leisten – diese sind allerdings weitaus nicht so hoch wie im amerikanischen System.

[35] Am deutschen Gesundheitssystem werden insbesondere das Nebeneinander einer gesetzlichen und privaten Krankenversicherung kritisiert sowie Mängel in Versorgungsqualität und
-zugang, in Gesundheitsförderung und Präventionspolitik (Gerlinger 2018).

US-amerikanischen Gesundheitsreform (so genannte Obamacare[36]) eingeführten Versicherungspflicht signifikant ändern wird, bleibt abzuwarten.

Abschließend ist festzuhalten, dass das Solidaritätsprinzip, auf welchem insbesondere das öffentliche Gesundheitswesen in Deutschland beruht, im US-amerikanischen Gesundheitssystem deutlich weniger ausgeprägt ist. Dass ein über die Historie entwickelter Individualismus im amerikanischen Habitus verankert ist (Mennell 2020, S. 319 ff.), scheint für große Teile der Bevölkerung zuzutreffen. Es ist zwar anzunehmen, dass unter der Präsidentschaft Bidens die Reform des Gesundheitssystems etabliert und ausgeweitet wird, jedoch scheint es, als bleibe die amerikanische Bevölkerung in dieser Thematik gespalten: Gerade einmal 53 % aller erwachsenen Bürger*innen sprechen sich (generell) für *Obamacare* aus (Kaiser Family Foundation 2020b). Das Gesundheitssystem ist und bleibt – auch nach den vorgenommenen Reformen – noch immer ein sehr individuelles bzw. wird der Herstellung von Gesundheit ein hohes Maß an Eigenverantwortlichkeit zugeschrieben. Einen indirekten Anreiz für die eigenverantwortliche Bearbeitung körperlicher Risiken schafft das US-Gesundheitssystem vor allem dadurch, dass Versicherungsprämien abhängig vom gesundheitlichen Zustand sind. Darüber hinaus belohnen insbesondere private Versicherungsanbieter die Ausübung sportlicher Aktivitäten in Form von Bonusprogrammen. Auch die deutschen Krankenkassen unterstützen solche präventiven Aktivitäten durch Bonusprogramme und Kostenübernahmen (bspw. bei gesundheitsorientierten Fitnesskursen). Der wesentliche Unterschied zum amerikanischen Gesundheitssystem besteht jedoch darin, dass auf Grundlage des Prinzips des Kontrahierungszwangs Prämien und Leistungen (der gesetzlichen Krankenkassen) unabhängig von persönlichen Voraussetzungen sind und auch diejenigen vom Gesundheitswesen aufgefangen werden, die inaktiv sind.

---

[36] Mit dem Ziel, den hier dargestellten Mängeln des US-Gesundheitssystems entgegenzuwirken, wurde nach langjährigen und intensiven politischen Auseinandersetzungen 2010 eine Gesundheitsreform, die sogenannte *Obamacare,* verabschiedet.

2.4 Fitnesskulturen und Fitnesspraktiken

2.4.1 Entwicklung der Fitnesskultur in Deutschland und den USA

Fitnesstraining lässt sich als langfristige Arbeit am Körper bezeichnen, die sich weniger an traditionell sportlichen Aktivitäten, an Wettkampf und Rekord orientiert, sondern individuell auf die Herstellung und den Erhalt von Kraft, Ausdauer, Beweglichkeit und Gesundheit ausgerichtet ist sowie in Anlehnung an kulturelle, vornehmlich medial vermittelte Körpernormen ein ästhetisches Ziel zu erreichen sucht (Möhring 2011; Meuser 2014). Sassatelli (2014) zeigt auf, dass Fitnessstudios inzwischen in spätmodernen Städten westlicher Gesellschaften eine feste Größe darstellen, denn der Gewinn für Fitnessaktive liegt in der Herstellung eines fitten Körpers als symbolischer Marker für Status, Charakter und Disziplin. Die mit der Körperformung erzeugten Differenzen dienen nach Bourdieu (1999) dem Erhalt „bereits erworbener Differenzen" im Prozess des Habituserwerbs.

Begonnen hat die Konzentration auf den Körper als zu disziplinierende Materialität, als Instrument der Charakterschulung, bereits im Laufe des 18. Jahrhunderts. Foucault (1977) zeigt auf, dass der Körper ein wesentlicher Bestandteil des Operierens von Machtverhältnissen in der modernen Gesellschaft darstellt. Macht wird hierbei nicht verstanden als unterdrückende Kraft; vielmehr wird die Produktivität von Macht betont, die durch entsprechende Disziplinartechniken „fügsame und gelehrige Körper" (Sobiech 2017, S. 16) hervorbringt und die Kräfte des Körpers zu steigern sucht. Alkemeyer (2007) beschreibt die Genese des Körpers als Statussymbol im Kontext der Entstehung des Bürgertums und stellt dar, wie zunächst gleichgestellte Körper zunehmend symbolischen Distinktionen unterworfen werden. Der Körper wird nun zum Produkt individueller Anstrengungen, ein Besitz, der gepflegt und in Form gebracht werden muss, um die moralische Überlegenheit seines Besitzers[37] zu demonstrieren. Auch Martschukat (2019, S. 65 ff.) verweist darauf, dass bereits in der ersten Hälfte des 19. Jahrhunderts sowohl in Nordamerika als auch in Europa unterschiedliche Anleitungen und Systeme zur alltäglichen Pflege des Körpers, zur Erhaltung seiner Gesundheit und zur Entfaltung seiner Potentiale existierten. Dazu gehörten auch verschiedene Formen von Gymnastik, um die aufrechte Haltung des Bürgertums zu erzeugen. In der zweiten Hälfte des 19. Jahrhunderts wurde im Zuge dieser

---

[37] Ökonomische Selbstständigkeit, Zugang zu Bildung und das Wahlrecht, die zum Status eines aktiven Staatsbürgers gehörten, blieben Männern vorbehalten. Zugedachte Aufgaben für Frauen in dieser Zeit waren liebende Ehefrau und Mutter zu sein (Sobiech 1994, S. 24 f.).

Entwicklung in den USA der Begriff ‚Fitness', der zuvor als statisches Konzept der Zweckmäßigkeit und Passfähigkeit verstanden wurde, dynamisiert und galt fortan im Rahmen der Prinzipien von Freiheit und individueller Selbstverantwortung als Aufforderung, den Körper aktiv und fit zu halten. Diese neuen Formen körperlicher Ertüchtigung[38] von „Fitnesstraining und Bodybuilding" entwickelten sich in Deutschland in Abgrenzung zum Turnen, das stärker an nationale Tugenden denn an individuelle Ideale anknüpfte, und in Abgrenzung zum aus England überkommenen Sport (Möhring 2011, S. 73). Der Körper und seine Potentiale erhielten in der sich entwickelnden Moderne ein neues Maß an Aufmerksamkeit, die durch das aufziehende Maschinenzeitalter und durch die „Dynamik des Kapitalismus" verstärkt wurde (Martschukat 2019, S. 70). Wedemeyer (1996, S. 414) hebt hervor, dass die „erste große Fitness- und Bodybuildingbewegung" westlicher Industriegesellschaften zwischen 1890 und 1930 in eine Periode gesellschaftlicher und kultureller Verunsicherung fiel. Die dadurch ausgelöste Orientierungslosigkeit hinsichtlich etablierter Werte und Normen führte zur sogenannten Lebensreformbewegung, die mit Rückgriff auf ein „rückwärtsgewandtes Gesellschaftsbild" eine ganzheitliche und gesunde Lebensweise zum Ziel hatte, zu der auch gymnastische Körperübungen gehörten. Andere schlossen sich eher der aufkommenden Fitnessbewegung an, die in körperlicher Fitness den Weg zu gesellschaftlichem Erfolg sahen (ebd.). Denn ein fitter Körper demonstrierte im Rahmen freiheitlicher Gesellschaften die geforderte Leistungsbereitschaft und Selbstverantwortung, um im Wettbewerb um Ressourcen und gesellschaftlicher Teilhabe mithalten zu können. Körper und Gesundheit wurden durch Übungen nun systematisch und anhaltend gestärkt. In allen gesellschaftlichen Bereichen der USA wie Wirtschaft, Wissenschaft, Technik und Militär galt ein durch Körperbildung gestählter Körper im *„survival of the fittest"* als Wettbewerbsvorteil. Hier zeigt sich noch einmal, dass Gesellschaften, die „sich der Freiheit, dem Ideal der Selbstverbesserung und dem Entwurf des autonomen Subjekts verpflichtet fühlen" (Martschukat 2019, S. 81), Differenzen zwischen Leistungsfähigen und Leistungsschwachen, zwischen erfolgreichen, produktiven Mitgliedern und ‚den Anderen' erzeugen. Es ging hierbei hauptsächlich um den weißen, männlichen Körper, der seine „naturgegebene Überlegenheit" (ebd., S. 84) dazu nutzte, um gesellschaftliche Kräfteverhältnisse im Zeitalter der Biopolitik (Foucault 2004) zu restabilisieren. So waren auch die ersten Fitnessstudios, die Ende des 19. Jahrhunderts in den USA und Europa entstanden, auf Kraftzuwachs ausgerichtet, weshalb

---

[38] Möhring (2006, S. 287) betont, dass diesen Gymnastiksystemen Ende des 19. Jahrhunderts, denen individualisierte Formen des Einwirkens auf den eigenen Körper immanent waren, als Vorläufer für die heutige Fitnessbewegung gedeutet werden können.

sie auch „„Kraftstudios'" (Möhring 2011, S. 73) genannt wurden.[39] Während in Deutschland zum größten Teil Angehörige des neuen Mittelstands, auch Beamte und Studenten, Mitglied in diesen Studios wurden, versuchten in den USA neben den privilegierten weißen Männern, die per se mit Insignien gesellschaftlicher Hegemonie und politischer Macht ausgezeichnet waren, auch afroamerikanische Intellektuelle und Politiker dafür zu werben, dass eine gesunde, körperliche Ertüchtigung für *African Americans* im Kampf um politische Gleichberechtigung nicht wegzudenken sei, „um als Bürger und Bürgerinnen reüssieren zu können" (Martschukat 2019, S. 89). Auch Frauen versuchten Anfang des 20. Jahrhunderts über die Herstellung von Fitness mehr gesellschaftliche Teilhabe zu erreichen. Hieran lässt sich zeigen, dass Fitness sich inzwischen als aktive körperliche Ertüchtigung in den Köpfen und Körpern moderner Menschen eingeschrieben hatte. Mit dieser Entwicklung entstand ein internationaler, kommerzieller Fitnessmarkt, der für zusätzliche Verbreitung sorgte.[40] Allerdings wurde das englische Wort Fitness erst in den 1960er Jahren in deutschen Texten verwendet (ebd., S. 91).

2.4.2   Fitness als Selbsttechnik im Kontext neoliberaler Gesellschaften

In den 1970er Jahren galt ein fitter Körper, der produktiv, kampfbereit, leistungsfähig und flexibel im Einsatz seiner Energien sein sollte, als unabdingbar für das individuelle Fortkommen in einer zunehmend neoliberalen Gesellschaftsordnung und eines sich entwickelnden flexiblen Kapitalismus. Martschukat (2019, S. 129) beschreibt, wie mit dem Ende des Fordismus die Vision des Sozialstaats aufgekündigt wird und sich dagegen ein schlanker Staat mit mehr Markt, mehr Wettbewerb und weniger Umverteilung etabliert. Wie der Zusammenhang von „Zugriffen auf den Körper und modernem Staat" (Möhring 2006, S. 284) genauer zu denken ist, auch unter dem Aspekt der Subjektivität, zeigt Foucault (2004)[41]

---

[39] Möhring (2011, S. 74) zeigt auf, dass in Deutschland auch für die private Ertüchtigung zu Hause der eher bürgerlich orientierten Fitnessbewegung in den 1920er Jahren Fotografien antiker Statuen als Vorbilder dienten, die allerdings eher schlanke, harmonische Formen im Gegensatz zum „kraftstrotzenden Herkules" bevorzugten.

[40] Allein im deutschsprachigen Raum gab es im ersten Drittel des 20. Jahrhunderts ca. hundert Fitness- und Bodybuildingbroschüren zu kaufen (Wedemeyer 1996, S. 416).

[41] Foucault gehört zu denjenigen Theoretikern, die die Historizität des Körpers radikal herausgestellt und dargelegt hat.

in seinem Konzept der Gouvernementalität[42] auf. Mit dem Begriff „Regierung"
(ebd., S. 14) führt er eine neue Dimension seiner Machtanalyse ein, die es ermöglicht, in vielfältiger Weise auf die Lenkung, Kontrolle, Führung von Individuen
und Kollektiven zu schauen, die gleichermaßen mit Formen der Selbstführung
verknüpft sind. Regierung zielt damit nicht in erster Linie auf die Unterdrückung
von Subjektivität, vielmehr geht es um die „(Selbst-)Produktion", die „Erfindung
und Förderung von Selbsttechnologien", die an Regierungsziele anschlussfähig
sind (Lemke et al. 2000, S. 29). Technologien des Selbst[43] sind nach Foucault
(1993, S. 26 f.) als jene „Formen" zu klassifizieren, „in denen das Individuum auf
sich selbst einwirkt", das meint präziser: „eine Reihe von Operationen an seinem
Körper oder seiner Seele, seinem Denken, seinem Verhalten und seiner Existen-
zweise" vornimmt, „mit dem Ziel, sich so zu verändern", dass ein „Zustand des
Glücks", „der Vollkommenheit oder der Unsterblichkeit" erreicht wird.

Eine besondere Variante liberaler Gouvernementalität stellt der „Neoliberalismus" dar, in der die Wissensform der praktischen Ökonomie die Regierung
anleitet und für eine „Freiheit des Marktes Raum geschaffen wird" (Foucault
2004, S. 149). Die Gesellschaft selbst wird nun nach den Prinzipien des Marktes und des Wettbewerbs organisiert, die die aktive unternehmerische Betätigung
der Einzelnen ins Zentrum rückt (Bröckling 2007). Ab Mitte der 1970er Jahre
wird die Form des Marktes zum Organisationsprinzip von Staat und Gesellschaft,
d. h. „Bildungs-, Gesundheits- und Sozialpolitik" werden als „Marktgeschehen"
aufgefasst (Duttweiler 2016, S. 28). Das unternehmerische Selbst avanciert zum
Leitmotiv einer umfassenden Ökonomisierung des Sozialen. Um die Einzelnen
zu unternehmerischem Handeln in allen Lebensbereichen anzuleiten, schaffen
Regierungstechnologien entsprechende Anreizstrukturen durch Aktivierungsprogramme. Von politischer Seite sind z. B. Aktivitäten ins Blickfeld gerückt worden,
die in der Übernahme von Betreuungs- und Pflegetätigkeiten oder in der Ausübung ehrenamtlicher Tätigkeiten zugleich der Gesellschaft zugutekommen sollen
(van Dyk und Graefe 2011, S. 104). Der Idealtypus des Arbeitsmarktes zeigt sich
im „Arbeitskraftunternehmer", der – in der 1980er Jahren „diskursiv und politisch vorbereitet" – 2003 in Form der Ich-AG auf breiter Ebene eingeführt wird
(Martschukat 2019, S. 131). Mit der Ich-AG sind Aufforderungen an Autonomie,
Flexibilität und Leistungswillen verbunden, deren kompetente Umsetzung am

---

[42] Foucault schafft hier ein Kunstwort, mit dem er „die Verbindung zwischen den Techniken
der Beherrschung anderer und den Techniken des Selbst" (2004, S. 969) beschreiben will, die
in der Mitte der Gesellschaft, am Kreuzungspunkt unterschiedlicher Führungen, zu verorten
sind.

[43] S. hierzu auch Sobiech und Hartung (2019).

besten durch den fitten Körper symbolisiert wird. Folglich wird in der neoliberalen Gesellschaft und ihren Aufrufen zur Übernahme von Eigenverantwortung die Machttechnik der Disziplin keineswegs überflüssig, wie Möhring (2006, S. 285) darlegt. Im Gegenteil, mit der Bearbeitung des Körpers im Sinne zeitgenössischer hegemonialer Diskurse um den leistungsfähigen, gesunden und schlanken Körper „schleicht sich" die Disziplinierung in die „Bedürfnisse, Interessen und Werte der Subjekte ein" (Wagner 2017, S. 61). Der Körper erscheint im Kontext dieser Machtmechanismen als „Rohmaterial", der erst durch die zielgerichteten Eingriffe des Individuums zu einem besseren Selbst transformiert wird (ebd., S. 109).

Gesundheit und Fitness können demnach als Zentralkategorien gegenwärtiger Selbsttechnologien gedeutet werden, in denen das Selbstverhältnis durch Selbstbeobachtung und -disziplinierung bestimmt wird. Auch Graf (2013, S. 142) betont, dass Fitness als Körperpraxis über das Fitnessstudio hinausweist und zum „Leitbild aktueller Subjektkonstitutionen" avanciert. In der Arbeit am Selbst, verstanden als Bearbeitung des eigenen Körpers im Sinne kultureller, auch medial vermittelter Körperideale (Meuser 2014, S. 67), „Techniken und Praktiken, die im Diskurs zirkulieren" (Gugutzer und Duttweiler 2012, S. 7), wird die Ausübung von Fitness zu einer Ermächtigungsstrategie.[44] Durch die in den Körper investierte Zeit und Arbeit, durch Training, Ernährung, Kosmetik und Pflege kann Körperkapital erwirtschaftet werden, das gerade auch bezogen auf Alterungsprozesse mit dem Heilsversprechen versehen ist, das Leben selbst verlängern zu können. Diese Form des *Doing Age* auf der interaktiven Ebene eröffnet im „Kampf gegen das Alt-Aussehen" (Schroeter 2008, S. 965) die Chance, Distinktionsgewinne und Wettbewerbsvorteile zu erzielen, um die eigene Positionierung zu stärken. Graf (2013, 142) betont in diesem Zusammenhang, dass der fitte Körper vorwiegend von einer urbanen Mittelschicht repräsentiert wird, die die hegemonialen Diskurse aktiv mit hervorgebracht hat und davon profitiert, aber sich zugleich von anderen Körpern abgrenzt und diese als dick oder krank festschreibt. Aber nicht nur die soziale Lage ist ausschlaggebend dafür, ob Körperarbeit in Fitnessstudios zum Element der Selbstführung avanciert. Auf welche Weise der Körper geformt werden soll, hängt ebenso von der Geschlechtszugehörigkeit ab. Mit der Herstellung eines heteronormativen, fitten und gesunden Körpers, dem per se ein symbolischer Mehrwert der Zielorientierung, Willensstärke, Disziplin sowie Flexibilität anhaftet (Duttweiler 2016), soll zudem die ständige Bereitschaft entwickelt werden, immer neue Verbesserungsmöglichkeiten zu erschließen, um

---

[44] Jede selbstermächtigende Körperpraxis hat immer auch eine Unterwerfung unter soziale Normen zur Folge (Villa 2008), die darauf abzielt, Benachteiligungen oder gar Stigmatisierungen zu vermeiden.

sich selbst einem antizipierten optimalen Soll-Zustand anzupassen (Straub und Balandis 2018, S. 73). Praktiken der Selbstgestaltung und Selbstformung sind in diesem Sinne einerseits autonome, bewusst vollzogene Entscheidungen, die aber andererseits auf kulturellen und sozialen Voraussetzungen, z. B. auf aktuellen, geschlechtsbezogenen Leitbildern der Selbstoptimierung beruhen.

2.4.3 Fitnessstudios unter Berücksichtigung von Geschlecht und Alter(n)

Die Fitnessbranche ist inzwischen in westlichen Gesellschaften fest etabliert und verzeichnet in den letzten Jahren ein stetiges Wachstum, auch wenn die Corona-Krise und die damit verbundenen behördlichen Schließungen der Fitnessanlagen mit Einbußen für den Gesamtumsatz verbunden waren. Die Branche selbst sieht sich in einer gesellschaftlichen Schlüsselposition, „einen ganz wesentlichen Gesundheitsauftrag" zu erfüllen, der „den Menschen zu einem aktiveren und gesünderen Leben verhilft" (DSSV 2021, S. 8). Rund jede*r achte Bundesbürger*in ist inzwischen in einer der 9538 Anlagen Mitglied, was etwa 12,4 % der Gesamtbevölkerung (ca. 83,2 Mill.) umfasst.[45] Im Vergleich der mitgliederstärksten Trainingsformen steht das Fitnesstraining mit 10,31 Mio. Mitgliedern über den vereinsgebundenen Sportarten Fußball mit 7,17 Mill. und Turnen mit 5,05 Mill. Mitgliedern (ebd., S. 14) an erster Stelle. Bezogen auf alle Anlagentypen sind 55 % der Frauen Mitglied. Mit knapp unter zwei Dritteln fällt der Frauenanteil in den Mikroanlagen am höchsten aus, was damit zusammenhängt, dass im Mikrosegment die größere Anzahl von Frauenfitnessstudios zu verzeichnen sind. Lediglich Kettenanlagen, zu denen z. B. auch die Discounterstudios (reine auf Gerätetraining – Kraft und Ausdauer – spezialisierte Anlagen) mit einem günstigen Beitrag von zum Teil unter 20 € gehören, sind die einzige Anlageform, in der mehr Männer als Frauen trainieren (ebd., S. 38). Die Mitglieder, deren Durchschnittsalter mittlerweile auf 41,3 Jahre angestiegen ist, kommen außerhalb des *Lockdowns* durchschnittlich ein Mal pro Woche zum Training. Bezogen auf alle Anlagen ist die Altersgruppe 20 bis unter 30 Jahre und 30 bis unter 40 Jahre vornehmlich im Segment der Kettenbetriebe stark vertreten (23,2 %). Die Altersgruppe 40 bis unter 50 Jahre zeigt mit 22,6 % bezogen auf alle Anlagen die höchsten Werte bei der Mitgliedschaft, während die Mitglieder ab 60 Jahre im Vergleich zu 2019 leicht abgenommen haben, aber im Bereich der

---

[45] Alle Zahlenangaben der Eckdaten 2021 des DSSV-Berichts beziehen sich auf das Jahr 2020.

Einzelbetriebe am stärksten vertreten sind (ebd., S. 43). Für alle Einzelbetriebe bewegt sich der Mitgliedsbeitrag im Mittel zwischen 40 und 65 € (brutto). Bei den Mikrostudios liegt der Mittelwert bei 73 € (brutto), im oberen Viertel werden sogar 87 € als Monatsbeitrag realisiert (ebd., S. 46). Mit 44,7 % positionieren sich die meisten Anlagebetreiber*innen in der Kategorie ‚Gesundheit' (Erhalt der Leistungsfähigkeit, Prävention), Kettenbetriebe setzen nach wie vor schwerpunktmäßig auf ‚Training' (Verbesserung der Leistungsfähigkeit), aber auch ‚Wellness' (Entspannung, Erholung, mentaler Ausgleich) und 'Lifestyle' (soziale Aspekte, gehobener Lebensstil, Trends) sind bei Einzel- und Kettenbetrieben zu geringeren Anteilen vertreten (ebd., S. 35). Die Fitnessangebote reichen vom gerätegestützten Krafttraining und gerätegestützten Herz-Kreislauf-Training, die nahezu von allen Studios angeboten werden, bis zum Functional Training, Personal Training sowie Yoga und Pilates, die verstärkt von Einzelbetrieben angeboten werden. Die Kettenstudios setzen ebenfalls auf diese Fitnessbereiche und bieten zusätzlich Zirkeltraining an (ebd., S. 36).

Als wichtiger Baustein zur Professionalisierung der Studios wird die Mitarbeiter*innenqualifizierung angesehen. 48,9 % aller Mitarbeiter*innen weisen als höchste Qualifikation eine Trainer*innenausbildung auf, z. B. Fitnesstrainer*in-B-Lizenz der B(ildung)S(chafft)A(ufstieg)-Akademie für Prävention, Fitness und Gesundheit. Jede*r Fünfte, also 20,6 % haben mittlerweile einen Studienabschluss in diesen Bereichen. Bei den Einzelbetrieben kann jede*r Vierte (25,2 %) eine Berufsausbildung vorweisen (z. B. Sport- oder Fitnesskaufmann/-frau) und rund jede*r Fünfte (19,2 %) verfügt über einen Hochschulabschluss (z. B. Bachelor of Arts Fitnessökonomie). Jede*r Zehnte (9,7 %) bringt eine medizinische Qualifikation mit (z. B. Physiotherapeut) (ebd., S. 57). Weiterbildung der Mitarbeiter*innen liegen in den Bereichen „Gerätegestütztes Krafttraining" (69,8 %), „Gerätegestütztes Herz-Kreislauf-Training" (46,7 %) und mit 44,1 % im „Gruppentraining". Bei allen Anlagen stehen die Inhalte „Functional Training/Athletiktraining" (57 %) an erster Stelle. Es folgen Weiterbildungen im Bereich Ernährung (61,9 %) und verstärkt in Zeiten von Corona im Bereich „Digitalisierung" (83,4 %). „Personal Training" gehört für jede dritte Anlage zum Weiterbildungsprogramm, wobei die Mikroanlagen mit 57,9 % weit über dem Branchendurchschnitt liegen (ebd., S. 64).

Als Fazit aus der Zusammenfassung der Eckdaten 2021 kann festgehalten werden, dass trotz der Feststellung, dass Fitnessstudios „durch die Bereitstellung ihrer Leistungen und Produkte (…) ein längeres, gesünderes und gerade mit Blick auf den demografischen Wandel selbstbestimmteres Leben gewährleisten" (ebd.,

S. 13), besondere Kurs- oder Trainingsangebote für Ältere ab 60 Jahre weder etabliert noch Qualifizierungen für Trainer*innen im Bereich des Sports mit Älteren
in den Blick genommen geschweige denn angeboten werden.

Nach den quantitativen Daten zu Mitgliedschaften, inhaltlichen Schwerpunkt-
setzungen, Angeboten von Fitnessstudios etc. ist danach zu fragen, welche
qualitativen Aspekte sportliche Aktivitäten im Fitnessstudio mit Berücksichtigung
der Kategorien Geschlecht und Alter(n) strukturieren.

Auf den ersten Blick scheint für die 55 % Frauen und 45 % Männer, die
Mitglied in einem Fitnessstudio sind, die differente Herstellung von Geschlecht
an Bedeutung zu verlieren, da die Aufforderung, einen fitten und straffen Körper zu modellieren, sich gleichermaßen an beide Geschlechter richtet (Sobiech
2006a; vgl. dazu auch Meuser 2014, S. 74). Genaueren Aufschluss über die
Nutzung technischer Artefakte zur individuellen Formgebung kann die Analyse
der räumlichen Gestaltung der Studios geben, da Räume mit ihrer Konfiguration von kulturellen Objekten und der Platzierung von Geräten usw. Weichen
für die Interaktionen und Tätigkeiten der Akteur*innen stellen und damit als
ein wirkungsvolles Ordnungs- und Strukturmerkmal gelten können (Löw 2017,
Sobiech 2022). Fitnessstudios sind zunächst institutionalisierte Räume mit einer
nahezu in allen Fitnesscentern identischen (An)Ordnung bzw. Ausstattung, die
eine zielgerichtete Platzierung intendieren: im Eingangs- und Bistrobereich, in
Umkleideräumen, in Kursräumen und auf Trainingsflächen. Welche räumlichen
Arrangements je nach Geschlecht genutzt werden (Sobiech 2006b), hängt von
kulturell geformten Wahrnehmungs- und Deutungsmustern in einer hierarchischen Geschlechterordnung und den symbolisch vermittelten Repräsentationen
ab. Als geschlechtssegregierte Räume sind neben der üblichen Aufteilung der
sanitären Anlagen, Umkleide- und Duschräume in Frauen- und Männerbereich,
Teile des Gerätebereichs wie der Freihantelbereich und der mit Spiegelwän-
den ausgestattete Kursraum zu nennen. Während der Freihantelbereich nahezu
ausschließlich von Männern genutzt wird, werden die in Kursräumen angebotenen Kurse wie BodyStyling, BodyArt, Pilates, Yoga, Zumba, Rückenfit etc.
(immer noch) in der Mehrzahl von Frauen besucht. Weiterhin bieten manche
Studios einen ausgewiesenen ‚Frauenfitness-Bereich‘, Frauen-Saunen oder explizite Saunazeiten für Frauen sowie einen Kinderspiel- und -betreuungsbereich
an, der ebenso nahezu ausschließlich von Frauen betreten wird, die ihre Kinder für die Trainingszeit unterbringen wollen. Auch die Betreuung wird in der
Regel von Frauen geleistet. Das heißt, zum einen werden geschlechtsgebundene
Handlungsräume definiert und zugewiesen, zum anderen bestimmen aber die

Aktiven durch ihre Nutzungspräferenzen, die wiederum durch gesellschaftlich-hegemoniale Modelle von ‚Weiblichkeit' und ‚Männlichkeit' beeinflusst sind, die räumliche Gestaltung der Studios mit.

Mauss (1975, S. 139) beschreibt die „Techniken des Körpers" als Möglichkeit von Menschen, auf den Körper einzuwirken und sich des eigenen Körpers zu bedienen. In diesem Sinne ist auch die Körperformung durch technische Artefakte von Männern zu verstehen. Besonders im Freihantelbereich folgen sie dem Prinzip der Expansion ihres Körpers, denn sie trainieren auf Maximalkraft, traditionell als Bodybuilding[46] bezeichnet. Das heißt, sie trainieren durch für sie maximal aufgelegte Gewichte und wenige Wiederholungen auf ‚Masse'. Das Fleisch des Bodybuilders, so beschreibt es Morris (2000, S. 166), wird zur „lebendigen Modelliermasse", deren Gestaltung sich an den Proportionen griechischer Skulpturen orientiert. Vorrangig zu trainierende Körperteile sind dabei der obere Rückenbereich, Brust, Schultern und Oberarme, die hart und klar definiert zu Tage treten sollen. Ziel ist die sogenannte V-Form des Körpers, die als männliches Körperideal gilt. Auch die klar definierte Bauchmuskulatur, das sogenannte ‚Sixpack', gehört mittlerweile zur gelungenen Formung eines Männerkörpers, da ein harter Bauch auf Charakterfestigkeit und Selbstdisziplin verweist. Morris (ebd.) hebt hervor, dass es bei dieser Trainingsstrategie nur darauf ankommt gut auszusehen und nicht darauf, sich auch noch gut dabei zu fühlen. Da das anstrengende Maximalkrafttraining unrhythmisch angelegt ist, wird der Schmerz zum ständigen Begleiter. Bei jedem erneuten Kraftaufwand, die Gewichte zu stemmen, erweist sich der eigene Körper als Gegner, der bezwungen werden muss. Nur mit dem puren Willen, das ‚schwache Fleisch' niederzuringen, kann man(n) sich als besonders leistungsfähig hervorheben. Das mit den maskulin kodierten Praxen der Modellierung des Körpers verbundene Gefühl der Stärke und Überlegenheit passt zu gesellschaftlichen Vorstellungen von Männlichkeit, die mit sozialer Wertschätzung innerhalb des Fitnessszene verbunden sind (Kiep 2017, S. 8). In einem Areal im Gerätebereich mit feststehenden Trainingsmaschinen, der sowohl von Männern als auch von Frauen genutzt wird, erscheint Geschlecht als Zugehörigkeits- und Differenzierungskategorie zunächst als nicht relevant. Diese Art der Gender-Neutralisierung zieht jedoch eine bestimmte Form der Differenzarbeit nach sich. Männer legen hohe, nur mit Unterstützung zu bewältigende Gewichtsscheiben auf und untermalen ihre Kraftanstrengungen mit lautem Stöhnen (Sobiech 2006a).

---

[46] Auch Wedemeyer-Kolwe (2018) beschreibt geschlechterdifferente Trainingsformen im Bodybuilding. Honer (1985, S. 133) bezieht sich ebenfalls auf diese Trainingsform und zeigt in ihrer Studie auf, dass der „echte Bodybuilder" sein Körpergewicht und Körpervolumen erhöhen will, wohingegen „unechte Bodybuilder", dies sind zumeist Frauen, einfach der Gesundheit oder der Figur zuliebe ein Studio aufsuchen.

Frauen trainieren in der Regel in den Kursräumen[47] und an Geräten nach dem Prinzip der Reduktion[48]. Vorrangiges Trainingsprinzip ist das der Kraftausdauer: viele Wiederholungen bei wenig Gewichten. Ziel ist der Fettabbau insbesondere an Bauch, Hüften, Po und Beinen. Straff und knackig soll der Körper werden, aber nicht zu muskulös im Sinne sichtbar ‚definierter‘ Muskulatur.[49]

Effekte dieser Art der Raumkonstruktion und der geschlechtsdifferenten Körperarbeit sind offensichtlich: Über die damit verknüpften impliziten Aufforderungen, sich zu positionieren und zusätzlich den eigenen Körper in den dafür vorgesehenen Arealen mit spezifischen geschlechtsbezogenen Techniken der Körperperformung zu bearbeiten, wird eine Disziplinierung und Habitualisierung des Körpers im Sinne gängiger Vorstellungen von ‚Weiblichkeit‘ und ‚Männlichkeit‘ erreicht. Geschlechtszugehörigkeit wird nicht einfach nur hergestellt, sondern als ‚natürliche‘ Differenz konstruiert und stabilisiert. Hutson (2016, S. 54) betont in diesem Kontext, dass das im Fitnessfeld propagierte, durchtrainierte schlanke, fettfreie Körperideal ein Ideal darstellt, dass unter einer intersektionalen Perspektive als *„gendered, raced, and classed"* zu bezeichnen ist. Denn *„Black, Latina and lesbian women"* sind von der hegemonialen weißen und heterosexuellen Weiblichkeit ausgeschlossen. Auch Schmechel (2018, S. 155) zeigt in ihrer Studie auf, dass für Personen mit anderer Geschlechtsorientierung das Fitnessstudio kein *„queerer safer space"* darstellt. Die Studienteilnehmer*innen sehen sich deshalb ‚gezwungen‘, einen „anderen Raum" für die Ausübung von Fitnessaktivitäten bei gleichzeitiger Akzeptanz und Anerkennung ihrer geschlechtlichen Selbstdefinition zu schaffen. Durch das Zusammentreffen mit Menschen, die ähnliche Körpererfahrungen erlebt und ähnliche geschlechtliche Identitäten ausgebildet haben, können ihre „anderen Körper" nun als ‚normal‘ empfunden werden.

Wie passen nun Ältere in dieses Feld, in dem die Modellierung des eigenen Körpers und die Herstellung von Fitness nach dem Vorbild jugendlicher, heteronormativer Idealkörperbilder angestrebt wird? Besonders interessant zur Beantwortung dieser Frage ist eine aktuelle Evaluation von 22 Studien zur

---

[47] Während das Einzeltraining stärker eine „eigenleibliche Resonanz" hervorbringt, mit der sich ins positive Verhältnis zum eigenen Körper gesetzt wird, bedeutet das Gruppentraining, wie Wetzel (2014, S. 10) darlegt, eine „zwischenleibliche Resonanz", mit der Trainierende durch verbale oder nonverbale Kommunikation mit anderen ein Wohlgefühl erzeugen.

[48] Selbst wenn Frauen auf Muskelaufbau trainieren und Bodybuilding betreiben, verfolgen sie, wenn auch nicht bewusst, die Strategie der Reduktion. Der erhebliche Fettabbau bewirkt, wie bei anorektischen Frauen, das Schrumpfen der Brüste und das Ausbleiben der Menstruation, da der Frauenkörper nur bei ausreichender Fettschicht die dafür notwendigen Hormone produzieren kann.

[49] Mittlerweile sind auch einige junge Frauen, die in sogenannten Crossfitboxen die Kraftgeräte zum Muskelaufbautraining nutzen, daran interessiert, ihre Muskeln an Oberarmen, Schultern und Beinen auf Muskelzuwachs zu trainieren.

Fitness- und Gesundheitsindustrie, die zum Ziel hat, Altersdiskriminierungen im Fitnessfeld genauer zu analysieren (Jin und Harvey 2021). Die Autor*innen konstatieren zunächst, dass mit der Idealisierung des jungen attraktiven Körpers in westlichen Gesellschaften Altersdiskriminierungen zugenommen haben. Vor allem Gesundheitsexpert*innen im Fitnessfeld wie Trainer*innen, Physiotherapeut*innen etc. schätzen körperliche Fähigkeiten von Älteren schlechter ein und empfehlen weniger intensive Trainingseinheiten sowie Maßnahmen zur Gewichtsreduzierung. Dies gilt umso mehr für Fitnessstudios, die sich auf ein stärker jüngeres Klientel spezialisiert haben. Ältere werden hier als weniger motiviert und kompetent eingeschätzt, Übungen physiologisch funktionell ausführen zu können. Außerdem wird Älteren stärker eine kränkliche Konstitution unterstellt, die es Trainer*innen schwermacht, die Übungsintensität angemessen zu modellieren. Das Fazit der Autor*innen ist, dass Fitnessexpert*innen besondere Qualifikationen für den Umgang mit Älteren benötigen, um altersbezogene Stereotypen zu vermeiden und die Heterogenität der älteren Bevölkerung zur Kenntnis zu nehmen. Neben dieser expliziten Altersdiskriminierung benennen die Autor*innen auch implizite Formen, die sowohl die negative als auch positive Wahrnehmung von älteren in Fitnessstudios aktiven Mitgliedern umfassen. Positive Aspekte zeigen sich bei denjenigen Personen, die regelmäßigen Fitnessaktivitäten nachgehen und sich in Form halten, insofern, als sie sich selbst für gute Beispiele für gesundes Alter(n) halten und für jünger einschätzen, als ihr chronologisches Alter vorgibt. Die positive Bearbeitung des dritten Alters durch Sport/Bewegung/Fitness sind auch in Interviewstudien aus dem kanadischen Raum (Allain und Marshall 2017; Quéniart und Charpentier 2012; Hurd Clarke und Griffin 2007) zu finden, mit der ältere Fitnessstudiobesucher*innen Altersanzeichen bearbeiten wollen, um Hochaltrigkeit möglichst hinauszuschieben. Eman (2012, S. 470) beschreibt, wie es in Schweden sportlich aktiven Älteren gelingt, sich aufgrund ihrer sportlichen Leistungen *("capability-age")* gegen negative Altersstereotype zu schützen. Im deutschsprachigen Raum zeigen Hartmann-Tews (2010) sowie Hartmann-Tews et al. (2012) in ihren qualitativen Interviewstudien mit sportlich aktiven älteren Menschen auf, dass Sport als positives Anti-Aging wahrgenommen wird. Zum positiven Anti-Aging gehört die Überzeugung, dass die körperliche Erscheinung entscheidend für die Einschätzung der eigenen Person ist, um Respekt zu erhalten und auch über das soziale Umfeld ein Zugehörigkeitsgefühl übermittelt zu bekommen, wie die Teilnehmerinnen aus der Studie von Fougner et al. (2019) berichten. Negative Aspekte stehen vor allem in Zusammenhang mit dem sozialen Vergleich von älteren Fitnesssporttreibenden mit Nicht-Aktiven, deren Fitness, Gesundheit und Erscheinungsbild stereotyp als schwächer und weniger attraktiv eingeschätzt wird (Jin und Harvey 2021, S. 109). Vor allem Frauen werden mit dominanten sozialen Erwartungen an ihr Erscheinungsbild, das Jugendlichkeit, Energie und Tatkraft ausstrahlen soll, konfrontiert. Sie unterliegen der Gefahr, doppelt diskriminiert zu werden. Jin und Harvey (2021, S. 111) sprechen deshalb von *„double jeopardy or gendered ageism"*. Bereits Susan Sontag (1972) verwies in den 1970er Jahren auf den *„double standard of aging"*, wonach Frauen im Alter eher als Männer soziale Sichtbarkeit und Aufmerksamkeit verlieren. Krekula (2007, S. 162) kritisiert diesen Ansatz als zu eindimensional, da nicht nur die ästhetische Dimension des Körpers eine Rolle spielt, sondern vielmehr auch die Funktionalität, die von älteren, sportlich aktiven Frauen positiv bewertet wird. Minello und Nixon (2017) zeigen auf, dass auch ältere Männer im Fitnessfeld marginalisiert werden, da jüngere, mittelalte Männer das Feld mit ihren Praxen dominieren. Jin und Harvey (2021) betonen, dass intersektionale Ansätze notwendig sind, um Altersdiskriminierung in der Fitnessindustrie angemessen zu erforschen.

2.5 Zusammenfassung und Forschungsfragen

In Anlehnung an Winker und Degele (2009) werden die vorangegangenen Ausführungen unter den o. g. Kategorien auf den Untersuchungsebenen der strukturellen Machtverhältnisse, der Repräsentationsebene und der Identitätsebene zusammengefasst.

Als erstes werden Überlegungen zur Kategorie *Körper* mit Blick auf Alter(n), sportliche Aktivität/Fitness und Gesundheit als stärkstem Untersuchungsfokus zusammengefasst. Auf der Ebene der strukturellen Machtverhältnisse ist vor allem die Etablierung des aktivierenden Sozialstaats im sich entwickelnden flexiblen Kapitalismus wesentlich, da im Zuge dessen Bildungs-, Gesundheits- und Sozialpolitik als „Marktgeschehen" aufgefasst wird. Die Produktivität der Macht (Foucault 1977), die sich zunächst auf die Disziplinierung von Körpern richtete, um gefügige und nützliche Körper zu erzeugen, ,erfindet' in der neoliberalen Gesellschaft Technologien des Selbst, die das Selbstverhältnis durch Selbstbeobachtung, durch eine umfassende Selbstsorge bestimmen. Aufforderungen an unternehmerisches Handeln, an Autonomie und Flexibilität sind erfolgreich über die Herstellung eines fitten Körpers zu symbolisieren. Denn das mit Training, Ernährung, Kosmetik und Pflege erwirtschaftete Körperkapital dient vor allem der urbanen Mittelschicht zur Sicherung der eigenen Position im sozialen Gefüge und zur Abgrenzung von ,Unwilligen'. Sportliche Aktivität/Fitness und Gesundheit erscheinen somit als die Zentralkategorien gegenwärtiger Selbsttechnologien, deren Einsatz Vorteile im Wettbewerb um Ressourcen und gesellschaftliche Teilhabe verspricht. Dies gilt auch für die gut situierten „Jungen Alten", die sich durch sportliche Aktivität/Fitness gesund erhalten und ihr Gestaltungspotenzial zum ‚Wohle' der Gesellschaft einsetzen sollen. Produktives Altern ist also Voraussetzung für erfolgreiches Alter(n). Auf der Repräsentationsebene lassen sich in wissenschaftlichen Diskursen, in Werbung und Medien Altersbilder finden, die genau diese Strategie aufgreifen, indem durch eine neoliberale Rationalität neue Standards für die ‚richtige' Art alt zu werden entstehen. Risikominimierung bei Alterungsprozessen bedeutet vornehmlich, selbstverantwortlich Gesundheitsprophylaxe durch die Ausübung von sportlicher Aktivität/Fitness zu betreiben, wodurch Alter(n) und Verfall herausgeschoben werden können. Norm bildet das vermeintlich alterslose Erwachsenenleben. Das vierte Alter der Hochaltrigkeit wird dagegen weder abgebildet noch diskursiv verhandelt, es bleibt unsichtbar. Auch auf der Mikroebene zeigt sich: fitte Ältere halten sich für gute Beispiele für gesundes Alter(n) und können dadurch auch in ihrem sozialen Umfeld Respekt und Zugehörigkeit erzielen. Weniger Aktive werden als krank oder zu dick abgewertet. Die dargestellten Ungleichverhältnisse und Arten der Altersdiskriminierung bezeichnen Winker und Degele (2009, S. 37 ff.) als *„Bodyismen"*.

Fragestellungen, die sich hieraus ableiten lassen, sind:

1. Wie positionieren sich die befragten Frauen zum aktiven, produktiven und erfolgreichen Alter(n)?
2. Wie greifen die Interviewpartnerinnen die Diskurse in ihren Körperpraktiken und Körperkonzepten auf, wie beurteilen sie davon abweichende Körper?
3. Welche Ermächtigungsgewinne und Distinktionsprofite sind mit der Arbeit am Körper im Fitnessstudio verbunden, aber auch welchen sozialen Druck spüren die Befragten hin zu Selbstdisziplinierung, Selbstvermessung und Selbstregulierung?
4. Welches Gesundheitsmanagement verfolgen die Befragten? Welche Gemeinsamkeiten und welche Differenzen zeigen sich beim deutschen und amerikanischen Sample auf der Basis unterschiedlicher Gesundheitssysteme?

Die Kategorie *Geschlecht* ist ähnlich wie Alter(n) sozial konstruiert. Die Betrachtung der Geschlechterverhältnisse im Lebenslauf zeigt, dass diese Strukturkategorie soziale Ungleichheiten in allen Lebensaltern bedingt. Diese offenbaren sich in ungleicher Bezahlung für gleichwertige berufliche Tätigkeiten *(gender pay gap),* in ungleicher Verantwortung für Kindererziehung und Pflegetätigkeiten *(gender care gap)* sowie beim höheren Risiko, im Alter in Armut leben zu müssen oder

geringere Rentenzahlungen aufgrund von Teilzeitarbeits- und Kindererziehungs-
zeiten *(pension gap)* zu erhalten. Auf der Ebene symbolischer Repräsentationen
sind immer noch in der Mehrzahl traditionelle Geschlechterbilder virulent, die,
über Diskurse, Bilder, Medien etc. vermittelt, Konsequenzen für das *Doing Gender* auf der Interaktionsebene (Mikroebene) nach sich ziehen. So wird besonders
an Frauen die Erwartung herangetragen, dass sie jugendlich, schlank und nicht
zu muskulös aussehen sollen, um einem ästhetischen Bild von Weiblichkeit zu
entsprechen, während Männer ihre ‚naturgegebene Überlegenheit‘ durch einen
kräftigen und durchsetzungsfähigen Körper zu repräsentieren haben. Das hat auch
Auswirkungen auf Altersdiskriminierungen mit Blick auf beide Geschlechter,
sichtbar im Fitnessfeld. Die Analyse der geschlechtsgebundenen Handlungsräume
in Fitnessstudios zeigt, wie dadurch geschlechtsgebundene Nutzungspräferenzen
geschaffen werden, die wiederum für ihre Aktivitäten solche Handlungsräume
erfordern. Immer dann, wenn hierarchische Geschlechterverhältnisse unhinter-
fragt bleiben, Zweigeschlechtlichkeit und Heteronormativität als Norm gesetzt
werden, sprechen Winker und Degele (ebd.) von *„Heteronormativismen"* als
Ausdruck von Herrschaftsverhältnissen.
Fragestellungen, die sich anschließen lassen, sind:

1. Welche Geschlechtervorstellungen haben die Befragten, fühlen sie sich von
   Altersdiskriminierung und Sexismus *(„double standard of aging")* betroffen
   und wenn ja, wie gehen sie damit um?
2. Welche Geschlechter-, Altersbilder und Darstellungen von Älteren sind auf
   den Homepages von Fitnessstudios zu finden?
3. Welche Geschlechter- und Altersbilder vertreten Trainer*innen im Fitnessstudio, sind sie für ein Training mit Älteren entsprechend ausgebildet?
4. Welche Erwartungen haben die älteren im Fitnessstudio aktiven Frauen an
   Trainer*innen und was denken Trainer*innen darüber, welche Erwartungen
   von den Aktiven an sie gestellt werden?

Auf der strukturellen Ebene steht der *Klassenbegriff* in der Tradition strukturtheo-
retischer Ansätze im Rahmen soziologischer Ungleichheitsforschung. Aber auch
neuere Theorien über Milieus und Lebensstile verweisen darauf, dass Ungleichheitsdimensionen auf der vertikalen als auch auf der horizontalen Ebene dazu
führen, dass Personen dauerhafte Einschränkungen oder Begünstigungen erfahren, die sich auf Lebenschancen sowie auf die Möglichkeit auswirken, attraktive
Positionen im sozialen Raum zu besetzen. Dass nicht nur das ökonomische
Kapital ausschlaggebend für die Sportpartizipation und den Gesundheitszustand
ist, sondern vielmehr auch das kulturelle Kapital, zeigt Bourdieu (1999) auf. In

der Folge ergeben sich je nach sozialem Status unterschiedliche Morbiditäts- und Mortalitätsraten. Auf der Ebene der Repräsentationen verstärken wissenschaftliche Untersuchungen und Medien die Haltung von Mittelschichtangehörigen, dass z. B. Adipositas ein Unterschichtproblem darstellt. Aber einzig der Blick auf individuelles Gesundheitsverhalten (Mikroebene) greift zu kurz, da die Befähigung zur Selbstsorge von räumlichen Gegebenheiten *("walkability")*, finanziellem und kulturellem Kapital abhängt. Diese Form der Diskriminierung bezeichnen Winker und Degele (2009, S. 37 ff.) als Klassismen.

Zu fragen ist:

1. Aus welchen Milieus stammen die Interviewpartnerinnen genauer? Wie positionieren sie sich im sozialen Raum?
2. Welche Abgrenzungsstrategien zeigen die Befragten mit Blick auf andere Milieus?
3. Wie zeigen sich soziale Unterschiede in Körperwissen und Körperstrategien?

Strukturelle Machtasymmetrien erschweren oder verhindern sogar, dass Menschen, die durch ihre ethnische Zugehörigkeit oder Aussehen (z. B. Hautfarbe) als die Anderen gelten, Partizipation und Zugang zu wesentlichen Feldern einer Gesellschaft erhalten, z. B. zum Arbeitsmarkt, zum Rechtssystem, zum Wohnungsmarkt etc. Dies zeigt sich z. B. sehr deutlich im amerikanischen Gesundheitssystem, in dem ethnischen Bevölkerungsgruppen Partizipation und Zugang erschwert wird. Politische Interessen werden wie bei Geschlecht mit ‚natürlichen' Differenzen begründet. Dies lässt sich ebenfalls für die Repräsentationsebene festhalten, z. B. in Berichten unterschiedlicher Medien, in denen durch sprachliche und bildliche Darstellung Diskriminierungen bestimmter Teilgruppen mehrfach belegt sind (El-Mafaalani 2017, S. 472). Auch für eingeschränkte oder fehlende Sportpartizipation auf der individuellen Ebene stellt ethnische Zugehörigkeit einen relevanten Faktor dar, ob in Deutschland oder in den USA. Winker und Degele (2009, S. 37 ff.) bezeichnen diese Formen der Diskriminierung als „Rassismen".

Aus den Ausführungen lassen sich folgende Überlegungen anschließen:

1. Wie die Ausführungen zeigen, ist davon auszugehen, dass die im Fitnessfeld Aktiven hauptsächlich weiß sind, aus Mittelklassemilieus stammen und einen entsprechenden gesunden Lebensstil pflegen.
2. Zu fragen ist, ob und wie sich die Interviewpartnerinnen zu Personen unterschiedlicher ethnischer Zugehörigkeit äußern. Wie lassen sich diese Äußerungen einordnen?

Forschungsdesign: Darstellung der Projektidee, methodologische Fundierung und methodisches Vorgehen

3

3.1 Erkenntnisinteresse, sensibilisierende Konzepte[1] und Darstellung der Untersuchungsebenen

Wie die formulierten Fragestellungen in der Zusammenfassung zeigen, folgt dieses Projekt in einem ersten Schritt der vor allem im deutschsprachigen Raum aufgestellten Forderung der kritischen Gerontologie mit einem körpersoziologischen Ansatz (Riedel 2017; Schroeter 2012; van Dyk 2015), der subjektiven Perspektive älterer Menschen Sichtbarkeit zu verleihen (Denninger et al. 2014).

Dies bedeutet in einem ersten Schritt, der Frage nachzugehen, wie die befragten Frauen Alter(n) und Geschlecht über die Lebensspanne verkörpern, welche Rolle die Ausübung sportlicher Aktivitäten/Fitnesspraktiken dabei spielen und auf welche Weise sie sich über die Arbeit am Körper im sozialen Gefüge positionieren. Die Untersuchungsperspektive richtet sich damit auf das Verhältnis von Selbst- und Fremdpositionierung, von Selbstermächtigung und Unterwerfung. Es geht also genauer um „Praxen[2] sozialer Positionierung im Schnittfeld von Identitätskonstruktionen, sozialen Strukturen und symbolischen Repräsentationen" (Winker und Degele 2010, S. 63 f.). Alter(n) als soziale Konstruktion von Alter(n)sdifferenzen und als soziale, verkörperte Praxis wird von Schroeter (2012)

---

[1] Der Begriff geht zurück auf Blumer (1954), der darauf hingewiesen hat, dass begriffliche Konzepte wie *„Doing Age"*, „Habitus", „Selbsttechniken" etc. aufgrund ihrer grundsätzlich fehlenden definitorischen Exaktheit bei der Untersuchung sozialer Phänomene immer nur in sensibilisierender Weise zu verwenden sind.

[2] Hirschauer (2017, S. 91) bezeichnet „Praxis" als „körperliche(n) Vollzug sozialer Phänomene", Praxis ist also immer schon körperzentriert angelegt. Praktiken umfassen „Typen von Aktivitäten", zu denen auch Sprechen gehört, „Weisen des Handelns, Verhaltensmuster, Interaktionsformen", bei denen sich Haltungen des Körpers, des Denkens und der Gefühle zu einem Großteil bewusster und intentionaler Gerichtetheit entziehen.

© Der/die Autor(en), exklusiv lizenziert an Springer Fachmedien Wiesbaden GmbH, ein Teil von Springer Nature 2023
G. Sobiech, *„Forever Young?"*, Sport – Gesellschaft – Kultur,
https://doi.org/10.1007/978-3-658-40770-4_3

als *„Doing Age"* in Anlehnung an *„Doing Gender"* bezeichnet. *„Doing Class"* verweist stärker auf eine biografische Perspektive, die nach Bourdieu (1999) eine Allgegenwärtigkeit und Omnipräsenz sozialer Klassenzugehörigkeit annimmt, die in ähnlicher Weise verkörpert und inszeniert wird wie Alter(n) und Geschlecht. Schroeter (2012, S. 159) zeigt vier Ebenen auf, auf denen Alter(n) als normierend machtgeladenes soziales Konstrukt wirksam wird: 1) die symbolische Ebene, 2) die interaktive Ebene des *Doing Age,* 3) die materiell-somatische Ebene und 4) die leiblich-affektive Ebene (Sobiech und Hartung 2019, S. 339 f.). Die Subjekt-, Repräsentations- und Strukturebene im Rahmen einer intersektionalen Perspektive werden im Folgenden unter Berücksichtigung der Kategorien Geschlecht und Klasse, Körper/Alter(n) mit den Ebenen des Doing-Ansatzes zusammengeführt (Abb. 3.1).

1. *Die Subjektebene:* Der Subjektivierungsprozess unter Berücksichtigung der Kategorien Geschlecht und Klasse über den Lebenslauf (bezogen auf verschiedene Altersstufen) ist ein komplexer Aneignungsprozess, in dem die zugewiesene Position angeeignet, aber auch modifiziert oder verändert wird. Bourdieu (1999) bezieht sich in seiner „Theorie der Praxis" mit dem Habituskonzept auf zwei strukturelle Parameter: Erstens die strukturierte Struktur des Habitus, die abhängig ist von Lebensbedingungen und Ressourcen der Herkunftsfamilie, die Akteur*innen von Kindesbeinen an inkorporieren und somatisieren. Einerseits zeigt die strukturierte Struktur wiedererkennbare Muster, andererseits verlangt die Anpassung an neue Gegebenheiten Modifikation und Weiterentwicklung des Habitus (Gebauer 2017, S. 29). Zweitens die strukturierende Struktur, die Aneignungsebene, bei der sich Akteur*innen in Auseinandersetzung mit ihrem sozialen Umfeld selbst eine Form geben[3]. Soziale und subjektive Strukturen greifen also im Habitus ineinander, zeigen sich in Körperhaltungen, körperlichen Bewegungen, im Fühlen und Denken (ebd.). Die Aneignung geschieht in Interaktionen, wie sie die *interaktive Ebene* des Doing-Ansatzes in den Blick nimmt: Die interaktive Ebene des Doing Age, Doing Gender und Doing Class begreift Alter(n), Geschlechts- und Klassenzugehörigkeit als performativen Akt, der in sozialen Interaktionen und abhängig von den im Lebenslauf zur Verfügung stehenden Ressourcen dargestellt und ausgehandelt wird (Laz 1998, S. 203; Haller 2004, S. 172).

---

[3] Dieser Ansatz wurde auch in körpersoziologischen Überlegungen aufgegriffen, in denen der Körper zum einen aufgrund kultureller Diskurse und Normen als Produkt von Gesellschaft erscheint und zum anderen in der Auseinandersetzung und Herstellung sozialer Ordnung als Produzent gesellschaftlicher Verhältnisse verstanden wird (Gugutzer 2006).

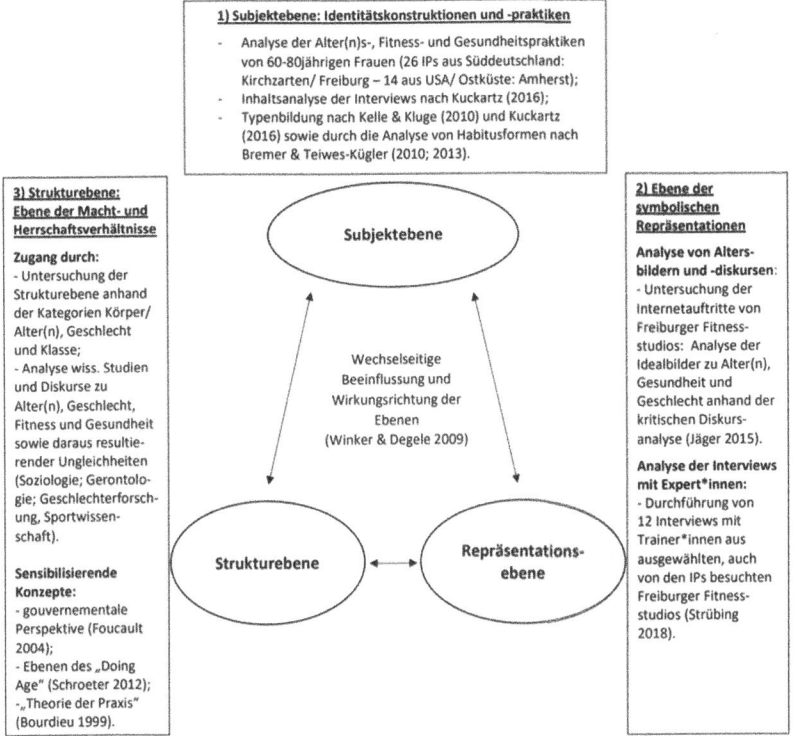

Abb. 3.1 Projektübersicht: „Intersektionale Perspektiven auf Alter(n), Fitness und Gesundheit"(Sobiech 2022)

Die Ressourcen lassen sich aufteilen in individuelle Ressourcen, wozu körperliche und soziale Ressourcen zählen, und außerhalb des Individuums liegende Ressourcen, die kulturell, institutionell oder strukturell sein können[4] (Laz 1998, S. 108). Das ‚Doing‘ von ‚Age‘, ‚Gender‘ und ‚Class‘ ist demnach als Inszenierung und erbrachte Leistung zu verstehen, die auf der institutionellen und strukturellen Ebene individuell sowie kollektiv erfolgt. Alter(n) und Geschlecht werden durch fortlaufende soziale Prozesse (re)produziert,

---

[4] Bourdieu (1999) unterteilt Ressourcen in kulturelles Kapital, wozu das Körperkapital zu rechnen ist, in soziales Kapital (soziale Beziehungen) und ökonomisches Kapital (Finanzen und Güter).

stabilisiert und durch kulturelle Techniken in den Körper eingeschrieben. Laz formulierte bereits 2003, dass auch Alter *nicht* etwas ist, was Personen besitzen, sondern *„something we do"* (dies., S. 506). Die *leiblich-affektive Ebene* des Doing-Ansatzes, die ebenfalls zur Subjektebene gehört, verweist auf die mit dem Alterungsprozess verbundenen Gefühle, vor allem bezogen auf körperliches Empfinden. Präziser formuliert: Körperliche Materialität wird von Individuen in konkreten Situationen erlebt, interpretiert und bewertet (ebd., S. 507).

2. *Die Repräsentationsebene:* diese ist mit der *symbolischen Ebene* des Doing-Ansatzes zusammenzudenken. Die Ebene verweist auf individuelle Alter(n)s- und Geschlechterbilder als Effekte sozialer Diskurse, die stets im Kontext von Macht und Wissen zu verorten sind (Laz 2003, S. 504; Haller 2004, S. 171). Denn sprachlich-verfasste Wissenssysteme sind zugleich Orte und Modi der Herstellung von Differenz und Ungleichheit (Richter 2020). Gesellschaftliche Kategorien, Konzepte und kulturelle Bilder in wissenschaftlichen, politischen, medialen und alltäglichen Diskursen, aber auch in institutionellen Arrangements können subjektive Erfahrungen erzeugen sowie normative Vorannahmen und somit Alter(n)s- und Geschlechterhierarchien reproduzieren (Krekula 2009, S. 25). Demnach sind Praktiken und Diskurse als „zwei aneinander gekoppelte Aggregatzustände der materialen Existenz von kulturellen Wissensordnungen" (Winker und Degele 2009, S. 67) zu verstehen. Es ist also zu fragen, wie sich die auf dieser Ebene etablierten Normen auf die Individual- und Handlungsebene auswirken, welche Benachteiligungen und Privilegierungen, welche Auf- und Abwertungen dadurch entstehen. Diskurse dienen also als Grundlage und Ressource für das *Doing* der Akteur*innen (Krekula 2009, S. 7).

3. *Die Strukturebene:* diese steht mit der *materiell-somatischen Ebene* des Doing-Ansatzes in Zusammenhang, da sie auf die Herstellung korporaler Alters- und Geschlechterdifferenzen auf dem Hintergrund körperpolitischer Regulierungen und Programme fokussiert. Damit bezieht sich diese Ebene auf Macht- und Herrschaftsverhältnisse: Es gilt, „kulturelle, historische und sozialpolitische Kontexte und Geschlechterdifferenzen von sozialer Ungleichheit als komplex zusammenwirkende Einflussfaktoren zu berücksichtigen" (Bolte und Lahn 2015, S. 55), denn die auf diesem Hintergrund sich ereignende individuelle Formung ist wiederum abhängig von den Ressourcen der Einzelnen, die im Habitus zum Ausdruck kommen (Laz 2003, S. 504; Bourdieu 1999).

Die Auflistung der drei Ebenen ist als analytische Trennung zu verstehen; zwischen allen Ebenen bestehen Wechselwirkungen, die auch im Rahmen

einer intersektionalen Perspektive, die ebenso die komplexen Wechselwirkungen innerhalb der Ebenen und zwischen den Ebenen präziser in den
Blick nehmen will (Winker und Degele 2009), relevant sind. Eine intersektionale Forschungshaltung bezieht sich demnach noch einmal zusammengefasst
auf historische, kulturelle und soziopolitische Kontexte von Geschlechter-
und Alter(n)sdifferenzen und auf soziale Ungleichheiten, die es als komplex
zusammenwirkende Einflussfaktoren zu berücksichtigen gilt (Bolte und Lahn
2015). Der analytische Fokus liegt dabei auf der Subjektebene, verbunden mit
der Frage, wie diese mit der Ebene der Institutionen, Organisationen und der
spezifischen Sozialstruktur korrespondiert.

3.2 Darstellung der Teilprojekte

Das in der Abb. 3.1 dargestellte Gesamtprojekt „Intersektionale Perspektiven
auf Alter(n), Fitness und Gesundheit" verweist noch einmal auf die unterschiedlichen Ebenen, die mit den im Folgenden darzustellenden Teilprojekten
in Zusammenhang stehen.

3.2.1 Subjektebene: Ebene der Identitätspraktiken und -konstruktionen

In einem ersten Schritt sollen die Identitätspraktiken und -konstruktionen der im
Fitnessstudio aktiven älteren Frauen analysiert werden, die sich zum einen auf
körperliche Formen der Selbstsorge, also einer stärker auf die soziale Umwelt
ausgerichtete Arbeit der Passung des Körpers beziehen, die der Anerkennung und
Selbstermächtigung, aber auch der Unterwerfung unter soziale Normen dienen.
Auf der anderen Seite können Identitätskonstruktionen der subjektiven Wahrnehmung und des leiblichen Spürens zur Aufrechterhaltung von Kohärenz und
Sinnhaftigkeit beitragen, auch wenn damit Ein- und Ausschlüsse für sie selbst
oder Interaktionspartner*innen verbunden sind. Denken, Spüren und Praktiken
werden als aufeinander bezogen gedacht (Liebsch 2018, S. 42 f.). Krekula (2007)
betont, dass ältere Frauen in der Sozialgerontologie immer noch zu wenig berücksichtigt oder als Problemgruppe konstruiert werden. Zwar sind sie vermehrt
Objekt der Forschung, aber durch die übergeneralisierte Zuschreibung einer Dop-
pelbedrohung durch Altersdiskriminierung und Sexismus werden sie tendenziell
als einheitlich Leidende konstruiert und stigmatisiert (ebd., S. 155). Katz und

Calasanti (2015, S. 28) verweisen zudem darauf, dass vor allem beim Konzept des erfolgreichen Alter(n)s die Stimme von Älteren mitberücksichtigt werden muss. Im vorliegenden Forschungsprojekt bietet sich also die Möglichkeit, älteren Frauen[5] eine Stimme zu geben und ihnen damit Subjektivität gegenüber den verwendeten Analyseinstrumenten zuzusprechen und der neoliberalen Dekontextualisierung von Selbstverantwortlichkeit entgegenzuwirken.

Zwischen Februar und Dezember 2016 wurden insgesamt 40 im Fitnessstudio aktive Frauen im Alter zwischen 60 und 80 Jahren befragt. 14 Interviews wurden in Amherst (USA) in englischer Sprache durchgeführt[6].

3.2.2 Ebene der symbolischen Repräsentationen: Untersuchung der Internetplattformen Freiburger Fitnessstudios und Expert*inneninterviews

In einem zweiten Schritt wurden die Internetplattformen von Freiburger Fitnessstudios anhand einer kritischen Diskursanalyse (Hartung 2018) untersucht, um die Rolle der inhärenten Körperideale, Normen und Regeln der Fitnesskultur mit Blick auf Gesundheit, Geschlecht und Alter(n) für die Identitätspraktiken und -konstruktionen der Befragten präziser bestimmen zu können. Nur fünf von insgesamt 23 Freiburger Fitnessstudios thematisierten Alter(n) auf ihren Internetauftritten in Wort und/oder Bild.

Trainerinnen im Fitnessstudio sind Agent*innen der Vermittlung feldspezifischer Gesetzmäßigkeiten, Normen und Werte und müssen aufgrund des

---

[5] Da ältere Frauen als marginalisierte Gruppe gelten, die eher mit physischen Defiziten als mit Freude an der Bewegung dargestellt werden, wurden sie in der hier vorliegenden Studie als Interviewpartnerinnen ausgewählt. Auch in populären Medien sind ältere Frauen weder bei sportlichen Aktivitäten – dies zeigt sich auch in der Diskursanalyse -, noch bei beruflichen Herausforderungen präsent.

[6] Wie bereits in der Einleitung erwähnt, hatte ich über meine Anbindung als *Research Associate* am *Women's Studies Research Center* am *Mount Holyoke College* (Ostküste) die Möglichkeit, ältere Frauen zu ihren Fitnesspraktiken zu befragen. Durch die starke Verbindung der Menschen dort zu Europa – z. T. sind Eltern der amerikanischen Interviewpartnerinnen aus europäischen Ländern in diese Region eingewandert oder Kinder der IPs studieren wiederum in Europa etc. –, die Ähnlichkeiten in Bezug auf geografische Gegebenheiten und auf Chancen des Bildungserwerbs legen trotz kultureller Unterschiede, die in der Auswertung der Interviews berücksichtigt wurden, Vergleichsmöglichkeiten der Praktiken beider Samples nahe. Zudem sind in Amerika ältere Frauen ebenso marginalisiert. 60 Jahre alte Frauen im Jahr 2016 gehören zur ersten Welle derjenigen, die sehr begrenzte organisierte Sportgelegenheiten während ihrer High-School-Zeit hatten (Smith 2016, S. 75).

demografischen Wandels mit einem zunehmend älteren Klientel umgehen. Daher ist es drittens im Hinblick auf die Selbst- und Körperwahrnehmung der Befragten interessant zu wissen, welche Körper- und Geschlechterbilder die Trainer*innen (12 Expert*inneninterviews) aufweisen, ob sie eine spezielle Ausbildung mit Blick auf das Training mit Älteren absolviert haben, ob sie entsprechende Trainingsmethoden zugrunde legen und welche Gestaltungsprinzipien sie in ihren Kursen verfolgen.

Ziel des Gesamtprojekts ist die Durchführung einer intersektionalen Analyse (Winker und Degele 2010), in der sowohl ungleichheitsgenerierende soziale Strukturen, symbolische Repräsentationen und Identitätskonstruktionen als kontextspezifische, gegenstandsbezogene und an soziale Praxen ansetzende Wechselwirkungen verstanden werden (ebd., S. 15). Während die Diskursanalyse die Ebene der symbolischen Repräsentationen abdeckt, die Expert*inneninterviews auf die Mesoebene verweisen, soll in der Interviewstudie die Mikroebene genauer beleuchtet und die Wechselwirkungen zu den anderen Ebenen von dieser Perspektive aus beschrieben werden. Die intersektionalen Strukturkategorien kapitalistischer Gegenwartsgesellschaften Klasse, Geschlecht, Ethnie und Körper bilden dabei die Grundlage für die Ebene der Herrschaftsverhältnisse: „Klassismen, Heteronormativismen, Rassismen und Bodyismen" (ebd., S. 38).

3.3   Methodik der Teilprojekte

3.3.1   Interviewstudie

3.3.1.1   Rekrutierung der Interviewpartnerinnen und Sampling

Die Interviewpartnerinnen wurden durch direkte Ansprache im Fitnessstudio gewonnen. D. h. die Interviewerin stellte das Projekt in ausgewählten Kursen (z. B. Pilates) vor und warb um Frauen, die zwischen 60 und 80 Jahre alt und mindestens zwei Jahre im Fitnessstudio aktiv waren („Snowball sampling" plus festgelegte Kriterien nach Przyborski und Wohlrab-Sahr 2009). Die ausgewählten deutschen Fitnessstudios (ländlicher Raum Kirchzarten/städtischer Raum Freiburg) sind mit ca. 50 bis 60 € monatlichem Beitrag im mittleren Preissegment zu verorten. Bei den amerikanischen Studios (in Amherst) handelte es sich zum einen um Studios, die nur Einzeltraining (bis 600 $) oder nur Gruppenkurse (bis 80 $) anbieten. Die Rekrutierung der Interviewpartnerinnen fand unter ähnlichen Voraussetzungen statt wie in Deutschland. Vor der Interviewdurchführung wurden in einer Sozialdatenabfrage die Berufe der Eltern, der Geschwister, der Kinder und der Lebenspartner notiert, sowie Angaben zur eigenen Ausbildung, zum beruflichen Werdegang und der aktuellen Wohnsituation eingeholt. Alle Frauen des deutschen Samples (dS: A–C) konnten auf diese Weise zum Großteil der ehemaligen, nicht akademischen, aber zum kleineren Teil auch der akademischen Mittelklasse (Reckwitz 2021, 281) zugeordnet werden (vgl. Abschn. 4.1.1). Alle Frauen des amerikanischen Samples (aS: D) haben einen Hochschulabschluss, nehmen z. T. die berufliche Position der Hochschullehrerin ein und sind alle der akademischen Mittelklasse (ebd.) zuzuordnen.

3.3.1.2 Datenerhebung

Schwerpunkt der qualitativen Forschung bildete die Durchführung und Auswertung von qualitativen, problemzentrierten Interviews mit einer durchschnittlichen Dauer von 70 min. Bei problemzentrierten Interviews stehen nach Witzel (2000, S. 1) die „möglichst unvoreingenommene Erfassung (…) subjektiver Wahrnehmungen und Verarbeitungsweisen gesellschaftlicher Realität" im Fokus. Für die Forschenden galt es also eine prinzipielle Offenheit zu bewahren und auf Bewertungen bewusst zu verzichten. Den Interviews wurde deshalb ein halbstandardisierter Leitfaden zugrunde gelegt, um Raum für Nachfragen und narrative Exkurse zu bieten. Der Leitfaden mit den Schwerpunkten auf Sportaktivitäten über die Lebensspanne, Übergang in den ‚Ruhestand', auf Alter(n), Körper und Gesundheit, auf den Besuch des Fitnessstudios und schließlich zur sozialen Situation wurde am ersten Interview getestet, im Forschungsteam[7] evaluiert und durch einige zentral erscheinende Aspekte im Rahmen der Biografieforschung (Dausien 2013) ergänzt. Die Attraktivität der Methode zeigt sich insbesondere darin, dass mit ihr sowohl die subjektive Aneignung und Konstruktion von Gesellschaft als auch die gesellschaftliche Konstruktion von Subjektivität nachvollziehbar wird. Die Aussagen der befragten Frauen wurden so als subjektive Wirklichkeitskonzepte und Deutungsmuster verstanden. Sie stellen kein objektives Ergebnis dar, sind jedoch in ihrer Summe dazu geeignet soziale Muster aufzuzeigen (Helfferich 2011).

3.3.1.3 Datenauswertung

Die Interviews wurden zunächst nach der „qualitativen Inhaltsanalyse" (Kuckartz 2016) mit Computerunterstützung (MAXQDA) mit folgenden Hauptkategorien ausgewertet: Die erste ist die der ‚Biografischen Teillinien' 1), in denen wir alle Aussagen zum Aufwachsen, der Bildung, der beruflichen Entwicklung, der

---

[7] Zum Forschungsteam gehörte zu dem Zeitpunkt Sebastian Hartung (2016–2020) und Veronika Niederhöfer (2016–2017), die beide an der Transkription und Auswertung der Interviews beteiligt waren. Sebastian Leipert wurde 2020 wiss. Mitarbeiter im Projekt.

Bewegungs- und Sportkarriere und dem Übergang in den Ruhestand gesammelt haben. Zu ‚Alter(n)sbilder/Alterskonzepte' 2) sind u. a. Aussagen zu Altersvorbildern, zu eigenen Vorstellungen vom Alter(n), den Potenzialen und Verlusten durchs Alter(n), aber auch Einstellungen zur staatlichen Aktivierung durch politische Programme, Vorstellungen über produktives und erfolgreiches Alter(n) und der aktiven Bearbeitung des Alterungsprozesses zugeordnet. Die dritte Hauptkategorie ‚Gesundheitsmanagement' 3) umfasst u. a. die eigene Definition von Gesundheit und die Strategien der Gesunderhaltung sowie vergangene und aktuelle Krankheiten und Einschränkungen. Unter ‚Körperkonzept' 4) sind Aussagen zu Idealkörperbildern und dem Körperselbstbild festgehalten. Die Kategorie ‚Besuch des Fitnessstudios' 5) beinhaltet u. a. die Gründe für den Besuch eines Studios, die genauen Trainingsarten, Trainingsziele und Trainingsabläufe sowie die wahrgenommenen Auswirkungen des Trainings, die Trainingsdisziplin und die Ausübung von Sportarten außerhalb des Studios. Schließlich wurden in der Kategorie ‚soziale Netzwerke' 6) Aussagen zu Partner*innenschaft (primäres Netzwerk), zu aktuellen sozialen Beziehungen (sekundäres Netzwerk) und zu schwach ausgeprägten Kontakten, beispielhaft aufgezeigt an den Kontakten zu den Trainer*innen im Fitnessstudio (tertiäres Netzwerk), zusammengefasst. Zum einen wurden die Hauptkategorien gemäß dem Interviewleitfaden, aber auch durch theoretisches Vorwissen und die Forschungsfragen bestimmt, zum anderen wurden Subkategorien induktiv aus dem Material generiert (ebd., S. 72).

Nach der Inhaltsanalyse bestand das Ziel, durch eine typenbildende Einzelfallanalyse (Kelle und Kluge 2010; Kuckartz 2016) den Körper als Ort des Eigensinns, der Widersprüchlichkeit und nicht nur als Objekt der Zurichtung, Selbstvermessung und Disziplinierung im Kontext neoliberaler Selbstverantwortung (Hoffarth 2018) in den Blick zu nehmen. Die analysierten sozialen Muster und Differenzkonstruktionen galt es konkret an der Biografie der Befragten aufzuzeigen und zu begründen. Qualitative Interviews „dienen jeweils dem Zweck, dem Fall und seiner Sichtweise bzw. der ihm eigenen Komplexität gerecht zu werden" (Flick 2000, S. 180). Aufbauend auf diesem Verständnis von Fallrekonstruktionen wurde in der Einzelfallanalyse das Konzept der Habitus-Hermeneutik nach Bremer und Teiwes-Kügler (2013) hinzugezogen und in Anlehnung daran für die einzelnen Fälle ‚Habitusformen' (insgesamt wurden vier Habitusformen gefunden) rekonstruiert. Die Verfasser*innen lehnen ihre Vorgehensweise an die praxeologische Typenbildung der dokumentarischen Methode Bohnsacks (2007) an. Soziale Unterschiede sind hiernach konkret an der Alltagspraxis der Akteur*innen aufzuzeigen und zu begründen (Bremer und Teiwes-Kügler 2013, S. 124). Die Autor*innen beziehen sich dabei auf Bourdieu (1999), der den Habitus als gesellschaftlichen Erzeugungsmodus der Wahrnehmungs-, Denk- und

Handlungsschemata sozialer Akteur*innen identifiziert. Der Habitus lässt sich nicht nur aus der Kapitalverteilung oder der sozialen Position ableiten: „Er muss aus den Mustern der sozialen Praxis erschlossen werden" (Bremer und Teiwes-Kügler 2013, S. 94). Denn er „hinterlässt in den Praktiken eines Akteurs eine bestimmte Handschrift" (ebd.), die interpretativ rekonstruiert werden muss. Hierbei gilt es, den „latenten Sinn" (ebd., S. 98) der Praxen nachzuzeichnen. Ziel der Methode ist es, nach den „Regeln des Geschehens" (ebd., S. 115) zu suchen sowie die „Vielfalt sozialer Erscheinungen von ihrer Struktur her zu erfassen" (ebd.).

Anhand der durchgeführten und transkribierten Interviews wurden auf dieser Grundlage Fallvignetten zu zentralen Aspekten der Identitätskonstruktionen erstellt: zu biografischen Aspekten zu Kindheit, Jugend und dem Erwachsenenalter sowie dem Zugang zu Ressourcen (Kapitalsorten nach Bourdieu 1999), Selbst- und Körperbild, der Arbeit am Körper im Fitnessstudio, Geschlechterbilder und Geschlechterverhältnisse, die induktiv aus dem Material erstellt wurden, sowie der Haltung zu staatlichen Macht- und Leistungsansprüchen. Das Ziel dabei ist, ein tieferes Verständnis der Wirkweise der individuellen Aushandlungsprozesse und Differenzkonstruktionen im Kontext einer gouvernementalen Perspektive zu erhalten.

3.3.2 Diskursanalyse[8]

Die kritische Diskursanalyse nach Jäger (2015, S. 8) hat zum Ziel, diskursiv erzeugte Deutungsmuster kritisch zu betrachten „ohne sich im Besitz objektiver Wahrheiten zu wähnen". Vielmehr sollen gerade konstruierte Wahrheiten, die sich als allgemeingültig und objektiv verstehen und damit Durchsetzungsmacht entfalten, „sei es mit Drohmitteln oder Heilsversprechen" (ebd.) auf den Prüfstand und kritisch in Augenschein genommen werden. Grundlage dieses Ansatzes ist die Diskurstheorie nach Foucault (1978), der das gesamte Ensemble einer speziellen Wissensproduktion, darunter auch die Machtwirkungen der sprachlichen Seite einer diskursiven Praxis analysieren will. Machtwirkungen entfalten

---

[8] Sebastian Hartung hat im Rahmen seiner wissenschaftlichen Tätigkeit im Gesamtprojekt die Diskursanalyse der Internetplattformen von Freiburger Fitnessstudios durchgeführt. Die Ergebnisse sind in Form einer Masterarbeit im Fach Gender Studies der Universität Freiburg im Wintersemester 2018/2019 eingereicht und angenommen worden. Die Masterarbeit mit dem Titel „Intersektionale Diskursanalyse der Internetpräsenzen von Freiburger Fitsssstudios in Bezug auf Alter(n), Gesundheit und Geschlecht" ist unveröffentlicht und bildet die Grundlage für die Ausführungen zu Methode und Ergebnissen dieses Teilprojekts.

zum Beispiel Diskurse, die „als herrschaftslegitimierende und -sichernde Techniken in der bürgerlich-kapitalistischen neoliberalen Gesellschaft" (ebd., S. 25) bezeichnet werden können, denn sie produzieren gesellschaftliche Wirklichkeiten und formen auf diese Weise das Bewusstsein der Subjekte. Diskurse als symbolische Repräsentationen bilden demnach den normativen Rahmen für Praxen und Identitätskonstruktionen, die sich wiederum zu symbolischen Repräsentationen positionieren, indem sie diesen nachfolgen, sie verfestigen oder unterlaufen (Winker und Degele 2009, S. 73).

3.3.2.1 Datenerhebung

Insgesamt wurden die Internetplattformen von 23 Freiburger Fitnessstudios untersucht, darunter 11 Einzelstudios und 4 Kettenstudios mit mehreren Filialen. Im ersten Schritt wurden die Werbestrategien mit Blick auf die geschlechtsbezogenen Alters- und Gesundheitsbilder analysiert, um ältere Frauen und Männer für eine Mitgliedschaft zu gewinnen. Auch die grafische Gestaltung sowie das verwendete Bildmaterial wurden einer Analyse unterzogen. Aus der Strukturanalyse wurde deutlich, dass lediglich fünf Studios dem Typus „starke Ausrichtung auf Alter(n) und Gesundheit" entsprachen. Die ausschlaggebenden Kategorien für diese Einteilung waren Alter(n), Gesundheit, Geschlecht und Aufrufe zur Übernahme von Selbstverantwortung.

3.3.2.2 Datenauswertung

Bei diesen fünf Studios wurden sämtliche Aussagen der Internetplattformen sechs Analysekategorien zugeordnet: Alter(n), Geschlecht, Gesundheit, Körper, Aufrufe zur Übernahme von Selbstverantwortung/Selbstoptimierung und Selbstzuschreibungen, z. B. „hochwertige Trainingsprogramme", „individuelle Betreuung" etc. Anschließend wurden die Aussagen komprimiert und quantifiziert, um einen detaillierten Einblick in Schwerpunkte der einzelnen Studios zu erhalten. Auch die Häufigkeit der Aussagen wurden in einer Übersicht für jedes Thema und jedes Studio festgehalten.

3.3.2.3 Quantitative Bildanalyse

Bei der Bildanalyse wurden alle Studios einbezogen, da z. B. bei der Analysekategorie Alter(n) und Geschlecht über Bilder Sinngehalte transportiert werden können, ohne dass sie im Text Erwähnung finden. Die Häufigkeit der abgebildeten Personen lässt zudem erkennen, welche Zielgruppe angesprochen werden soll. Zum einen wurde die gesamte Anzahl der Bilder festgehalten, zum anderen die Bilder in verschiedene Kategorien eingeteilt: Personendarstellungen (z. B. ältere Trainierende mit grauen Haaren; Trainer*innen und Trainierende in Beratungs-

oder Unterstützungssituationen), Darstellungen von Trainingsformen (Gruppentraining, Ausdauertraining, Krafttraining, Dehnpositionen, Wellness) sowie Darstellung von Gesundheit und Ernährung mithilfe von Bildcollagen. Auf diese Weise wurden 750 Bilder auf 15 Internetplattformen, pro Studio etwa 50 Bilder, untersucht. Die auf 15 reduzierten Studios ergeben sich durch die Kettenstudios, die für verschiedene Anlagen ähnliches Bildmaterial verwendet haben. Um detaillierte Aussagen zu Abbildungen mit Älteren treffen zu können, wurden in einem zweiten Durchgang die Darstellung der Älteren genauer in den Blick genommen. So wurden bspw. im Gruppentraining sowohl die Anzahl älterer Männer und Frauen gezählt sowie die älterer Trainingspaare als auch Personen, deren Alter nach individueller Einschätzung bei 75 oder höher lag.

3.3.3   Expert*inneninterviews[9]

Personen, die ein besonderes Wissen über bestimmte Sachverhalte aufweisen, werden als Expert*innen bezeichnet. Dieses Wissen, das für das jeweilige Forschungsvorhaben eine besondere Rolle spielt, gilt es z. B. durch leitfadengenerierte Interviews zu erschließen (Strübing 2018, S. 106). Bei solchen Interviews geht es in der Regel nicht um die Person selbst und ihre Involviertheit in bestimmte Ereignisse, sehr wohl aber um Kenntnisse im untersuchten Feld, die den Expert*innen durch ihre exklusive Position, aber anderen Akteur*innen nicht ohne Weiteres zur Verfügung stehen. Expert*innen bilden damit „eine zur Zielgruppe komplementäre Handlungseinheit", das Interesse an ihrem Wissen ist ein von der Forschungsfrage abgeleitetes Interesse und das durch Interviews gewonnene Material „eine Datenquelle neben anderen" (Meuser und Nagel 2005, S. 75). Ein zentraler Unterschied zu rekonstruktiven Verfahren der Interviewanalyse besteht darin, dass Expert*inneninterviews Informationen liefern sollen, die tiefere Einblicke in das untersuchte Feld geben.

Im Rahmen dieses Forschungsprojektes gehören sie als Vermittler*innen von feldspezifischen Normen, Werten und trainingsbezogenen Wissensbeständen und

---

[9] Sebastian Leipert hat im Rahmen seiner wissenschaftlichen Tätigkeit im Gesamtprojekt die Analyse der Expert*inneninterviews durchgeführt, die von Sebastian Hartung 2017 erhoben wurden. Die Ergebnisse sind in seiner Masterarbeit im Fach Sportwissenschaft im Sommersemester 2022 eingereicht und angenommen worden. Die Masterarbeit mit dem Titel „Perspektiven auf Alter(n), Geschlecht, Fitness und Gesundheit – Eine qualitative Interviewstudie mit Fitnesstrainer*innen" ist unveröffentlicht und bildet die Grundlage für die Ausführungen zu Methode und Ergebnissen dieses Teilprojekts.

durch ihre Vorbildfunktion mit Blick auf die Herstellung eines durchtrainierten, fitten Körpers zum einen zur zweiten Ebene, der Ebene der symbolischen
Repräsentationen, aber durch ihre Vermittlungsposition auch zur ersten Ebene,
der Ebene der Identitätskonstruktionen.

3.3.3.1 Rekrutierung der Interviewpartnerinnen und Sampling

Insgesamt sind zwölf Trainer*innen, die meisten sind zum Zeitpunkt des Interviews zwischen 30 und 50 Jahren alt bis auf eine Trainerin, die mit ihren 74 Jahren eine Ausnahme bildet, in denjenigen Fitnessstudios (Kirchzarten/Freiburg)
befragt worden, in denen auch die Interviewpartnerinnen der Hauptstudie Mitglied sind. Voraussetzung war auch hier eine mindestens zweijährige Tätigkeit
in dem jeweiligen Studio. Die Trainer*innen sind direkt nach einem Kursangebot gefragt worden, ob sie Interesse haben als Expert*innen in diesem
Forschungsprojekt mitzuwirken.

3.3.3.2 Datenerhebung

Die Interviews fanden allesamt in dem jeweiligen Fitnessstudio statt und wurden
auf der Grundlage eines teilstandardisierten Leitfadens durchgeführt, wodurch
einerseits eine Vergleichbarkeit der Interviews gewährleistet, andererseits eine
Offenheit für individuelle Erzählungen ermöglicht wurde. Der Leitfaden enthielt
Fragestellungen zum beruflichen Werdegang, um zunächst etwas über die Voraussetzungen zu ihrer beruflichen Tätigkeit zu erfahren, zur Wahrnehmung von
Fortbildungen, zu Kompetenzen im Umgang mit älteren Menschen, zu Alters-
und Geschlechterbildern, zu Einstellungen zum erfolgreichen Altern. In einem
zweiten Teil wurden dann professionelle Aspekte des Trainings erhoben: Gestaltungsprinzipien, Trainingsstil, zu Leistungsaspekten im Training, zu Erwartungen
an die Teilnehmenden und auch zu den Vorstellungen über die Erwartungen der
Teilnehmer*innen.

3.3.3.3 Datenauswertung

Die Interviews wurden nach Durchführung transkribiert und anschließend nach
der „qualitativen Inhaltsanalyse" (Kuckartz 2016) ausgewertet. In diesem Prozess wurden die Interviewaussagen zunächst Hauptkategorien zugeordnet, die
deduktiv aus dem Leitfaden und theoretischem Vorwissen generiert wurden. Die
Hauptkategorie „Ausbildung" umfasst, neben dem beruflichen Werdegang, Aussagen zu einer möglichen Spezialisierung in der Arbeit mit älteren Menschen
und zu ihrer Motivation, Ältere zu trainieren. Der Hauptkategorie „Alter(n)"
wurden Aussagen zugeordnet, die sich auf Alter(n)sbilder, auf aktives und erfolgreiches Alter(n), auf die staatliche Aktivierung und den Vergleich zu jüngeren

Trainierenden beziehen. Die Kategorie „Geschlecht" beinhaltet Äußerungen zu kulturellen Geschlechterbildern und geschlechtsbezogenen Wahrnehmung der Kursteilnehmer*innen im Fitnessstudio. Der Kategorie „Training" wurden folgende Unterkategorien zugeordnet: Kenntnisse zu physiologischen Aspekten des Älterwerdens, Gestaltungsprinzipien und Ziele des Trainings sowie Kompetenzen im Umgang mit älteren Aktiven.

Ergebnisse der Interviewstudie mit 60–80jährigen Frauen im Vergleich Deutschland (Kirchzarten/Freiburg) – USA (Ostküste, Amherst)

Im Folgenden werden die Deutungsmuster und Identitätskonstruktionen der Interviewpartnerinnen des deutschen und amerikanischen Samples auf der interaktiven und leiblich-affektiven Ebene des *Doing Age, Doing Gender* und *Doing Class* rekonstruiert. Zurückgegriffen wird hierbei auf die Schwerpunkte Sportaktivitäten in Kindheit und Jugend (vgl. Abschn. 4.1), auf den Besuch des Fitnessstudios, auf Körper und Gesundheit (vgl. Abschn. 4.2), auf den Übergang in den ‚Ruhestand‘ und die Positionierung zu produktivem und erfolgreichem Alter(n) (vgl. Abschn. 4.3) und schließlich auf die sozialen Netzwerke der Interviewpartnerinnen (vgl. Abschn. 4.4). Zusätzlich zur Beantwortung der Forschungsfragen konnten die Interviewpartnerinnen über narrative Passagen auch eigene Themen setzen, die mit in die Auswertung eingegangen sind. Mit dem Rückgriff auf die Methode „problemzentriertes Interview" (Witzel 2000) wird intendiert, die Gesprächssituation im Interview dem Alltagsgespräch anzulehnen, womit das Interview als Resultat der gemeinsamen Interaktion zwischen Interviewerin und Interviewten zu betrachten ist (vgl. Abschn. 3.3.1.2). Der narrative Entwurf des eigenen Selbst ist dabei strukturiert durch Vorstellungen gelungenen Subjektseins in der spätmodernen Gesellschaft. Hier gilt es, besonders aufmerksam den Blick auch auf potenzielle Brüche und Widersprüche zu lenken oder auch auf Ungesagtes und mögliche Auslassungen Bezug zu nehmen (Denninger et al. 2014, S. 201 ff.). Im Vordergrund dieses Auswertungsteils stehen soziale Muster der Praktiken *(Doing Age, Doing Gender, Doing Class)* und Positionierungen der Interviewpartnerinnen beider Samples. Zugleich werden abweichende Haltungen oder biografische Besonderheiten bei der Analyse der Interviews ebenfalls berücksichtigt und thematisiert.

4.1   Ausübung sportlicher Aktivitäten in Kindheit und Jugend

4.1.1   Deutsches und amerikanisches Sample im Vergleich: Soziale Positionierung durch den Erwerb von ökonomischem und kulturellem Kapital

„Die Unterschiede in der Sportaktivität zwischen Schichten, Geschlechtern und Altersgruppen sind nicht irrelevant geworden, sie werden lediglich durch ein gewandeltes Sportverständnis verdeckt und/oder haben sich in neue Sportbereiche verlagert" (Haut und Emrich 2011, S. 315).

Das Zitat verweist noch einmal darauf, dass die Verfügbarkeit über materielle und immaterielle (z. B. Wissen) Ressourcen, die auch die Partizipation an und die Ausgestaltung von Sportaktivitäten strukturieren (vgl. dazu Abschn. 2.3), eine Verschränkung von sozialer und subjektiver Ebene voraussetzen. Um die ökonomische und gesellschaftliche Positionierung der Interviewpartnerinnen präziser bestimmen zu können, die nicht nur auf der sozial-strukturellen Ebene zu analysieren, sondern auch durch die Inkorporierung von Lebensweisen zu berücksichtigen ist, soll die kulturtheoretische Perspektive des klassenspezifischen Habitus (Bourdieu 1999) noch einmal aufgegriffen werden. Denn gerade das erworbene kulturelle Kapital kann den Zugang zu und die Partizipation an sportlichen Aktivitäten begünstigen oder erschweren (vgl. Abschn. 2.3.1).

Schnittpunkt zwischen Gesellschaftlichem und Individuellem ist nach Bourdieu (1999) der Körper, womit der Mensch nicht nur als Objekt äußerer Einflüsse, sondern als „handelnder Organismus" zugleich als ein „Agens" (Meuser 2006, S. 103) zu betrachten ist, der sich in und zu sozialen Ordnungen und den damit verbundenen Normen und Weltbildern positioniert (Alkemeyer 2020, S. 89). Die Aneignung von Bedingungen und Positionen im sozialen Raum und damit das Akzeptieren der vorgegebenen Regeln erzeugen leiblich-sinnliche wie auch kognitive Schemata und damit ein Netz von Dispositionen des Erkennens, Fühlens und Handelns, das sich im Habitus „als inkorporierte Erfahrung des Subjekts mit der sozialen Welt" niederschlägt (Krais und Gebauer 2002, S. 75). Die erworbenen Dispositionen, „die stets in den historischen und sozialen Grenzen" ihrer „eigenen Erzeugung liegen", sind zugleich „der unvorhergesehenen Neuschöpfung ebenso fern wie der simplen mechanischen Reproduktion ursprünglicher Konditionierungen" (Bourdieu 1999, S. 102 f.) und damit im Rahmen dieser Grenzen auch veränderbar. Festzuhalten bleibt, dass sowohl durch eine implizite Bildungsarbeit alltäglicher Praktiken als auch durch eine explizite, zielgerichtete

Pädagogik Menschen eine Subjektform und eine spezifische Position im sozialen Raum erhalten.

Bourdieu (2016) legt einen sozialen Raum von Unterschieden zugrunde, in dem Individuen über ihre jeweilige Ausstattung mit ökonomischem und kulturellem Kapital eine Position erhalten, die nicht auf Dauer zementiert, sondern vielmehr umkämpft ist.[1] Dies bedeutet, dass Akteur*innen „relative Positionen in einem Raum von Relationen" besetzen, deren Entfernung „immer auch mit Wertigkeiten in einem hierarchisch geordneten Neben-, Unter- und Übereinander einhergeht" (Schultheis 2004, S. 16). Die Relationen zwischen den Gruppen schlagen sich je nach soziohistorischem Kontext in Differenzen der Lebensführung, der Sicht auf die Welt, des Geschmacks nieder und können als Klassen mit ihren konstitutiven Schließungs- und Ausschließungslogiken abgebildet und analysiert werden (ebd. S. 17). Gemeinsamkeiten in Praktiken der Lebensführung lassen sich als Klassenhabitus bezeichnen, der sich präziser in der äußeren Erscheinung und Körperhaltung, im ästhetischen Empfinden, Essgewohnheiten, Gesundheitsvorstellungen und in sportlichen sowie kulturellen Aktivitäten manifestiert (Krais und Gebauer 2002, S. 36 ff.). In diesem sozialen „Raum von Beziehungen" bedeuten Stellenwechsel und Ortsveränderungen individuelle Anstrengungen, Arbeit und Zeit: „dem Aufsteiger sieht man die Kletterei an" (Bourdieu 2016, S. 13). Bildung, die zentral für die berufliche Platzierung ist, stellt den wichtigsten Mechanismus für sozialen Aufstieg und die damit verbundenen Lebenschancen dar. Solche Positionsverlagerungen im sozialen Raum betreffen nach Bourdieu vor allem die Klassenlage der Mittelschichten, deren Lebensverhältnisse durch den Anspruch auf sozialen Aufstieg gekennzeichnet sind (Krais und Gebauer 2002, S. 44). Reckwitz (2021, S. 271) verweist bezüglich der Klassenlage der Mittelschichten und deren Aufstiegsambitionen auf einen Wandel in der Spätmoderne, der von einer nivellierten Mittelstandsgesellschaft hin zu einer kulturellen Klassengesellschaft stattgefunden hat. In dieser neuen Klassengesellschaft unterscheiden sich die Klassen neben ungleich verteilten materiellen Ressourcen (Einkommen und Vermögen) besonders hinsichtlich ihres kulturellen Kapitals und ihrer Lebensstile. Seit den 1980er Jahren entsteht ein Milieu der Akademiker mit hohem kulturellen Kapital von meist akademischen Bildungsabschlüssen. Es handelt sich um etwa ein Drittel der Bevölkerung, die die neue Mittelklasse bilden. In der alten, im Kern nicht akademischen Mittelklasse der nivellierten Mittelstandsgesellschaft soll ein mittleres

---

[1] „Gleich Trümpfen in einem Kartenspiel, determiniert eine bestimmte Kapitalsorte die Profitchancen" im sozialen Raum (Bourdieu 2016, S. 10).

ökonomisches und kulturelles Kapital zur Sicherung eines mittleren Lebensstandards dienen (ebd., S. 281). Diese Klasse liegt zwischen der Akademikerklasse und der neuen Unterklasse, die als „Verlierer und Abgehängte" ebenfalls, wie die dazwischen liegende Klasse, etwa ein Drittel der Gesellschaft umfassen.[2] Zwischen den jeweiligen Klassen entwickelt sich parallel ein kultureller Aufstieg und Abstieg, den Reckwitz (ebd., S. 283) als „Paternoster-Effekt" bezeichnet und der zugleich mit Prozessen der Auf- und Entwertung der Klassen untereinander verbunden ist. Diese neue Akademikerklasse, in der hohe formale Bildung ebenso wie informelles kulturelles Kapital zur zentralen Ressource für die soziale Position, ihrer Gestaltungschancen und des Selbstwertgefühls geworden sind, avancieren nun zu den Aufsteigern, während diejenigen mit einfachen Bildungsabschlüssen als „Niedrigqualifizierte(n) mit extrem begrenzten Möglichkeiten" (ebd.) erscheinen. Der Lebensstil der Akademikerklasse, geprägt durch eine Sicht auf den eigenen Körper als Mittel der Selbstgestaltung, Aktivierung und Erfahrung, gesunde Ernährung sowie durch die Möglichkeiten sich durch die Welt zu bewegen, wird nun als „wertvolle Lebensform prämiert" (ebd., S. 284). Die Subjekte einer solchen „zukunftsweisenden" Lebensweise, setzen nach Reckwitz (ebd.) den Maßstab für ein gelingendes und erfolgreiches Leben insgesamt.

Anknüpfend an die Ausführungen sollen in einem ersten Schritt die beruflichen Positionen der Eltern und der befragten Frauen selbst sowie das ökonomische Kapital anhand der Wohnverhältnisse und dem Mitgliedsbeitrag für das Fitnessstudio beschrieben werden, um den sozialen Raum stärker bestimmen zu können, in dem die Interviewpartnerinnen sich verorten lassen. Wie sich der klassenspezifische Habitus durch die Inkorporierung von Lebensweisen aufgrund des jeweils vorhandenen ökonomischen und kulturellen Kapitals zeigt, wird in weiteren Abschnitten in den Blick genommen.

Die Generation der Befragten, so ist als erstes festzuhalten, stellt historisch eine neue Gruppe dar und gilt im Vergleich zu der (Kriegs-)Generation der Eltern als sehr privilegiert (Denninger et al. 2014, S. 208). Alle Interviewpartnerinnen des deutschen Samples (dS)[3] waren oder sind bis auf eine Ausnahme – einige mit Unterbrechung während der Kindererziehungsphase – berufstätig. Im Gegensatz zu ihren Töchtern sind die Mütter nahezu ausnahmslos als ‚Hausfrauen' tätig, – wobei hier anzumerken ist, dass gerade die Mütter im ländlichen Kirchzartener Sample zusätzlich im landwirtschaftlichen Betrieb mitgearbeitet haben.

---

[2] Die letzten ca. zehn Prozent fallen auf die neue Oberklasse, ausgestattet mit hohem ökonomischem und sozialem Kapital, die für diese Studie keine Relevanz hat.

[3] Im Folgenden werden die Markierungen, ob es sich um Ergebnisse aus dem deutschen Sample handelt oder aus dem amerikanischen Sample abgekürzt in „dS" und „aS".

Während einige Väter der Befragten im dS ein Studium absolvierten, um z. B. Berufe als Jurist, Arzt, Oberstudienrat und Maschinenbautechniker auszuüben, überwiegen diejenigen beruflichen Positionen, die neben landwirtschaftlichen Tätigkeiten im Handwerk zu verorten sind, wie z. B. Schreiner, Schlosser, Metzger, Zimmermann, Kaufmann etc.

Im amerikanischen Sample (aS) zeigt sich ein differenzierteres Bild: Es überwiegen die berufstätigen Mütter gegenüber denjenigen, die allein als Hausfrauen tätig waren. Erstere haben zum Teil auch ein Studium absolviert, um den Beruf der Lehrerin, der Sozialarbeiterin oder sogar der Hochschullehrerin zu ergreifen. Die Berufe der Väter sind ebenso vielfältig: vom Hochschulpräsidenten über den Bauzeichner, Ingenieur und Politiker bis zum Kaufmann und Landwirt.

Im Kirchzartener Sample[4] – die Interviewpartnerinnen sind zum großen Teil auf landwirtschaftlichen Betrieben im Schwarzwald aufgewachsen und wurden bereits als Kinder für anfallende Arbeiten auf dem Hof herangezogen – haben vier Befragte ein Abitur sowie ein Studium absolviert und anschließend Berufe wie Gymnasiallehrerin, Realschullehrerin und Sozialpädagogin ergriffen (Tab. 4.1).

Es überwiegen, wie im Freiburger Sample[5], Helfer*innen-Berufe im medizinischen Bereich wie Arzthelferin, Krankenschwester, medizinisch-technische Assistentin etc. oder berufliche Tätigkeiten im kaufmännischen Bereich und Hotelwesen, Kauffrau oder Hotelfachfrau (Tab. 4.2).

Im aS zeigt sich eine andere (Aus-)Bildungssituation: alle Interviewpartnerinnen aus Amherst[6] besitzen einen Hochschulabschluss, vier des Samples haben neben ihrem Doktor*in-Titel den Titel der ,Professorin' erworben, sodass die

---

[4] Kirchzarten mit seinen etwa 9800 Einwohner*innen liegt ca. 13 km östlich von Freiburg. In Kirchzarten gibt es einen großen Mehrsparten-Sportverein, ein Freibad, einen Tennisverein und ein Fitnesscenter. Die Pädagogische Hochschule mit Angeboten zum Senior*innenstudium liegt im östlichen Stadtteil Freiburgs ,Littenweiler' und ist für Einwohner*innen von Kirchzarten leicht zu erreichen.

[5] Die Universitätsstadt Freiburg mit ihren ca. 230.245 Einwohner*innen hat neben der Universität vier weitere Hochschulen zu verzeichnen. Neben diversen Sportvereinen und Schwimmbädern haben sich in Freiburg ca. 30 Fitnessstudios niedergelassen.

[6] Amherst liegt im Hampshire County im Westen des US-Bundesstaates Massachusetts. Die Stadt liegt am Talrand des Connecticut River und hat ca. 37.819 Einwohner*innen. Der Ort hat neben zwei Universitäten zwei weitere Hochschulen zu verzeichnen: Amherst College und Hampshire College. Neben dem Seniorcenter, in dem Sportkurse angeboten werden, gibt es ein Yogacenter und drei weitere Fitnesscenter. Der Ort ist aufgrund seiner Lage (umgeben von verschiedenen Nationalparks), seiner kulturellen und Bildungsangebote sehr gut mit Freiburg/Kirchzarten (Schwarzwald) vergleichbar.

Tab. 4.1 *Kirchzartener Sample: Fitnessstudio A (Sobiech 2022)*

IP	Land/Stadt	Alter	Größe	Gewicht	Beruf	Kinder	Geschwister	Aktuell mit Partner*in	Wohn-situation	Fitn. Trai. Woche	sportl. aktiv seit
A1	L	66	1,63 m	64,3 kg	Gymnasiallehrerin	2	2	nein	Haus (Eigentum) 200 m²	1–2x	2006
A2	L	67	1,63 m	51 kg	Kauffrau	0	1	ja	Wohnung (Miete)	2–3x	1995
A3	S/L	60	1,58 m	56 kg	Kauffrau	2	1	ja	Wohnung (Eigentum) 140 m²	3–5x	1984
A4	L	74	1,59 m	64,5 kg	Kinderkrankenschwester	1	4	nein	Wohnung (Miete) 84 m²	5x	2008
A5	S	75	1,59 m	56 kg	Gymnasiallehrerin	2	3	ja	Wohnung (Eigentum) 100 m²	2x	2013
A6	L	71	1,63 m	54 kg	Med.-technische Assistentin	3	2	nein	Wohnung (Miete) 60 m²	2x	2006
A7	L	65	1,63 m	64 kg	Sozial-pädagogin	3	3	ja	Haus (Eigentum)	2–3x	2013

(Fortsetzung)

Tab. 4.1 (Fortsetzung)

IP	Land/Stadt	Alter	Größe	Gewicht	Beruf	Kinder	Geschwister	Aktuell mit Partner*in	Wohn-situation	Fitn. Trai. Woche	sportl. aktiv seit
A8	L	60	1,68 m	62 kg	Altenpflegerin	1	7	ja	Wohnung (Eigentum) 98 m²	5x	2014
~~A9~~[7]	–	–	–	–	–	–	–	–	–	–	–
A10	S	72	1,68 m	59 kg	Realschullehrerin	3	2	nein	Wohnung (Eigentum) 90 m²	2x	ca. 1990
A11	L	69	1,69 m	55 kg	Laborantin	2	1	ja	Wohnung (Eigentum) 100 m²	2x	ca. 1980
A12	L	67	1,60 m	97 kg	Krankenschwester	4	2	ja	Wohnung (Eigentum) 86 m²	3x	2012
A13	L	63	1,73 m	68 kg	Arzthelferin	4	1	ja	Haus (Eigentum) 130 m²	3x	2003
A14	L	77	1,62 m	62 kg	Hausfrau	6	2	nein	Wohnung (Miete) 139 m²	2x	2011

[7] A9 wurde aus dem Sample herausgenommen, da sie zum Zeitpunkt der Durchführung der Interviews erst 57 Jahre alt war und damit dem ausgewählten Altersspektrum nicht entsprach.

Tab. 4.2 *Freiburger Sample: Fitnessstudio B & C* (Sobiech 2022)

IP	Land/Stadt	Al-ter	Größe	Gewicht	Beruf	Kin-der	Geschwister	Aktuell mit Part-ner*in	Wohn-situation	Fitn. Trai. Wo-che	sportl. aktiv seit
B1	S	80	1,74 m	85 kg	Kauffrau/Geschäftsführerin Sozial-station	3	3	nein	Wohnung (Eigentum) 78 m²	2x	1999
B2	S	63	1,70 m	58 kg	Arzthelferin	0	2	ja	Wohnung (Eigentum) 78 m²	3–4x	1986
B3	S	65	1,83 m	61 kg	Ärztin/Psychologin	3	1	ja	Wohnung (Eigentum)	2x	ca. 1990
B4	L	72	1,60 m	48 kg	Grund- und Hauptschullehrerin	0	4	ja	Haus (Eigentum)	3x	1993
C1	S	65	1,63 m	57 kg	Redaktionsassistentin	1	0	ja	Wohnung (Miete) 120 m²	1x	2002
C2	S	60	1,64 m	70 kg	Krankenschwester/Yogalehrerin	2	1	ja	Haus (Eigentum) 130 m²	3–4x	2012
C3	S	63	1,65 m	63 kg	Verlagskauffrau	2	1	ja	Haus (Eigentum) 160 m²	5x	2000
C4	S	67	1,57 m	53 kg	VTMA[8]	2	0	ja	–	3–4x	2005

(Fortsetzung)

[8] veterinärmedizinisch-technische Assistentin

Tab. 4.2 (Fortsetzung)

IP	Land/Stadt	Al-ter	Größe	Gewicht	Beruf	Kin-der	Geschwister	Aktuell mit Part-ner*in	Wohn-situation	Fitn. Trai. Wo-che	sportl. aktiv seit
C5	S	62	1,67 m	58 kg	Hygienekontrolleurin	0	2	ja	Wohnung (Eigentum) 72 m²	2–4x	2000
C6	L	65	1,60 m	56 kg	Hotelfachfrau	0	1	nein	Wohnung (Eigentum) 60 m²	3–4x	2003
C7	L	62	1,60 m	59 kg	Ergotherapeutin/ Sozialversicherungsfachange-stellte	0	6	nein	Wohnung (Miete) 45 m²	ca. 5x	1995
C8	S	62	1,63 m	52 kg	Medizinische Fachangestellte	3	1	ja	Haus (Eigentum)	2x	2001
C9	S	65	1,60 m	54 kg	Sozialarbeiterin/Fitnesstrainerin	3	1	ja	Wohnung (Eigentum) 170 m²	7x	1992

Befragten nach Reckwitz (2021) zweifelsfrei der akademischen Mittelschicht[9] zuzuordnen sind. Zum hohen kulturellen Kapital ist ein ebenso hohes ökonomisches Kapital der Befragten im aS festzuhalten. Alle Frauen leben allein oder mit ihrem Partner in einem eigenen Haus mit einer Wohnfläche von 170–280 m^2 mit Garten. Für Fitnesstraining (Personal Training) wird im Monat bis zu \$630 ausgegeben. Lediglich D11, Professorin für Musik und Komponistin im Ruhestand, zahlt mit ihrem Ehemann, einem ehemaligen Rundfunkmoderator, noch \$618 pro Monat, um den Hauskredit zu tilgen (Tab. 4.3).

Das ökonomische Kapital der Befragten des dS ist insgesamt wesentlich geringer. Lediglich 3 von 26 verfügen über eine Eigentumswohnung oder Haus mit Garten mit einer Größenordnung von 150 m^2 bis 170 m^2. Eine einzige Interviewpartnerin lebt allein nach dem Tod ihres Mannes in dem 200 m^2 großen Haus und erbt ein Grundstück, auf das zwei weitere Häuser gebaut werden sollen. 4 von 26 besitzen dagegen keine Immobilie, sondern wohnen zur Miete mit einem zum Teil geringen Einkommen. A2 ist z. B. bereit, ein Zehntel ihrer Rente (110 €) für sich und ihren Partner für den monatlichen Mitgliedsbeitrag (Fitnessstudio) aufzubringen.[10] A4 abonniert aus Kostengründen keine Zeitung, sondern greift auf ausliegende Zeitungen im Fitnessstudio zurück. A6 bewohnt eine kleine 60 m^2 große Wohnung zur Miete, vergleichbar mit C7, die alleine in einer 45 m^2 großen Mietwohnung lebt und noch ein wenig Geld dazu verdient. Alle anderen wohnen in einer (Eigentums-)Wohnung oder in einem Reihenhaus von 60 m^2 bis 140 m^2. Die Befragten sind aus diesen Gründen nur eingeschränkt der akademischen Mittelklasse zuzuordnen, da lediglich 7 Interviewpartnerinnen von 26 einen akademischen Abschluss erworben sowie ein Studium absolviert haben. Für die meisten gilt, dass ein mittleres ökonomisches und kulturelles Kapital zur Sicherung eines mittleren Lebensstandards (Reckwitz 2021, S. 281) dient, oder wie Bourdieu (2021) es formuliert hat, sind diese Interviewpartnerinnen eher dem „Kleinbürgertum" zuzuordnen.

---

[9] Sozialstrukturanalysen, bezogen auf die USA/Deutschland, sind nicht ganz zu vergleichen, da in den USA ‚nur' zwischen *middle class* und *working class* unterschieden wird. Reckwitz (2021, S. 275) zeigt allerdings auf, dass die Tendenz zu einem höheren, akademischen Bildungsabschluss auch in der US-Gesamtbevölkerung im Vergleich von 1950 bis 2009 kontinuierlich angewachsen ist (von 5 % auf 30 %).

[10] Alle Interviewpartnerinnen des dS zahlen etwa 50 € bis 60 € für den Mitgliedsbeitrag im Fitnessstudio.

Tab. 4.3 *Sample Amherst: Fitnessstudio D* (Sobiech 2022)

IP	Land/ Stadt	Al-ter	Größe	Gewicht	Beruf	Kin-der	Geschwister	Aktuell mit Part-ner*in	Wohn-Situation	Fitn. Trai. Wo-che	sportl. aktiv seit
D1	L.A. California	63	1.67 m	70 kg	Professorin Geschichte/ Kunst	2	1	nein	Haus (Eigentum) 232 m²	2x	2014 (PT)*
D2	Texas	67	1.51 m	54 kg	Dozentin (Uni), EdD Psychologie	1	1	ja	Haus (Eigentum) 280 m²	3x	2012
D3	Pennsylvania	68	1.65 m	59 kg	Museumskuratorin/Kunsthistorikerin	–	1	nein	Haus (Eigentum)	5x	ca. 2000 (PT)
D4	Alabama	74	1.63 m	62 kg	Lehrerin; BA Education	2	2	ja	Haus (Eigentum) 170 m²	2x	1973
D5	Butte, Montana	69	1.76 m	64 kg	BA Linguistik/Krankenschwester	2	5	ja	Haus (Eigentum)	2x	2012
D6	South Hadley	70	1.56 m	67 kg	BA Senior Admin Assistant am College	2	-	ja	Haus (Eigentum)	2x	2012 (PT)
D7	Boston, MA	64	1.78 m	84 kg	Director of Dining Service, BA Nutrition	2	3	ja	Haus (Eigentum) 270 m²	4x	2011
D8	New Jersey	68	1.55 m	55 kg	Designerin/Kunstlehrerin MA Education	2	4	ja	Haus (Eigentum)	2x	2008 (PT)

(Fortsetzung)

Tab. 4.3 (Fortsetzung)

IP	Land/Stadt	Al-ter	Größe	Gewicht	Beruf	Kin-der	Geschwister	Aktuell mit Part-ner*in	Wohn-Situation	Fitn. Trai. Wo-che	sportl. aktiv seit
D9	Baltimore	67	1,66 m	75 kg	Lehrerin, MA Education	1	1	ja	Haus (Eigentum)	2x	2013
D10	New Jersey	67	1,68 m	68 kg	Sonderschullehrerin, BA Sonderpädagogik	3	6	ja	Haus (Eigentum) 240 m^2	5x	2014 (PT)
D11	Brooklyn, MA	69	1,65 m	57 kg	Professorin für Musik und Komponistin	1	1	ja	Haus (Eigentum) 175 m^2	3x	2011
D12	Deutschland	77	1,68 m	64 kg	Professorin für Erziehungswissenschaft	2	1	nein	Haus (Eigentum)	4-5x	2013 (PT)
D13	Costa Rica	67	1,58 m	61 kg	Professorin, Kommunikationswissen-schaft	2	12	ja	Haus (Eigentum)	1x	1990 (PT)
D14	Westfield, MA	69	1,57 m	61 kg	Kunstlehrerin/Künstlerin	-	1	ja	Haus (Eigentum)	3-4x	2008

*Personal Training

4.1.2 Sportliche Aktivitäten in Kindheit und Jugend: deutsches Sample

Dass sozialstrukturelle Merkmale des Elternhauses das Sportengagement der Heranwachsenden beeinflussen – Burrmann (2018, S. 12) spricht von „intergenerationaler ‚Vererbung' sozialer Ungleichheiten" – und insbesondere die Sportvereinsmitgliedschaft mit der Position der Familie im sozialen Raum variiert, zeigt auch die Analyse der Aufnahme von Sportaktivitäten in der Kindheit der Befragten des dS. Diejenigen, die in einem landwirtschaftlichen Betrieb groß geworden sind, konnten sich schon aus zeitlichen Gründen nicht sportlich engagieren, da sie neben der Schule bei anfallenden Arbeiten mithelfen mussten:

„Öhm, Bewegung war damals Feldarbeit!" (A2, 67-jährig).

„Ja, du musst halt schaffen, arbeiten, im Sommer wie im Winter! Also, manchmal ist es schon, ja, Sie wissen gar nicht wie, wir hatten ja keinen Traktor, nur Pferde!" (A8, 60-jährig).

Wie die objektiv gegebenen Möglichkeiten und Notwendigkeiten der Klassenlage, hier verknüpft mit traditionellen Geschlechterbildern, die Lebensgewohnheiten und alltäglichen Praktiken der Familie bestimmen und auch die Erwartungen für die Zukunft beeinflussen, zeigen die folgenden Beispiele:

„Also für mich hat in der frühen Jugend Sport eine kleine Rolle gespielt, weil Sport für uns als Familie oder für mich als Kind in der Familie keinen so großen Stellenwert haben *konnte*. Wir als Familie *konnten* gemeinsam nicht viel Sport machen, weil mein Vater kriegsversehrt war. Der hatte nur ein Bein" (A3, 60-jährig).

„Man hat auch keine Zeit gehabt so ein bisschen zu lernen. (…) Da hat eine Ausbildung noch Geld gekostet, Altenpflege. Meine Mutter hat gesagt, ja, ich bin die dritte von den Kindern, ja von den acht, ich kriege kein Geld. (…) Ja, da musste man Geschwister hüten oder denen helfen oder mit denen lernen" (A8, 60-jährig).

Bei A3 richten sich alle in der Familie nach dem patriarchalen Oberhaupt: Bewegungseinschränkungen, die der Vater durch den Krieg erworben hat („nur ein Bein"), werden auch auf die anderen Familienmitglieder ausgeweitet. A8 wird in ihren (Aus-)Bildungsambitionen, die zur Veränderung ihrer sozialen Lage hätten führen können, aus Mangel an ökonomischem Kapital nicht unterstützt, aber auch aus der Notwendigkeit heraus, die sie dazu ‚zwingt', im katholischen Elternhaus als dritte und als erstes Mädchen von acht Kindern ihre jüngeren Geschwister zu betreuen.

Andere Gründe, die eher die Aufnahme von Sportaktivitäten außerhalb der Schule verhindert haben und damit auch eine Sportvereinszugehörigkeit, liegen in mangelnden oder schlechten Schulsporterfahrungen. Ausschlaggebend bei ersteren sind die eingeschränkten Möglichkeiten, überhaupt Sportunterricht und damit Anregungen zu sportlichen Freizeitaktivitäten zu erhalten, die vor allem mit den sogenannten ‚Volksschulen' im dörflichen Kontext verbunden waren:

> „Sport, so also Sport, das gab es eigentlich nicht. Es war ja Krieg!" (B1, 80-jährig).

> „…und dann in der Schule, da gab es keinen Sport. Früher hieß das Volksschule. Da kann ich mich nicht daran erinnern, dass wir da Sport gemacht haben" (A6, 71-jährig).

> „Sport war bei uns eigentlich nicht besonders groß angesehen, weil das eine kleine Grund- und Hauptschule oder damals Volksschule war. Da gab es überhaupt keinen Sportplatz. Wir haben so was wie Sport auf dem Schulhof gemacht" (A7, 65-jährig).

Mit schlechten Schulsporterfahrungen sind im Weiteren häufig Erfahrungen gemeint, die „einen Mangel an Bewusstsein für die Interessen der Mädchen" seitens der Lehrkräfte voraussetzen (Gieß-Stüber und Sobiech 2017, S. 275) oder stärker noch solche Erfahrungen umfassen, die durch öffentliche Bloßstellung durch die Lehrkraft oder Mitschüler*innen die persönliche Integrität verletzen (Sobiech und Marks 2008, S. 6). Die Konsequenz ist, dass Mädchen sich mit unterschiedlichen Begründungen aus dem Sportunterricht zurückziehen:

> „Schulsport (…) habe ich mich vollkommen unbegabt gefühlt, absolut vollkommen unbegabt war mein Empfinden. (…) Bockspringen und Geräteturnen war für mich Horror (…) und ich hatte meine Periode immer dann, wenn gerade gewisse Geräte dran waren" (A3, 60-jährig).

> „(…) bei uns auf dem Dorf, da war Schulsport eigentlich Unkraut jäten. Es war einfach keine Aktivität, die wirklich Spaß gemacht hat. Da war auch noch keine Turnhalle da, dann ging man raus und wenn es geregnet hat, dann blieb man in der Klasse und hat irgendwas gemacht oder auch nichts. (…) Einmal im Jahr sind wir dann ins Nachbardorf gepilgert zu den Bundesjugendspielen. Da solltest du laufen, springen, werfen und hattest es eigentlich nie geübt und ich *kann* das auch nicht" (A13, 63-jährig).

> „Und eine Lehrerin, eine Turnlehrerin hat gesagt – da habe ich wohl nicht so mitgemacht, wie sie wollte – ‚du bist so doof wie du lang bist!'. Und ich war immer schon so groß und da habe ich dann blockiert" (B3, 65-jährig).

Das letzte Beispiel zeigt noch einmal, welche zentrale Funktion Lehrkräfte bei der (De-)Motivation von Schüler*innen haben, Sport und Bewegung als lustvolle und erstrebenswerte Freizeitaktivität in ihren alltäglichen Praktiken zu übernehmen.

Im Kirchzartener Sample sind lediglich zwei Interviewpartnerinnen zu verzeichnen, die nicht in Kirchzarten oder auf dem Land aufgewachsen sind und in ihrem Geburtsort bereits im Kindesalter Mitglied in ortsansässigen Sportvereinen waren. A10 (72-jährig) kommt aus einer sport- und bildungsaffinen Familie. Nach dem Abitur absolviert sie ein Lehramtsstudium und wird Realschullehrerin. Zusammen mit ihrer Schwester wird A10 früh angeregt sich (fort) zu bewegen:

> „(…) wir bekamen sehr früh ein Rixe-Fahrrad". Sie besuchte zuerst einen Rollschuhclub und später einen Tennisverein, „weil man ja, weil ich im Gymnasium war und nur Kinder, die im Gymnasium waren, durften damals auch in den Tennisclub (…) und dann sind wir schon viel Ski gelaufen in den Alpen, (Ort) war nicht weit weg von der Schweiz (…), ja und das habe ich dann beibehalten."

A11 (69-jährig) wächst bei den Großeltern am Rhein auf, was dazu führt, dass sie mit 15 Jahren in den ortsansässigen Ruderverein eintritt, in dem sie auch nach und nach einen Freundeskreis aufbaut. Davor besuchte sie einen Leichtathletikverein, da der Schulsport in der dörflichen Volksschule quasi nicht stattgefunden hat. Zwar besitzt sie in der Phase der Familiengründung und mit der Geburt ihrer zwei Kinder keine aktive Sportvereinsmitgliedschaft, war aber „immer in Bewegung" und beginnt mit 38 Jahren „dann wieder regelmäßig Sport zu treiben". An diesem Beispiel zeigt sich noch einmal, was Klein (2009, S, 7) unter „Verfestigung des Lebensstils" versteht, der von sportlicher Aktivität oder Inaktivität geprägt ist, was je nachdem über die verschiedenen Lebensphasen hinweg kontinuierlich fortgesetzt wird.

Den Städterinnen, deren Eltern nicht wie die Eltern des Kirchzartener Samples stark geprägt sind von den materiellen Existenzbedingungen eines landwirtschaftlichen Betriebs und der damit verbundenen häufig mangelnden Kapitalausstattung, stehen insgesamt größere Handlungsspielräume als die bloße Erfüllung von existenziellen Notwendigkeiten zur Verfügung. Sport- und Bewegungsaktivitäten erhalten dadurch mehr Zeit und Aufmerksamkeit, wozu auch eine Sportvereinsmitgliedschaft gehört, die, wenn nicht durch die Eltern, durch Nachbarskinder oder Freunde initiiert wird:

> „Sport hat eine sehr große Rolle gespielt, also bewegungsfreudig war ich schon immer. (…) Zum Eislaufen bin ich gegangen, Fußball habe ich mit Nachbarskindern gespielt. (…) In einen Verein bin ich das erste Mal durch eine Freundin gegangen, in einen Schwimmverein" (C4, 67-jährig).

„Ja, also meine Kindheit war schon auch geprägt durch viel Bewegung. Wir waren
da sehr viele Kinder in dem Haus. (…) Ich war dann auch mit meiner Schwester mit
zwei Freundinnen immer im (Name eines großen ortsansässigen Sportvereins) auch
noch Sport machen. Dort haben wir so Geräteturnen gemacht, so Bock, Barren, Ringe.
(…) Und Tanzen, das war immer schon ein Thema" (C9, 65-jährig).

Zwar besuchen nicht alle Interviewpartnerinnen des Freiburger Samples einen
Sportverein, aber alle, die im städtischen Umfeld aufwachsen, erleben die Bewe-
gungsmöglichkeiten in und im Umfeld der Stadt als gewinnbringend für das
Ausleben des eigenen Bewegungsdrangs:

„Wir waren immer in Bewegung. Ich habe viel geturnt an der Turnstange (auf dem
Spielplatz in der Nähe der elterlichen Wohnung) und ich bin geschwommen im Bag-
gersee" (C8, 62-jährig).

Eine Interviewpartnerin beschreibt, dass sie zwar „in einer unsportlichen Familie
aufgewachsen" ist, aber durch die geografisch-regionalen Bedingungen, die der
Schwarzwald bietet, mit dem Vater schon früh „auf Skiern unterwegs" war. Diese
Leidenschaft „Schnee ist mein ein und alles" (C5, 62-jährig) behält sie in allen
Altersphasen bei, reduziert aber schließlich aus Altersgründen das Skifahren auf
den Langlauf.

4.1.3 Sportliche Aktivität in Kindheit und Jugend: amerikanisches Sample

Auf welche Weise haben nun die Amerikanerinnen Zugang zu Sportaktivitäten
gefunden und welche Bewegungserfahrungen haben sie über ihren Sportunterricht
gewinnen können?

Nahezu alle Interviewpartnerinnen, so ist als erstes festzuhalten, sind in
anderen Staaten (Kalifornien, Texas, Pennsylvania, Alabama, New Jersey etc.)
aufgewachsen und erst im späteren Lebensverlauf, meistens über mehrere Sta-
tionen, nach Massachusetts umgezogen. Alle Interviewpartnerinnen bis auf eine
Befragte, die aus einer sehr sportlichen Familie stammt und bereits im Alter
von acht Jahren Tennis und Golf gespielt hat (D3, 68-jährig), gehen keinem
organisierten Sport nach. Smith (2016, S. 77) zeigt auf, dass Frauen erst ab
dem Geburtsjahrgang 1955 erste organisierte, aber begrenzte Sportgelegenheiten,
eingeschlossen Teamsport, während ihrer High-School-Jahre erhielten. Sportarten, die während der High-School-Zeit von den Befragten ausgeübt wurden,

waren Softball, was D1 (63-jährig) und D4 (74-jährig) während ihres Studiums beibehalten haben, Basketball (D11, 69-jährig), Feldhockey (D6, 70-jährig), Tanzen/„Cheerleading" (D2, 67-jährig; D13, 67-jährig, eingewandert aus Costa Rica). Eine Interviewpartnerin (D14, 69-jährig) ist Majorette in einem *Drum Corps* und ‚entkommt' so dem unliebsamen Sportunterricht, zwei sind Mitglied im Skiteam (D9, 67-jährig; D10, 67-jährig), drei erhielten keinen Sportunterricht während ihrer High-School-Zeit (D7, 64-jährig; D8, 68-jährig; D5, 69-jährig). Eine Befragte ist in Deutschland als „Kriegskind" und „Nachkriegskind" aufgewachsen, hat viel draußen gespielt und ist Rollschuh gelaufen. Im Alter von 22 Jahren reist sie in die USA (New Haven), um dort eine Stelle als wissenschaftliche Assistentin anzutreten. Aus den anfänglich geplanten zwei Jahren sind „mittlerweile 55 Jahre geworden" (D12, 77-jährig).

Wie bewerten nun die Amerikanerinnen ihre Sportaktivitäten? Erstaunlicherweise sind die Einstellungen und Empfindungen – D3 bildet hier die Ausnahme – nicht gerade von Freude oder Spaß an der Bewegung geprägt, selbst wenn Eltern dies zu vermitteln suchten:

> „Most of my life I did no sports (lacht). I am naturally an indoor person. (…) Later my mother gave me tennis lessons and later I had golf lessons (…), but I never really enjoyed it" (D1, 63-jährig).

> „I never played sport. I don't really like sport very much. (lacht) (…) I mean, I learned how to play tennis, but I wasn't good at it. (…) I have a very bad hand-eye coordination" (D2, 67-jährig).

> „My dad played tennis when he was younger and my mom danced. I was not a dancer. We figured that out really fast (lacht)" (D6, 70-jährig).

Bei D8 ist es umgekehrt, ihr Bewegungsdrang wird durch die Mutter ‚gezähmt', da Toben, Rennen, Spieleinsatz und Schweiß nicht zu Verhaltensregeln für Mädchen aus gutem Hause zu passen scheinen, da vor allem ästhetische Standards nicht eingehalten werden können. Gebauer und Krais (2002, S. 73) betonen bezüglich solcher Verhaltensregeln, dass Mädchen bürgerlicher Herkunft zwar lernen, dass ihnen die Welt offensteht, aber dass sie dem unterlegenen Geschlecht angehören, was sie mit „Barrieren, Beschränkungen und Grenzen konfrontiert":

> „So, it was mostly lacrosse, touch football, and baseball. But, once again, I wasn't supposed to. And if my mother – if I played hard, with my friends, you know – under the trees running around and stuff like that. If I came in and I was sweating my mother would tell me to go upstairs and ‚neaten up'. I was always to ‚neaten up'" (D8, 68-jährig).

Smith (2016) verweist ebenso auf einen *Genderbias,* wenn sie beschreibt, dass Bilder schwitzender Frauen in den amerikanischen Sportmedien und der populären Kultur (und sicher nicht nur in der amerikanischen) aufgrund traditioneller Geschlechterbilder nicht opportun sind und gar nicht erst gezeigt werden. Mangelnde (Vor-)Bilder von sportlichen Frauen in Aktion/Bewegung (Rulofs und Hartmann-Tews 2017) sind sicher auch ein Grund, warum Sporttreiben nicht als attraktive Freizeitbeschäftigung für Mädchen wahrgenommen wird.

Auch im aS wird deutlich, dass organisierte Sportaktivitäten im Sportunterricht ebenso wie im dS keinen Anreiz für die Partizipation an sportiven Praxen in der Freizeit darstellte, im Gegenteil, die vorgeschriebene Kleidung und die mit der jeweiligen Sportart verbundenen Anforderungen wirkten eher abschreckend:

> „The only thing I did, was, was a dance class. You know, for phys. ed. (…) I am terribly clutsy and kind of angular and not very flexible. (…) you know, with wearing this horrible gym suits (lacht) and little skirts with bloomers and the whole thing. And you know, we just kind of got through it" (D11, 69-jährig).

> „I hated it (physical education G.S.). We had to wear these awful uniforms. (…) I don't remember anything about it. It was not my favourite thing. No again, because we had to play organized sports and stuff and I was not into any of that stuff. I have, I have – there's something in my brain that doesn't work on the aim and reach" (D14, 69-jährig).

Im Gegensatz zum organisierten Wettkampfsport – wie ausgeführt, auch in Deutschland eher eine Domäne von Männern (vgl. Abschn. 2.3) – mit seinen festgelegten Sportartenprofilen, Spiel- und Bekleidungsregeln sowie spezifischen Sporträumen wird die ungeregelte Bewegung in Außenräumen hochgeschätzt.

> „I always do some walking, but I didn't do any, definitely no competition sports" (D2, 67-jährig).

> „After school I didn't continue with my sports career, but we love to hike and kayak. I do a lot of walking" (D4, 74-jährig).

> „I did no organized sports. But we often spent more time outside than inside. So we did ice skating, roller skating (…) hiking, swimming, and so, no organized sports, but a lot of being outside" (D5, 69-jährig).

4.1.4 Zusammenfassung

Im deutschen Sample zeigt sich ein großes Stadt-Landgefälle. Für die Interviewpartnerinnen, die im städtischen Umfeld aufgewachsen sind, konnten sportliche Interessen und Fähigkeiten zum einen im Schulsport durch vorhandene Sporthallen und Sportplätze besser verwirklicht werden als auf dem Land. Zum anderen konnten sie in ihrer Kindheit auch die Bewegungsmöglichkeiten im städtischen und regionalen Umfeld sowie ortsansässige Sportvereine zum Ausüben von Sportarten wie Turnen, Schwimmen und Ballett stärker nutzen. Burrmann (2018, S. 13) hebt hervor, dass die Sportbeteiligung von Mädchen dem Einfluss der Herkunftsfamilie stärker unterliegt als dies bei Jungen der Fall ist. Differenzierter konnte gezeigt werden, dass mangelnde Sportaktivitäten von Mädchen einerseits mit dem sozioökonomischen Status der Familie und andererseits mit traditionellen Geschlechterbildern korrespondieren: Mädchen mussten bei knappen ökonomischen Ressourcen der Herkunftsfamilie – dies zeigt das Aufwachsen auf landwirtschaftlichen Betrieben in ländlichen Regionen – jüngere Geschwister betreuen oder wurden auch zu anderen Arbeiten („Kartoffeln ernten", „beim Heuen mithelfen", C6, 65-jährig) herangezogen. Die eigenen Bildungsambitionen traten zunächst dahinter zurück.

Für das amerikanische Sample lässt sich festhalten, dass die Partizipation am organisierten Wettkampfsport und auch am Schulsport als weniger erstrebenswert und gewinnbringend von den Befragten erlebt und damit im weiteren Lebenslauf eher vermieden wird. Zu den Sportarten der oberen Sozialschichten gehören u. a. Tennis und Golf mit ihren dahinterstehenden Idealen von Koordinationsvermögen, Eleganz der Bewegung und Kreativität im Gegensatz zu z. B. Ringen und Boxen, bei denen Härte und Durchsetzungsvermögen verlangt wird (Rohrer und Haller 2015, S. 62). Die zu unteren Milieus distinkten Sportarten werden zwar besonders von den Eltern betrieben, aber von den Interviewpartnerinnen, wenn, dann eher widerwillig gelernt und schließlich aufgegeben. D3 (68-jährig) bildet die Ausnahme: Sie kommt aus einer sehr bildungs- und sportaffinen Familie, in der alle Familienmitglieder Sportarten wie Tennis, Golf und auch Schwimmen wettkampfmäßig betrieben haben. Ungeregelte Bewegung dagegen wie Eis- und Rollschuhlaufen, Wandern, Kajakfahren u. a. werden als Freizeitbeschäftigung von den anderen Befragten des aS hochgeschätzt.

4.2   Arbeit am Körper im Fitnessstudio zwischen Selbstermächtigung und Unterwerfung

Seit den 1950er Jahren ist das Alter zwar eine durch „sozialpolitische Arrangements hergestellte und abgesicherte Lebensphase" (Göckenjan 2000, S. 385), dennoch werden erst mit den späten 1960er und 1970er Jahren Rentner*innen zu „Ruheständler(innen)". D. h. rentenversicherten Arbeitnehmer*innen werden im Laufe ihres Lebens „zuerst Aktivität und Arbeitsorientierung und danach Passivität und Freizeitorientierung angesonnen" (ebd., S. 375). Allerdings setzen bereits mit den späten 1970er Jahren wissenschaftlich-politische Debatten ein, die den Blick auf die bis zu diesem Zeitpunkt vernachlässigten Alterskompetenzen warfen (vgl. Abschn. 2.1.1). Denninger et al. (2014, S. 78 ff.) zeigen auf, wie die „sinnlogische Verkopplung von Nutzen und Anerkennung" (ebd., S. 82) nachfolgende Altersdiskurse prägte. Diese Verkopplung führt schließlich im Kontext neoliberaler Imperative zur Herstellung von Gesundheit und Fitness in eigener Verantwortung zu einer Normsetzung für Ältere sportlich aktiv zu sein, vor allem auch um Kosten für das Gesundheitssystem gering zu halten (Gard et al. 2017).

Da aber das Sportverhalten, wie ausgeführt, durch die Klassenzugehörigkeit, die mit einem klassenspezifischen Habitus korrespondiert, maßgeblich beeinflusst wird, ist es in einem weiteren Schritt aufschlussreich danach zu fragen, wie vor allem diejenigen Frauen, die in Kindheit und Jugend keinerlei Sportaktivitäten ausgeübt haben, und auch diejenigen Befragten mit schlechten Schulsporterfahrungen und einer eher ablehnenden Haltung zu Wettkampfsport und organisiertem Sport den Weg zu einer Mitgliedschaft im Fitnessstudio finden.

4.2.1   Einstieg in die Fitnesskultur

Mit den 1980er Jahren und mit Jane Fonda begann sich die Aerobicwelle von Amerika nach Europa auszuweiten. Dadurch etablierten sich Fitnessstudios, auch in Westdeutschland, weg von „Muckibuden" zu „Orten eines veränderten urbanen Lebensstils" (Martschukat 2019, S. 57) mit vielfältigen Trainingsgeräten, medizinischer Betreuung, variantenreichem Kursangebot, Saunen, Swimmingpool und Bar. Fitnessstudios waren also voll im Trend, was auch die Interviewpartnerinnen zum Anlass nahmen, um dem neuen ‚Fitnesskult' anzugehören:

> „Also, das war die Zeit als Aerobic das Nonplusultra war und ja, da bin ich einfach
> so dazugekommen" (B2, 63-jährig).

„Damals war es Mode ins Fitnessstudio zu gehen, gerade auch wegen der Bauch-Beine-Po-Kurse" (A1, 66-jährig).

Auch in stärker ländlichen Gegenden entstanden Fitness- und Rehazentren. So wurde z. B. 1995 in Kirchzarten ein solches eröffnet, das neben der Trainings-fläche, den Praxis- und Gymnastikräumen ein Sauna- und Wellnessbereich anbot, was zum einen für den ortsansässigen Mehrspartensportverein große Konkurrenz bedeutete und zum anderen den bereits etablierten Studios in der Stadt Freiburg in nichts nachstand. A4 (74-jährig) z. B., die bis zu ihrem 66. Lebensjahr kei-nerlei sportliche Aktivitäten ausgeübt hatte, wird auf Anraten ihres Sohnes, der selbst Fitnesstrainer in Berlin ist, Mitglied in diesem Studio. Andere Interview-partnerinnen werden durch Anzeigen in der Zeitung, Faltblätter im Briefkasten o. ä. auf ein Fitnessstudio in Nähe zu ihrer Wohnstätte aufmerksam, was sie zum Anlass nahmen, sich die Räumlichkeiten näher anzuschauen, um schließlich dort Mitglied zu werden. Dies gilt ebenso für einige Interviewpartnerinnen aus der Stadt und für Befragte aus dem aS:

„I saw it advertised in a paper, and I thought it would be fun to join, a group doing exercise together, because I wasn't – I wasn't – I had little children and my husband was very supportive of that, and they had childcare there" (D4, 74-jährig).

Im letzten Zitat klingt ein weiterer Beweggrund an, warum eine Mitgliedschaft im Fitnessstudio mit seinen vielfältigen Trainings-, aber auch Wellnessangeboten attraktiv sein kann, nämlich um sich von Kindererziehung und anderen, auch beruflichen Aufgaben distanzieren und erholen zu können:

„Und früher, als die Kinder noch alle zu Hause waren, hatte ich wirklich das Gefühl, da (im Fitnessstudio) habe ich mal meine Ruhe, kein Telefon, niemand will was von mir" (B4, 72-jährig).

„Gut dann war ich schwanger und als dann das Kind da war, dann dachte ich, ich muss irgendwann mal hier raus, sonst werde ich wahnsinnig. Arbeiten und Kind, ich möchte was machen und dann habe ich von meinem Mann das erste Abo bekommen und dann bin ich eigentlich, habe ich auch angefangen regelmäßig zu gehen" (A3, 60-jährig).

Weitere Beweggründe umfassen das Wintertraining oder den Ausgleich zur pri-mär ausgeübten Sportart, z. B. Spinning-Kurse im Winter, um fit zu sein für das Mountainbiken im Sommer, den Halbmarathon oder auch, um einseitige Bewegungen im Tennis auszugleichen. Bei einigen der Befragten, die noch zur Zeit ihrer Erwerbsarbeitsphase Mitglied im Fitnessstudio werden, unterstützt das betriebliche Gesundheitsmanagement solche oder ähnliche Vorhaben. Das Firmenfitnesskonzept „Hansefit" (2022) wirbt damit, bei Beteiligung der Belegschaft Fehlzeiten und damit auch Krankheitskosten im Unternehmen deutlich zu reduzieren, während das breite Angebot im Bereich Sport und Gesundheit auf der anderen Seite die Arbeitgeberattraktivität zu steigern verspricht.

Andere Befragte lassen sich von Freundinnen oder Partnern motivieren. das in der Nähe liegende Fitnessstudio zu besichtigen, was schließlich dazu führt, dass sie dort Mitglied werden. Diejenigen Frauen, die durch Tod ihren Partner verloren, sich getrennt haben oder schon länger allein leben, bietet das Fitnessstudio mit den verschiedenen Bewegungsangeboten zu ausgewählten Zeiten einen gewissen Halt und eine Struktur im Tagesablauf. A4, die immer wieder im Interview über ihre Einsamkeit spricht, besucht das Fitnessstudio schließlich fünfmal die Woche: „Ja, das ist einfach so, es ist für mich einfach wichtig, morgens wegzugehen, rauszugehen. Nicht jetzt daheim abstauben, rumtrödeln, sondern einfach ein Ziel zu haben" (A4, 74-jährig). Ein Ziel zu haben, kann auch den Übergang vom Erwerbsleben in den Ruhestand erleichtern. Denninger et al. (2014, S. 222) beschreiben, dass einige der Interviewpartner*innen ihrer Studie größte Schwierigkeiten mit dem Übergang vom aktiven, fremdbestimmten Erwerbsleben in die „Freiheit" des Ruhestands haben, da sie nun ihren Tag selber strukturieren müssen oder auch berufliche Anerkennung und soziale Kontakte vermissen. Befragte beider Samples dieser Studie finden durch eine Mitgliedschaft im Fitnessstudio sozialen Halt und Struktur:

> „Wie ich dann freigestellt wurde (lacht), dann hatte ich ja ganz viel Zeit und da muss man sich schon was suchen, was einem Halt gibt. (…) Dann habe ich gesagt, ich teste mal und das war dann so zufriedenstellend, dass ich mich dann angemeldet habe" (C4, 67-jährig).

> „And I think it was a good year before I really felt separated from my job. So it took me a while, because it was a big part of my identity. Yes, and that's a lot of the reason why I started coming here (Fitnesscenter). I need some structure. And so I started coming here and providing those structures" (D5, 69-jährig).

Ein weiterer sehr starker Beweggrund für den Eintritt in ein Fitnessstudio ergibt sich über Beschwerden, die mit Alterungsprozessen in Verbindung stehen. Dies trifft zum einen vor allem auf diejenigen zu, die bisher sportliche Aktivitäten in ihrer Freizeit nicht ausgeübt haben und bei denen durch mangelnde Bewegung die Alltagsfunktionalität nicht mehr gewährleistet ist. Zum anderen sind es gesundheitliche Krisen durch Krankheiten wie Diabetes, Krebs, Depressionen etc. oder Probleme, die den funktionellen Bewegungsapparat betreffen und Operationen an Hüfte oder Knie notwendig werden ließen, sodass sich die Befragten ‚gezwungen' sahen, etwas für ihre Gesundheit und Fitness zu tun:

> „I noticed that I could barely get up the stairs, without being bent over and pulling myself up, and I, you know, I was, I was losing all my strength. I could no longer lift heavy things and so, and I realized, without concerted efforts, it wasn't going to just be there anymore, like it always had been. (…) I wasn't doing a lot of the things I used to do, so I needed to build back muscles. (…) I had become so weak and noticed that I didn't have strength. (…) I realized at the time, there was no more excuse, I was retired" (D1, 63-jährig).

> „Also (nach der OP) kam ich dann ganz klapprig raus. Und nachdem ich mich berappelt habe, bin ich ganz konsequent ins Fitness, um mich wieder auf Trab zu bringen" (B1, 80-jährig).

> „Und als ich dann aus der Rehaklinik gekommen bin, dann war ich ja bei der Nachsorge in der Tumorbiologie und dann hat der zu mir gesagt: ‚Können Sie sich eigentlich vorstellen, etwas mit Sport zu machen?'. Da habe ich gesagt: ‚Ich kann mir einiges vorstellen, Hauptsache, ich werde wieder einigermaßen fit!'" (C3, 63-jährig).

Auf die Frage danach, aus welchen Gründen die Interviewpartnerinnen die Mitgliedschaft in einem Fitnessstudio der Mitgliedschaft in einem Sportverein vorgezogen haben, sind sich alle Befragten des dS einig. Der Sportverein ist keine Alternative zu den besseren und vielfältigeren Bewegungsangeboten, durchgeführt von als kompetenter eingeschätzten Trainer*innen im Gegensatz zum Einsatz von „Ehrenamtlichen" im Sportverein (B2, 63-jährig), zu den „flexiblen Trainingszeiten" (A12, 67-jährig) und kontinuierlichen Öffnungszeiten, um dadurch „kontinuierlich meinen Sport und deshalb Fitness in einem Club" auszuüben (C9, 65-jährig) sowie „schönere Räumlichkeiten" (A4, 74-jährig), „Reha-Angebote" (A5, 75-jährig), „Anonymität" (A11, 69-jährig), auch Sauna und Wellness genießen zu können. Zudem geben Befragte an, „kein Vereinsmensch, kein so'n Gruppenmensch" (B4, 72-jährig) oder „Vereinsmeier" (C3, 63-jährig) zu sein, was wohl meint, ehrenamtliche Aufgaben zu übernehmen, z. B. „im Verein (…) Kuchen backen zu müssen zu diversen Festen" (C4, 67-jährig). Zudem wird der Sportverein als eine Institution interpretiert, in der „willst ja eigentlich irgendwie Leistung erbringen. So dieser Sport nur um des Sportes willen", was B1 (80-jährig) ablehnt. C5 (62-jährig) nimmt die dort ausgeübten Sportarten wie „Volleyball, Handball, Basketball" zudem als „zu verletzungsträchtig" wahr, denn, „wenn ich nimmer Skifahren oder Rennradfahren kann wegen so einem Käs' (Basketball spielen), dann nee! Da sind mir meine eigentlichen Sportarten zu wichtig".

Nach dem Einstieg ins Fitnesscenter sind die Interviewpartnerinnen des dS zum Zeitpunkt des Interviews bereits lange, ca. zwischen zehn bis zwanzig Jahren, Mitglied im Fitnessstudio, zahlen durchschnittlich 50–60 € Mitgliedsbeitrag pro Monat und trainieren zwei bis sieben Mal pro Woche. Die Befragten schätzen neben den in ihrer Wahrnehmung besser ausgebildeten Trainer*innen die flexiblen, vielseitigeren Angebote (Kurse wie ‚Bauch Beine Po‘, BodyArt, Rückengymnastik, Pilates, Yoga, Zumba u. ä.) und die übers Jahr kontinuierlichen Öffnungszeiten im Vergleich zu den vereinzelten Fitnessangeboten im Sportverein, die zu festen Zeiten und in den Ferien gar nicht stattfinden.

Die Amerikanerinnen treten im Vergleich später in ein oder sogar mehrere Fitnessstudios ein und sind bis auf eine Ausnahme für kürzere Zeit Mitglied, etwa von zwei bis acht Jahren. Das hängt auch damit zusammen, dass die meisten zwar nach der High School/College spazieren gegangen sind und gehen, aber sportliche Betätigung durch Berufstätigkeit oder Kindererziehung kaum Platz hatte: „Most of my life I mean I sit at a desk twelve hours a day doing research, doesn't bother me at all" (D1, 63-jährig). Gründe für die Aufnahme von Fitnessaktivitäten liegen im aS daher häufig in Beschwerden durch Alterungsprozesse: „And I exercise because one day I was making my bed and I couldn't pick the duvet up. It was too heavy for me (…) and I was like, this is ridiculous" (D10, 67-jährig). Die Hälfte der Befragten trainiert ausschließlich oder zusätzlich mithilfe eines kostenintensiven „Personal Training" (bis 630 $ pro Monat), um z. B. eine nach wissenschaftlichen Erkenntnissen korrekte Trainingsanleitung zu erhalten. Die meistbesuchten Gruppenkurse in wiederum anderen Fitnessstudios („Fitness Together"; Yoga-Center) sind Yoga, Pilates, Aerobic („but it's a little different cause it's slow, it's mostly stretching", D1, 63-jährig), „Step classes", „Body Pump" oder „Zumba". D12 (77-jährig) und D13 (67-jährig) absolvieren ihr Training hauptsächlich mit Gewichten. Die Trainingshäufigkeit in der Woche beträgt durchschnittlich zwei bis fünf Mal.

4.2.2 Selbstermächtigungsgewinne durch die Körperarbeit im Fitnessstudio

In einem weiteren Schritt geht es nun präziser um die Frage, welcher Art die Gewinne für die Befragten beider Samples sind, die sie durch die Arbeit am Körper im Fitnessstudio erzielen? Welche Praktiken der Selbstgestaltung und Selbstformung können identifiziert werden?

Aktives Altern bedeutet nun, den eigenen Körper in eigener Verantwortung gesund und fit zu erhalten (vgl. Abschn. 2.1.1), womit dem typischen Ruhestandskörper, der auf dem Sofa oder dem Schaukelstuhl seine freie Zeit verbringt, der sportlich bewegte „Unruhestandskörper" gegenübergestellt wird (Denninger et al. 2014, S. 114). Eine erste gewinnbringende Strategie der befragten Frauen beider Samples bezieht sich demnach auf die Abgrenzung des im folgenden Zitat präsentierten Bild des Ruhestands: auf dem Sofa sitzen wird assoziiert mit mangelnder körperlicher Beweglichkeit und auch fehlender innerer Flexibilität:

> „Und ich habe gerade beim Golf viele Ältere kennengelernt, die gesagt haben, ja und meine Kollegen in dem Alter, die sitzen alle auf dem Sofa und sind nicht mehr flexibel und das will ich nicht. Ich möchte mich bewegen und darum bin ich hier (im Fitnessstudio)" (B3, 65-jährig).

In der Äußerung einer 80jährigen Interviewpartnerin (B1) wird noch einmal betont, dass Kaffeefahrten, Kaffeekränzchen u. ä. endgültig der Vergangenheit angehören, der so verstandene Ruhestand avanciert hier quasi zum nutzlosen Stillstand: „Also diese klassischen Vorstellungen von alt und Kaffeekränzchen, das läuft einfach nicht. Das ist für mich ein verlorener Tag" (B1, 80-jährig). Alt-Werden und etwas dagegen zu tun erscheinen als Synonyme. Vor allem die kontinuierliche Arbeit am Körper durch Sport und Bewegung soll dem Alter(n) Grenzen setzen:

> „Aber ich bin überzeugt davon, dass man selber was machen kann und soll, damit der Prozess vielleicht, der Alterungsprozess, langsamer verläuft und ja, leichter! (…) Ja, zum Beispiel ins Fitnessstudio gehen! Was tun! Einfach dafür sorgen, dass man beweglich bleibt!" (A4, 74-jährig).

> „I don't want to be less active. I don't want to be sick or anything so. The things I do I exercise and try to keep my muscles. (…) I try to keep active mentally. And I try not to think in terms of being old. You know like – I don't want to limit my options or kind of… I like the attitude that I don't feel old" (D9, 67-jährig).

Sich nicht so alt zu fühlen, wie das kalendarische Alter vorgibt, wird besonders im Vergleich zur Müttergeneration, die aufgrund von Kriegserfahrungen und eingeschränkter finanzieller und Bildungsressourcen den Interviewpartnerinnen zufolge älter aussahen, sowie durch den Vergleich mit Gleichaltrigen, die einen passiven Ruhestandsalltag pflegen, offensichtlich. Nahezu alle Befragten fühlen sich, so auch in der Studie von Denninger et al. (2014, S. 218), bis zu zehn Jahre jünger. Alt-Sein im Sinne von Stillstand, Unbeweglichkeit, Fähigkeitsverlust und Willenlosigkeit findet später statt. Vor allem der Wille wird als entscheidender Faktor der Selbstführung gedeutet: „Und da habe ich Angst davor, dass ich eines Tages nicht mehr fordern kann (…). Ich brauche nichts mehr, das wäre der Tod" (C1, 65-jährig). Im Zuge einer reflexiven Modernisierung und der damit verbundenen neoliberalen Rationalität gerät die Körperarbeit zu einer zentralen Identitätsstrategie (Meuser 2014). Auf die Frage danach, ob Alter(n) ein Risiko darstellt, dass sich durch Arbeit an sich selbst hinausschieben oder sogar aufhalten lässt, antwortet C8 (62-jährig): „Stimme ich zu! Arbeit an sich selbst wäre z. B. Sturzprophylaxe, Fitnessstudio einfach. Wie soll ich jetzt sagen? Also einfach an sich arbeiten." Mit dem funktionellen Training im Fitnessstudio ist zugleich der Anspruch verbunden, die körperliche und geistige Fitness zu bewahren, um so lange wie möglich selbstständig und mobil zu bleiben:

> „Turne bis zur Urne, ja und dass ich nicht auf staatliche Leistungen (angewiesen bin). Das wünschen sich ja alle. Alle wünschen sich das, aber mein Wunsch ist es auch: Never ever Pflegefall" (C7, 62-jährig).

> „(…) it's more so that I can do things that I want to do. Just being able to go wherever I want to go and travel, you know, being able to do things like travel by myself, you know" (D3, 68-jährig).

Nicht nur bezogen auf den Erhalt von Selbstständigkeit im fortgeschrittenen Alter oder von Fähigkeiten zur Bewältigung häuslicher Aufgaben, z. B. „meine Wäsche selbst hochschleifen" (B1, 80-jährig), zeigt sich ein Gewinn durch die Arbeit am Selbst, ein weiteres Plus liegt, wie in der Äußerung von D3 anklingt, in der Erweiterung von Sozial- und Bewegungsräumen außerhalb des Studios. Einige Frauen trainieren, um Fernreisen mit hohem Bewegungsanteil bewältigen oder bei gemeinsamen Aktivitäten mit Gleichaltrigen, z. B. beim Mountainbiken, mithalten zu können.

Bezüglich der Beeinflussung von Alterungsprozessen gibt es auch ein paar zurückhaltende Stimmen, weniger enthusiastisch und verschiedene Szenarien einkalkulierend: „Ich werde viel dafür tun, dass ich fit bleibe, das, was in meiner Hand liegt, liegt ja nicht alles in meiner Hand" (C1, 65-jährig). Auch C2 (60-jährig) gibt zu bedenken, dass man auf das, „was einem einfach passiert wie Krebs oder ein Unfall" keinen Einfluss hat. Einige Amerikanerinnen bringen weitere Faktoren ,ins Spiel' wie genetische Dispositionen und Vererbung (D1, D2 und D11). „I don't think you can eliminate the effects of long-lived age, I think that's given", aber so D13 (67-jährig) weiter, ihr Training soll dazu führen, dass sie „health for body and mind" erzielt und sich vor allem ,in ihrer Haut' wohlfühlt. Wohlbefinden als leiblich-affektive Dimension des *Doing Age* im

Zusammenhang mit Training und Bewegung (vgl. Abschn. 2.1.2) wird von allen Befragten als positive Wirkung herausgestellt. Vor allem diejenigen Frauen, die erst sehr spät aufgrund von Beschwerden durch Alterungsprozesse mit der Körperarbeit im Fitnessstudio begonnen haben, profitieren insofern besonders vom Training, als sie quasi erstmalig in bewussten Kontakt mit dem eigenen ‚funktionellen Bewegungsapparat' treten, aber auch Körperbewusstsein, inneres Spüren und Aufmerksamkeit für die eigene Haltung entwickeln können:

> „I didn't even know how to find these muscles, like ‚use your abs', ‚what are those, I can't feel them'. And it took months to where I could tell I was actually using the muscle you know, this muscle, this muscle, whatever. They'll touch them and say ‚oh, yes, it's firing' and I wouldn't know from the inside (…) They train you how to use the best parts and make you aware of the parts that you're using and remind you to put your shoulders back and things like that and it's really gotten really good" (D1, 63-jährig).

Phoenix und Orr (2015) betonen, dass der Aspekt des ‚Sich-gut-Fühlens' durch sportliche Aktivität in vielen Studien unterbewertet wird. Dieser bezieht sich in der vorliegenden Studie differenzierter zum einen auf das Training selbst:

> „Ich will auch Spaß haben. Ich tanz ja sehr gerne und mein Mann ist kein Tanzpartner für mich, also gehe ich wahnsinnig gerne ins Zumba, weil das ist für mich einfach Spaß haben, Bewegung, bisschen ausflippen. Das ist toll" (A3, 60jährig).
>
> „I feel more in my body. (…) I feel like myself, when I do some kind of exercise" (D2, 67-jährig).

Zum anderen berichten ausnahmslos alle Interviewpartnerinnen davon, dass sie Wohlbefinden, Vitalität, ja insgesamt ein positives Lebensgefühl nach dem Training verspüren:

> „Ja, nach dem Training könnte ich Bäume ausreißen, da bin ich weder alt, noch (…) Was kostet die Welt? Das ist so ein richtig positives Lebensgefühl, wirkt sich auch auf das Mentale aus" (C5, 62-jährig).
>
> „Recognizing that it really gives you the clear head, and you just feel so much better. Yeah. (...) Yes. Yeah, I can feel sluggish if I haven't worked out (...) and when I do work out, I feel, ‚whoo' ready to go, you know, more energized, better outlook, happier" (D7, 64-jährig).

Physisches Kapital, darauf weist Eman (2012) in ihrer Studie mit über 65-jährigen Frauen hin, zeigt sich insbesondere in den erworbenen körperlichen

Fähigkeiten – Eman bezeichnet den Effekt dieser Fähigkeiten als „capability-age", die die Frauen durch ihre konstanten sportlichen Aktivitäten im Fitnessstudio und auch in öffentlichen Bewegungsräumen erzielen. Langfristige Wirkungen des Trainings machen sich für A2 (67-jährig) durch „mehr Luft beim Mountainbiken" bemerkbar, A6 (71-jährig) ist mit siebzig Jahren noch „von hier (Kirchzarten) nach Santiago de Compostela geradelt", A13 (63-jährig) fühlt sich so trainiert, sodass sie „ohne nachzudenken" mit dem Fahrrad von Kirchzarten nach Freiburg (ca.13 km) fahren kann: „Das gibt mir auch ein Stück Freiheit!". B2 (63-jährig) lobt ihre „gute Ausdauer", sodass sie „gut bei Wanderungen oder Fahrradtouren, also stundenlang" mithalten kann, auch für C1 (65-jährig) ist „Wandern" eine „ganz große Leidenschaft" wie auch für C3 (63-jährig), die ihrem Training im Fitnessstudio zuschreibt, dass sie auf „Trekkingtouren" „jeden Tag soundso viele Stunden" wandern kann. Das Gleiche lässt sich für die Amerikanerinnen festhalten. D7 (70-jährig) erlebt aufgrund ihres Trainings einen Fähigkeitszuwachs: „having the stamina (…) to do things (…) thinking about hiking. I haven't been able to do in the past". D3 (68-jährig) erzählt im Interview, dass sie bereits vor 12 Jahren Tauchen gelernt und dies zusammen mit ihrem Partner in der Karibik ausprobiert hat. Nach dem Tod ihres Partners versucht sie Freunde zum „scuba diving" zu motivieren: „So we just, we went, we took classes and we went diving and so it just became this thing. I thought: ,oh, I can do this, you know. I can do it by myself.'" Diese Form der Selbstermächtigung ist mit „Stolz", „sich noch so bewegen zu können" (C9, 65-jährig), einer Steigerung der „Selbstsicherheit" (C7, 62-jährig), des Selbstwertgefühls, „diesen Körper auch mal kurzfristig fordern zu können", und der Selbstachtung „it does help my self-esteem to know that I'm doing that in my life" (D2, 67-jährig) verbunden. Mit den erworbenen Fähigkeiten werden zugleich Zeichen gegen das Alter(n) gesetzt, was, so Tulle und Dorrer (2012), als Internalisierung der kulturellen Unerwünschtheit, als alt betrachtet zu werden, verstanden werden kann. Der auf diese Weise erfolgreich gemanagte Alterungsprozess führt wiederum zu stärkerem Selbstvertrauen, was auch D7 (64-jährig) als zusätzliches Plus neben ihren durch die Arbeit am Körper gewonnenen Fähigkeiten beschreibt: „a little victory I can give myself (…), it builds confidence".

Ein weiterer, sehr entscheidender Faktor der Selbstermächtigung richtet sich auf den Erhalt oder die Wiederherstellung von Lebensqualität. Schwere Krankheiten, wie sie z. B. Krebserkrankungen darstellen, aber auch andere physische und psychische Beeinträchtigungen scheinen durch die Arbeit am Körper überwunden zu werden:

„Ich denke, ich hatte ja furchtbaren Knochenschwund nach der ganzen Bestrahlung, aber das hat sich total wieder gegeben. Also meine Knochen sind jetzt wieder genauso, als ob nie etwas gewesen wäre. (…) Ich meine, ich bin genauso leistungsfähig wie die anderen jetzt mit 35, 40 Jahren" (C3, 63-jährig).

„Also ich neige zu Depressionen. (…) Dann habe ich mich daran erinnert, wie ich als Studentin in diesem Fitnessstudio war mit Krafttraining und wie gut ich mich hinterher gefühlt habe. (…) Wenn man Krafttraining gemacht hat, fühlt man sich hinterher als könnte einen nichts mehr umhauen" (C2, 60-jährig).

Auch unter den Amerikanerinnen sind einige von schweren Krebserkrankungen oder psychischen Beeinträchtigungen wie depressiven Verstimmungen oder Depressionen betroffen, die sich durch das Training Ressourcen erarbeiten können, um die negativen Folgen zu bekämpfen: „Ich weiß, wenn ich ein paar Wochen nicht gehen würde (ins Fitnesstraining), meine Depressionen würden wiederkommen, bin ich ganz, bin ich ganz arg davon überzeugt"[11] (D12, 77-jährig).

Wie die Deutsche Schmerzgesellschaft (2022) auf ihrer Homepage unter „Schmerz und Geschlecht"[12] ausführt, leiden Frauen häufiger, intensiver und länger andauernd an verschiedensten Arten von Schmerzen, sind „schmerzempfindlicher" als Männer und nehmen mehr Medikamente ein. Weiter heißt es, dass Alter, soziale und psychische Faktoren zwar eine begleitende Rolle spielen, aber für die aufgeführten Geschlechterunterschiede nicht maßgeblich seien. Interessanterweise zeigt sich bei allen im Fitnessstudio aktiven Befragten ein Ermächtigungsgewinn durch die Ausübung von sportiven Praxen, die nicht nur den Medikamentenkonsum zu reduzieren helfen, vielmehr auch zu einer offensichtlich für Frauen ‚untypischen' Schmerzverarbeitung führen:

„Ich habe in den Fingern Arthrose, in den Hüften, in dem rechten Knie und in der linken großen Zehe, aber durch Ernährung und Bewegung kann man das wunderbar im Griff haben" (A6, 71-jährig).

„Nach dem dritten Kind hatte ich solche Rückenschmerzen, dass ich gedacht habe, der Rücken ist kaputt. (…) Nach zehn Jahren Training hat der Orthopäde festgestellt, dass es sich nicht verschlechtert hat. Und das ist auch der Grund, warum ich ins Fitnessstudio gegangen bin, um eine Operation zu vermeiden. Und das steht jetzt zum Glück gar nicht mehr im Raum" (B3, 65-jährig).

---

[11] Das Interview mit D12, die mit 22 Jahren nach Amerika ausgewandert ist, wurde in deutscher Sprache durchgeführt.

[12] Abgerufen von https://www.schmerzgesellschaft.de/patienteninformationen/besonderh eiten-bei-schmerz/schmerz-bei-frauen-und-maenner.

„Well I did not enjoy the physical limitations or the pain of my injury." After having personal fitness training: „Now my posture is better, my muscles, I have a more defined full form. (…) My sleep is better and I just, I don't get so tired. (…) I feel, you know, more energy, I feel like perked up" (D10, 67-jährig).

„My lower back I have a lot of problems with. (…) muscles, they hurt so much. They'll like knots in there. (…) What I really need more than anything is the stretching. (…) Well, my husband said: ‚it's like night and day since you started (with training)'" (D14, 69-jährig).

Durch die körperliche Aktivität lassen sich offenbar Ressourcen erarbeiten, die einerseits psychische und physische Erkrankungsrisiken sowie unterschiedliche Arten von Schmerzen erfolgreich bekämpfen, und die auch in einem zweiten Schritt, wie Massie und Meisner (2019) betonen, Kontrolle über Alterungsprozesse wiedergeben können.

4.2.3 Sozialer Druck durch den Trend zur Altersaktivierung?

Die dargestellten Praktiken der Selbstformung und Selbstführung und ihrer Ermächtigungsgewinne sowohl bezüglich Alter(n), Erhalt/Erwerb physischer Fähigkeiten, Vitalität für alltägliche Aufgaben und Bedarfe als auch im Hinblick auf die Reduzierung von physischen und psychischen Erkrankungen sowie Schmerzen wären nun im Weiteren daraufhin zu überprüfen, ob diese Form der Altersaktivierung zugleich mit einem gesellschaftlichen Druck zu körperlicher Selbstvermessung, Selbstdisziplinierung und -regulierung verbunden ist. Auf welche Weise wird die Körperarbeit im Kontext gesellschaftlicher Normen neoliberaler Selbstverantwortung, der Vorgabe des fitten, schlanken und trainierten Körpers und die Positionierung zu abweichenden Körpern zum Element der Selbstpositionierung?

Wie in Abschn. 2.1 und 2.4.2 dargestellt, ist der neoliberale Wandel in der öffentlichen Ordnung in westlichen Gesellschaften mit einer größeren Eigenverantwortung für die Herstellung und Erhaltung von Gesundheit verbunden, auch um Kosten für das soziale System möglichst gering zu halten. Dazu gehören auch Selbsttechniken, die Alterungsprozesse, welche auf gesellschaftlicher Ebene in weiten Teilen immer noch mit Krankheit, Gebrechlichkeit und mangelnder sozialer Partizipation assoziiert werden, diszipliniert mit sportlichem Training und Bewegung bearbeiten. Es liegt auf der Hand, dass jemand, der auf diese Weise etwas gegen das Alter(n) unternimmt, *„with a view to fighting, fixing and preventing ageing"* (Gard et al. 2017) nicht als wirklich ‚alt' gelten kann

(Tulle und Dorrer 2012). Das Fitnessstudio steht in diesem Kontext, wie in Abschn. 2.4.3 ausgeführt, an erster Stelle, um die Formung des kulturell akzeptierten Körpers zu bewerkstelligen. Gard et al. (2017, S. 253 ff.) sehen im Zuge der *„active ageing agenda"* (Pike 2011, S. 210) inzwischen konstantes Sporttreiben für Ältere als *„normalization"*, was zur Folge hat, dass Training wie Erwerbsarbeit wahrgenommen und äußerst ernsthaft betrieben wird. Die regelmäßige Teilnahme am Fitnesstraining wird im Zuge der Normalisierung sportlicher Aktivitäten für Ältere zur moralischen Dimension erhoben, zur Pflicht gegenüber der Gesellschaft:

> „Es ist jetzt nicht so, dass ich jetzt voller Elan und Enthusiasmus hierherkomme, sondern es ist auch schon für mich ein Stück Pflicht. (…) Also ich überwinde mich. Ich habe auch immer mein Sportzeug gleich mitgenommen, vom Arbeiten hierher, damit ich nicht in Versuchung komme, erstmal abzuhängen" (B2, 63-jährig).

> „Meine Familie muss richtig umdenken, weil sie wissen, das ist wie eine Berufstätigkeit. Ich *muss* ins Fitnessstudio! Für meine Gesundheit!" (C8, 62-jährig).

Die Pflicht, dauerhaft sportlich aktiv zu sein, unabhängig vom kalendarischen Alter, zeigt sich auch in Aufforderungen an sich selbst wie: „sich bloß nicht hängen lassen" (C6, 65-jährig und A5, 75-jährig), „etwas dafür tun" (A6, 71-jährig), „dafür zu sorgen, dass man beweglich bleibt" (A4, 74-jährig), das Alter ist, „was ich draus mache" (A8, 60-jährig), „but just keeping exercise, going with exercises. I think just the most important thing. Keeping active!" (D4, 74-jährig). Soziale Normen verweisen darauf, dass nicht zu trainieren problematisch ist und der Erklärung bedarf. Inaktivität wird mit mangelnder Selbstverantwortung, Krankheit und verfrühtem Tod assoziiert, was zugleich der Marginalisierung derjenigen Vorschub leistet, die nicht die Einstellung, den Wunsch oder die Fähigkeit haben, aktiv zu sein (Gard et al. 2017).

> „I feel, it's not really nice to say, but I feel superior to my sister who has not exercised. Because I think, it's, it's important. I feel sorry for her, but I feel, you know, I feel like I did the right thing and kept myself in shape, so I do feel, I congratulate myself on keeping with exercising and keeping – that happening. Staying active!" (D2, 67-jährig).

D2 fühlt sich ihrer Schwester überlegen, da diese der Aufforderung ‚aktiv zu sein', nicht folgt, und bedauert sie für ihre fehlende moralische Haltung, denn sie scheitert an der Übernahme von Selbstverantwortung für ein „Staying active!". Diese Aufforderung hat D2 internalisiert: sie tut das Richtige, um in Form zu bleiben, und gratuliert sich selbst für ihr Durchhaltevermögen, kontinuierlich zu trainieren. Am folgenden Beispiel von D5 (69-jährig) lässt sich zudem zeigen, dass weder die sozioökonomische Situation noch persönliche Umstände berücksichtigt werden. Ihre grundlegende Haltung ist, dass jede*r die Chance hat zu trainieren, unabhängig von körperlicher Konstitution und Fähigkeit: „That it's, it's up to you to use your body as well as you can, to keep your body functioning to it's optimum, no matter how old you get".

Sich nicht alt zu fühlen ist erstens ein kulturell erwünschter Zustand und zweitens bedeutet weniger zu trainieren, das physische Potenzial und das körperliche Optimum zu reduzieren bzw. die Aufforderung, den Alterungsprozess eigenverantwortlich und erfolgreich zu managen, zu verfehlen. Da D9 (67-jährig) sich von ihrer grundsätzlichen Haltung her als ‚faul‘ bezeichnet, bedarf es ihrer Ansicht nach spezieller Vorbereitung, damit sie jeden Morgen zur gleichen Zeit das Fitnessstudio aufsucht. Ihre Strategie ist, möglichst am Abend ihre Sportkleidung bereit zu legen, damit sie morgens ohne nachzudenken den Weg zum Fitnessstudio antritt. Wenn sie dann vor Ort ist, soll das Muskelaufbautraining möglichst effektiv sein, um sich optimal im Sinne der Vermeidung negativer Alterseffekte verbessern zu können:

> „Maintaining your muscles is so important, but the only way you can do it is to really …, it's almost like you hurt your muscles. You use heavier weights instead of lighter weights and you do it until your muscles are so sore. (…) I don't want to waste that time" (D9, 67-jährig).

Mit der damit einhergehenden Funktionalisierung des Körpers werden Schmerzen in Kauf genommen, um die körperliche Selbstoptimierung voranzutreiben. Auf der tieferen Ebene offenbart sich dadurch möglicherweise die Angst, physisches Kapital zu verlieren, durch die der Wunsch, stärker moduliert zu altern, verdeckt wird. Körperoptimierende Maßnahmen können im Weiteren zur Überlastung führen, wie das folgende Beispiel zeigt:

> „You are also pushing muscles fatigue, and when I do that, I feel awful. I mean, I just feel like throwing up. It's just too exhausting. So, you have to find, you know, how far can you push the body that you have" (D10, 61-jährig).

Die Sportpraktiken der beiden Interviewpartnerinnen fußen auf dem Imperativ der Fitnesskultur ‚ohne Fleiß keinen Preis‘, was bedeutet, sich in gewisser Weise auch zu ‚quälen‘, um sich immer weiter zu verbessern. Allerdings folgt die Mehrzahl der Befragten dieser Logik nur bedingt, denn das damit verbundene Ziel, sich selbst an körperliche Grenzen zu bringen, um Leistungszuwächse zu erreichen, wird von den aktiven älteren Frauen reflektiert und modifiziert:

„Du kannst halt mit 63 nicht mehr das machen, was die mit 35 vor dir macht. (…) Es gibt auch Grenzen. Das ist inzwischen der Reifegrad, den man im Alter erreicht hat, wo man sagt, es geht auch anders" (C5, 63-jährig).

„I do some exercises at home too, but I know there's a limit. I'm not going to be forty again. I'm not going to be fifty, you know" (D5, 69-jährig).

D11 kritisiert negative Folgen im Zusammenhang mit obsessivem Training im Fitnessstudio, das z. B. Sportsucht[13] auslösen kann. Sie fühlt sich selbst fitter als der Durchschnitt in ihrem Alter, aber letztlich geht es für sie darum, wie oben ausgeführt, sich nach dem Training gut zu fühlen.

„You know, I don't work out and build muscles and run marathons and all that stuff. But I think better than average without being totally obsessed by the whole physical fitness thing, enough to be feeling good" (D11, 69-jährig).

Allain und Marshall (2017, S. 408) interpretieren die verstärkte Akzeptanz von körperlichen Grenzen als Widerstandsstrategie gegen eine solche sportliche Ethik (*„sport ethic"*), die auch Teil der Fitnesskultur ist und die Risiken und Schmerzen rational akzeptiert, um ständig besser zu werden. Zum einen ist es die gewachsene Handlungsfähigkeit aufgrund eines reflexiven Prozesses durch das Altern, zum anderen die soziale Position als aktive Ältere, die die Befragten vor der Logik einer immer größeren Leistungserbringung schützt.

Dennoch sind Disziplinierungsprozesse, die sich auf den fitten, schlanken und damit selbst zu regulierenden Körper richten, den Mikro-Beziehungen der Fitnesskultur immanent. Die Spiegelwände im Studio, die Selbstbeobachtungen geradezu herausfordern, sowie die abschätzenden Blicke der anderen Teilnehmenden und vor allem der Trainer*innen können die eigenen körperlichen Defizite ins Bewusstsein rufen:

„Oh ja, also so richtig zufrieden ist man als Frau wohl nicht (lacht). Ich hätte gerne weniger um die Mitte. (…) Also ich bin kompakt, muskulös. Ich habe halt so einen Ansatz um den Bauch rum. (…) Ich hätte auch gerne einen schmaleren Oberkörper, aber der ist vom Brustkorb her so und ein bisschen mehr Rundung am Po. (…)" (C2, 60-jährig).

---

[13] Die Sportsucht ist zwar eine relativ neue Erscheinung, doch sie könnte bald schon zu einem Massenphänomen werden, warnt das Ärzteblatt, weil Sporttreiben „in" ist. Das belegt zum Beispiel die rapide Zunahme von Volksläufen oder von Fitnessstudios (Sonnenmoser 2015).

„I gain weight on the bottom, I'm pear-shaped. So I'm heavy and the bottom and so. Well, this pear shape that some women have, opposed too pear-shaped and I've always been really pear, doule-pear (lacht)" (D1, 63-jährig).

Wenn Selbstbeherrschung und Selbstdisziplin als fundamentale Voraussetzungen für eine gesunde Lebensführung im Sinne der Übernahme von Selbstverantwortung gelten, wird ein deutlich sichtbarer Bauch zur ‚Problemzone', da dieser auf das Gegenteil, mangelnden Willen und eine unzureichende Selbstführung, verweist. Die damit verbundenen Gefühle fehlender Selbstkontrolle, gepaart mit einem schlechten Gewissen, setzen Aktivitätsanreize, den Zustand zu verändern. Das gefühlte Unbehagen und die damit verstärkten Bemühungen, die Bauchregion zu straffen, dokumentieren die folgenden Äußerungen aus beiden Samples:

„You know, when I look at my body shape I see that the belly area is a little bit wider (…) So that's a problem zone, right there" (D4, 74-jährig).

„My problem zones are my big fat belly (lacht). No, but it's too big (…), so I don't feel comfortable with it" (D2, 67-jährig).

„Ich bin auch so ein Fan von einem wirklich tollen, flachen Bauch" (C5, 62-jährig).

„Ich wollte einen straffen Bauch. (…) Ich kämpfe immer mit dem Bauch. Immer!" (C3, 63-jährig).

An dieser Form des *Doing Age* auf der leiblich-affektiven Ebene zeigt sich zum einen, dass die Einschreibung körperlicher Normen bis ins höhere Lebensalter wirksam ist. Zum anderen wird deutlich, dass die mit einer Normverletzung verbundenen Gefühle zum ständigen „Kampf" im Sinne einer unablässigen Selbstbeobachtung und Arbeit an sich selbst führen können. Nach Straub und Balandis (2018, S. 3) ist das körperliche Erscheinungsbild ein „bevorzugtes Interventionsfeld optimierender Maßnahmen", die auch im Alter zur Stärkung körperlicher Ressourcen beitragen und Distinktionsgewinne in sozialen Interaktionen des *Doing Age* erzielen können. Über das aktuelle Schönheitsideal, zu dem Jugendlichkeit, Schlankheit und Gesundheit gehören, geben vor allem Medien, u. a. auch Fitnessmagazine, Auskunft, vor allem auch darüber, wie der eigene Körper gemanagt und trainiert werden muss, um im Sinne eines „neoliberalen Idealkörpers" (Posch 2009, S. 56) zu handeln. Durch Schönheitshandeln, also der Inszenierung der eigenen Außenwirkung, können sich die Einzelnen sozial positionieren (Degele und Sobiech 2008), da mit *„Beauty Work"* (Hurd Clarke und Griffin 2007, S. 199) neben Aufmerksamkeit und Anerkennung stärker auch die Erlangung eines gesellschaftlichen Status verbunden ist (Degele

2008, S. 169). Damit wird der Körper zugleich zu einem Ort, an dem gesellschaftliche Hierarchien zur Aufführung gelangen: Nicht nur Kranke, Behinderte und ‚Übergewichtige‘ sind unter neoliberalem Diktat von Ausgrenzung bedroht, auch Zeichen des Alter(n)s erscheinen als Makel, die es zu bekämpfen gilt. Während Höppner (2011, S. 51) Schönheitshandeln bei älteren Frauen als Strategie der Geschlechterdifferenzierung identifiziert, bei dem Frauen ihren Körper mittels Diäten formen und Männer durch disziplinierte Körperarbeit, zeigen Hartmann-Tews et al. (2012, S. 82) in ihrer Untersuchung auf, dass auch Frauen sportliche Aktivität als Investition in den schönen Körper verstehen. Dies korrespondiert mit der vorliegenden Interviewstudie: Fitnesstraining dient den Befragten ebenfalls zum Gewichtsmanagement, „um nicht aus der Form zu geraten" (C2, 60-jährig). Sassatelli (2014, S. 145 f.) zeigt in ihrer Untersuchung der Fitnesskultur auf, dass Besucher*innen, die regelmäßig im Fitnessstudio trainieren, ihre anfänglichen Optimierungsideen bezüglich der Möglichkeit, den eigenen Körper im Sinne eines Idealbildes zu verändern, relativieren. Auch die befragten Frauen weisen eher eine realistische Einschätzung bezüglich eines „Ganzkörpertrainings" auf, mit dem sie nicht den „Wunschkörper" (B3, 65-jährig) erzeugen können. Ziel ist „Fett (zu) verbrennen" (C9, 65-jährig), um „Körperformen zu beeinflussen" (C8, 62-jährig). Auch alle Amerikanerinnen sind mit ihrem Gewicht eher unzufrieden und sehen als ein Ziel „lose some weight" (D1, 63-jährig), „lose twenty pounds" (D6, 70-jährig), „to be five or ten pounds lighter, absolutely" (D7, 64-jährig). Die Strategie, den Appetit zu zügeln, sich zu disziplinieren, um nicht Gewicht zuzulegen, ist allen Interviewpartnerinnen vertraut. Die sportliche Aktivität hat in diesem Kontext selbstregulierende Funktion.

> „Also da habe dann (nach einer Gewichtsabnahme) das Gewicht gehabt, was mir angenehm war. Und ab da habe ich mir gesagt, um das zu halten, musst du eben auch viel Sport machen" (C1, 65-jährig).

> „Und das Essen nach einer körperlichen Betätigung, das ist für mich dann ein Genuss. Aber so ohne was, einfach nur so zwei Stückle Kuchen am Nachmittag, muss ich sagen, habt ihr einen Vogel?" (C5, 62-jährig).

> „Oh, well, every woman I'm sure has ideas about appearance. (...) I did lose weight over the progress of eight years. That pleases me. I don't really want to think of myself as, you know, pudgy, fat. I love the look of a very fit older woman" (D8, 68-jährig).

> „I'd like to lose ten or twelve pounds more. I think that would put me at a very healthy weight. It's difficult, I think it's slowly coming off. I think when I add the swimming" (D10, 61-jährig).

Zusätzlich zur sportlichen Aktivität erscheinen Selbstbeobachtung und Körperkontrolle weiterhin als tägliches ‚Muss': „Also das Achten auf die Figur ist mir sehr wichtig. Also ich wiege mich jeden Tag. Aber einfach nur zur Kontrolle, nach dem Motto ‚Wehret den Anfängen'!" (C1, 65-jährig). Unterstützt wird eine solchermaßen betriebene aktive Selbstformung durch eine gesundheitsbewusste Ernährung, die ein spezifisches Ernährungswissen sowie ein informiertes, für sich selbst sorgendes Subjekt voraussetzt. So achten nahezu alle Interviewpartnerinnen darauf, eher regionale, saisonale Produkte wie frisches Gemüse, Obst, viel Fisch und wenig Fleisch zu sich zu nehmen. An den Esspraktiken zeigt sich einmal mehr die soziale Differenzierung: Nicht nur die Quantität der Nahrungsaufnahme, auch die Art der Speisen und der „Speiseordnung" (Krais und Gebauer 2002, S. 39) trennt die sozialen Schichten voneinander, wie Bourdieu (2021) aufgezeigt hat. Die Reduzierung von Süßspeisen und die als ‚weiblich' kodierte ‚leichtere Kost' entspricht nicht nur ernährungswissenschaftlichen Vorgaben, sondern verweist auf die große Bedeutung, die dem schlanken Körper in westlichen Gesellschaften beigemessen wird (Möhring 2012, S. 53).

Während also in der Selbstoptimierungskultur der fitte, schlanke und gesunde Körper mit einem symbolischen Mehrwert (Brunnett 2009) versehen ist, gilt der dicke Körper als Abweichung vom Schlankheits- und Leistungsideal. ‚Übergewicht' erscheint als Ergebnis individuellen Fehlverhaltens, „dem daher die betroffenen Personen selbst entgegenwirken müssen" (Barlösius und Philipps 2011, S. 181). Vor allem die Interviewpartnerinnen des dS werten diejenigen ab, die sich den entsprechenden Körperformungsstrategien nicht unterziehen wollen oder können:

„Nichts ist schlimmer als ein träger Körper, der zu nichts mehr fähig ist. Das ist für mich abstoßend" (B2, 63-jährig).

„Ich kann das halt gar nicht verstehen, weil, wenn Menschen mit ihren zehn oder zwanzig Kilo ‚Übergewicht' sagen, ich fühle mich wohl (…). Ich glaube das keinem Menschen, der sich kaum noch bewegen kann. (…) Aber das ist natürlich Disziplinsache und für manche so ein Leidensdruck" (C5, 62-jährig).

„Ich bewundere die (dicken) Frauen echt und bin froh und dankbar, dass ich mich nicht so bewegen muss, aber das ist halt das Ergebnis vieler Jahre Nachlässigkeit" (A6, 71-jährig).

Die starke Abgrenzung gegenüber ‚Übergewichtigen', die „zu nichts mehr fähig", „nachlässig" sind, „sich kaum bewegen" können, lässt vermuten, dass auch die Befragten davon überzeugt sind, ‚Übergewicht' und Fettleibigkeit seien selbst verursacht. Fehlender Wille und mangelnde Selbstdisziplin deuten darauf hin, dass dickere Menschen auch an anderen Herausforderungen der Lebensführung scheitern bzw. gescheitert sind. Schorb (2008, S. 69) zeigt auf, dass noch jede Untersuchung über Gewichtsverteilung zum Ergebnis hatte, dass sozial benachteiligte Bevölkerungsanteile überdurchschnittlich hoch z. B. von Adipositas betroffen sind[14]. Aber das verstärkte Auftreten von ‚Übergewicht' in benachteiligten Milieus lässt sich nicht allein durch falsche Verhaltens- und Ernährungsweisen erklären. Vielmehr tragen die durch materielle Not prekären Wohn- und Arbeitsverhältnisse als auch die dadurch verstärkten Alltagsprobleme und die vermehrte psychische Belastung dazu bei, dass ‚Übergewicht' zum Schichtproblem wird (Gnedt 2018, S. 82). Die harte Abgrenzung der Interviewpartnerinnen des dS kann auch als Abgrenzung Mittelschichtangehöriger von bildungsferneren Milieus interpretiert werden, die durch Anerkennung und Statusgewinn die eigene Position im sozialen Gefüge sichern wollen (Höppner 2017), vor allem dann, wenn sie nicht tonangebend sind und eher abstiegsgefährdet (Reckwitz 2021). Anders die Amerikanerinnen, die diese Abgrenzung aufgrund ihres bereits erreichten sicheren Standortes in der akademischen Mittelklasse nicht in diesem Maße verfolgen. Sie nehmen zwar wahr, dass „most people speak negative about others about being ‚fat' about being ‚lazy' or having bad diets" (D1, 63-jährig), aber verweisen tendenziell stärker auf das soziale Milieu und das fehlende kulturelle Kapital als Quelle für ‚Übergewicht'/Adipositas. Ebenso werden strukturelle Probleme aufgezeigt: gesunde Ernährung ist nicht für alle zugänglich; auch Bildung wird sehr unterschiedlich vermittelt:

„(…) our area has really not so many overweight people, but if you travel to other parts of the country, they're very overweight (…). A lot of them really don't have – not only don't they have the money, but they don't have the education about what's nutritious" (D4, 74-jährig).

In anderen Äußerungen klingt dann doch ein gewisses Befremden über dicke Menschen an, da ‚Übergewicht' gesellschaftlich sanktioniert wird und es kaum vorstellbar ist, selbst mit Abwertungen und sozialer Verachtung leben zu müssen:

„You know, is it economic determined or just habit, or cultural, or …? Some people I look at who are really overweight and I think, it must be horrible to live like that" (D3, 68-jährig).

---

[14] Auch eine aktuelle Studie des Robert-Koch-Instituts zeigt auf, dass Kinder aus sozial benachteiligten Familien rund viermal häufiger stark ‚übergewichtig' sind als Gleichaltrige mit höherem sozialökonomischem Status. Die Daten stammen aus den Jahren 2014 bis 2017 (Schienkiewitz et al. 2018).

> „I find it (other people being fat) disturbing, because I'm afraid they're sick. (…) I try to give them support. I always think to myself, ‚wow, you're really brave‘, because it is humiliating in our society to be fat. It just is!" (D8, 68-jährig).

> „These women, I know from sewing, they're are huge. And they sit all day at the sewing machines! And they can't even move, and that may be natural in their milieu, but it's not natural to me" (D10, 61-jährig).

Im letzten Zitat wird auch eine Abgrenzung der eigenen Klasse zum vermeintlich darunterliegenden Milieu deutlich, in dem Dick-Sein als „natürlich" erscheint. Der eigene soziale Status, der mit Disziplin, Bewegung und Schlank-Sein verknüpft wird, erfährt demgegenüber eine Aufwertung: „it's not natural to me".

Zeigt sich in den Ausführungen bisher stärker eine Anpassung an und (Pflicht-) Erfüllung von bestehenden Schönheits- und Fitnessnormen, so ist es interessant zu sehen, dass nahezu alle Interviewpartnerinnen ein entspanntes Verhältnis zur angeblich schwindenden sexuellen Attraktivität im Verlauf ihres Alterungsprozesses entwickelt haben und eher Vorteile mit der eigenen ‚Unsichtbarkeit‘ im öffentlichen Raum verbinden.

> „Also ich finde das gut. Wenn ich allein verreise und denke, jetzt habe ich mal meine Ruhe und muss nicht gucken, schaut da irgendjemand, ob er sich dazu setzen sollte oder nicht" (C2, 60-jährig).

> „White old ladies in this country are pretty much invisible, which you can use to your own advantage, because you can sneak into places" (D2, 67-jährig).

Meuser (2005, S. 286 f.) hat bereits vor längerer Zeit dargelegt, dass nicht mehr nur Frauen als das schöne Geschlecht ins Visier von Medien und Werbung geraten, auch Männerkörper erfahren längst eine neue Aufmerksamkeit, z. B. in der Biomedizin, aber auch in massenmedialen Darstellungen. Männer können sich also den „Zumutungen eines ästhetisch perfekten Körpers immer weniger entziehen" (Meuser 2014, S. 75). Die Arbeit am Erscheinungsbild kann wie bei Frauen Distinktionsgewinne erzielen, die sich in der beruflichen als auch privaten Konkurrenz als erfolgversprechend erweisen. Die befragten Frauen, die die körperliche Selbstbearbeitung engagiert betreiben, legen nun auch bei Männern ähnliche Bewertungsmaßstäbe an. Erfüllen Männer in ihrem Umkreis diese normativen Erwartungen nicht, wird das als moralische Laschheit und Mangel an Selbstkontrolle gedeutet. Sie kommen damit weder als Partner in Betracht noch

werden sie, wie es in der Regel im Rahmen einer „männlichen Ordnung verinner-
licht" (Bourdieu 2005, S. 14) wird, als ‚Experte' für die Beurteilung weiblicher
Körperformen akzeptiert bzw. überhaupt wahrgenommen:

> „Ich finde das eine Ungeheuerlichkeit von Männern, den Anspruch an eine Frau, sie
> hat jugendlich auszusehen, sexy auszusehen, schlank zu sein, gepflegt zu sein. Und er
> selber schiebt eine Wampe vor sich her, hockt vor der Kiste und der einzige Sport, den
> er betreibt, ist Fernsehgucken und Fußballgucken, passiv! Da kriege ich eine Krise"
> (C5, 62-jährig).

> „We all have to adjust our expectations. Men and women both look old. I think I
> reached an age, where men and women kind of equally look old, or will soon. You
> know, men don't have hair, they are fat. (…) I don't think about it and I'm not aware
> of it" (D10, 61-jährig).

An den Aussagen lässt sich zeigen, dass die Frauen weder an Schamgefühlen
aufgrund fehlender Ästhetik leiden, noch hängt ihr Selbstwertgefühl von der vermeintlich körperlichen Attraktivität, gespiegelt durch den ‚männlichen' Blick, ab,
wie Hartmann-Tews et al. (2012, S. 99) bei ihren Interviewpartnerinnen beschreiben. Die Gesetze des Schönheitshandelns gelten offenbar nicht mehr länger nur
für Frauen, der *„double standard of aging"* (Sontag 1972) scheint zumindest in
dieser Hinsicht in Auflösung begriffen. Dies ist unter feministischer Perspektive stärker noch als emanzipativer Akt zu interpretieren, da die Inkorporierung
von Herrschaft eine Akzeptanz des bewertenden ‚männlichen' Blicks auf den
weiblichen Körper impliziert, der nicht umkehrbar ist (Bourdieu 2005, S. 74).
Durch Selbstbeobachtung und Arbeit am eigenen Körper kann die ‚freiwillige'
„Unterwerfung" unter den männlichen Blick, das „Produkt objektiver Strukturen" (ebd.), offensichtlich reflektiert und zurückgewiesen oder zumindest infrage
gestellt werden (Möhring 2006, S. 288).

4.2.4 Zusammenfassung

Aufforderungen neoliberaler Gesellschaften, Gesundheit und Fitness in eigener
Verantwortung herzustellen, finden auch Eingang in Altersdiskurse, die zugleich
„Nutzen und Anerkennung" versprechen. Diese Entwicklungen korrespondieren
mit der in den 1980er Jahren erstarkenden Fitnesskultur, ausgelöst durch eine
aus Amerika nach Deutschland überschwappende Aerobicwelle, die auch die
Interviewpartnerinnen beider Samples motivieren, an der Fitnesskultur zu par-
tizipieren. Angeworben durch Flyer und Anzeigen, durch Freund*innen und
Partner, durch Vergünstigungen des Firmenkonzepts „Hansefit" oder motiviert

durch die Intention, Ausgleich zur primär betriebenen Sportart zu finden oder Funktionseinschränkungen des eigenen Bewegungsapparates zu beheben, werden die Befragten schließlich Mitglied im Fitnessstudio.

Die Selbsttechniken beider Samples beziehen sich insgesamt auf sportliche Aktivitäten, die vor allem der Selbstregulierung und der Kontrolle von Alterungsprozessen dienen sollen. Zu den Zielen gehören körperliche und geistige Fitness zu erhalten und vor allem Wohlbefinden und Vitalität zu spüren, um umfassend am Leben teilnehmen zu können. Weiterhin profitieren die Befragten durch das Fitnesstraining, wenn sie Einschränkungen ihrer Lebensqualität durch physische oder psychische Beeinträchtigungen überwinden können. Zur gesunden Lebensführung gehört ebenso der Verzicht auf fettreiche Nahrungsmittel, bevorzugt konsumiert werden Obst und Gemüse, um den Körper zu modellieren und den Bauch als Zeichen von Disziplin schlank und straff zu halten, unabhängig vom kalendarischen Alter. Mit dieser zentralen Identitätsstrategie können sich die älteren Frauen neben physischem auch symbolisches Kapital aneignen, das sie als erfolgreiche Ältere im sozialen Gefüge positioniert. Mit dieser Positionierung als aktiv Gealterte sind zugleich Handlungsspielräume verbunden: Zum einen agieren die befragten Frauen mit wenigen Ausnahmen aufgrund reflexiver Auseinandersetzung mit den eigenen Alterungsprozessen gegen eine sportliche Ethik im Fitnessstudio, die Risiken und Schmerzen in Kauf nimmt, um ständig besser zu werden; körperliche Grenzen werden überwiegend akzeptiert. Zum anderen lehnen sie die ständige Suche nach Techniken körperlicher Selbstoptimierung ab, ihr Ziel ist moderates Gewichtsmanagement. Gegen die konstatierte Unsichtbarkeit älterer Frauen (Sontag 1972) aufgrund fehlender sexueller Attraktivität setzen die Interviewpartnerinnen ein Fähigkeitskonzept (Eman 2012), das vor allem die ‚Unterwerfung' unter den männlichen Blick im Rahmen „symbolischer Herrschaft" (Bourdieu 2005) zurückweist. Hier zeigt sich, dass sich Alter(n) und Geschlecht als Diskriminierungskategorien nicht aufaddieren lassen, vielmehr differenziert eine intersektionale Perspektive unter Einbeziehung der sozialen Lage der Befragten das Phänomen des strukturellen Sexismus im Alterungsprozess. Weiterhin sind Distinktionsgewinne durch die Vorstellung zu erzielen, dass Menschen im sogenannten dritten Lebensalter sich durch körperliches Training Gebrechlichkeit und Verfall entziehen können. Dies hat aber zur Konsequenz, dass die Ältesten der Gesellschaft im vierten Lebensalter umso mehr ausgeschlossen und stigmatisiert werden (Collinet und Delalandre 2017, S. 571).

Neben den Ermächtigungsgewinnen existiert zugleich ein gesellschaftlicher Druck zu körperlicher Selbstvermessung und Selbstdisziplinierung, der zusätzlich durch die ‚Normalisierung' sportlicher Aktivitäten für Ältere (Gard et al. 2017) erzeugt wird. Neben politischen Zielen, Kosten des sozialen Systems gering zu halten, wird die Idee der Normsetzung von Sport für Ältere von Sport-medizinier*innen und Trainingswissenschaftler*innen unterstützt, die mit ihren Studienergebnissen zeigen, dass mit sportlichen Aktivitäten die Lebensqualität gesteigert bzw. das Leben sogar verlängert werden kann (vgl. Abschn. 2.3.1). Das Fitnesstraining wird im Kontext neoliberaler Selbstverantwortung zudem zur moralischen Verpflichtung, die Arbeit am Selbst durch die Herstellung eines schlanken, gesunden und funktionstüchtigen Körpers zu demonstrieren. Personen, die diese moralische Pflicht nicht erfüllen, gar ‚übergewichtig‘ und nicht sportlich aktiv sind, werden abgewertet und als unfähig deklassiert, für sich selbst und ihre Gesundheit zu sorgen.

Insofern zeigt die Regierung des Alters im Zuge des demografischen Wandels, verstanden als ineinander verwobenes Verhältnis von Fremd- und Selbstführung (Foucault 2004, vgl. Abschn. 2.4.2), dass die älteren befragten Frauen nicht nur zu aktivierbaren Subjekten gemacht werden, sondern selbst an der „Konstitu-tion und Funktion als aktive Alte mitwirken" (Denninger et al. 2014, S. 360). Allerdings zeigen Widerständigkeiten der Interviewpartnerinnen z. B. gegen Opti-mierungsimperative, dass eine Gleichschaltung von Programm und Praxis nicht konstatiert werden kann, sondern die Subjekte „mit erheblichen Praxis- und Deutungsspielräumen agieren" (ebd., S. 361).

4.3 Soziale Positionierung zu produktivem und erfolgreichem Alter(n)

Gesunde Lebensführung und aktive Freizeitgestaltung verweisen, wie im Abschn. 2.1 ausgeführt, darauf, dass Alter(n) kein biologisches Schicksal mehr darstellt, sondern bis zur Grenze der Hochaltrigkeit einen selbstverantworteten Akt der Selbstgestaltung impliziert. In Abgrenzung von Defizitmodellen wer-den nun im Zuge fortschreitender Individualisierung Kompetenzen des dritten Lebensalters betont und die Chancen der aktiven gesellschaftlichen Teilhabe durch individuelle Arbeit an sich selbst herausgestellt. Wie nun die Interviewpart-nerinnen beider Samples zunächst den Übergang in den (Un-)Ruhestand erlebt bzw. aktiv hergestellt haben, soll im Folgenden beschrieben werden.

4.3.1 Übergang vom Erwerbsleben ins aktive Alter(n) des ‚Ruhestands'

Als Erstes ist festzuhalten, dass von den 26 Interviewpartnerinnen des dS sich 19 Frauen bereits im ‚Ruhestand' befinden, von denen sechs der Befragten insofern weiter tätig sind, als sie z. B. Minijobs auf 450-Euro-Basis ausüben, um noch ein wenig Kontakt zu ihrem Berufsfeld zu halten, aus finanziellen Gründen und/oder um den Übergang ‚weich' zu gestalten:

> „Ich habe ja nur noch (als Gymnasiallehrerin) auf Honorarbasis gearbeitet zum Schluss und der Übergang war also kein großer Übergang (…), war kein einschneidendes Erlebnis, nein, nein" (A5, 75-jährig).

Auch die Grund- und Hauptschullehrerin B4 (72-jährig) „hatte kein Problem" mit dem Übergang. Zunächst übernimmt sie bei personellen Engpässen die Aufgabe als Springerin an einer kleinen Grundschule und zurzeit unterrichtet sie „Migranten" ehrenamtlich in englischer Sprache, „(…), die entweder den Hauptschulabschluss oder den Werkrealschulabschluss" nachholen wollen. Sie empfindet ihren Alltag als ausgefüllt, allerdings bezeichnet sie das Kochen für ihren Mann als unangenehme Pflicht: „Das macht mir keinen Spaß, aber ich muss halt!". Für die Sozialversicherungsfachangestellte C7 (62-jährig) ist es dagegen wichtig „lieber ein bisschen Geld verdienen als gar keins". Sie nimmt „eine Nebenbeschäftigung" an „und zwar im Konzerthaus Karten kontrollieren". Im Interview wird deutlich, dass sie sich von ihrer Arbeit offenbar sehr gestresst gefühlt hat, sodass sie so früh wie möglich ihre Berufstätigkeit beendet hat: „Und ich habe kein Team mehr, keine interdisziplinären Gespräche, keine Supervisionen, das ist perfekt!". Anderen wiederum ist es „sehr, sehr schwer gefallen, dann aufzuhören" (A12, 67-jährig), weshalb A12 als Krankenschwester bei der Sozialstation, ihrem früheren Arbeitgeber, „zwischendurch mal so Einzelbetreuung von Patienten" übernimmt und vor allem „immer noch Kontakt zu den Kollegen" hat. Auch die Kinderkrankenschwester A4 (74-jährig) hat erst noch „so privat ein bisschen gearbeitet (…), weil, denn es hat mir doch was gefehlt". Sie wohnt allein in ihrem „Einpersonenhaushalt" und erwähnt mehrmals ihre einsame Situation im Interview, die auch in ihrer Frage: „Was soll man den ganzen Tag machen?" zum Ausdruck kommt. Deshalb geht sie auch, wie erwähnt, fünfmal ins Fitnessstudio, um ihrem Tag eine Struktur zu geben.

Drei Interviewpartnerinnen sind im Jahr des Interviews 2016 in der Endphase ihres aktiven Berufslebens angekommen und blicken mit unterschiedlichen Gefühlen auf diesen Zeitpunkt. Die Redaktionsassistentin C1 (65-jährig) lässt

„das einfach auf sich zukommen", sie geht davon aus, „in meinem Leben kam immer was (…) und ich denke, es wird noch was Sinnvolles kommen, dass ich noch aktiv sein kann". Die Medizinische Fachangestellte C8 (62-jährig) ist seit einem halben Jahr aufgrund eines Unfalls krankgeschrieben und weiß noch nicht, ob sie wieder arbeiten wird: „Das steht noch in den Sternen." Da sie viele Hobbies hat und sie zwei- bis dreimal pro Woche ins Fitnessstudio geht, „passt das schon." Einzig die Hygienekontrolleurin C5 (62-jährig) hadert mit dem baldigen Ende ihrer Erwerbsphase, dem sie eher auf Drängen ihres Partners zugestimmt hat:

> „Und ich habe den Endpunkt immer herausgezögert und der (ihr Partner) sagt: ‚Eh, ich werde jetzt 68. Wie lange willscht du noch warten eigentlich? Jetzt sind wir gesund. Warum gehen wir nicht reisen, die Trekkingtour, solange wir noch können? Wer weiß, was kommt?' Da hat er natürlich recht" (C5, 62-jährig).

In der Verwendung des Artikels „der" wird die Distanz zum Anliegen ihres Partners deutlich, obwohl sie ihm letztlich recht gibt. Die Ambivalenz, ihre Berufstätigkeit zu beenden, zeigt sich auch in befürchteten Anpassungsschwierigkeiten, die zu Tage treten, wenn sich beide den ganzen Tag „von morgens bis abends" sehen. Denn, dass sie sich gegenseitig „auf die Nerven" gehen, hält sie für sehr wahrscheinlich.

Vier der Befragten üben weiterhin ihre Erwerbstätigkeit aus, auch, weil die zu erwartende Rente zu knapp ausfällt. Letzteres ist bei B3 (65-jährig) der Fall, die als Psychotherapeutin eine Praxis betreibt und „keine große Rente" erhält. Außerdem wird für die Ausbildung der Kinder noch „Geld gebraucht". Sie war über 25 Jahre in der Praxis für Psychotherapie tätig, bekommt dafür aber aus der Rentenkasse nur 700 € plus 180 € für die Erziehung von drei Kindern. Zudem, so argumentiert sie, ist „einfach so viel zu tun und so viel Bedarf, dass ich dann auch oft schlecht ‚nein' sagen kann." Auch A8 (60-jährig), die auf einem landwirtschaftlichen Betrieb groß geworden ist und erst spät ihre Ausbildung zur Altenpflegerin absolviert hat, sieht für sich, wenn auch aus anderen Gründen, Bedarf noch „zu schaffen". Sie sitzt auf einer „Hundertprozentstelle", hat ihr Leben lang gearbeitet und betont immer wieder, dass sie „genug Geld" hat, „eigentlich brauche ich nicht (zu) arbeiten", aber „ich mache es gerne, (…), ich habe so viel schon gemacht und ich haue die drei Jahre noch durch". Sie vermittelt den Eindruck, dass ihr Selbstwertgefühl stark daran gebunden ist, ob sie arbeiten und etwas schaffen kann. A8 spricht selbst davon, dass sie „ein Problem" damit hat, „*nicht* zu arbeiten", denn „man ist halt von früher schon so erzogen worden." Auch C2 (60-jährig) „möchte eigentlich so lange arbeiten, wie es geht". Sie ist als ausgebildete Krankenschwester im „Honorarlehrerjob" in der Berufsschule tätig und gibt dreimal in der Woche Yogakurse. Erst kürzlich hat sie eine „Fortbildung für Yoga für Behinderte" absolviert. A3 (60-jährig) dagegen, ausgebildet als Kauffrau und tätig in der Buchhaltung des Sportgeschäfts, das ihr Partner betreibt, sehnt den Ruhestand regelrecht herbei, da sie ihren Arbeitsalltag als sehr stressig empfindet: „(…) dann überwiegt eigentlich auch der Wunsch, diesen, diesen Stress nicht mehr zu haben, ja so einfach die Dinge, die manchmal auf einen einprasseln. (…) vom Wunschdenken her überwiegt eigentlich schon ein bisschen der Wunsch nach Freiheit."

Dreizehn Interviewpartnerinnen sind hingegen in der von A3 ersehnten „Freiheit" von Verpflichtungen im Rahmen ihrer Erwerbstätigkeit angekommen, der Übergang in den sogenannten Ruhestand wurde aber nicht von allen Befragten positiv erlebt. C3 (63-jährig) und C4 (67-jährig) mussten z. B. aufgrund von schwerwiegenden Erkrankungen aus dem Berufsleben ausscheiden. C3 wurde aufgrund einer Krebserkrankung mit Mitte 40 eine hundertprozentige Erwerbsunfähigkeit bescheinigt, was zunächst dazu führt, dass sie in ein „furchtbares Loch" fällt. Auch C4 hat mit Anfang 50 „gesundheitliche Aussetzer" und geht in „Frührente (…), was alleine nicht zu packen gewesen (wäre), finanziell, aber zu zweit (mit ihrem Partner) ging das dann". Während C3 nach einer zweijährigen Gesprächstherapie neben ihrem Engagement im Fitnessstudio mit verschiedenen ehrenamtlichen Tätigkeiten beginnt, ist für C4 ebenfalls der Sport „schon sehr ausschlaggebend", was, wie im Abschn. 4.2 aufgezeigt, für die meisten Interviewpartnerinnen im Ruhestand gilt. Auch A1 steigt bereits mit 52 Jahren aus dem Berufsleben aus, was ihr einerseits „nicht leichtgefallen" ist, da sie „den Kontakt mit den Kollegen sehr vermisst" und „als Lehrerin (…) häufig eine schnelle Bestätigung für etwas Gelungenes bekommen" hat. Andererseits führte sie „ein flottes Ruhestandsleben" mit ihrem Partner und war sehr viel auf Reisen. Allerdings erkrankte ihr Ehemann an Krebs, sodass „aus dem Ruhestand schon wieder ein Unruhestand" resultierte. Sie ‚erbt' von ihrem Mann die Beteiligung an zwei Gremien, „in denen man mitentscheidet über Gelder". Auch B1 (80-jährig) übernimmt die Pflege ihres Partners, der an einem Hirntumor erkrankte. Nach seinem Tod arbeitet sie noch ein Jahr in ihrem Beruf (Kauffrau), hilft dann direkt nach Renteneintritt ihrer Tochter mit den Zwillingen. „Also insofern habe ich da keinen Leerlauf gehabt".

A6 (71-jährig) und A14 (77-jährig) sind die Einzigen des Samples, die sehr früh, quasi mit der ersten Schwangerschaft, aus ihrem Berufsleben ausscheiden. A6 wird vom Ehemann nahegelegt, die Berufstätigkeit zu beenden, denn „(…), das, was du verdienst, bezahlen wir an Steuern". Sie versorgt „drei Kinder, ein

Haus, einen Hund, einen Garten". Auch A14, die sich von vornherein als „Hausfrau" bezeichnet, zieht insgesamt sechs Kinder groß: „Ich habe die Kinder nicht gehabt zum Angeben, sondern weil ich mich, weil es mir Freude gemacht hat mit den Kindern."

A2 (67-jährig) weist insofern ein Alleinstellungsmerkmal auf, als sie als Abteilungsleiterin trotz Schwerbehindertenschutz nach ihrer Krebserkrankung und obwohl sie „relativ beliebt war (…) und sehr fleißig war und für die Firma nicht unbedeutend" aus ihrem Job freigesetzt wurde. „Also das war ganz dreckig, man wurde belogen und hat mein Vertrauen missbraucht und das war ganz, ich wurde einfach rausgelinkt." A2 ist es dann nicht mehr gelungen, eine andere Berufstätigkeit aufzunehmen, obwohl sie sich in EDV weiterbildet, einen Wiedereingliederungskurs bei der Volkshochschule belegt, ihre „ganze Energie da reinsteckt" und „gern noch länger gearbeitet" hätte. Ihre Aktivitäten zielen nun darauf ab, alles dafür zu tun, um „positiv zu altern". Diesen Blick auf die „jetzige Lebensphase" hat auch C9 (65-jährig), die anders als A2 2015 nach einer dreijährigen Altersteilzeit aus einem „sehr verantwortungsvollen Beruf (Sozialarbeiterin)" mit einem „wunderschönen Abschied" in Rente gegangen ist. Sie engagiert sich nun als Fitnesstrainerin im Studio und ist jeden Tag der Woche dort, um Kurse zu geben oder an Kursen teilzunehmen: „Ja, habe *es* voll im Griff und mache wirklich noch sehr viel so". Das „es" bezieht sich zum einen auf ihre aktive Lebensführung, durch die sie ihre frühere, verantwortungsvolle Berufstätigkeit kompensieren kann, und zum anderen auf das ‚Alter(n)'. Denn aufgrund ihrer Sportlichkeit und ihrem individuellen Fähigkeitskonzept fühlt sie sich nicht „ALT, also das Thema Alter ist noch nicht so griffig für mich. Das muss ich ganz ehrlich sagen (lacht)".

Im aS sind bis auf eine Ausnahme – D12 ist mit 77 Jahren noch als Hochschuldozentin an der Universität in Amherst tätig –, in Rente. In Amerika gibt es kein festgelegtes Rentenalter, jede Person entscheidet auf der Grundlage individueller Ressourcen für sich, wann sie ihre Berufstätigkeit beenden will. So „guckt" D12 „von Jahr zu Jahr, wie es geht. (…) Ich merke durchaus, dass meine Kräfte weniger werden".

Einige gehen früher in den Ruhestand, z. B. D2 (67-jährig), die mit Veränderungen in der akademischen Welt hadert:

> „I retired earlier than I might have, just because the academic environment was getting a little too difficult and I, and I didn't like the way things were going at my university and (…) it was an hour drive each way. Ah, so I just needed to retire or I was gonna go nuts" (D2, 67-jährig).

Auch D4 (74-jährig) musste ihre Firma in Northampton in jüngeren Jahren verlassen, da diese von jemand anderem aufgekauft wurde: „They said: ‚oh, we don't
need you any more'". Sie wurde zunächst arbeitslos, ist aber wenig später von
der Stadt Amherst als „an assistant town clerk" für zehn Stunden die Woche eingestellt worden. Diese Tätigkeit als Stadtschreiber-Assistentin führt sie über zehn
Jahre fort. Nun hat sie Zeit Dinge zu tun, die sie wirklich tun will. Auch D10
(67-jährig) hatte zwischen 2001 und 2011 verschiedene Jobs als Aushilfslehre-
rin – „I was a little angry, because I couldn't get anybody to hire me!" –, sodass
der Ruhestand schließlich keinen größeren Übergang erfordert hat, obwohl sie die
Kinder in der Schule vermisste. Auch D9 (67-jährig) war als Grundschullehrerin
sehr aktiv, sodass sie sich doch Sorgen gemacht hat, wie sie ohne ihre Berufstätigkeit zurechtkommen wird. Sie ist ähnlich wie C5 aus dem dS auf Anraten
ihres Ehemanns so früh in den Ruhestand gegangen. Allerdings fühlt sie sich dem
Kollegium gegenüber ein wenig schuldig, weil: „I didn't need to retire in terms of
feeling exhausted or anything else". Aber inzwischen genießt sie ihre Freiheiten
und geht gerne in den Fitnessclub, „partly to get up in the morning. So I had a
little schedule." Auch D8 (68-jährig) vermisst mit Eintritt in den Ruhestand die
Kinder aus ihrem Unterricht, da sie als Kunstlehrerin leidenschaftlich gern ihre
Projekte betreut hat. Sie war allerdings zu dieser Zeit sehr erschöpft, denn „that
was a lot of things to do, while raising children, running a business, being a
designer, teaching. It was a lot!". Inzwischen genießt sie ihre gewonnenen Spielräume: „I get to say, ‚it's yours, do what ever you want'." Auch D7 (64-jährig)
schätzt die Freiräume, die mit dem Ende ihrer Erwerbstätigkeit entstanden sind,
z. B. morgens aufzuwachen und keinerlei Verpflichtungen zu haben. Mit Eintritt
in den Ruhestand weitet sie ihre Sportaktivitäten im Fitnessstudio auf viermal in
der Woche aus.

Einige der amerikanischen Interviewpartnerinnen planen ihren Eintritt in den
Ruhestand vorher sorgfältig, z. B. D11 (69-jährig), Professorin für Musikwissen-
schaft. Sie nutzt die frei gewordene Zeit nun stärker für eigene Kompositionen,
zum Spazierengehen und zum Fitnesstraining im Studio. Sie gibt an, ein halbes
Jahr gebraucht zu haben, um sich entspannt und stressfrei zu fühlen, aber jetzt
sieht sie sich nicht „in control of everything, but certainly in control of my own
emotional life and what I can do physically". Auch D13 (67-jährig), Professorin
für Kommunikationswissenschaften, stellt einen Plan für den Übergang in den
Ruhestand auf. Sie ist noch an kleinen Forschungsprojekten beteiligt, lernt Ita-
lienisch im Internet und beginnt zu stricken. Außerdem halten die Enkel sie auf
Trab oder sie ist mit ihren Freunden unterwegs, sodass von ‚Ruhestand' nicht
wirklich die Rede sein kann. D14 (69-jährig) entscheidet sich fünf Jahre vor Eintritt in die Rente für eine Arbeitsteilzeitregelung, ein „early retirement incentive".

Voraussetzung sind 30 Jahre Tätigkeit als Lehrerin und eine Einzahlung von 11 % ihres Gehalts in die Rentenversicherung über eben diese fünf Jahre. Da sie aber einen Konflikt mit der stellvertretenden Schulleiterin hatte, die ihr nach ihrem Dafürhalten den schlechtesten Stundenplan zugemutet hat, geht sie ein Jahr eher in Rente mit 72 % statt 75 % ihres Gehalts. Ihre starke Migräne kann sie durch diesen Schritt sehr gut unter Kontrolle bringen. Zu Beginn malt sie Bilder, um diese zu verkaufen. Inzwischen malt sie nur noch für sich selbst.

Sehr aktiv sind D1, D3 und D6 mit Eintritt in den Ruhestand. D1 (63-jährig) lebt mittlerweile in einem eigenen Haus mit Garten, das sie mit allem, was notwendig ist, selbst versorgt. Sie führt hauptsächlich ihre wissenschaftliche Arbeit fort: „I'm almost busy as I ever was", wie auch D3 (68-jährig), die immer noch als „consulting curator" ihr ehemaliges Team ehrenamtlich unterstützt. Auch D6 (70-jährig) unterstützt aus finanziellen Gründen mit Beginn ihres Ruhestands ihre Tochter dadurch, dass sie dreimal die Woche die Enkelkinder betreut: „I like it. I keep busy there. (…) Well, at some point, I know that when I retired, I did not expect that for the next ten years I, I would be babysitting continually." Eigentlich hätte sie gerne mehr freie Zeit für sich selbst.

Um Aktivitäten und Haltungen beider Samples vergleichen zu können, müssen die Aktivitäten in einem ersten Schritt systematisiert werden. Carr et al. (2018, S. 332) kritisieren, dass mit der Ausweitung verschiedener Formen der sozialen Partizipation von Älteren ein Mangel an konsistenter Terminologie und Kategorisierung von Aktivitäten in der Forschungsliteratur besteht. Auch Denninger et al. (2014, S. 212 ff.) nehmen eine eigene Systematisierung vor, der sich hier angeschlossen wird: die Autor*innen unterscheiden zwischen heteroproduktiven und autoproduktiven Tätigkeiten, wobei erstere einen unmittelbaren Nutzen für andere aufweisen, wie z. B. Erwerbsarbeit, Pflege- und Betreuungstätigkeiten sowie ehrenamtliche Arbeit, auf die im nächsten Kapitel Bezug genommen wird. Autoproduktives Engagement bezieht sich dagegen auf Tätigkeiten, die die eigene Lebensqualität erhöhen, ohne mit direktem Nutzen für andere verbunden zu sein, z. B. Reisen, Besuch unterschiedlicher Bildungs- und Kulturangebote, Ausübung sportlicher Aktivitäten im Sportverein. Der Besuch von Fitnessstudios wird von den Autor*innen als unstrukturiert-autoproduktive Tätigkeit beschrieben, was sich angesichts des konsistenten Trainings der Befragten beider Samples dieser Studie so nicht übertragen lässt. Mit dem Übergang ins Rentenalter ist noch einmal deutlich geworden, welche zentrale Funktion vor allem diese autoproduktive Tätigkeit wie das regelmäßige, den Alltag strukturierende Training im Fitnessstudio der Interviewpartnerinnen erhält. Aber auch mit weiteren sportlichen Aktivitäten wie Wandern, Fahrradfahren etc. können sie, wie in Abschn. 4.2.2 dargestellt,

Ermächtigungsgewinne mit Blick auf Alter(n), Wiederherstellung oder Erhalt von Gesundheit und Lebensqualität erzielen.

Welche Schwerpunkte die Interviewpartnerinnen beider Samples nun im Rahmen heteroproduktiver Aktivitäten beim Übergang in den Ruhestand setzen, ist erstens stark abhängig vom vorhandenen oder fehlenden ökonomischen Kapital und individuellen Ressourcen. So wollen (und müssen) Befragte des dS und des aS zumindest auf ,Minijobebene' oder „part time" weiterarbeiten, um einen gewissen Lebensstandard zu halten, während andere früher aus dem Erwerbsleben ausscheiden können oder aufgrund von Erkrankungen dazu gezwungen werden wie C3 (63-jährig) und C4 (67-jährig). D2 (67-jährig), die mit ihrem Mann ein Haus auf den Bahamas besitzt und dort halbjährlich lebt, muss sich finanziell gesehen, ähnlich wie A1 (66-jährig) nicht um ihre Zukunft sorgen. A1 hat von ihrem Ehemann neben einem weiteren Grundstück so viel Geld geerbt, dass sie mithilfe ihres Schwiegersohns, der Architekt ist, darüber nachdenkt, auf welche Weise zwei Häuser auf dem Grundstück gebaut werden können. Geerbt hat auch D6 (70-jährig), sodass sie sich, nachdem sie immer weniger zufrieden in und mit ihrem Beruf als Verwaltungsassistentin am College ist, leisten kann, früher als geplant in den Ruhestand zu gehen. Dagegen fanden einige, wie A2 (67-jährig), D4 (74-jährig) aber auch D10 (67-jährig), die vom Arbeitgeber aufgrund von Umstrukturierungsprozessen frühzeitig entlassen wurden, anschließend keine oder nur eine gering bezahlte Erwerbsarbeit, was dann dazu führt, dass sie sehr wenig Rente erhalten und/oder von ihrem Ehemann finanziell mitversorgt werden müssen. Auch die Psychotherapeutin B3 (65-jährig) verlängert aus finanziellen Gründen ihre Erwerbsarbeitsphase, obwohl sie als studierte Ärztin einen gesellschaftlich hoch anerkannten Beruf ausübt, aber als Mutter von drei Kindern zeitweise mit ihrer Berufstätigkeit ausgesetzt hat.

Mit dem letzten Beispiel zeigt sich, dass zweitens die Kategorie Geschlecht als wesentlicher Faktor das *Doing Age,* vor allem auf der interaktiven Ebene der gemeinsamen Lebensführung mit dem Ehepartner, beeinflusst. So hören einige auf mehr oder weniger starken Druck des älteren Partners auf zu arbeiten, um autoproduktiven Aktivitäten wie z. B. (Fern-)Reisen nachgehen zu können: „I was worried about retiring. So, my husband wanted to retire and … but it was great. We went on a trip in the fall" (D9, 67-jährig). Ähnliches gilt für C5 (62-jährig). B4 (72-jährig) verweist stärker noch auf die Geschlechtsspezifik der Haushaltsführung – also eine heteroproduktive Tätigkeit. Ihr Ehemann besteht darauf, dass sie das Essen zubereitet, da für sein Dafürhalten selbst eingekaufte und zubereitete Nahrung eine höhere Qualität besitzt als „Essen auf Rädern" zu bestellen, wie B4 vorgeschlagen hat. Obwohl sie zum Kochen in keiner Weise motiviert ist, stellt sie das Ansinnen ihres Partners nicht infrage und fügt sich letztlich: „aber ich muss halt".

Weiterhin scheinen einige der Interviewpartnerinnen stärker unter dem kollegialen Kontaktverlust mit Aufgabe ihrer Erwerbstätigkeit zu leiden, wie bei A4 (74-jährig) und C9 (65-jährig), als unter dem Verlust von beruflicher Anerkennung. Vor allem diejenigen, die als Lehrkräfte arbeiten oder gearbeitet haben, wie z. B. C2 (60-jährig), D9 (67-jährig) und D8 (68-jährig), lieb(t)en und vermissen ihre Arbeit mit den Kindern: „I really miss the little kids. (…) They're so wonderful and so fresh. (…) I really loved entertaining them". Andere, die noch in die Universität/College eingebunden sind, sorgen insofern für einen ‚weichen' Übergang, als sie sich noch an kleineren Forschungsprojekten beteiligen oder in anderer Form wissenschaftlich tätig bleiben wie D1 (63-jährig), D3 (68-jährig), D11 (69-jährig), D12 (77-jährig), D13 (67-jährig). Anerkennung für die weiter ausgeführten anspruchsvollen Tätigkeiten lässt sich auf diese Weise in die ‚Ruhestandsphase' hinein verlängern.

Auch die Pflegetätigkeiten, die sich auf nahe Angehörige beziehen, sind stark geschlechtsgebunden (vgl. Abschn. 2.2.2). D6 (70-jährig) z. B. betreut ihre Enkelkinder aufgrund der finanziellen Situation ihrer Tochter dreimal die Woche über zehn Jahre, obwohl sie lieber mehr Zeit für sich hätte und sich manchmal sehr stark gefordert fühlt. B1 (80-jährig), die sich von ihrem Ehemann trennt und scheiden lässt, der aber später wieder bei ihr einzieht, schließlich an einem Hirntumor erkrankt, pflegt ihn bis zu seinem Tod.

4.3.2 Positionierung zu produktivem Alter(n)

Die Abkehr vom lange Zeit vorherrschenden Defizitmodell des Alter(n)s und die Betonung von Kompetenzen im dritten Lebensalter schlägt sich, wie in Abschn. 2.1 dargestellt, auch in staatlichen Politiken nieder. Dies zeigt z. B. ein Informationsflyer zum 6. Altenbericht der Bundesregierung, in dem festgehalten wird, dass ältere Menschen im Vergleich zu früheren Generationen sowohl über höhere Bildungsabschlüsse und größere finanzielle Mittel verfügen als auch gesünder leben (van Dyk 2015, S. 98). Daraus wird geschlossen, dass die daraus abzuleitenden Potenziale für die Gesellschaft nutzbar gemacht werden sollten (produktives Altern).[15] Zudem fördere die Übernahme von Aufgaben „Selbstwirksamkeits- und Kontrollüberzeugungen" und verhelfe „zu einer

---

[15] Genau an dieser Stelle äußern sich Kritiker*innen (Martinson und Minkler 2006) darüber, dass die Förderung und Schaffung von Beteiligungsmöglichkeiten für Ältere wachsende

höheren Lebenszufriedenheit" (ebd.). Ob diese Annahme tatsächlich zutrifft, also
ältere Menschen diese Forderung der Verantwortungsübernahme als ,Win–Win-
Situation' empfinden, können letztlich nur die Älteren selbst beantworten. Da
heteroproduktive Tätigkeiten wie die Fortführung von Erwerbsarbeit (z. B. durch
Minijobs) oder innerfamiliale Arbeit bereits im Übergang in den Ruhestand von
den Befragten erwähnt und weiter oben dargestellt worden sind, soll in diesem
Kapitel das bürgerschaftliche Engagement im Zentrum stehen. Diese Art der kulturellen Leistung ist keine Selbstverständlichkeit, sie kann nur dann erbracht
werden, wenn innere und äußere Ressourcen wie Zeit, Motivation und finanzielle Absicherung vorhanden sind sowie gesellschaftliche Anerkennung für die
Ausübung des Ehrenamts gegeben wird (Birnkraut 2003). Burkhardt und Schupp
(2019, S. 769) verweisen darauf, dass Personen über 65 Jahren[16] sich gegenwärtig stärker engagieren als noch vor 20, 30 Jahren. Allerdings ist dabei zu
berücksichtigen, dass Frauen sich häufiger freiwillig in den Bereichen Religion
und Kirche, Schule oder Kindergarten sowie im gesundheitlichen und sozialen
Bereich engagieren, während Männer verstärkt in Sport und Bewegung, Politik,
politische und berufliche Interessenvertretung, im Unfall- und Rettungsdienst als
auch bei der freiwilligen Feuerwehr ehrenamtlich tätig sind (Kausmann et al.
2017, S. 56). Die damit einhergehenden Führungspositionen, auch in Wohlfahrts-
verbänden, kirchlichen Gremien sowie kulturellen Institutionen, werden ebenfalls
stärker von Männern besetzt (Birnkraut 2003, S. 60).

Mit der Forderung im Interview konfrontiert, sich für die Gesellschaft als
nützlich zu erweisen, indem z. B. ehrenamtliche Tätigkeiten übernommen werden, entwickeln die Befragten des dS unterschiedliche Strategien, um eine solche
Verantwortungsübernahme zunächst einmal abzulehnen. A14 (77-jährig) ist der
Meinung, dass „diese meine Generation genug gearbeitet hat", „es gibt genug
Arbeitslose, sollen sie diese erstmal nehmen". Auch A13 (63-jährig) ist überzeugt, dass z. B. die heute 70-Jährigen „ihren Beitrag bereits geleistet haben".
„Die haben ein hartes Leben hinter sich und haben einen großen Beitrag geleistet, dass Deutschland so dasteht, wie es dasteht". C2 (60-jährig) ergänzt diese
Haltung mit der Auffassung, „wenn einer sagt, ich habe mein Leben lang genug
geschafft und ich habe jetzt das Recht nur für mich zu gucken, dann sollte er das
auch haben". C3 (63-jährig) sieht es sogar als „Affront gegen die Alten", da auch

---

gesellschaftliche Leistungserwartungen nach sich ziehen könnten. Zudem könnten diejenigen, die nicht in der Lage oder willens sind, ein Ehrenamt auszuüben, abgewertet werden
(Caro et al. 2008).

[16] Burkhardt und Schupp (2019, S. 769) stellen fest, dass es vor allem die 68er Generation ist,
die häufiger auch nach Renteneintritt ehrenamtlich aktiv ist, deren Angehörige stark durch
zivilgesellschaftliche Proteste dieser Zeit geprägt wurden.

sie davon überzeugt ist, dass „die Alten viele Jahre zum Wohle der Allgemeinheit geschuftet haben". Ihrer Meinung nach sollten erst einmal „die Jungen" in die Pflicht genommen werden. B2 (63-jährig) unterstützt diese Ansicht: „(…) das fängt schon bei Kindern und Jugendlichen an. Jeder sollte irgendwas machen!" A2 kritisiert, dass die Älteren ausgenutzt werden, wenn sie „zum Beispiel in Altersheime gehen", um dort noch Ältere zu pflegen. Stattdessen sollten solche Tätigkeiten in Arbeitsplätze umgewandelt werden, „nur halbtags", damit „ein bisschen Geld" verdient werden kann.

An den Ausführungen lässt sich zeigen, dass staatliche Programme zur Aktivierung von Älteren sich nicht nahtlos in die Praxis umsetzen lassen. Im Gegenteil, die „Verankerung des Ruhestands als verdiente, legitime und finanziell (gut) abgesicherte Erwerbsentpflichtung" (Denninger et al. 2014, S. 217) hat noch nicht an Bedeutung verloren, auch wenn mit einer neoliberalen Rationalität verbunden neue Standards geschaffen werden, auf ‚richtige' Weise aktiv zu altern.

Neben einer ablehnenden Haltung gegenüber der Aufforderung, die eigene „Nützlichkeit noch unter Beweis zu stellen" (A1, 66-jährig) sind im dS auch Befragte zu finden, die stärker die positiven Wirkungen betonen, die mit ehrenamtlichem Engagement verbunden sein können, z. B. durch die Aufrechterhaltung von sozialen Kontakten und dem Gewinn symbolischen Kapitals in Form von Anerkennung:

> „Es muss das richtige Projekt sein. Also ich denke, dass für mich so was auch noch infrage kommt, aber dafür ist es noch zu jung, zu frisch, ich bin erst seit Dezember (2015) in Rente und jetzt muss ich erstmal sortieren. Aber doch, das (Ausüben ehrenamtlicher Arbeit) würde ich auch unterstreichen, einfach, weil man auch den Außenkontakt braucht und die gesellschaftlichen Zusammenkünfte und so vielleicht auch die Bestätigung" (A7, 65-jährig).

Auch C6 (65-jährig) ist grundsätzlich davon überzeugt, „man kann schon viel dazu beitragen", sich nützlich zu machen, indem man ehrenamtlich tätig ist, aber „es gibt auch Menschen, denen kann man das nicht zumuten. Denen, die krank sind (…), die es gerne machen würden". Für diejenigen aber, die gesund und fähig sind sich zu engagieren, deuten die Befürworterinnen produktiven Alterns, die in der Regel selbst ehrenamtlich aktiv sind, Tätigkeiten im Sinne eines auf das Gemeinwohl bezogenen Beitrags als moralische Pflicht:

> „Also, das sich nützlich machen, das finde ich schon. Ja, grad wenn die Leute jetzt mit (…) Anfang sechzig in den Ruhestand gehen, sind sie eigentlich noch voll im Saft,

denke ich jetzt mal (…). Da find ich, da können sie einfach auch ein bisschen was zurückgeben" (A3, 60-jährig).

"Also ich übernehme die Betreuung von älteren Leuten ehrenamtlich zweimal die Woche. (…) Ja, ich finde das auch richtig, finde ich gut. Also ich finde, man sollte schon seinen Beitrag leisten, wenn man fit ist. Gibt natürlich auch Kranke, aber es gibt so viele Leute, die, die Langeweile haben in dem Alter. Ich glaube, ich würde das sogar denen vom Arzt verschreiben lassen, um die zu verpflichten" (A11, 69-jährig).

Interessant ist, dass diejenigen, die diese Form der Selbstverpflichtung befürworten, in der Mehrzahl aus ländlichen Regionen rund um Freiburg stammen. Möglicherweise führt das Aufwachsen in landwirtschaftlichen Betrieben, in denen alle Familienmitglieder zur Mitarbeit herangezogen werden, zu einer Haltung, die nicht nur von der ‚Freiheit' des Ruhestands geprägt ist, sondern die "für sich selber einfach auch einen Blick auf die Umwelt hat" (A12, 67-jährig) oder die Idee verfolgt, "wenn ich Rentner bin, wenn ich noch was machen kann, werde ich auf jeden Fall was machen und wenn's ehrenamtlich ist" (A8, 60-jährig). Andererseits muss auch zur Kenntnis genommen werden, dass im ländlichen Raum die soziale Sichtbarkeit Einzelner um einiges größer ist als im eher anonymen, städtischen Raum, sodass vermutlich soziales Engagement stärker als soziale Verpflichtung wahrgenommen wird.[17]

In den USA existiert eine fest etablierte ehrenamtliche Tradition, z. B. im Kontext von Kirche, Pflege, Freizeit, Partei- und Kommunalpolitik, was darauf zurückzuführen ist, dass zahlreiche kommunale Leistungen ihren Ursprung in Freiwilligen-Initiativen haben. Zudem ist die Bereitschaft vieler Amerikaner*innen für die Bereitstellung staatlicher Leistungen in Form von Steuerabgaben gering ausgeprägt, sodass die Qualität öffentlicher Einrichtungen von privatem Engagement abhängig ist (Caro 2008, S. 80 ff.). Da es auch in Amerika inzwischen eine wachsende Zahl wirtschaftlich abgesicherter Rentner*innen mit hohem Bildungsniveau gibt, die sich zudem guter Gesundheit erfreuen, sind Ältere inzwischen zu einer wesentlichen Ressource ehrenamtlichen Engagements avanciert (ebd.). Russell et al. (2020) unterscheiden zwischen formaler und informeller Freiwilligentätigkeit, wobei erstere sich auf Organisationen bezieht und deshalb stärker mit sozialem Status und Prestige verbunden ist. Informelles Engagement bezieht sich dagegen auf unbezahlte Dienstleistungen und Unterstützung außerhalb von Organisationen. Die Autor*innen verweisen auf die mit

---

[17] Burkhardt und Schupp (2019, S. 769) zeigen in ihrer empirischen Analyse des ehrenamtlichen Engagements in Deutschland auf, dass die Anzahl der ehrenamtlich Engagierten in kleineren Kommunen zwischen 1990 und 2017 von 32 auf 37 % zulegte, während im städtischen Raum die Zahl im gleichen Zeitraum lediglich von 24 auf 26 % anstieg.

letzterer verbundenen geschlechtsbezogenen Historie der *„care work"*, der freiwilligen sozialen Wohlfahrttätigkeiten, die in der Regel von Frauen geleistet wurde[18] (ebd., S. 320). Auch Birnkraut (2003, S. 11) betont mit Blick auf geschlechtsbezogenes Engagement, dass Männer auch in Amerika überwiegend in Leitungsfunktionen oder als ehrenamtliche politische Reformer tätig wurden und werden.

Wie die Amerikanerinnen sich nun zum produktivem Alter(n) äußern und positionieren, soll im Folgenden dargestellt werden. Auch Amherst ist aufgrund seiner geografischen Lage (umgeben von Nationalparks) und der Anzahl seiner Einwohner*innen eher ländlich strukturiert, was zum einen, ähnlich dem Kirchzartener Sample, ein Hinweis auf die hohe Anzahl an sozial Engagierten unter den Amerikanerinnen sein kann. Ein weiterer Grund liegt möglicherweise in dem historischen Gewachsen-Sein ehrenamtlichen Engagements. Zusätzlich zeigen Untersuchungen (s. o.), dass Möglichkeiten, sich sozial zu engagieren, mehr von privilegierten Gruppen wahrgenommen werden, da sie *„may be more available and accessible to privileged groups"* sind (Carr et al. 2018, S. 331). Insofern ist es nicht verwunderlich, dass mehr als zwei Drittel der privilegierten Amerikanerinnen ehrenamtlich tätig sind. Meisner et al. (2010) zeigen in ihrer Studie zudem auf, dass soziales Engagement durch die Partizipation an sportlicher Aktivität gefördert wird. Diese Ansicht vertritt auch D4 (74-jährig), denn die Kraft und Energie für ihre Vorstandsarbeit in der ortsansässigen Organisation zur Unterstützung obdachloser Menschen gewinnt sie ihrer Meinung nach nur durch das Training im Fitnessstudio: „I do a lot of volunteer stuff. I think that's important, and I couldn't do if I was'nt fit". Sie möchte, so lange es geht, nützlich für die Stadtgemeinde sein, weil: „I love volunteering, and helping, helping where I can". Offenbar überwiegen für sie die Vorteile ehrenamtlicher Arbeit, was z. B. bedeutet, sich einem Personenkreis in einer Organisation zugehörig zu fühlen, in Aktivitäten eingebunden zu sein, Anerkennung zu erhalten, wodurch schließlich auch leiblich-affektive Aspekte wie Wohlbefinden und Zufriedenheit („I love volunteering") angesprochen werden.[19]

---

[18] Ebenso sind Gruppen, die eine andere ethnische Zugehörigkeit besitzen, also nicht ‚weiß' sind, eher, wenn überhaupt, in informelle Freiwilligentätigkeiten involviert. Denn der sozioökonomische Status sowie *race/ethnicity* sind mit verschiedenen Formen gesellschaftlichen Engagements verbunden (Russell et al. 2020, S. 331).

[19] Auch Lum und Lightfoot (2005) bestätigen durch ihre Studie über Effekte produktiven Alter(n)s, dass Ältere, die sich ehrenamtlich engagieren, über eine bessere physische und mentale Gesundheit berichten als Personen, die ehrenamtlich inaktiv sind.

D5 (69-jährig), die ähnlich wie D13 (67-jährig) im *senior center* ehrenamtlich mitarbeitet, sieht allerdings das Problem, dass die Verantwortung der Gesellschaft, für Ältere Sorge zu tragen und die damit verbundene ehrenamtliche Arbeit immer umfänglicher werden, was für sie zur Folge hatte, dass sie immer weniger Zeit mit ihrer Familie verbringen konnte:

> „I keep kind of adjusting that part of me that wants to volunteer and be involved, and that part of me that needs to have other time with my family and me, and, not to be much out there, you know" (D5, 69-jährig).

Auch D8 (68-jährig) war in drei Organisationen „the public library, the Emily Dickinson Museum and a farming organization called SESA" ehrenamtlich tätig, fühlt sich aber inzwischen von all ihrem Engagement überfordert und möchte sich jetzt stärker auf sich selbst konzentrieren:

> „For thirty-five years I was a volunteer fanatic. I did tons of things in town, and I worked very, very hard for several organizations, but I've cut back on that now because I do feel like this is my time. I don't have to be embarrassed that I'm not helping at, you know, the library anymore. I just now use their services and I now go home and do what I want" (D8, 68-jährig).

Dass die Kräfte nach Jahren des Engagements allmählich nachlassen, zeigt sich auch bei D12 (77-jährig), die in einer Lebensmittelkooperative ehrenamtlich gearbeitet hat. Dennoch hat sie immer noch „ein offenes Haus, das kommt auch durch diese *co op*". So findet sie es „wunderbar, wenn die Studenten hierherkommen können und wir essen zusammen."

Die ehrenamtlichen Tätigkeiten anderer Interviewpartnerinnen sind breit gestreut: D3 (68-jährig) engagiert sich als „advising curator", D6 (70-jährig) in der ortsansässigen Kirchengemeinde, D11 (69-jährig) in einem „animal shelter". Bei D10 (67-jährig), die angibt, zwei Stunden pro Woche ehrenamtlich aktiv zu sein, wird nicht ganz deutlich wird, in welchem Bereich sie sich genau engagiert.

Einzig D2 (67-jährig) rechtfertigt sich für ihre Haltung, kein bürgerschaftliches Engagement ausüben zu wollen. Sie besitzt mit ihrem Ehemann ein Haus auf den Bahamas, wo sie beide die Hälfte des Jahres verbringen. Aus diesem Grund kann sie sich nicht festlegen, ehrenamtliche Tätigkeiten zu übernehmen: „It means that I can't really commit to volunteering to thing here that I might be interested in." Welches Interesse sie an welcher Tätigkeit bei mehr zur Verfügung stehender Zeit entwickeln könnte, bleibt unklar.

Im Vergleich beider Samples wird deutlich, dass die Selbstverständlichkeit, sich ehrenamtlich zu engagieren, im aS stärker ausgeprägt ist als im dS, was vermutlich auf die geringe staatliche Beteiligung an kommunalen Leistungen zurückzuführen ist. Allerdings wächst auch in Deutschland das ehrenamtliche Engagement durch das gestiegene Bildungsniveau und den besseren Gesundheitszustand im höheren Alter sowie durch positive gesellschaftliche und politische Diskurse zum Thema produktiven Alter(n)s (Burkhardt und Schupp 2019, S. 769). Dabei ist die Gefahr, Ältere durch zu hohe Leistungserwartungen zu überfordern und/oder für die produktive Nutzung ihrer Ressourcen zu vereinnahmen, wie auch einige Interviewpartnerinnen des dS kritisieren, nicht von der Hand zu weisen.

4.3.3 Positionierung zu erfolgreichem Alter(n)

Rowe und Kahns (1997) Konzept des *successful aging* enthält drei Hauptaufgaben für Ältere, die erfüllt werden müssen, wenn sie erfolgreich altern wollen. Erstens sollen Krankheiten und Fähigkeitseinschränkungen bearbeitet und bestenfalls vermieden werden, um zweitens gesundheitsbezogene Risikofaktoren zu minimieren sowie eine hohe physische und kognitive Funktionalität zu erhalten, da diese drittens die Voraussetzung für die Aufrechterhaltung eines aktiven Lebensstils bilden. Ein aktiver Lebensstil schließt interpersonale Beziehungen wie auch die Partizipation an produktiven Aktivitäten, wie in Abschn. 4.3.2 dargestellt, ein. Kritisiert wurde an diesem Konzept, dass Statusdifferenzen, soziale Faktoren und individuelle Ressourcen bei der Beurteilung, ob jemand in diesem Sinne erfolgreich zu altern in der Lage ist, nicht einbezogen wurden und werden. So ist ökonomisches Kapital, wie mehrfach beschrieben, eine Voraussetzung für jegliche Investition in gesundheitliche Praktiken und Konsumgüter. Auch kulturelles Kapital, in Form von inkorporierten Kompetenzen, Fähigkeiten und Neigungen, ist für die Akkumulation symbolischen Kapitals in der Praxis maßgeblich, die den Kapitalsorten Wert und sozialen Sinn beimisst. Bourdieu (2021) stellt heraus, dass physisches Kapital ausschließlich in Verbindung mit kulturellem und symbolischem Kapital wirksam wird. Gesundheit gilt in neoliberalen Gesellschaften als Symbol für einen aktiven Lebensstil und als Ergebnis individueller trainierbarer Fähigkeiten und Kompetenzen (Brunnett 2009). Durch die „Hegemonie symbolischer Gesundheit" trägt das durch einen aktiven Lebensstil erworbene physische Kapital zum einen dazu bei, „individuelle psychisch-soziale Gesundheit", andererseits aber auch „konkurrenzfördernde Attribuierungen" zu erzeugen (ebd., S. 104). Wie die Interviewpartnerinnen Erkrankungen und Fähigkeitseinschränkungen durch Training im Fitnessstudio entgegensteuern, Lebensqualität herstellen und erhalten, sich damit selbst als

aktive Ältere positionieren, aber auch, indem sie zugleich Inaktive und ‚Übergewichtige' abwerten, ist in Abschn. 4.2.2. ausführlich beschrieben und erörtert
worden. Diese Praktiken sind im Rahmen von Gesundheit als Symbolwert mit
einer Stilisierung des Körpers verbunden und werden als Ausdruck der eigenen
Persönlichkeit ‚gelesen' (Bourdieu 2021). Interessant ist nun erstens zu fragen,
wie die Interviewpartnerinnen staatliche Aktivierungsprogramme im Kontext der
jeweils unterschiedlichen Gesundheitssysteme beurteilen, was sie als förderlich
oder hinderlich betrachten, um z. B. Kosten des jeweiligen Gesundheitssystems
gering zu halten, was ja als ein Ziel solcher Aktivierungsprogramme gilt, und
wie sie Gesundheitschancen für sich und andere einschätzen. Zweitens geht es
um die Frage, was die Interviewpartnerinnen selbst unter erfolgreichem Alter(n)
verstehen.

4.3.3.1 Gesundheitschancen im Kontext erfolgreichen Alter(n)s auf Basis der Gesundheitssysteme in Deutschland und in den USA

Wie in Abschn. 2.3.3 dargestellt, existieren eklatante Differenzen zwischen
dem deutschen und US-amerikanischen Gesundheitssystem, obwohl ungleiche
Gesundheitschancen in beiden Systemen zu konstatieren sind. Deshalb werden
Mitgliedschaften in gesetzlichen oder staatlichen Krankenversicherungssystemen
sowie Haltungen und Einstellungen beider Samples zu Gesundheitschancen in
den jeweiligen Ländern zunächst getrennt dargestellt.

Alle Interviewpartnerinnen des dS, so ist als Erstes festzuhalten, sind Mitglied
in einer gesetzlichen Krankenkasse und nutzen die Möglichkeit, regelmäßig ihrem
Alter entsprechende Vorsorgeuntersuchungen in Anspruch zu nehmen wie bei der
Gynäkolog*in, Zahnärzt*in, Augenärzt*in, usw. Dazu gehört auch ein Besuch
des/der Orthopäd*in, wenn spezielle Beschwerden auftreten. Außerdem bietet die
gesetzliche Krankenkasse „alle zwei Jahre den Gesundheitscheck" (A7, 65-jährig)
an. Nur C7 (62-jährig) muss aufgrund ihrer Krebserkrankung, zu der noch eine
chronische Erkrankung hinzugekommen ist, regelmäßig in ärztliche Behandlung.
Nach der unabhängigen Initiative zur Förderung von Vorsorgeuntersuchungen
in Deutschland[20] (2022) geht nur jede zehnte Frau über 50 Jahren einmal im
Jahr zur Vorsorgeuntersuchung, obwohl die meisten Krebserkrankungen erst im
höheren Alter auftreten. Dass alle Interviewpartnerinnen regelmäßig Vorsorgeuntersuchungen in Anspruch nehmen, zeugt noch einmal für ihr erworbenes

---

[20] Abgerufen von https://vorsorge-ist-fuersorge.de/inanspruchnahme.html.

kulturelles Kapital, auch wenn nicht alle Interviewpartnerinnen des dS zur akademischen Mittelklasse (Reckwitz 2021) zu zählen sind, und damit einhergehend
für die Inkorporierung von Gesundheit als einem Symbolwert.

Wie in Abschn. 2.3.3 beschrieben, agieren die deutschen gesetzlichen Krankenkassen bundesweit gleich und bieten einen zu 95 % vorgegebenen Leis-
tungskatalog unabhängig von persönlichen Voraussetzungen zu nahezu gleichen
Konditionen an (Land 2018). Dennoch ist A3 davon überzeugt:

> „(…) wenn dann wirklich mal eine große Untersuchung ansteht, dann wird man noch
> von der Seite der Krankenkasse blöd angemacht, ob die das überhaupt abrechnen".
> (…) „wenn man sein Leben lang in die Krankenversicherung einbezahlt hat, dann hat
> man irgendwann auch mal das Recht (…), ein bisschen was zurück zu bekommen"
> (A3, 60-jährig).

Der hier formulierte Anspruch „etwas zurückzubekommen", „ein Recht" auf die
eingeforderte Leistung zu haben, ist auf dem Hintergrund gesundheitspolitischer
Proklamation einer eigenverantwortlichen Gesundheitsprävention zu interpretieren. Wenn alltägliches vorsorgliches Gesundheitshandeln durch entsprechende
Ernährung, Bewegung, der Berücksigung von Risikofaktoren wie den Verzicht
auf Rauchen und hohen Alkoholkonsum praktiziert wird, dann, so die Haltung,
sollte die Krankenversicherung das individuelle Anliegen befürworten und finan-
zieren. Ähnlich betont A10 (72-jährig), „wenn jemand jetzt was für die Vorsorge
tut, dann sollte das auch von der Kasse honoriert werden." A4 (74-jährig) hat
ebenfalls „das ganze Leben lang Krankenkassenbeiträge gezahlt". Anders als A3
und A10 will sie dafür keine Gegenleistung, ihr „vorrangigstes Ziel" ist, „dass
ich selber mobil bleibe". „Kosten für die Kasse gering zu halten" stellt daher
keine Priorität für sie dar. Dies sehen einige der Befragten ähnlich. Sie sind
davon überzeugt, dass von ihrer Strategie, sich fit und gesund zu halten, auch
das Gesundheitssystem profitiert. So ist A2 (67-jährig) der Auffassung, dass sie
„weder der Krankenkasse noch irgendeinem Sozialdienst auf der Tasche liegt",
denn „ich halt mich fit, ernähre mich gesund, was wollen die mehr". Auch A1
(66-jährig) ist der Überzeugung: „Also meine Krankenkassenbeiträge würde ich
jetzt mal so sehen, brauche ich nicht auf, (…) ja ich halte mich fit und ernähre
mich immer etwas gesünder (…), aber mehr für mich und meine Familie." C9
(65-jährig) bestätigt noch einmal die Haltung der anderen Interviewpartnerinnen, die „Leute sind natürlich schon selbstverantwortlich für ihre Gesundheit
(…) und wenn da jemand große Kosten verursacht, zahlen wir da immer mit".
Auch C8 (62-jährig) stellt das Solidaritätsprinzip des gesetzlichen Gesundheitssystems auf den Prüfstand und betont wie C9 die individuelle Eigenleistung bei

der Kostenreduzierung: „die Leute sind natürlich schon selbstverantwortlich für ihre Gesundheit und natürlich zahlen wir immer mit, wenn da jemand große Kosten verursacht, ganz klar!"

Die gegenwärtige Aufforderung, selbst für die eigene Gesundheit zu sorgen, an sich zu arbeiten „erweist sich im Lichte ihrer Distinktionsfähigkeit, ihrer konkurrenzfördernden Wirkung und ihrer strukturell ungleichen Verteilung" als „Herrschaft bildende Fähigkeit" (Brunnett 2009, S. 105). Die aktiven älteren Frauen eignen sich den symbolischen Mehrwert von Gesundheit in doppelter Weise an: Sie stellen einen Bezug zu sich selbst her und positionieren sich in einem sozial strukturierten Raum, der zugleich für andere mit konstituiert wird. In der strukturierenden Praxis liegt eine Klassifizierung derjenigen, die präventive Maßnahmen nicht ergreifen wollen oder können, ein Verhalten, das von C9 und C8 als Belastung des Sozialsystems interpretiert und von anderen Befragten zum Teil stark abgewertet wird. B4 (72-jährig) ordnet in diesem Sinne das Entstehen höherer Kosten im Gesundheitssystem eher individuellem Fehlverhalten zu: „Also wenn man jetzt wegen jedem Nervenkäs, sag ich mal, zum Arzt rennt, verursacht das Kosten für die Allgemeinheit. Das ist klar!". Um gegen ein solch individuelles ‚Fehlverhalten' vorzugehen, sollten Krankenkassen, wenn gesundheitspräventive Maßnahmen nicht erbracht werden, Einschränkungen festlegen:

> „Wenn jemand viel raucht, zu dick ist, dass man dann nicht alles bezahlt. Und das wird eben gemacht. Wenn dann einer eine Knie-OP hat, dann müsste man halt auch eine Einschränkung festlegen, sagen, du kriegst das nur bezahlt unter der und der Voraussetzung" (B4, 72-jährig).

So sieht es auch C5 (62-jährig), die „mehr (finanzielle Beteiligung) fordern" will, „von diesen Rauchern und Adipositasmenschen", um Kosten für die Allgemeinheit zu senken. C7, die in der Leistungsabteilung einer großen Krankenkasse gearbeitet hat, formuliert es noch drastischer:

> „Wenn ich was zu sagen hätte, wären auch alle Präventionsmaßnahmen der Krankenkassen gestrichen, weil das Geld ist eh den Kanal heruntergespült. (…) die Leute sind dann zu spät zu den Kursen gekommen. Und das kann ich gar nicht leiden. Und dann nur einen Stempel ergattern und nach zehn Mal nie wieder den Arsch bewegen. Sorry, wenn ich das so klar sagen muss" (C7, 62-jährig).

C1 (65-jährig) gibt an, zur Kostenersparnis „eine ganz klare Einstellung" zu haben. Sie ist davon überzeugt, dass die „furchtbar vielen Medikamente, die verschrieben werden, und die furchtbar vielen Arztbesuche (…) ganz oft überflüssig sind und sicher auch die OPs, die nicht notwendig sind." Allerdings will sie die Inanspruchnahme solcher Leistungen weder mit Einschränkungen noch mit besonderen Maßnahmen ‚bestrafen‘, sondern „Leuten mehr Geld geben, damit sie selber was tun und fit bleiben (…), weil ich kenne viele, die können sich eine Mitgliedschaft in so einem Studio nicht leisten." Auch B3 (65-jährig) geht davon aus, dass Kosten sparen nicht einfach ohne Einsatz des Staates funktioniert. „Es funktioniert nur, wenn, wenn die Bedingungen auch so sind." Gute Bedingungen wären z. B., eine gute Schulausbildung für alle zu gewährleisten, Mitgliedschaften in Sportvereinen zu fördern usw. Zusätzlich müsse berücksichtigt werden, dass es Menschen gibt, die „körperliche Probleme" haben, weil sie z. B. „auf dem Bau" „körperlich viel gearbeitet haben" und ihnen nicht zugemutet werden kann „weiter was für die Gesundheit zu tun" (C6, 65-jährig).

Zusammenfassend lässt sich festhalten, dass die Interviewpartnerinnen zunächst mit großer Selbstverständlichkeit auf Leistungen des Gesundheitssystems zurückgreifen (können), was z. B. die Inanspruchnahme von Vorsorgeuntersuchungen dokumentiert. Zugleich versuchen sie, durch ihre Arbeit am Körper und ihr Gesundheitsmanagement möglichst wenig ärztliche Leistungen in Anspruch zu nehmen, aber nicht mit der Vorstellung, Kosten für das Gesundheitssystem zu sparen, sondern vielmehr, um zum Ausdruck zu bringen, dass sie selbstverantwortlich einen gesunden Lebensstil pflegen. Bourdieu (2021, S. 388 f.) hebt hervor, dass die Aneignung legitimer Lebensstile, die auf relevanten Kapitalformen basieren, besonders hohe Anerkennung und Distinktionsgewinne erzielen. Letzteres zeigt sich auch in den Klassifizierungen und Abwertungen von anderen, die vom aktiven Lebensstil abweichende, eher risikobehaftete Orientierungen (die z. B. rauchen, sich wenig bewegen oder ‚Übergewicht‘ haben) verfolgen.

Dass diese Art der Selbstverständlichkeit, Leistungen der (gesetzlichen) Krankenkasse zu beanspruchen, für die Amerikanerinnen nicht gelten kann, ist in Abschn. 2.3.3 ausführlich erläutert worden. In einem ersten Schritt gilt es zunächst zu klären, welchen Krankenversicherungsschutz die Interviewpartnerinnen besitzen und wie sich die „Individualpflicht zur Selbstverantwortung" (Lessenich 2009, S. 287), die gerade auch Teil des amerikanischen Selbstverständnisses ist, auf die Beurteilung staatlicher Aktivierungsprogramme auswirkt.

Die meisten Amerikanerinnen sind über eine private (Zusatz-) Krankenversicherung versichert, einige, die über 65 Jahre alt sind, sind Mitglied in *Medicare*[21], der öffentlichen und bundesstaatlichen Krankenversicherung

---

[21] *Medicare* wurde am 30. Juli 1965 durch Zusätze zum *Social Security Act* im Rahmen der Great Society in das Sozialversicherungssystem der Vereinigten Staaten eingefügt und ist neben der Rentenversicherung die zweite bundesstaatliche Pflichtversicherung.

für ältere oder behinderte Bürger innerhalb des Gesundheitssystems der USA. Hochschulangehörige wie z. B. D1 (63-jährig) und D6 (70-jährig) sind über ihre Hochschulzugehörigkeit im bundesstaatlichen *Medicare* versichert, beide haben eine zusätzliche Krankenversicherung abgeschlossen. D2, die Mitglied in einer privaten Krankenversicherung ist, berichtet über ein Malus- und Bonussystem, dem die Mitglieder unterliegen, was in dieser Ausprägung in Deutschland nicht existiert:

> „You know, like they say you have to stop smoking or you gonna have to pay more for your health insurance. Yeah, they also encourage it like my membership at the aerobics and fitness center. I think it's about two hundred or something a year, but I get a hundred and fifty of that paid by my health insurance company, because they want me to exercise" (D2, 67-jährig).

Auch D11(69-jährig) verweist darauf, dass „our insurance company will have a wellness program (…) plus our health plan offers that kind of guidance. And they encourage it, but they can't make you do it". Diese Chance auf kompetente Begleitung bei der Erstellung eines individuellen Gesundheitsvorsorgeplans können allerdings nicht alle Bürger*innen Amerikas in Anspruch nehmen, da, wie in Abschn. 2.3.3 ausgeführt, viele Amerikaner*innen aufgrund der hohen Krankenversicherungskosten gar nicht erst versichert sind. So beklagt D1 (63-jährig), dass eine nationale Krankenversicherung für alle enorm wichtig sei, da sonst diejenigen, die versichert sind, noch höhere Krankenversicherungsbeiträge in Kauf nehmen müssen.

> „(…) because a lot of people just say: ‚what a difference does it make, tomorrow I die‘, but then they end up with huge hospital bills and they can't pay them, so then the rest of us, our rates go up" (D1, 63-jährig).

Neben D7 (64-jährig), die steigende Kosten im Gesundheitssystem durch das Älterwerden auf sich zukommen sieht: „pricing increasing as you get older, because the older you are the more demanding you", spricht auch D6 (70-jährig) davon, dass die Krankenversicherung immer teurer wird. Einen Teil der Kostenerhöhung führt sie auf die Etablierung von „Obamacare"[22] zurück: „Obamacare, trying to include everybody". *Obamacare* zielt darauf ab, allen Bürger*innen eine

---

[22] Auf Betreiben der Regierung Obama wurde im Jahr 2010, das Bundesgesetz *„Patient Protection and Affordable Care Act"* (PPACA) vom US-Kongress beschlossen, weshalb es als *„Obamacare"* bezeichnet wurde. Der PPACA regelt unter anderem den Zugang zur Krankenversicherung und gilt als ein wesentlicher Teil des aktuellen US-Gesundheitssystems.

Krankenversicherung und damit eine Chance für eine ausreichende Gesundheits-
vorsorge zu geben, was aber auch bedeutet, dass bei hoher Inanspruchnahme der
Leistungen die Kosten für alle steigen. Wie in Abschn. 2.3.3 ausgeführt sind
die hohen Kosten für Versicherte ein wesentlicher Grund für die starken Unterschiede bezüglich der Gesundheitschancen. Eine Form der Unterstützung für
Bedürftige will die Bundesregierung der USA durch staatlich organisierte *Medicaid*-Programme[23] leisten. Allerdings geht dem Erhalt von *Medicaid*-Leistungen
eine Bedürftigkeitsprüfung voraus. Dies scheint ein Grund zu sein, dass eine
Inanspruchnahme eher vermieden wird. Denn dadurch wird der Mangel an ökonomischem und in der Regel auch kulturellem Kapital, was zu niedriger sozialer
Positionierung geführt hat, öffentlich. Personen fühlen sich auf diese Weise
stigmatisiert und nicht als vollwertiges Mitglied der Gesellschaft anerkannt:

> „Because not everybody has an equal opportunity to do that (to take responsibility for
> one's own health). Yes, yes, that was my, my brother's case. It's because he, he – his
> health was failing, he thought he was going to die, and he didn't have – he wasn't old
> enough to get social security, and he didn't have any way of supporting himself or his
> health and so, and he didn't want to accept Medicaid. Now an, an – if, if he would have
> died – if I wouldn't have convinced him (laugh)… I don't know if it was me, but to
> do it. But he didn't have the… In that you can blame people but there was no blame,
> there, it was just that in his life he didn't have the retirement and the work situation
> where he had the means to do it. So yes, I felt like the government needed to step in“
> (D5, 69-jährig).

D3 (68-jährig) schreibt die Entstehung hoher Kosten im amerikanischen Gesundheitssystem den Ernährungsgewohnheiten anderer Ethnien zu. Während sie mit
einem Gesundheitsbewusstsein aufgewachsen ist, dass fettreiche Speisen vermieden und die Ausübung sportlicher und intellektueller Aktivitäten gefördert hat,
beklagt sie das Anwachsen von Zivilisationskrankheiten epidemischen Ausmaßes
wie Diabetes und ‚Übergewicht‘ aufgrund kultureller Differenzen.

> „Like in America there's just this epidemic of diabetes, particulary in certain cultures,
> like in Florida. (…) you know, you go around Miami, for example, and you look at
> what is going on with Cuban families, or Puerto Rican families, because their tradition
> of food is a certain way, but encouraged by obesity“ (D3, 68-jährig).

---

[23] Bei „*Medicaid*“ handelt es sich um ein Gesundheitsfürsorgeprogramm für Personenkreise
mit geringem Einkommen, das von den einzelnen Bundesstaaten organisiert und paritätisch
zusammen mit der Bundesregierung finanziert wird.

Interessant ist, dass D3 ‚Übergewicht' mit kultureller Differenz in Verbindung bringt. Ein Vergleich zwischen ‚*Hispanics*'[24] und ‚Weißen' in Amerika in der Adipositas-Klasse I (30 > 35) zeigt einen Unterschied von lediglich 1,5 % (17,9 % zu 16,4 %) an, während in der Adipositas-Klasse III (BMI 40 +) ein noch geringerer Unterschied von 0,3 % besteht (3,4 % zu 3,1 %) (Gallup 2012). Dies legt den Schluss nahe, dass es eher an der materiellen Existenz, der Bildung und den Chancen der Lebensführung liegt, wenn sich gesundheitliche Einschränkungen zeigen (vgl. Abschn. 2.3.3). Dafür spricht auch die Kapitalakkumulation von D13 (67-jährig) aus dem amerikanischen Sample, die aus Puerto Rico nach Amerika migriert ist und weder an Diabetes noch an Adipositas leidet. Im Gegenteil, ihr Status als Professorin verweist darauf, dass es sich bei den genannten Krankheiten eher um ein Problem sozialer Ungleichheit als um ein Problem handelt, das in kultureller Differenz wurzelt.

Ein hohes Bewusstsein für die gestiegenen Kosten, die dem Staat durch Zivilisationskrankheiten wie Adipositas oder auch Demenz entstehen, zeigt auch D7 (64-jährig), die als junge Frau in einem Altenheim gearbeitet hat. Aufgrund ihrer Erfahrungen ist sie mit Beginn ihrer Tätigkeit am Smith College Mitglied in der von der Hochschule angebotenen Krankenversicherung geworden: „to try care of yourself". Sie befürchtet, dass die Babyboomer-Generation, „we've worked very hard", eine wirkliche Last für die Gesellschaft darstellen wird, was sie frühzeitig veranlasst hat, eine Zusatzversicherung abzuschließen, von der sie für ihre sportlichen Aktivitäten ein „little extra bit of money back" erhält, was sie als „great incentive" beschreibt. Die Formel „Take care of yourself!" (D1, 63-jährig) vertreten eine ganze Reihe der Befragten des aS. D2 (67-jährig) grenzt sich im Interview immer wieder von ihrer Schwester ab, die inaktiv, dadurch ‚übergewichtig' und in schlechter Verfassung sei. „It is your responsibility to keep yourself in shape (…) There's an American express: ‚You made your bed, now you have to lie in'." Auch D4 (74-jährig) ist der Auffassung, wenn mehr Menschen darauf achten, einen gesunden Lebensstil zu pflegen, könnten Kosten reduziert werden. D10 sieht dagegen Strategien der Gesundheitsprävention nicht nur als individuelle Aufgabe an, um für den Staat Kosten zu sparen. Es bedeutet ihrer Ansicht nach, dass der Staat zunächst Geld investieren muss:

> „Well, I also think that if the government wants you to save money, they need to spend more money to help people be healthier, stop smoking programs and fitness programs, and wellness stuff. It has to be available" (D10, 67-jährig).

---

[24] Der Begriff bezieht sich auf alle spanisch-sprechenden Einwohner*innen in den USA.

Einige der Amerikanerinnen interpretieren das Ansinnen des deutschen Sozialstaats, den „jungen Alten" durch eine sozialpolitische Aktivierung zu begegnen,
die auf Kompetenzerhalt abzielt und zugleich durch eine stärkere Einbindung in
produktive Aktivierung auch Kosten sparen will (van Dyk 2016, S. 69 f.), in den
USA als nicht umsetzbar:

> „That's an interesting concept. I don't know if whether it would ever fly in the United
> States. I don't know whether anybody dare to try it here. I think it's a great idea" (D6,
> 70-jährig).

> „Well, I think it's a marvelous idea. I don't see that flying in the United States"
> (D8, 68-jährig).

Gründe liegen nach Überzeugung der Interviewpartnerinnen darin, dass Amerikaner*innen auf staatliche Pläne eher mit Abwehr reagieren, auch weil sie ihren
Lebensstil nicht verändern wollen:

> „I mean, look at the crap everybody eats. I mean, most of the people I know who are
> very ill with diabetes and things like that, not, not cancer, but something like that. A
> lot of their illness are from lifestyle. Americans like large amounts of greasy food at
> a fast restaurant. They like it. I mean, all you have to do is watch them. […] To tell an
> American how to eat…every time that the Department of Health and Social Services
> in the United States tries to make a plan, people get very upset about that" (D8, 69-
> jährig).

Allerdings, so erklärt D8 weiter, existieren in manchen Städten Amerikas keine
Lebensmittelgeschäfte, sodass vor allem arme Menschen nicht in der Lage sind,
sich gesund zu ernähren. Ohne staatliche Unterstützung ist das Ziel Kosten zu
sparen ihrer Meinung nach nicht umsetzbar: „I think, before you start telling
people, you know, cut costs, you have to help them. (…) It sounds very morali-
stic". Die Aufforderung einen aktiven Lebensstil zu pflegen, um Kosten zu sparen,
empfindet auch D11 (69-jährig) als Ausdruck einer moralischen Haltung, der sie
vehement widerspricht und mit dem „American point of view" konfrontiert: „You
can't make people do stuff, they don't want to do or it's habitual". Zugleich verortet sie Maßnahmen wie die Erziehung zu einem gesunden Lebensstil bereits in
der Kindheit und sieht die Bereitstellung einer solchen Unterstützung als sinnvoll
an, die Menschen Verbesserungen am eigenen Leibe spüren lässt: „But I think
you can suggest, support, educate and be consistent, so that more people say
‚Yeah, I do feel better!'." D14 (69-jährig) befürwortet zwar solche unterstützenden Maßnahmen, aber hebt zugleich hervor, dass nicht jede Person in der Lage
ist, diese umzusetzen, z. B. aufgrund einer Erkrankung: „Some things happen

to you, that, you know, were not your fault no matter how healthy you are, the fibro[25]".

Zusammenfassend ist zu konstatieren, dass die Amerikanerinnen auf soziale Ungleichheiten verweisen und staatliche Unterstützung im Gesundheitswesen befürworten, um für *alle* Amerikaner*innen größere Gesundheitschancen zu gewährleisten. Zugleich sind sie aber davon überzeugt, dass ein soziales Sicherungssystem wie in Deutschland in den USA nicht umzusetzen ist. Ein weiteres Gegenargument bezieht sich auf die Tatsache, dass trotz des Versuchs eine Krankenversicherung für alle zu schaffen *(Obamacare)*, sich viele Personen nicht krankenversichern lassen (wollen), obwohl gerade Bedürftige Anspruch auf das staatliche *Medicaid*-Programm hätten. Die bewusste Entscheidung gegen eine staatliche Krankenversicherung (Roth 2018) hängt möglicherweise mit der empfundenen Stigmatisierung zusammen, wie es D5 (69-jährig) im Interview erläutert.

Vergleichbar ist in beiden Samples die Haltung, dass die Umsetzung eines neoliberal gerahmten gesunden Lebensstils mit Selbstverantwortung für die eigene körperliche und geistige Gesundheit verbunden ist. Basis einer solchen Haltung ist die Akkumulation entsprechender Kapitalien, wie sie die Befragten beider Samples aufweisen. Allerdings ist der Imperativ „Take care of yourself!" noch stärker als existentielle Sorge um eine ausreichende Altersabsicherung der Befragten des aS zu verstehen, die aufgrund des sozialen Sicherungssystems in Amerika für die ausgewählten Interviewpartnerinnen so nicht besteht.

4.3.3.2 Erfolgreiches Alter(n) aus Sicht der Befragten beider Samples

Die Frage danach, was die Interviewpartnerinnen unter ‚erfolgreichem Altern' verstehen, ist aufgrund der Tatsache, dass sie sich selbst noch nicht ‚alt' fühlen – die meisten schätzen sich ja zehn Jahre jünger ein (vgl. Abschn. 4.2.2) –, eine auf die Zukunft gerichtete. Um gesundheitsbezogene Risiken auch längerfristig zu minimieren, bedarf es einer inneren Haltung, die sich auf solche kulturellen Deutungsangebote von erfolgreichem Altern bezieht, die die höchste Anerkennung versprechen. Zugleich wird damit eine soziale Positionierung vorgenommen, die sich ähnlich einer Klassenzugehörigkeit auch in einer Alterszugehörigkeit ausgedrückt und mit der sich die Individuen in einer Altersstruktur verorten (Geithner 2020, S. 303).

---

[25] D14 leidet an der Krankheit „Fibromyalgie", die ähnlich wie Rheuma starke Schmerzen verursachen kann.

Ein gutes Beispiel für eine solche Positionierung ist A2 (67-jährig), die sich über den Blick in den Spiegel quasi von außen betrachtet, bewertet und einordnet. Spiegel haben eine doppelte Funktion, sie spiegeln das eigene Selbst, aber geben auch die Blicke der anderen auf sich selbst wider. Fremd- und Selbstbeobachtung sind Ausschnitte des gleichen vermessenden Blicks auf den eigenen Körper. Das äußere Erscheinungsbild verweist zugleich auf die innere Haltung der Leistungsbereitschaft, Risikominimierung und Disziplin:

> „Ich persönlich, also ich für mich nehme in Anspruch, wenn ich in den Spiegel gucke und sage: ‚Jawohl, du persönlich tust alles dafür!‘. Also, dass ich mir das Gefühl gebe, du tust alles, was möglich ist, positiv zu altern, sag' ich jetzt mal" (A2, 67-jährig).

A2 zahlt 10 % ihrer Rente monatlich für den Mitgliedsbeitrag im Fitnessstudio und gehört damit zu den Wenigen des Samples, der, auch aufgrund einer betrieblichen Kündigung vor dem Rentenalter, relativ wenig finanzielle Mittel zur Verfügung stehen. C3 (63-jährig), die es aufgrund ihres Trainings im Fitnessstudio geschafft hat, ihre Krebserkrankung zu überwinden und durch ehrenamtliche Arbeit Sinn und Anerkennung gefunden hat, äußert sich ähnlich: „Wenn ich weiterhin so gut drauf bin, so fit bin, so positiv eingestellt (…) und solange das geht auch eigenständig sein kann, dann ist das für mich erfolgreiches Altern." Dass positives Alter(n) und die damit verbundenen Handlungsspielräume entscheidend mit der Kapitalausstattung der Herkunftsfamilie in Zusammenhang stehen, zeigen die unterschiedlichen Vorstellungen von erfolgreichem Alter(n) von A3 (60-jährig) und D1 (63-jährig). Während A3 „Dinge, die Spaß machen, die einfach in diesen ersten Lebensjahrzehnten zu knapp gekommen, einfach zu kurz gekommen sind", nachholen will, erklärt D1, Professorin für Geschichte und Kunst, die in einer wohlhabenden Familie mit entsprechendem ökonomischem und kulturellem Kapital aufgewachsen ist, dass erfolgreiches Alter(n) bedeutet, ‚Früchte zu ernten‘, das Erworbene zu genießen.

> „So successful ageing is to me realizing that this is actually the best time in your life, you've made all your accomplishments, you have your most skills you've ever had, maybe not physically, but mentally. You've made the largest network of people, colleagues, whatever, in your life and it's time to take advantage of it, right?" (D1, 63-jährig).

Auch D11 (69-jährig) verfügt als Professorin für Musikwissenschaften im Vergleich zu A2 über entsprechendes ökonomisches und kulturelles Kapital und sieht ihre Investitionen in der Arbeit am Selbst als Ermächtigungsgewinne: „everything is optimized and you have some kind of investment of psyche and time", die sich auch im Erscheinungsbild niederschlagen: „I feel like I'm in my forties. (lacht) Just my whole outlook and, and that I'm physically capable". Schroeter (2009b, S. 166) hebt hervor, dass die Wahrnehmung des Alter(n)s eben auch stark davon beeinflusst ist, „wie man sich darstellt und handelt". Fougner et al. (2019) deuten darüber hinaus das Äußere als machtvolle Ressource der Identitätskonstruktion einer Person, die in der Interaktion mit anderen Respekt, Zugehörigkeit und soziales Wohlbefinden erzeugen kann. Dies drückt sich auch in der Vorstellung von A3 aus, für die erfolgreich zu altern neben dem Ausleben von Versäumten bedeutet:

> „(…) ja und einfach noch ja ein geschätzter Mensch zu sein und nicht ein verbitterter Alter zu sein (lacht) und als solches auch als positiver Mensch gesehen und vielleicht in Erinnerung behalten zu werden. Das wäre für mich wichtig" (A3, 60-jährig).

Auch A12 (67-jährig) will sich so verhalten, „dass es Leute gibt, die sich dann um mich kümmern wollen und das wäre dann für mich erfolgreich". Aktives Alter(n) richtet sich eben nicht nur auf die Herstellung eines funktionierenden Körpers, sondern betont unter Einbezug von körperlichen, emotionalen und sozialen Aspekten des Alterungsprozesses vielmehr auch eine attraktive Ausstrahlung des Körpers. Gesehen werden, die Wahrnehmung und Bewertung des physischen Selbst aus einer Außenperspektive, nennen Fougner et al. (2019, S. 652) *„body image"*, welches letztlich als ausschlaggebend für die (Un-)Zufriedenheit mit dem eigenen Körper zu interpretieren ist. Der Körper ist durch eigene und fremde Blicke zugleich Objekt als auch Subjekt. Der individuelle Gestaltungswille im Sinne eines *„looking good to others"* (dies., S. 657) kann dann dazu führen, Altersanzeichen, z. B. „graue Haare" (C2, 60-jährig), „Altersflecken" (B4, 72-jährig), „extreme Schlupflider" (C5, 62-jährig), „Besenreiser" (A14, 77-jährig) mit den entsprechenden kosmetischen oder chirurgischen Methoden zu beseitigen. Letztlich sind allerdings die Einsätze im Kampf um das Jung-Bleiben wiederum von finanziellen Mitteln abhängig, wie A8 betont:

> „Also das Alter kostet auch Geld! Ja, die Zähne kosten Geld. Ich habe teure Zähne im Mund, die halten auch nicht ewig, dann muss man wieder neue haben. Ja, die Ersatzteile kommen halt immer mehr und wenn man die zahlen kann, geht es ja. Aber es gibt ja Leute, die das nicht mehr können" (A8, 60-jährig).

Nahezu alle Interviewpartnerinnen beider Samples lehnen, auch wenn zum Teil teure Kosmetik zur täglichen Körperpflege gehört, weitere Anti-Ageing-Produkte ab, weil „die ja nur Geldmacherei" (B3, 65-jährig) sind. „Je mehr wir konsumieren, je mehr wir an uns selber ausgeben, desto mehr stützen wir den Kapitalismus", kritisiert D12 (77-jährig), aber „das hat ja nur mit der inneren

Einstellung zu tun, wenn ich das brauche, dass ich sehen kann, wer ich bin". So ergeht es wohl D10 (67-jährig), die als einzige der beiden Samples Botox und einen „*filler*" benutzt, „because I did'nt like the lines on my face". Gehören diese Maßnahmen nach Meinung der Interviewpartnerinnen noch zum ‚natürlichen' Alt-Werden, wird ästhetische Chirurgie bezogen auf ein ‚Face-Lifting' hingegen als ‚unnatürlich' von nahezu allen abgelehnt. Allerdings ist es interessant zu sehen, wie ein chirurgischer Eingriff als Notwendigkeit und damit als quasi ‚natürlich' konstruiert wird, obwohl C5 an anderer Stelle kritisiert, „zwanghaft Jugendlichkeit zu erhalten, das ist dann was Künstliches":

> „Ich habe meine extremen Schlupflider operieren lassen. Die hingen schon so weit runter, dass es die Wimpern nach unten gedrückt hat und da habe ich gedacht, das hat jetzt nicht mehr so viel mit Schönheit zu tun, das ist ja fast eine funktionelle Geschichte. Ja, das habe ich mir gegönnt, das hat mir ganz viel gebracht. Für mich selber, so annehmen, wie ich dann war, mit offenem, wachen Blick" (C5, 62-jährig).

In der Formulierung von C5 „das habe ich mir gegönnt" wird die Ambivalenz zwischen dem Wunsch besser aussehen zu wollen, um sich besser „annehmen" zu können, und dem immer noch bestehenden Tabu[26], dies mit einer Schönheitsoperation zu bewerkstelligen, deutlich. Hieran zeigt sich noch einmal, dass Erfahrungen mit dem alternden Körper niemals neutral, sondern historisch, kulturell und sozial beeinflusst sind (Twigg 2006).

Aufgrund dieser Tatsache bleibt auch die „Hegemonie symbolischer Gesundheit" (Brunnett 2009) in neoliberalen Gesellschaften nicht ohne Folgen für die Vorstellungen der Interviewpartnerinnen von erfolgreichem Alter(n). Zwar erscheint Altern als unausweichlicher Prozess, den es zu akzeptieren gilt: „Ageing is a process that our bodies go through, whether we like it or not" (D6, 70-jährig), dennoch sehen die im Durchschnitt älteren Amerikanerinnen die Herstellung und den Erhalt von Gesundheit als wesentliche Aufgabe an: „Doing your best to stay healthy" (D4, 74-jährig); „keeping healthy" (D7, 64-jährig); „happy and healthy as you possibly can be" (D11, 69-jährig); „to be healthy as much as you can to be happy" (D13, 67-jährig). D14 (69-jährig), die aufgrund ihrer Erkrankung (Fibromyalgie) häufig starke Schmerzen hat, beschreibt bezüglich erfolgreichen Alter(n)s ihre Durchhalteformel: „That you don't give up living – live with problems you have and keep going with it". Auch C5 (62-jährig) formuliert aufgrund ihrer Überzeugung sich „viel ernährungsmäßig oder bewegungsmäßig oder mich

---

[26] In einer Forsa-Umfrage von 2018 denken 81 % der Deutschen, dass über Schönheitsoperationen offener gesprochen werden sollte (Stern 2018).

(…) gesund (zu) verhalten" ihren „Traum (…) gesund (zu) sterben", um lebenslang von Beeinträchtigungen verschont zu bleiben. Strategien, um dieses Ziel zu erreichen, sind neben der Arbeit am Körper im Fitnessstudio ein aktives Gestalten des Alltags: „to be really engaged, but not just physically, but mentally and intellectually, and to be reading, thinking, talking politics and continuing to learn" (D3, 68-jährig), auch um Krankheiten oder spätere Abhängigkeiten: „wenn man sich hängen lässt, ist es vorbei" (A8, 60-jährig), tunlichst zu vermeiden.

Für einige Interviewpartnerinnen beider Samples gehört neben geistiger und körperlicher Fitness als weitere Facette erfolgreichen Alter(n)s, den vertrauten Wohnort so lange wie möglich beibehalten zu können. A1 (66-jährig) sieht es als erfolgreich an, „wenn ich in meinem Haus sein könnte", ähnlich wie A12 (67-jährig), die mit ihrem Partner „zusammen alt werden" will, „in den eigenen vier Wänden, so lange, wie es gut geht". Auch D7 (64-jährig) betont: „successful ageing is being able to stay in your own home", während für D8 (68-jährig) erfolgreich zu altern bedeutet , „not to be in a nursing home, with my legs in traction". Der zweite Teil ihrer Aussage „legs in traction" verweist auf die Unbeweglichkeit, die mit einem ständigen Aufenthalt im Altersheim assoziiert wird und vermieden werden soll. Ähnlich verbindet A13, die noch stundenweise im Altersheim arbeitet, mit diesem Ort Lebensentzug, Verkümmerung, während das Fitnessstudio als Ort der Lebendigkeit gegenübergestellt wird:

> „Wenn ich mir die (Älteren im Fitnessstudio) angucke, das ist ein himmelweiter Unterschied. Vom Alter nimmt sich das nicht viel und da denk ich, da kann man schon was machen. (…) Das (Training) ist für alles gut: Körper, Geist und Seele. Für alles und die, die das nicht haben (im Altersheim), da verkümmert alles viel, viel schneller" (A13, 63-jährig).

Die Beibehaltung des vertrauten Wohnortes steht demnach symbolisch für Eigenständigkeit, um „möglichst lange ohne Unterstützung leben" (B2, 63-jährig) zu können, weiterhin für die Aufrechterhaltung eines aktiven Lebensstils „not sitting at home watching TV" (D10, 67-jährig), der Teilhabe am Leben verspricht: „going to events (…) doing things together with friends" (D4, 74-jährig). Zugleich lassen sich Erfahrungen, die diesem unbändigen Willen „engaged in life as much as possible" (D2, 67-jährig) Grenzen setzen, beim Alt-Werden kaum vermeiden. D6 (70-jährig) hat aufgrund ihres Alters bereits am eigenen Leib gespürt, dass ihr Körper nicht mehr so funktioniert wie noch vor zehn Jahren, „and you have to deal with it in a positive way so that it is successful". Auch D5 wird, gefragt nach erfolgreichem Alter(n), sehr nachdenklich und beschreibt Einschränkungen, die durch den Alterungsprozess ihr Leben, so wie es war, verändert haben:

> „For me, I think, as obstacles occur that limit who I am as a person because of my ageing, say a fractured hip or my eyesight, is accepting and, and there is a little bit grieving when you lose, but accepting and then looking beyond that" (D5, 69-jährig).

Im dS sind sich ebenso einige Interviewpartnerinnen der Grenzen aktiven Alter(n)s bewusst, empfehlen, „gelassener (zu) werden und geduldiger (zu) sein und (zu) akzeptieren, dass man etwas langsamer wird und trotzdem nicht die Hände in den Schoß legen (sollte)" (A6, 71-jährig). Auch B1, mit ihren 80 Jahren die Älteste beider Samples, möchte körperlichen Einschränkungen angemessen begegnen:

> „Ja, also, eines Teils sich damit abfinden, dass man gewisse Sachen nicht mehr machen kann. Die Grenzen vielleicht auch rechtzeitig sehen. Und andererseits sich Sachen suchen, die man machen kann" (B1, 80-jährig).

Die mit dem Adjektiv ‚erfolgreich' verknüpfte Leistungsdimension, die ein physisches und geistiges Funktionieren voraussetzt, ist allen Befragten bewusst. Sie eignen sich im Sinne neoliberaler Imperative eigenverantwortlich legitime Lebensstile auf Basis der Verfügbarkeit relevanter Kapitalformen an, erhalten dadurch Anerkennung, Ermächtigungs- und Distinktionsgewinne. Die Positionierung als erfolgreiche Ältere verlangt demnach nicht nur eine positive Einstellung und Bewältigung von Alterungsprozessen, sondern auch die Inkorporierung und Verkörperung der Ideale von Gesundheit, Autonomie und Unabhängigkeit, um solange wie möglich eigenen (Bildungs-)Interessen nachgehen, mit dem Partner oder Freunden zusammen oder für Enkelkinder da sein zu können. Nur wenige erkennen, dass Konzepte erfolgreichen Alter(n)s die Selbstfürsorge für Gesundheit und Wohlbefinden für den alternden Körper in den Vordergrund stellt, aber die Frage, auf welche Ressourcen die Einzelnen dabei zurückgreifen können, nicht beantwortet wird. A11 (69-jährig) kritisiert z. B., „das (der Begriff) hat ja einen Beigeschmack. Ich kann Altern nicht mit Erfolg gleichsetzen". Auch D12 (77-jährig) stört sich an der Formulierung ‚erfolgreich', die zum konkurrenten Vergleich auffordert: „wieder dieses measuring! Are you happier than I am? (…) Alles wird mit allem verglichen". Auch B3 (65-jährig) fragt nach: „Erfolgreiches Altern, also erfolgreiches Leben? Da kann ich mir nichts drunter vorstellen. (…) Was wahrscheinlich gemeint ist, in welchem Fall würde ich zufrieden mit dem

Alter zurechtkommen". C4 (67-jährig) betont ähnlich: „Zufrieden sein, das ist auch das Wichtigste, zufrieden (zu) sein mit dem, wie es ist". D8 (68-jährig) gibt zu bedenken, dass jegliche Bemühung, die darauf abzielt, ‚erfolgreich zu altern', immer nur ein Versuch sein kann, dieses Ziel zu erreichen: „You can't do something, that will guarantee it". Auch C1 (65-jährig) relativiert die Forderung, die körperlich-mentale Konstitution zu optimieren. Denn das sei nur möglich, „wenn man Unterstützung gibt, weil ich kenne viele Rentner, die einfach arm sind". Die Optimierung menschlicher Entwicklung über den Lebenslauf, wie Bülow und Söderqvist (2014, S. 145) das Konzept des *„successfull aging"* interpretieren, schätzen diese wenigen Befragten demnach als äußerst kritikwürdig ein.

4.3.4 Zusammenfassung

Aus den Ausführungen wird deutlich, dass die Vorstellungen vom ‚Ruhestand' im Sinne niedrigschwelliger Freizeitaktivitäten im familiären Kontext, Treffen von Gleichgesinnten bei Kaffee und Kuchen, gemeinsame Kaffeefahrten, aber auch das Zurückziehen auf dem Sofa zum Fernsehen oder einfach zur Muße als legitimer Lebensstil nach der Erwerbsentpflichtung passé sind. Diese Auffassung teilen die Befragten beider Samples, eigenverantwortliche und aktive Lebensführung sind Teil ihres Lebensstils. Gesellschaftliche Erwartungen bezüglich des Alter(n)s „junger Alter" mit Blick auf (körperliche) Aktivität, Gesundheit und Verantwortung bei gleichzeitiger Abgrenzung von Defizitmodellen und einer Betonung ihrer Kompetenzen verändern auch individuelle Einstellungen zum Alt-Werden. Solange wie möglich fit, beweglich und unabhängig zu bleiben, ist die Devise, die sich als Aufgabe durch die Arbeit am Selbst stellt. Die Interviewpartnerinnen beider Samples, die positiv altern wollen, erreichen diese Ziele durch autoproduktives Engagement: beim Training im Fitnessstudio (vgl. Abschn. 4.2), bei sportlichen Aktivitäten mit Gleichaltrigen, bei (Fern-)Reisen und/oder beim Verfolgen ihrer Weiterbildungs- und kulturellen Interessen. Gesellschaftliche Erwartungen richten sich allerdings stärker auf heteroproduktive Tätigkeiten, die für Andere unmittelbar von Nutzen sind: eine verlängerte Erwerbsarbeitsphase, umfassende Übernahme von Enkelkinderbetreuung und vor allem bürgerschaftliches Engagement. Denninger et al. (2014, S. 366) heben hervor, dass durch die Problematisierung des demografischen Wandels sowie durch die „Diagnose wohlfahrtsstaatlicher Erschöpfung" die jungen Alten mit einem „Defizit zweiter Ordnung" konfrontiert werden, nämlich dann, wenn sie ihre Potenziale nicht ausreichend nutzen, so wird suggeriert, entsteht ein Schaden für die Gesellschaft. Wie stellen sich nun die Befragten beider Samples zu dieser Forderung? Wie schon beim Übergang in den Ruhestand zu sehen ist, präsentieren sich die Interviewpartnerinnen in diesem Sinn als hochgradig aktiv: Einige gehen weiterhin beruflichen Tätigkeiten auf ‚Minijobebene' oder *„part time"* nach, sind stark eingebunden in die Betreuung von Enkelkindern oder pflegen den erkrankten Partner. Die Idee des sechsten Altenberichts allerdings, dass es sich bei der Ausübung produktiver Tätigkeiten um eine Win–Win-Situation handelt, da positive Effekte wie Anerkennung, Selbstwirksamkeit und Wohlbefinden erzeugt werden, wird von mehreren Befragten des dS als nicht glaubwürdig etikettiert. Im Gegenteil, sie verweisen auf die mangelnde Anerkennung dessen, was die Älteren in ihrem Leben bereits geleistet haben, lehnen weiteres Engagement als Überlastung ab und kritisieren die damit verbundene Ausnutzung unbezahlter Arbeitskraft von Älteren. Diese Interviewpartnerinnen sehen die im Ruhestandsmodell verankerte Aussicht, Freiheiten für sich selbst nutzen zu können, als weiterhin gültig an. Das bedeutet, eine „Universalisierung und Normalisierung" des produktiven Alter(n)s hat noch nicht stattgefunden (ebd., S. 371). Andere Befragte, vor allem aus dem ländlichen Raum, interpretieren dagegen bürgerschaftliches Engagement und ehrenamtliche Arbeit als moralische Pflicht, um der Gesellschaft etwas zurückzugeben. Da in Amerika Ältere aufgrund historischer Entwicklungen längst zu einer wesentlichen Ressource ehrenamtlichen Engagements avanciert sind, sind die Amerikanerinnen bis auf eine alle in den verschiedensten Organisationen ehrenamtlich tätig. Allerdings überlegen einige aufgrund von Überlastungen das Zeitbudget für ihr Engagement zu kürzen oder die ehrenamtliche Tätigkeit, auch aufgrund ihres fortgeschrittenen Alters, ganz aufzugeben.

Bezüglich erfolgreichen Alter(n)s wurde zunächst nach der Haltung zu Gesundheitschancen auf der Basis der Gesundheitssysteme in Deutschland und Amerika, die in beiden Ländern ungleich verteilt sind, gefragt. Die Interviewpartnerinnen des dS greifen mit großer Selbstverständlichkeit auf Leistungen des Gesundheitssystems zurück, wehren sich aber vehement gegen die Annahme, Kosten zu verursachen, da sie alles dafür tun, ärztliche Leistungen so wenig wie möglich in Anspruch zu nehmen. Dagegen kritisieren sie diejenigen, die nicht ausreichend auf ihre Gesundheit achten und damit Kosten für alle verursachen. Einige der Befragten des dS und vor allem die Amerikanerinnen weisen kritisch auf soziale Ungleichheiten hin und heben hervor, dass der Mangel an kulturellem und ökonomischem Kapital dazu führt, nicht ausreichend für eine Gesundheitsprophylaxe sorgen zu können. Die Amerikanerinnen hingegen verlassen sich aufgrund eingeschränkter Leistungen nicht auf das staatliche Versicherungssystem, sondern schließen als Privilegierte zusätzliche private Krankenversicherungen ab. Auch sie heben Kostensteigerungen im Gesundheitswesen durch sogenannte Zivilisationskrankheiten (Diabetes, Adipositas etc.)

hervor und sehen die Verantwortung für Aufklärung und Bereitstellung entsprechender Programme beim Staat. Allerdings sind sie davon überzeugt, dass ein soziales Sicherungssystem wie in Deutschland in Amerika nicht umzusetzen ist. Denn viele Amerikaner*innen wollen sich nicht krankenversichern lassen, obwohl sie Anspruch auf das staatliche Medicare-Programm hätten. Die bewusste Entscheidung gegen eine staatliche Krankenversicherung (Roth 2018) hängt möglicherweise mit der empfundenen Stigmatisierung zusammen, von der im aS gesprochen wird.

Erfolgreiches Alter(n) wird im Weiteren neben sozialen und emotionalen Aspekten auch mit dem Erhalt körperlicher Attraktivität assoziiert, die in der Interaktion Anerkennung, Zugehörigkeit und Wertschätzung verspricht. Die Kehrseite der Medaille ist, dass die damit verbundenen modernen Subjektivierungspraktiken der Selbstkontrolle, Eigenbeobachtung und des Vergleichs mit anderen zu einer neuen Form des *„Lookism"* (Wagner 2017, S. 109) führen können. Denn wenn das eigene (Alt-)Aussehen optimiert werden kann, sind diejenigen, die diese Strategie nicht verfolgen, ‚selber schuld' und müssen die Konsequenzen tragen. Diese Klassifizierungslogik zeigt sich z. B. durch die von Befragten beider Samples vorgenommene Abwertung von Untätigen und Unwilligen und den damit verbundenen Distinktionsgewinnen, die die individuellen Ressourcen stärken. Die negativen Seiten des Alter(n)s werden in den späteren Lebensverlauf verschoben, der Wunsch „gesund zu sterben" verfestigt die Negativstereotypisierung der Hochaltrigkeit und eine „pauschale Positivierung des jungen Alters" (Denninger et al. 2014, S. 376). Allerdings sehen vor allem die Älteren in beiden Samples, dass auch mit körperlichen Einschränkungen durch Alterungsprozesse umgegangen werden muss, was für sie bedeutet, den Blick darauf zu richten, was (noch) möglich ist. Wenige beider Samples lehnen den mit „erfolgreichem Altern" *erhobenen Leistungsanspruch der individuellen Selbstoptimierung ab* und definieren eine eigene Perspektive bezüglich ihres Alt-Werdens.

4.4 Soziale Netzwerke im Alter

In der Sozialgerontologie ist es unumstritten, dass die Integration von Älteren in soziale Netzwerke zu größerer Gesundheit und zu einer höheren Lebenserwartung führt (Ellwardt und Hank 2019, S. 339). Aber auch umgekehrt sorgt ein besserer Gesundheitszustand für die stärkere Einbindung in formale oder informelle Netzwerke. Bei ersteren handelt es sich um die Mitgliedschaft in (ehrenamtliche) Organisationen und Vereine, letztere umfassen verwandtschaftliche und freundschaftliche Beziehungen (Vonneilich 2020). Auch hierbei gilt, dass sozio-demografische Merkmale wie höhere Bildung, Einkommen und sozialer Status Prädikatoren für gesellschaftliche Aktivität und Integration in soziale Netze darstellen (Künemund und Kohli 2020). Speziell auf Ältere bezogen stellt sich die Aufgabe sich an den Verlust der Erwerbstätigkeit, dem Erwachsenwerden der Kinder und eventuell dem Verlust des Ehepartners anzupassen. Die Erbringung einer solchen individuellen Leistung wurde bereits von Lawton (1946) als „erfolgreiches Alter(n)" (vgl. Abschn. 2.1.1) bezeichnet. Allerdings gibt es auf Basis des Alters-Survey von 1996 gegenwärtig in Deutschland mehr ältere Paare als je zuvor (Kühnemund und Kohli 2020, S. 381). Eine höhere Anzahl von Familienkontakten gehen in der Regel mit einer niedrigeren Anzahl außerfamilialer Beziehungen einher (Ellwardt und Hark 2019). Während Familienkontakte unabhängig von erbrachten Unterstützungsleistungen relativ stabil bleiben, ‚funktionieren' außerfamiliale Beziehungen nach dem Prinzip der Gegenseitigkeit. D. h.: kann eine entsprechende Gegenleistung nicht mehr erbracht werden, lösen sich freundschaftliche Beziehungen rascher auf. Auch kritische Lebensereignisse wie Verwitwung, Scheidung und Wegzug tragen zu einem Schrumpfen der Netzwerke bei. Zudem hängt die Integration in soziale Gruppen und Vereine davon ab, ob individuelle Handlungen sich an Normen und Werten für interpersonale Beziehungen innerhalb der Organisation/Institution orientieren. Nach Vonneilich (2020, S. 42) gilt es demnach neben dem Aufzeigen individueller Kontakte auch Aussagen über die Struktur sozialer Kontakte zu treffen. Dabei steht die Frage im Fokus, welche Ressourcen mit diesen formalen Netzwerken verbunden sind, auch wenn sie über schwache Bindungen zur Verfügung gestellt werden. Ähnlich schreiben Kühnemund und Kohli (2020, S. 380) „schwachen Beziehungen" in Netzwerken eine größere Bedeutung zu, wenn sie eine gewisse Spezialisierung und Expertise zur Verfügung stellen. Insgesamt ist festzuhalten: Je komplexer das soziale Umfeld strukturiert ist, desto mehr werden kognitive, mentale und körperliche Fähigkeiten herausgefordert und trainiert.

Im Folgenden sollen die Netzwerke ‚Familie/Paarbeziehung' (primäres Netzwerk), ‚freundschaftliche Beziehungen' (sekundäres Netzwerk), ‚Kontakte im Fitnessstudio' (tertiäres Netzwerk) beider Samples analysiert werden. Da 29 von 40 interviewten Frauen beider Samples in einer heterosexuellen Paarbeziehung leben und diese eine zentrale Rolle in familialen und sozialen Netzwerken spielt, soll diese im Rahmen familiärer Kontakte ausführlich dargestellt werden. Denn Paarbeziehungen sind emotional fundierte Bindungen und anders als freundschaftliche Beziehungen durch eine „besondere Interdependenz, Intimität" und durch „das Vorhandenseins eines persönlichen Wissens über den anderen" gekennzeichnet (Wimbauer und Motakef 2019, S. 1104).

4.4.1 Primäres Netzwerk: Heterosexuelle Paarbeziehungen

Da die Paarbeziehungen im dS und aS aufgrund differenter Vorstellungen und Haltungen zu Geschlechterverhältnissen unterschiedlich gelebt werden, werden sie im Folgenden getrennt dargestellt.

In Deutschland verbreitete sich, auch durch Veränderungen im Rechtssystem (Meuser 2019, S. 57), seit den 1980er Jahren zunehmend das Leitbild einer egalitären Partnerschaft. Dazu gehört, dass die „Erwerbszentriertheit" zu einer geschlechtsübergreifenden Norm der Lebensführung geworden ist (König 2012, S. 48), was ja auch auf die Mehrheit der Befragten des dS zutrifft. Weiterhin ist auch die Idee des gleichberechtigten Zusammenlebens, in der jede*r sich nicht nur als Teil eines Paares, sondern vielmehr auch als ein Individuum mit eigenen Interessen und Fähigkeiten versteht, ein zentraler Aspekt der heterosexuellen Paarbeziehung:

> „Er (ihr Mann) ist halt der Kopfmensch und ich bin mehr der Macher und jeder braucht seinen Freiraum, auch gerade, wenn man zu Hause ist (beide sind in Rente G.S.). Wir machen vieles zusammen, aber es hat auch jeder seinen Freiraum und es ist okay" (A13, 63-jährig).

> „Also wir sind sehr flexibel in unserer Partnerschaft. Wir machen viel zusammen, aber wir machen auch einiges alleine. Mein Mann ist vormittags weg, ich bin nachmittags weg (lacht). Also am Wochenende machen wir viel zusammen, aber im Alltag mache ich viel alleine" (C2, 60-jährig).

Auch Beck-Gernsheim (1983, S. 309) sieht aufgrund eines Individualisierungsschubs von Frauen die Chance, sich aus der unmittelbaren und ausschließlichen Bindung an die Familie mit ihrem Gebot der ‚weiblichen' Zurücknahme bis hin zur Selbstaufgabe herauslösen zu können. Allerdings konstatiert Beck-Gernsheim zugleich mit dem Entstehen neuer Handlungsspielräume für Frauen neue Unsicherheiten, Konflikte und Zwänge (Poferl 2019, S, 275). Die nach wie vor bestehenden Ungleichheiten im Geschlechterverhältnis führt Bourdieu (2005, S. 8) auf Jahrtausende der Einschreibung von Normen und Regeln zurück, die dafür gesorgt haben, dass „die Wandlung der Geschichte in Natur, des kulturell Willkürlichen *in Natürliches*" (ebd., herv. i. Orig.). kollektiv vergessen wurde.

Auch Studien zeigen, dass diese Sicht auf Partnerschaft als egalitäre Gemeinschaft nicht der Alltagsrealität entspricht (Koppetsch und Speck 2015). Wetterer
verwendete für die Tatsache, dass das Wissen über gleichberechtigte Arbeitstei-
lung im Haushalt nicht in die Alltagspraxis eingeht, bereits 2003 den Begriff
der „rhetorischen Modernisierung". Weitere Interviewpartnerinnen sehen ähnlich
wie A13 und C2 ihre Paarbeziehung als Ort der Aushandlung, da alles „immer spontan abgesprochen" wird und „wir eigentlich immer ganz gut auf einen
Nenner" kommen (A7, 65-jährig), dass „die Partnerschaft gut ist, weil wir verschiedene Hobbys und getrennte Interessen und verschiedene Freunde" haben
(A11, 69-jährig), sodass kein „symbiotisches Verhältnis" besteht, „(…), jeder hat
seinen Freiraum", (B2, 63-jährig), in dem „Unabhängig-Sein auch wichtig ist"
(C8, 62-jährig). Bei genauerem Hinsehen zeigt sich in der privaten Lebensführung im Vergleich zur beruflichen Sphäre[27] jedoch, wie Koppetsch und Speck
(2015, S. 240) resümieren, eine „erstaunliche Änderungsresistenz". Für die habi-
tualisierten und inkorporierten Routinen der privaten Lebensführung (ebd.) ist die
Ärztin und Psychotherapeutin B3 (65-jährig) ein anschauliches Beispiel. Zunächst
führt sie aus, dass ihr Unabhängigkeit sehr wichtig ist: „Wir verstehen uns gut,
aber wir haben andere, andere Bedürfnisse". Diese zeigen sich z. B. darin, dass
ihr Mann nicht gerne reist, sie dagegen liebt es, in den Urlaub zu fahren, weil
sie „mehr das Bedürfnis" hat, „die Welt kennenzulernen als mein Mann und das
mache ich zum Teil alleine". Wie beide mit der Unterschiedlichkeit umgehen, die
sie „auch bereichernd" findet, wird in der folgenden Aussage deutlich:

> „Ja also wir sind jetzt vierunddreißig Jahre verheiratet und mit, mit, mit Höhen und
> Tiefen, aber es ist ja, man gewöhnt sich ja auch ganz schön aneinander und ohne
> Toleranz geht es nicht immer, wenn man unterschiedlich ist."

An anderer Stelle führt sie aus, dass sie mit der Erziehung der Kinder zunächst
einmal auf sich gestellt war: „Wenn man mit einem Arzt verheiratet ist, wurde
mir schon gesagt, dass das Witwe mit Mann ist". Sie erhält, da sie aufgrund
der Kindererziehung ‚nur' 25 Jahre gearbeitet hat, wie erwähnt, wenig Rente.
Zudem leistet sie als Teil eines Doppelkarriere-Paares (vgl. Abschn. 2.2.2) neben
der Fürsorge- und Kindererziehungsarbeit auch mehr Hausarbeit, was ihr im
Gegenzug einen gewissen Gestaltungsspielraum einräumte:

---

[27] Meuser (2019, S. 58) weist darauf hin, dass in der Wahl von Ausbildungsberufen oder
Schul- und Studienfächer immer noch geschlechtsbezogene Entscheidungen getroffen werden. Ein Beispiel hierfür ist die Studienwahl von Studentinnen an der Pädagogischen Hochschule Freiburg im Sommersemester 2020: von 76 % Studentinnen entschieden sich 89 %
für das Studium der Kindheitspädagogik.

„Also ich habe 33 Jahre unser Leben organisiert und mein Mann war nie da. Seit er
im Ruhestand ist, gehen wir zum ersten Mal in (Ort) gemeinsam einkaufen. Das war
immer nur meine Sache. Ich mag es auch nicht, aber es blieb dann an mir hängen. Er
ist *nie* einkaufen gegangen, hatte er gar nicht die Zeit dazu. Und *jetzt ist er da* und
jetzt geht es plötzlich nicht an, dass er *in alles* reinredet.“

Wimbauer und Motakef (2019, S. 1105) sprechen von Frauen im Doppelkarriere-
Paar als „Vereinbarkeitsmanagerinnen“, was auch bei B3 zu konstatieren ist, die
über 33 Jahre das gemeinsame Leben und die Erziehung der Kinder gemanagt hat.
Dass Paare einmal mehr die Schaltstelle für die Re-(Produktion) von Geschlech-
terungleichheiten sind, weiß auch A10 (72-jährig), allerdings wendet sie diesen
Aspekt in eine Perspektive, die die hierarchische Geschlechterordnung außerhalb
Europas verortet:

> „Aber das ist ja weltweit vertreten, dass eben die Frau anders ist, minderwertiger ist
> und besser auszusehen hat, weil der Mann ja dominiert. Aber *wir* haben das über-
> wunden, also wenn die Frauen sich davon beeindrucken lassen *bei uns,* sind sie selber
> schuld.“

Das Konstatieren der Normsetzung durch den Mann bei gleichzeitiger Gegenüberstellung von „wir haben das überwunden“ und die „anderen“ Frauen in der
Welt müssen weiterhin unter ihrer unterstellten Minderwertigkeit leiden, verkennt
das Beharrungsvermögen des hierarchischen Zuschnitts auch der europäischen
Geschlechterordnung (Kuster 2019, S. 4) und damit die eigene Konstruktion ethnischer Differenz. Diese Konstruktion zeigt sich auch bei B4 (72-jährig), die noch
deutlicher die arabische Welt als rückständig adressiert:

> „Die (Gesellschaften der arabischen Welt) haben einfach die Entwicklung, die wir
> durchgemacht haben mit der Aufklärung noch nicht hinter sich. Die Frauen werden
> ja als zweitklassig angesehen, immer noch! Ich habe mich *nie* minderwertiger (als
> Männer) gefühlt, so wie es in der arabischen Welt der Fall ist.“

In dieser Aussage wird verkannt, dass auch, nachdem die koloniale Epo-
che Anfang der 1960er Jahre endete und nachdem die meisten kolonisierten
Nationen in die Unabhängigkeit entlassen wurden, „koloniale Herrschafts- und
Ausbeutungsverhältnisse wichtige Bestandteile der Entwicklung der modernen
westlichen Welt (gewesen) sind“ (Günter 2017, S. 121 f.). Zudem wird auch in
der Geschlechterforschung nach Günter (ebd.) zu selten reflektiert, welche Effekte
Kolonialismus und Rassismus immer noch auf westlich-moderne Geschlechter-
ordnungen haben. Neben der Tatsache, dass B4 Frauen der arabischen Welt als

eine homogene Gruppe konstruiert und sie gegenüber der westlichen Welt als
zweitklassig diskriminiert, kontrastiert ihr eigenes Verhalten, ihren Anspruch auf
gleichberechtigte Partnerschaft. So „muss" B4, seitdem ihr Mann zu Hause, also
in Rente ist, nach eigener Aussage „immer kochen. Das macht mir keinen Spaß,
aber ich muss halt". Nicht nur, dass sie sich als angeblich gleichgestellte Frau
den Wünschen ihres Mannes fügt, so „muss" sie auch an sich arbeiten, „muss(t)
(…) eben auch viel Sport machen", um „die Figur zu halten", „auch einiger-
maßen normal aus(zu)sehen oder (…) nicht so negativ auf(zu)fallen", das ist
„schon wichtig, wenn ich schon so groß bin und auffalle". Das bedeutet, auch
die Selbstsicherheit und Gleichwertigkeit im interaktiven *„Doing Age"* – denn
größere Frauen fallen aus der Norm, was vor allem dann sichtbar wird, wenn ihre
‚männlichen' Partner kleiner sind – erhält sie erst nach entsprechender Anstrengung der Körperformung, was der Aussage „Ich habe mich nie minderwertiger
gefühlt" widerspricht. Die Machtwirkungen des Geschlechterverhältnisses zeigen
sich weder durch Zwang noch Gewaltausübung, wie Beaufaÿs (2019, S. 353)
in Anlehnung an Bourdieu (2005) konstatiert, sondern vornehmlich durch eine
positive Identifikation mit herrschenden Kategorien, z. B. dem binären Code
‚männlich' – ‚weiblich' und den damit verbundenen Verhaltenskodizes.

Diese Form des widersprüchlichen Einverständnisses in das Beziehungsarran-
gement zeigt auch A12 (67-jährig). A12 hat vier Kinder, war als Krankenschwester immer voll berufstätig und hatte eigentlich nie Zeit, Sport zu treiben. Ihr Mann
ist seit geraumer Zeit Alkoholiker, lebt „sehr, sehr, sehr zurückgezogen". Sie hält
ihn für „asozial", da er „überhaupt keine Kontakte" hat, auch nicht zur Familie, was „sehr, sehr, sehr schlimm" für sie war. Eine lange Zeit hat sie darüber
nachgedacht: „Gott, wie lange hältst du das noch aus?" Schließlich beschließt sie
„zu sagen, er ist krank, (…) ja, dann muss er so sein Leben leben", auch wenn
es weder einen Alltag noch irgendeine Form von Interaktion mit ihm gibt, denn
er redet nicht mit ihr, „er redet einfach nicht" und bekommt nicht mit, was sie
denkt, fühlt und unternimmt. Zugleich scheint ihr der Status als verheiratete Frau
sehr wichtig zu sein, denn auf die Frage nach dem Umgang mit schwindender
sexueller Attraktivität durch das Alter(n) antwortet sie: „Ich bin verheiratet und
dadurch habe ich keine Ambitionen mehr jemand anderes kennen zu lernen oder
mich sexuell da (durch andere Männer G.S.) begehrenswert zu fühlen. Und so
ist das für mich keine Frage, nicht." Mit der Festlegung „er muss sein Leben so
leben" stellen sich also erstens keine weiteren Fragen an den Bestand oder die
Veränderung ihrer Lebenssituation und zweitens profitiert sie zugleich durch das
‚Verschwinden' ihres Mannes, der ja dadurch keine Ansprüche an sie stellt: „Er
lässt mir aber die Freiheit, was mir halt auch wichtig ist, dass ich viel verreise."
Aushandlungsprozesse erübrigen sich demnach.

Wenn die Paarbeziehung aufgrund von Konflikten an ihre Grenzen kommt, bleibt häufig die Scheidung die einzige Möglichkeit, die Beziehung zu beenden. Die Liberalisierung des Scheidungsrechts, bessere Bildung und die Norm der Erwerbszentriertheit, die selbstverständlich eine stärkere finanzielle Absicherung für Frauen bedeutet, schlägt sich auch in den Scheidungsraten nieder. So umfasste die Scheidungsrate[28] 1960 lediglich 10,66 % und stieg bis 2020 auf 38,52 %.

Sieben Frauen des dS leben ohne Partner, bei zwei Befragten (A1 und B1) ist der Ehemann nach schwerer Krankheit verstorben. A6 (71-jährig), A10 (72-jährig), A14 (77-jährig), B1 (80-jährig) (bei B1 bevor ihr Mann verstarb) und C6 (65-jährig) sind geschieden. C7 (62-jährig) ist wie A4 (74-jährig) nicht verheiratet, A14 lebt mittlerweile mit einem neuen Partner zusammen. A4 wohnt, nachdem sie im Rahmen des deutschen Entwicklungsdienstes – da „war ich mit Unterbrechung eben sieben Jahre an der Elfenbeinküste (tätig) und in der Zeit kam dann auch der Sohn zur Welt" – zurück in Kirchzarten ist, in einem „Einpersonenhaushalt"; denn ihr mittlerweile erwachsener Sohn ist mit seiner Familie nach Berlin gezogen. „Aber ich denke, so ist das Leben: Die Kinder, die hat man zum Großziehen und dann muss man sie gehen lassen!". A6 und A14 geben im Interview an, dass ihre sportlichen Ambitionen mit den Interessen ihres Ehemannes einfach nicht zusammengepasst hätten.

> „Mein Mann hat auch nicht gerne Sport gemacht. Das hat dann gar nicht so gut zusammengepasst. Der hat natürlich gerne gelesen und ich wollte mehr mit ihm raus" (A14, 77-jährig).

> „Mein Mann, als er noch mit mir geredet hat, ‚du mit deinem Jugendwahn!', aber er: ‚muss mich anstrengen die Schuhe zuzubinden'. Er ist ein ganz ruhiger, etwas phlegmatischer Mensch und wenn wir beide zusammen Rad gefahren sind, war das eine Herausforderung für mich so langsam in die Pedale zu treten" (A6, 71-jährig).

Dass die fehlende Passung auf die Sportaktivitäten bezogen werden, hat sicherlich mit der thematischen Ausrichtung des Interviews zu tun, kann aber auch symbolisch für das gegenseitige Unverständnis stehen, das letztlich zur Trennung geführt hat.

Die Mehrzahl der Amerikanerinnen sind nicht in Massachusetts geboren und lebten in verschiedenen Staaten von Amerika, bevor sie sich in Amherst oder

---

[28] Die Scheidungsrate setzt die Zahl der Eheschließungen mit der Anzahl der Ehescheidungen im gleichen Betrachtungszeitraum in Relation. Die Scheidungsrate – auch als Scheidungsquote bezeichnet – gibt entsprechend keine Aussage über das ‚Scheidungsrisiko' eines bestimmten Ehejahrgangs, da sich die Scheidungen nicht auf ein Eheschließungsjahr beziehen (Statistisches Bundesamt 2022).

Umgebung mit oder ohne ihre Partner niedergelassen haben. Beaufaÿs (2019, S. 352) verweist in Anlehnung an Bourdieu darauf, dass Menschen sich „vorgefertigte Kategorien und Klassifikationsschemata" von sozialen Welten, in die sie hineingeboren werden, durch „konkrete Erfahrungen einverleiben". Allerdings können diese dadurch erworbenen Denk-, Bewertungs- und Handlungsschemata und damit die vollständige Übereinstimmung von Praxis und inkorporierter Struktur durch soziale Mobilität, durch veränderte geografische, politische oder familiäre Bedingungen brüchig werden und Anpassungen erfordern. Möglicherweise ist der Zuzug nach Amherst ein Ergebnis individuell hergestellter Passung in ein hoch akademisches Feld, was durch die damit verbundene liberale Atmosphäre auch Auswirkungen auf das Geschlechterverhältnis hat. Die Sonderstellung der Stadt Amherst im Vergleich mit anderen Städten der USA wird von D1 (63-jährig) folgendermaßen beschrieben:

> „Amherst is the number one or number two city in the United States for educational level. So you have the higest educational level, highest educated people in a highly concentrated area here. So it's a very different area than. It's a kind of special group you're dealing with. Very, very progressive and left-wing, you know."

Mit Blick auf das Geschlechterverhältnis führt D1 z. B. eine ungewöhnliche Beziehung zu ihrem Ehemann, mit dem sie zwei Kinder hat. Sie ist seit 33 Jahren verheiratet, lebte aber mit ihrem Partner, den sie als wichtige Bezugsperson benennt, nur sporadisch zusammen, was sie selbst auch als ungewöhnlich bewertet:

> „Oh well, the fact that I'm living alone and seperated from my husband is pretty different, cause if people are married they're usually together, if not they're divorced or the're widowed. I mean it's kind of rare to be married for thirty-three years, but not live together most of them. (lacht) That's pretty strange."

Die Flexibilisierung der Geschlechterordnung, die D1 vornimmt, zeigt sich auch in früheren Jahren ihrer Ehe, in denen sie polyamoröse Beziehungen aufnimmt, was von anderen Frauen als fehlende moralische (Zurück-)Haltung interpretiert wird:

> „I mean there was a point in time where I was married and had three lovers and I remember, I remember this, I was in this women's group and one of them said to me: ‚You think, you can have it all!'. Well, I said: ‚I do!'. (lacht) You know, it's not I think I can, *I do*! (lacht)."

Zugleich ist sie sich ihrer besonderen Situation als Alleinlebende sehr bewusst. Vor allem seitdem ihre Kinder ausgezogen sind, gehören größere Anstrengungen soziale Kontakte aufrecht zu erhalten, Aktivitäten allein zu organisieren, allein zu reisen usw. zu ihrem Lebensalltag. Die entstandene Lücke durch das „empty nest", die auch mit Gefühlen von Traurigkeit, Melancholie und Einsamkeit einhergeht: „I get lonely!", versucht sie durch das Halten von Haustieren zu füllen:

> „I don't think I could live alone all the time without pets. Because when I travel (…), I must come home to my pets, because there's a certain reason to get up in the morning, when they need feeding or they provide comfort when you are down, so it's very important to me to have pets."

D3 (68-jährig) hat sich dagegen im Zuge der ersten Feminismuswelle gegen eigene Kinder entschieden, weil sie zum einen ihre eigene Karriere nicht zusätzlich mit Kindererziehung belasten und zum anderen die verbleibenden Freiräume für gemeinsame Aktivitäten mit ihrem Ehemann nutzen wollte:

> „(…) but I was also in the first wave of feminism, and I always wanted to have my own career, and I also felt, you know, I'm not one of those people who wants to stay home with the baby. So, I, I love other people's kids, and I love them when they are older, but staying at home with the baby would drive me crazy (lacht). Some people say selfish. Maybe it's a sense of, I guess both John and I felt that it was this sense of having more freedom, that's the primary reason."

Auch wenn sie kurz in ihre Überlegungen einbezieht, dass der Wunsch, keine Kinder haben zu wollen, von anderen als egoistisch interpretiert wird, so stellt sie doch sehr selbstbewusst heraus, dass beide, ihr Partner und sie, sich bewusst dagegen entschieden haben. Das bedeutet nun, statt Kinder in den Vierzigern und verschiedene Enkelkinder zu haben, muss sie nun mit „just a difference in my lifestyle" im Vergleich mit gleichaltrigen Großeltern leben. Aber, so führt sie aus, haben sich beide eine „artificial daughter" ausgesucht, wodurch sie sich eine eigene, selbstgewählte Familiensituation geschaffen haben:

> „You know, my husband, who is an only child, always believed in the family you create as opposed to the blood relatives that you get automatically. So I think, you can create your own familiy, too. And I think that's really important."

Dies gilt für D3 umso mehr, als ihr Ehemann „was very sick for the last six years". Sie pflegt ihren Ehemann in dieser Zeit sehr intensiv, der jedoch im Januar 2015 an Leukämie verstirbt.

Auch D12 (77-jährig), die sich von ihrem Ehemann vor längerer Zeit hat scheiden lassen, lebt wie D3 allein, obwohl sie Kinder und Enkelkinder hat, die gerne mit ihr zusammenziehen möchten:

> „Und wir haben ja ein Jahr hier (in ihrem Haus in Amherst G.S.) zusammengelebt. Das habe ich kaum *überlebt,* weil ich brauche ein offenes Haus. Ich habe für dreizehn Monate keine *dinner party* mehr gehabt. Das war furchtbar. Also ich werde nicht bei den Kindern einziehen, (…) da würde ich verrückt. (…) Ich nenne das den *month of my liberation,* dass ich wieder so leben kann, wie ich will und das ist nicht das Leben, was sie leben."

Sie entscheidet sich also gegen das Zusammenleben mit ihrer Familie, um ihren Lebensstil verwirklichen zu können. Das „offene Haus" bedeutet, dass auch Studierende – sie ist immer noch berufstätig an der Universität – sie jederzeit besuchen können.

Diese Form der Unabhängigkeit, der Verwirklichung des eigenen Lebensstils, ist auch für D8 (68-jährig) zentral. Sie ist zwar verheiratet, beide leben in einem Haus, aber sie betont im Interview mehrmals, dass ihr Mann, der noch als Professor tätig ist, für sich selbst zu sorgen hat, da sie sich weder für sein pünktliches Erscheinen am Arbeitsplatz noch für seine Kleidung, die er selber zu waschen hat, zuständig fühlt:

> „I don't have to take care of my husband. I think like, that's a wonderful thing. He's on his own now. He can do whatever he wants. I don't have to worry, if everything is on time anymore, so that he can get to work or back from work, whether he gets the car or not gets the car, he's on his own and that's lovely. (…) It's not my part, it's not my job, you know. (…) To make sure that he has clean clothes on a certain day. He can do his own wash. This is great."

In der Aussage wird deutlich, dass in dieser Paarbeziehung Gleichberechtigung nicht nur rhetorisch proklamiert wird, sondern dass die Idee, die Erledigung von Arbeiten im Haushalt auf beide Partner gleich zu verteilen, tatsächlich auch in die Praxis umgesetzt wird. Im weiteren Verlauf des Interviews beschreibt D8 weiter, dass ihr Ehemann nun der Koch des Hauses ist, was sie offensichtlich sehr genießt.

„He's now the cook of the house. Ah man, what woman doesn't want to have a cook
in the house? It's like having a wife! It's like – you open the door at the end of the
day, it smells wonderful – who wouldn't want that? It's great!"

Allerdings zeigt der Verweis auf „It's like having a wife!", dass eigentlich Haus-
und Ehefrauen eine solche Arbeit zu verrichten haben, womit sie im Dualismus
der zweigeschlechtlichen Ordnung und den damit zugewiesenen Verhaltensweisen an Männer und Frauen verbleibt, auch wenn sie mit ihrer Darstellung der
Paarbeziehung den attraktiveren Part besetzt.

D10 (67-jährig) erzählt im Interview, dass die Familie ihres Ehemanns, ebenfalls Professor an der Universität, aus Deutschland stammt, die als deutsche Juden
Frankfurt in den 1930er Jahren verlassen mussten. Eigentümlicherweise, so stellt
D10 fest, hat ihr Sohn, der Künstler ist und homosexuell lebt, die depressive und
ängstliche Haltung der Eltern ihres Mannes quasi ,ererbt', obwohl er adoptiert
ist:

> „Our son was also anxious and depressed, and he's not biologically related, and he
> has asthma." Zur Paarbeziehung sagt sie ähnlich wie D8: „(…) we're both pretty inde-
> pendent. We're kind of, we both keep our, we know how to stay out of each other's
> business."

Auch bei D11 (69-jährig) gehörte die Familie des Mannes zu einer aus Europa
stammenden „fairly large tight-knit group of Italian Catholics", die wohlhaben-
der sind als sie, weshalb die Eltern mit drei Brüdern ihres Mannes, die sich alle
sehr nahestehen, häufiger in die USA zu Besuch gekommen sind. D11 beschreibt
ihren Mann als einen wundervollen Koch, „which is why I married him". Zudem
sammelt ihr Mann gute Weine, sodass sie „always have good, healthy meals with
a little wine". Ihr Zusammenleben sieht sie als gut ausbalanciert, da beide unabhängig voneinander agieren, was nicht bedeutet, dass sie keine Berührungspunkte
haben, wie ihr „mental picture" der überlappenden Kreise als Sinnbild für ihre
Beziehung zeigt:

> „I do what I want when I want to. I don't need permission from anybody. I certainly
> don't ask for it. (…) That's fine. We'll check in with each other, so we're both inde-
> pendent. I like to think of us as two circles that overlap in various ways, rather than,
> not concentric circles, but overlapping."

D13 (67-jährig), die aus Costa Rica in die USA eingewandert ist, erzählt von dem
sehr traditionellen Geschlechterverhältnis ihrer Eltern. Der Vater, im beruflichen
Feld der „outside world" verortet, die Mutter dagegen in der „very small world"

des Haushalts und der Kindererziehung: „(…) my mom didn't have a vision of what I could be other than beiing a houswife and a mother". Ihr Vater rät ihr: „Get a profession first, then get married". Der Vater fördert sie und ihre sechs Schwestern, die alle aufs College gegangen und gut ausgebildet sind, sodass sie ihn als „my first feminist" bezeichnet. Auf ähnliche Weise fördert sie ihre eigenen Töchter, immer in der Sorge, dass sie unabhängig bleiben, um ihre eigenen Entscheidungen treffen zu können. Diese Haltung und ihre gute Ausbildung führt letztlich dazu, dass sie sich von ihrem Ehemann scheiden lässt, da er ein sexuelles Verhältnis mit einer Studentin eingegangen war: „I'm getting a divorce, because he, my ex-husband, he got involved with a student and I didn't tolerate that". Sie erhält in diesem Trennungsprozess Unterstützung von einer lesbisch lebenden Kollegin an ihrer Universität, die ihr geholfen hat, die ‚Welt' aus verschiedenen Perspektiven zu betrachten und deshalb ein *role model* für sie darstellt.

Die Haltung einerseits unabhängig zu bleiben, einen persönlichen Raum zu bewahren, andererseits ebenso einen Raum mit anderen zu teilen, „space you share", wie D13 dies ausdrückt, zeigen nahezu alle Amerikanerinnen. D14 (69-jährig) , um ein weiteres Beispiel zu nennen, die nach Eintritt in den Ruhestand sich ihrer Kunst, der Malerei widmet, gibt an, dass sie ein sehr gutes Verhältnis zu ihrem Partner hat, was sie aber nicht davon abhält, allein nach Spanien oder Frankreich mit einer Gruppe von Künstler*innen zu reisen, um dort zu malen. Auch D2 (67-jährig), D5 (69-jährig) und D7 (64-jährig) sprechen ebenso von einer guten Balance zwischen Unabhängigkeit und in Beziehung sein, wobei hier nicht beurteilt werden kann, ob es sich um ein Sprechen im Sinne der „rhetorischen Modernisierung" handelt oder um ein gleichberechtigtes Zusammenleben in der Paarbeziehung mit Blick auf die gelebten Alltagspraxen.

Einzig D4 (74-jährig) und D6 (70-jährig) schätzen die Beziehung zu ihrem Partner als zentraler und wichtiger ein als unabhängig zu sein, da der Partner als geselliger und kontaktfreudiger bezeichnet wird, mehr Freundschaften während der Berufstätigkeit an der Universität entwickelt hat. Beide Interviewpartnerinnen profitieren demnach von der Einbindung in das soziale Umfeld des Partners.

4.4.2 Sekundäres Netzwerk: Freundschaftliche Beziehungen

Im dS sind eine ganze Reihe an Interviewpartnerinnen gut in Nachbarschaft, in Freundes- und Bekanntenkreise eingebunden. A1 (66-jährig) spricht z. B. davon, dass ihre Kontakte zu Nachbarn, früheren Kollegen durch „ähnliche Interessen und Aktivitäten" Bestand haben, weshalb sie die freundschaftlichen Kontakte auch nach dem Tod ihres Mannes fortführt. Sie ist davon überzeugt, dass das

‚Prinzip der Gegenseitigkeit' zentral für die Aufrechterhaltung dieses Netzwerkes steht: „Und das Netz pflegt mich und ich pflege das Netz". Auch A5 (75-jährig) „hat hauptsächlich Kontakt zu Gleichgesinnten, die auch eine Ausbildung haben", wodurch sich „mehr Gesprächsthemen" ergeben. C8 (62-jährig) bewertet ebenso Gemeinsamkeiten mit ihren verschiedenen Freund*innen als wesentliche Bedingung für den Fortbestand von Kontakten: „Wir haben einen Hund und da gibt es immer Gemeinsamkeiten, wenn man ein Tier hat." Auch B4 (72-jährig) spricht davon, dass sie mit „Freundinnen von früher" Unternehmungen startet wie zusammen Essen zu gehen oder eine Veranstaltung zu besuchen. Gemeinsame Interessen wie Kochen führten zu einem Kochkreis, in dem abwechselnd gekocht wird.[29] Zusätzlich trifft sie sich regelmäßig mit „Kollegen von der Schule, die auch im Ruhestand sind". „(…) die meisten, finde ich, haben sich gut gehalten so wie ich, würde ich mal sagen, Ja, ja, wer da noch ein bisschen Sport gemacht hat, umso besser."

Die letzte Aussage ist insofern interessant, als ein Großteil der Interview-partnerinnen des dS Freundschaften pflegt, die durch gemeinsame sportliche Aktivitäten zum Teil entstanden sind und aufrechterhalten werden:

> „Ich habe einen Riesenbekanntenkreis ganz unterschiedlichen Alters, also von jung bis ja, älter als ich (lacht). Ja natürlich habe ich mehr Kontakt zu denen, mit denen ich sportlich was unternehmen kann. (…) Ob das jetzt Skifahren ist oder Nordic Wal-ken oder einfach Laufen und Wandern. Rad, ja Radfahren sowieso. Und Golfen jetzt gerade" (C6, 65-jährig).

A2 (67-jährig) fährt mit einer Freundin mit dem Moutainbike den Feldberg hoch, nicht mit dem „Ehrgeiz, eine bestimmte Zeit da hoch(zufahren)", sondern einfach, um das zu schätzen, dass „wir zwei alten Weiber da hochkommen. Es ist so ein tolles Gefühl". Auch A7 (65-jährig) hat „zwei Freundinnen, die genau wie ich, so Sport machen". Zusätzlich trifft sie sich mit „Freundinnen, mit denen ich schon seit über dreißig Jahren jogge". C4 erzählt: die „Sportkameraden, also die von früher vom Verein, die sind so meine Ersatzfamilie. (…) Wir haben die Verbindung durch den Sport". Eine Verbundenheit über gemeinsame sportliche Aktivitäten herzustellen, gilt auch für C5 (62-jährig):

---

[29] Reckwitz (2021, S. 309) hebt hervor, dass Essen in der urbanen Mittelklasse zu einer Pra-xis des „Genusses und Erlebens, des Wissens und der Kompetenz, der Performanz und des sozialen Prestiges geworden" ist und keiner besonderen Anlässe bedarf. Auch das Essen kochen, dass die individuellen kreativen Fähigkeiten herausfordert, ist zu einer Kulturpraxis aufgestiegen.

„Im Freundeskreis sind mir die Menschen, mit denen ich teilweise diese sportlichen Geschichten mache, sehr, sehr wichtig: (…) gemeinsam auf Skitour gehen, gemeinsam in der Hütte übernachten, gemeinsam auf Rennradtour, gemeinsam eine ganze Woche verbringen mit dem Rennrad."

Zusätzlich trifft sie sich noch mit ihrer ehemaligen „Läufergruppe", „eine ganz, ganz tolle Freundesgruppe", obwohl sie aufgrund von Kniebeschwerden keinen Marathon mehr mitlaufen kann. C2 (60-jährig) übt sich mit ihrer „besten Freundin" in Hatha-Yoga und geht gern mit ihr wandern. Alle ihre Freund*innen sind sportliche aktiv: „Ich kennen niemand, der sich gar nicht (bewegt)". C1 (65-jährig) formuliert es schärfer: „Ich werde mir sicher keine Freundin suchen, die den ganzen Tag zu Hause Fernsehen guckt". Auch B1 (80-jährig) lehnt „Daheimsitzer" ab, „die sucht man sich nimmer als neue Freunde. Ja, irgendwas muss man ja miteinander machen". Dazu gehört für B1 vor allem Wandern im Schwarzwald. C9 (65-jährig), die als Trainerin sehr viel Zeit im Fitnessstudio verbringt, zählt wiederum andere Trainerinnen zu ihren „engsten Freundinnen", mit denen sie „meistens was mit Sport" macht, z. B. zusammen in einer Sportschule eine Fortbildung organisieren. Sie ist stolz auf ihre Fitness und im Vergleich zu ihren jüngeren Freund*innen, „die sind jetzt so Anfang 50", sticht sie mit ihrer Kondition heraus: „(...) und die japsen dann schon, wenn es halt den Berg hochgeht (…) ja freut mich, dass ich da noch so gut mithalten kann." Auch A13 (63-jährig) stellt einen Vergleich zwischen sich und ihren Freund*innen und Bekannten an:

„Die beneiden mich um die Fitness, die wären gerne auch so fit, sag ich jetzt mal. Die machen zwar einiges, aber so einen Halbmarathon da so runter zu laufen, können sie sich nicht vorstellen". Mit fünfundfünfzig läuft sie den New York Marathon mit: „Der ganz große King (lacht) war ich dann für mich!"

Reckwitz (2021, S. 329) interpretiert „die Heroisierung" der aktiven (Laien-) Sportler*innen, die im Marathonlauf oder bei anderen extremen Sportarten wie Triathlon, Extrembergsteigen etc. ihren Willen und Durchhaltevermögen demonstrieren, als Ergebnis eines Kampfes gegen sich selbst. Denn das heroische Subjekt steht nicht im Wettkampf mit anderen, sondern versucht, „seinen eigenen Körper und die Natur" zu bezwingen. A13 hat sich damit in ihrem sozialen Netzwerk ein Alleinstellungsmerkmal erarbeitet und kann auch aus diesem Grund großzügig mit sportlicher Inaktivität ihrer Freund*innen umgehen. Während sie betont, dass alle in ihrem Freundeskreis so akzeptiert werden, wie sie sind, lehnt C5 (62-jährig) dagegen Menschen ab, die ihr „einfach zu inaktiv" sind: „Bis die sich entschließen, dann doch Rad zu fahren, bin ich schon wieder daheim, so ungefähr."

Neben diesen Interviewpartnerinnen gibt es auch einige, die wenig bis keine Kontakte haben und sich auch einsam fühlen, was aber entweder gegenüber der Interviewerin oder auch vor sich selbst nicht offen kommuniziert wird. So sind die Aussagen von A4 (74-jährig), die in einem „Einpersonenhaushalt" lebt, sehr widersprüchlich. Zunächst gibt sie auf Nachfrage an, dass sie sich regelmäßig mit anderen Frauen trifft: „Mit alleinstehenden Frauen auch und wir unternehmen zusammen was". An anderer Stelle des Interviews sagt sie: „Jaja, ich bin ein Typ, der vieles allein macht. Also ich bin eigentlich nicht so ein kontaktfreudiger Mensch". Ähnlich widersprüchlich sind die Aussagen von A12 (67-jährig). Ihr Ehemann ist Alkoholiker und verbringt die meiste Zeit in seinem Zimmer. Sie führt zunächst lang aus, zu wie vielen „Freundinnen von früher" sie noch Kontakt hat und auf welche Weise sie diese zu einer gemeinsamen Reise motiviert. An anderer Stelle des Interviews erzählt sie, dass „die Freundinnen, die ich habe, die sind nicht so aktiv wie ich. (…) und wenn sie nicht mitmachen, mache ich es alleine, gell!". Auch A8, die noch berufstätig ist und im Altenheim ‚nur‘ nachts arbeitet und ihre Kolleg*innen als „komische Leute" bezeichnet, führt aus, dass sie eine Rumänin und eine Italienerin zur Freundin hat, mit denen sie verschiedene Dinge unternimmt, „mit einer walke ich *viel*" und „mit der anderen" macht sie „verschiedene Sachen". Allerdings gibt sie zu bedenken, dass „die Zeit oft ein Problem ist". Deutlicher formuliert sie es an anderer Stelle des Interviews:

„Mein Tagesrhythmus ist ganz anders! Man kann es nicht so planen. Ich kann mich nicht nach denen richten. Immer, wenn ich müde bin, gehe ich halt ins Bett. Spätestens am Mittag (Nach der Nachtschicht geht sie meist direkt ins Fitnessstudio bis zum Mittag. G.S.) muss ich gehen, sonst habe ich nachts ein Problem. Es geht nicht! Man kann nicht immer durchmachen. Das geht überhaupt nicht!"

A6 (71-jährig) ist geschieden und hat aufgrund eines „Familiendramas" keinen Kontakt mehr zu Familienmitgliedern: „an Weihnachten bin ich alleine und an Silvester auch". Aufgrund der Trennung von ihrem Partner gerät sie in eine depressive Phase, die sie die „schlimmen Jahre" nennt und in denen sie viel raucht und mehr Alkohol trinkt, als ihr guttut. Zum Thema Freundschaften sagt sie: „Die Freundschaften zerbrachen viele dann. Wenn man so krank war wie ich, dann laufen die meisten weg". In gewisser Weise macht sie aus der Not eine Tugend. Um der Depression etwas entgegen zu setzen fährt sie „alleine mit dem Fahrrad nach (…) Nordostspanien". Dafür wurde sie „für verrückt erklärt, (…) und deshalb sind auch viele abgefallen. Die wollen nichts mehr mit mir zu tun haben, weil sie einfach zu bedächtig und zu unbeweglich sind." Die mangelnde Unterstützung ihres sozialen Umfelds während ihrer persönlichen Krise deutet sie möglicherweise als Neid auf ihre physischen Fähigkeiten. Denn eine weite Fahrradtour nach Nordostspanien bewältigt zu haben, liefert ihr den Grund, die Kontakte selber nicht mehr als erstrebenswert zu empfinden: „weil sie einfach (…) zu unbeweglich sind".

Bei A10 (72-jährig) und A14 (77-jährig) – A10 ist geschieden und lebt allein – zeigt sich, dass sich mit zunehmendem Alter die Kontakte verringern. Dies bezieht sich auch auf Sportkontexte, in denen ehemals Aktive aufgrund von körperlichen Beschwerden wegbleiben. A10 beklagt, „(…) wenn man dann so alt ist, fällt das dann ziemlich auseinander. Die einen können nicht mehr (z. B. wandern G.S.) und die anderen, so ist das dann schon". Im Tennisverein sind zwar noch die „Tenniskollegen, aber da wird es auch immer weniger." A14 antwortet auf die Frage nach Freundschaften: „Nee, das vermisse ich eigentlich in meinem Alter, sind alle ziemlich bequem". In ihrer Not bittet sie sogar die Interviewerin um Hilfe:

> „Aber mir würde jemand – vielleicht kennen Sie jemand? – mir würde jemand fehlen, der ein Fahrrad hat und sagt, jetzt treffen wir uns am (Ort) und fahren mal mit dem Fahrrad (…) mal drei, vier Tage den Moselradweg. Alleine habe ich keine Lust. Ja aber auch, wenn ich, und meine Tochter geht natürlich mit Gleichaltrigen".

Wie A4 an anderer Stelle bemerkt, sind weder Mitglieder der Herkunftsfamilie noch eigene Kinder ein Garant dafür, Einsamkeitsgefühle im Alter überwinden zu können.

Nahezu alle Amerikanerinnen sind, bis auf eine Ausnahme, in vielfältige freundschaftliche Beziehungen eingebunden, was auch damit zusammenhängt, dass sie über ihre bisherige Lebensspanne in verschiedenen Ländern und Wohnorten Amerikas gelebt, viele Reisen in andere Länder unternommen und dadurch viele Menschen kennengelernt haben:

> „Social relationships? Well, colleagues that I've met and formed friendships with. Just, friend-friends, who are not necessarily professionally connected. (…) Neighbours, first time in my life I have nice neighbours that I actually want to do things with. And then friends from many years, long-term friends that I've known for fifty or more years. (…) I have a lot of friends from Los Angeles, Illinois, Florida, France, everywhere – Ireland, everywhere I've lived – Germany – you know, I keep going" (D1, 63-jährig).

D2 (67-jährig), die mit ihrem Mann ein halbes Jahr auf den Bahamas lebt, hat dort „a whole other community", unter ihnen viele Freunde aus Deutschland, Kanada, England und Amerika. Sie ist dort eingebunden in den Vorstand der

Hausverwaltung – alle Häuser der Zugereisten liegen nahe beieinander in einem dafür abgegrenzten Areal. Im Weiteren spricht sie über die Aktivitäten, die sie gemeinsam mit ihren Freunden dort unternimmt: „A lot of us exercise a fair amount, like to cook, read, and I like to read a lot, like arts and culture activities." In Amherst ergeben sich ihre Kontakte stärker aufgrund sportlicher Aktivitäten im Fitnessstudio, sie besucht dort eine „aerobic class". „I like all those women, (…) they're pretty entertaining." Mit einigen der Fitnessaktiven trifft sie sich auch außerhalb des Fitnessstudios, geht mit ihnen spazieren und führt dabei ihren Hund aus.

D3 (68-jährig), die in einer sehr sportlichen Familie aufgewachsen ist und nach dem Tod ihres Mannes die entstandene Lücke vermehrt mit Sportaktivitäten ausfüllt, hat ähnlich wie viele Interviewpartnerinnen aus dem dS sehr sportive Freund*innen, die „very fit" sind, ja stärker noch: „I don't think I even have any friends who aren't really active." Sie beschreibt, dass es zunächst schwierig war, plötzlich ihr Leben nach mehr als vierzig Jahren Ehe als Single zu organisieren, zumal viele Freund*innen sich in einer Paarbeziehung befinden. Allerdings hat sie durch ihre Tätigkeit am College auch Menschen kennengelernt, „who are single during the week and married on the weekends (an academic problem)". Damit ist gemeint, dass der Lebensmittelpunkt dieser Freundinnen an einem anderen Ort liegt, die aber während der Woche aufgrund ihrer Berufstätigkeit am College in Amherst wohnen, sodass sie sich mit ihnen während der Woche treffen kann. Zurzeit ist sie sehr zufrieden mit ihrem sozialen Netzwerk, da überraschenderweise innerhalb ihrer sportlichen Aktivitäten in verschiedenen Fitnessstudios, in der „exercise community", aus Bekanntschaften Freundschaften geworden sind: „(…) in some of these places, I've actually met a couple of people who have become really good friends. That's like a surprise bonus."

Auch D11 (69-jährig), die zum zweiten Mal verheiratet ist, spricht davon, dass sie einen Teil ihrer Freund*innen im Fitnessstudio kennengelernt hat, deren Blick auf das Leben ein ähnlicher ist wie ihrer. „Then there are friends of mine who are very healthy. I met them mostly in class and they become friends, because we have the same outlook on life." Der ähnliche Lebensstil spielt auch bei dem anderen Teil ihrer Freundschaften aus dem Musikfeld eine Rolle, von denen einige weiter weg wohnen, was sie aber nicht daran hindert in Kontakt zu bleiben: „we still keep in touch." Durch ihre Tätigkeit an der Universität und den Kontakt zu ausländischen Studierenden („our foreign students") hat sie zudem freundschaftliche Beziehungen nach China, Indien und auch nach Deutschland aufbauen können. In Indien, so erzählt sie weiter, sind sie und ihr Mann sogar als „American parents" angenommen worden, sodass sie durch die Intensivierung der Kontakte häufiger im Urlaub dort hingereist sind und Plätze besucht haben,

„(…) where like us don't usually go to, because there are no tours for Americans in places like that".

Was für D11 gilt, gilt für die meisten Amerikanerinnen: gleiche Interessen, ein ähnlicher Lebensstil sind das wichtigste Kriterium für Freundschaften. D4 (74-jährig) führt aus, dass sie mit ihrem Partner und Freund*innen zusammen zu Basketballspielen gehen, aber auch „to musicals, to concerts" oder gemeinsam musizieren, gemeinsam reisen, also insgesamt einen Lebensstil pflegen, der auf der Grundlage gleicher Werte und gegenseitiger Unterstützung beruht. „The values are still there, the commitment to helping each other, and living in a community, and having fun together, and taking care of people."

Auch D7 (64-jährig) beschreibt ihren Lebensstil und den ihrer Freund*innen in ähnlicher Weise: neben verschiedenen gemeinsamen Aktivitäten gehören auch das Achten auf gesunde Ernährung und körperliche Fitness, vor allem aber eine positive Einstellung zum Leben dazu:

> „Trying to go out, socialize, sharing if they (her friends G.S.) are going on a trip, and I think recognizing that eating healthy, staying fit as well is important, and enjoying life, so yes, you know. My friends are positive people, (…) they are often inspirational."

Einen ähnlichen Lebensstil zu pflegen, bedeutet aber auch, dass ‚nur' Freundschaften aus dem gleichen akademischen Milieu geschlossen werden. D9 (67-jährig), die in verschiedene Freundeskreise eingebunden ist, die durch ihre Aktivitäten im Fitnessstudio, durch die Teilnahme an einer Literaturlesegruppe, durch ihre Tätigkeit an der Schule entstanden sind, ist sich durchaus bewusst, dass sie ein privilegiertes Leben führt:

> „I think I have a pretty easy life so, I guess. (…) I guess it depends on a person (lacht). I have friends my same age, too, that seem in the same spot in life. Maybe the ones that don't have more financial problems."

Auch D10 (67-jährig) beschreibt zunächst die Vielfalt ihrer freundschaftlichen Beziehungen, die aber alle gleiche Interessen und den gleichen Geschmack haben, der sich von Menschen abhebt, die z. B. an der Befriedung von Grundbedürfnissen orientiert und/oder mit der Bewältigung von alltäglichen Problemen beschäftigt sind. Der distinktive Geschmack manifestiert sich in der äußeren Erscheinung, im ästhetischen Empfinden, im Umgang mit Produkten der Kulturindustrie, in den Moralvorstellungen und ist letztlich Ausdruck des Klassenhabitus (vgl. Abschn. 4.1.1):

„I have lesbian friends, and I have married friends, and I have straight friends, and all of my friends had the same interest. They have a look. They like certain kinds of clothes. They take it in and get a haircut. They're clean. I have to go get new glasses and my friend (…) help me get some glasses."

Im Weiteren beschreibt sie, dass es sehr schwierig sei, Freundschaften mit Menschen zu schließen, die nicht aus dem gleichen sozioökonomischen Umfeld kommen. Denn man kann nicht einfach anrufen und fragen, ob man sich zum Mittagessen in einem Restaurant trifft, bestenfalls kann man zusammen spazieren gehen, um kein Geld ausgeben zu müssen. Deshalb hat sie hauptsächlich Freund*innen ausgewählt, die „not rich, but comfortable" ihr Leben gestalten können. „We can all go to the theatre or go out to eat, or whatever we want to do."

D8 (68-jährig) hingegen betont ihre privilegierte Position, sie und ihre Freundinnen erhalten nicht nur das gleiche Einkommen, sondern sind als Weiße bevorteilt, da sie sich um viele Dinge nicht sorgen müssen. „We live in Amherst which allows us to be kind of…, there are a lot of things that don't matter to us." D8 ist in mehrere Freundeskreise eingebunden, die sich zum Teil auch aus ihrer ehrenamtlichen Arbeit rekrutiert haben. In einer Gruppe organisiert sie ein Treffen aller Mitglieder, indem sie diese zu einem „field trip" in einem „seventy-five mile circle" einlädt. „Usually for a successful field trip, you have to have an interesting place, like a museum or historical house, (…), a little bit of shopping, and a very good place for lunch (lacht)."

D8, die ihr starkes gesellschaftliches Engagement inzwischen aufgegeben hat, ist dennoch weiterhin sehr engagiert, z. B. in feministische Gesprächsgruppen, in denen sie als einzige der Interviewpartnerinnen des aS auch Freundinnen hat, die vom staatlichen Wohlfahrtssystem abhängig sind:

„Some of my best friends have been on welfare. You know, because they were abused and things like that. That's not my life, but it's perfectly fine, we can work perfectly fine with each other because we have this other goal, which is more important, like how to find ourselves. (…) How do we have a personalitiy that's unique from our family. How do we get away from those expectations? How can we change?"

D8 gibt an lediglich „female friends" zu haben, weil sie es liebt, „what women talk about". Ähnlich betont D10 (67-jährig), die sich wie D8 für Frauen engagiert, die „domestic violence" erlebt haben: „My women friends are very important to me". Auch D12 (77-jährig), die freundschaftliche Kontakte zu „allen Alterslagen" pflegt, gibt an, dass „ihr Lebenskreis sich viel mehr aus Frauen als aus Männern zusammensetzt".

Die einzige, die aus sozialen Netzwerken herausfällt, ist D6 (70-jährig). Auf die Frage nach Gemeinsamkeiten oder Differenzen zwischen ihr und ihren Freund*innen antwortet sie: „I don't have a lot of other people that we're close to that I can compare myself to". Weiterhin erzählt sie, dass sie ja in Mount Holyhoke und nicht in Amherst wohnt, sodass sie auch die Frauen aus ihrem Fitnessstudio weder sieht noch trifft. Zu dem Thema Freundschaften sagt sie abschließend: „I'm not really a group person".

4.4.3 Tertiäres Netzwerk: Trainer*innen im Fitnessstudio

Als Beispiel für die schwach ausgeprägten Kontakte[30], die sich durch die Mitgliedschaft im Fitnessstudio ergeben, soll die Beziehung zu den Trainer*innen in den Fokus gestellt werden. Denn wie Kühnemund und Kohli (2020, S. 380) anführen, erhalten „schwache Beziehungen" in Netzwerken eine größere Bedeutung, wenn sie eine bestimmte Expertise – hier z. B. ein auf das Training bezogenes Wissen und (Anleitungs-)Können – bereitstellen. Da Trainer*innen im gewissen Sinn auch als Kommunikatoren/Vermittler*innen von Normen, Werten, (inneren und äußeren) Haltungen der Fitnesskultur fungieren, um Mitglieder vom Wert des Trainings zu überzeugen und so langfristig an das jeweilige Studio zu binden, soll untersucht werden, inwiefern die älteren Fitnessaktiven die Performanz (Gestik, Mimik, Stimme, Präsentation der Übungen) der Trainer*innen[31] und die Trainingsqualität als überzeugend und glaubwürdig einschätzen.

Glaubwürdigkeit ist zunächst eine „subjektive Empfindung", also eine Zuschreibung, die von verschiedenen Variablen abhängt (Waldhoff und Vollmar 2019, S. 11). Variablen, die sich gegenseitig beeinflussen und nicht unabhängig voneinander zu betrachten sind, können sich z. B. auf eine „Expertise" wie Erfahrung, Sachkunde und Können, auf „Authentizität", der Übereinstimmung von Reden und Handeln, auf „Homophilie", also Ähnlichkeiten zu Rezipient*innen/Kund*innen durch den sozialen Hintergrund, Geschmack und Lebensstil, aber auch auf „körperliche Attraktivität" beziehen (ebd. S. 12 ff.). Gerade

---

[30] Damit ist gemeint, dass die Interviewpartnerinnen im Fitnessstudio auf Gleichgesinnte treffen, die die gleichen Kurse wie sie besuchen. In der Regel ergeben sich aus diesen Kontakten keine Freundschaften: „Man hockt zusammen und spricht noch ein bisschen miteinander, aber es beschränkt sich auf das Studio" (A13, 63-jährig). Allerdings sind auch diese Kontakte gerade für Alleinlebende nicht zu unterschätzen.

[31] Da sowohl die Trainerinnen der Kursteilnehmerinnen des dS und aS als auch die *personal trainer* in den Fitnessstudios an der Ostküste Amerikas Frauen sind, wird im Folgenden von den Trainerinnen oder der Trainerin gesprochen.

letztere Variable ist stark durch gesellschaftliche, vor allem in der Fitnesskultur gängige Selbsttechnologien der Disziplinierung, Selbstbeherrschung und Konfiguration ästhetisch gestylter Körper geprägt (vgl. Abschn. 2.4.2). Der Körper wird auf diese Weise zum „zentralen Distinktionsmedium", an ihm visualisieren sich „Sozial- und Selbstverhältnisse" (Bublitz 2006, S. 344).

So ist auch unter den Interviewpartnerinnen beider Samples das äußere Erscheinungsbild der Trainerinnen ein wesentlicher Faktor, um diese als glaubwürdig in ihrer Performanz anzuerkennen. In der Äußerung von A1 wird neben dem Hervorheben der perfekten Körperpräsentation zugleich die Bewunderung der sportiven Fähigkeiten der Trainerin deutlich:

> „Ja, diese (Name) macht das gut, die macht auch noch dieses Bauch-Beine-Po. Die selber hat einen in meinen Augen makellosen Körper. Das bewundere ich dann natürlich und dann denke ich mir, wenn die mit ihrer Gymnastik so weit kommt, dann ist es auch gut für mich" (A1, 66-jährig).

Auch A11 (69-jährig) sucht sich gerade beim Zumba jemand aus, „der auch schön anzugucken (ist), also für mich schön anzugucken ist und das alles so harmonisch macht". Trainerinnen, die A11 vor allem dann gefallen, „wenn sie so ein bisschen Figur haben und nicht ganz so dünn sind". Dieser Haltung stimmt auch D6 (70-jährig) zu, die sehr dünne Trainerinnen nicht überzeugend findet. Für sie sollten sie „bigger (…), than I am" sein, da sie dann „more solid than a thinner person" wirken. Ähnlich sieht es D11 (69-jährig), die ihre Trainerin folgendermaßen beschreibt: „She's not anorexic or anything like that. She looks good". Zur gelungenen Performanz gehört ebenso die Verkörperung von Gesundheit, ein zentraler Wert der Fitnesskultur. So gibt D2 (67-jährig) an, dass es wichtig für die Einschätzung von Trainerinnen als glaubwürdige Agentinnen der Fitnesskultur sei, wenn es „(…) just looks like they are living a healthy lifestyle". Auch D7 ist der Auffassung, dass die Trainerin „good healthy habits" aufweisen oder wie D6 es formuliert, sich „in good physical condition" präsentieren sollte. Glaubwürdigkeit liegt demnach in der authentischen Präsentation der Trainerinnen, der Übereinstimmung von Reden und Handeln. Dies wird in den folgenden Äußerungen besonders deutlich. D6 (70-jährig) schätzt die Trainerin nur dann als glaubwürdig ein, wenn „she could do everything that she's asking me to do". D7 (64-jährig) verweist stärker darauf, dass es um mehr geht, als ‚nur' um das gekonnte Praktizieren von Übungen. Trainerinnen sollten „(…) speak as they say. In other words, they're practising what they're preaching". Das ‚Herbeten' oder ‚Zitieren' der Bausteine eines gesunden Lebensstils muss dem Gegenüber als ‚echte' Überzeugung glaubhaft gemacht werden, die zwar auch durch einen ästhetisch gestylten und sportiven Körper symbolisiert wird, aber zusätzlich, wie noch zu zeigen sein wird, durch Ausstrahlung, Tatkraft und Motivation in Szene zu setzen ist. Diese echte Überzeugung ist auch für D3 (68-jährig) zentral, die von Trainerinnen erwartet, dass sie den Körper nicht nur als zu formendes ‚Ding' behandeln, sondern intellektuell in der Lage sind dem Fit-Sein einen tieferen, wahren Sinn zu geben: „staying fit for a purpose". Wie Bublitz (2006, S. 353) aufzeigt, geht es aber bei der Einschätzung von ‚Authentizität' gerade *nicht* um „einen ‚wahren' Kern des Selbst", sondern um den „Effekt einer ‚theatralen' Inszenierung und ihrer Glaubwürdigkeit".

Zu einer gelungenen Performanz der Trainerin gehört nach Auffassung der Kursteilnehmerinnen auch die an die Teilnehmerinnen zielgerichtete Ansprache. Vor allem geht es bei den älteren Teilnehmerinnen stärker um ein „deutliches Sprechen" (A4, 74-jährig), um eine „gute Stimmbegleitung zu den Übungen" (A5, 75-jährig), damit akustisch verstanden werden kann, auf welche Weise die Übungen auszuführen sind. Das sieht auch C7 (62-jährig) so: „(…) die müssen eine klare Stimme haben, wenn sie (Anweisungen) geben. (…) Nicht wie ein Feldwebel, aber die (Name), die hat eine laute, aber schöne Stimme." Auch für D11 (69-jährig) ist es wichtig, dass die Stimme zwar laut genug ist, aber nicht in ein Schreien übergeht: „She raises her voice, but she does'nt scream. So, some people are screamers and that's not my style." Zum anderen ist neben der Lautstärke auch die Tonlage eine wesentliche Komponente, die die Beziehung zur Trainerin beeinflusst. B1, die „den Ton sehr wichtig findet", will nicht ständig das Signal erhalten: „Das ist unzureichend, immer unzureichend, immer unzureichend. Ich mach das freiwillig und ich will das nicht in diesem Ton!". Kurse mit Trainerinnen, die sie auf diese Weise ansprechen, vermeidet sie. Auch A12 möchte persönlich so angesprochen werden, dass sie sich auch gut fühlen kann, wenn sie nicht mitkommt. Sie fühlt sich dann entlastet, wenn die Trainerin „Rücksicht" nimmt, also „nicht immer mit denselben kommuniziert, die so ganz toll sind, die sie bewundert", sondern ihr signalisiert: „Mach mal wie du kannst!". Auch D5 (69-jährig) möchte in der Ausführung der Übungen nicht bewertet werden und beschreibt ihre Ansprüche an die Trainerin folgendermaßen: „Competent and can communicate – non judgementally". Neben der Tonlage ist auch die Vermittlung einer positiv aufgeladenen Atmosphäre im Kurs zentral für die Teilnehmerinnen, eine motivierte Grundgestimmtheit, die maßgeblich von der Trainerin abhängt. So sollte die Trainerin eine gute „Ausstrahlung" (C8, 62-jährig) haben, damit sie auch die Trainingsinhalte glaubwürdig „rüberbringen kann". C8 wechselte konsequenterweise schon einmal den Kurs, da „die Trainerin mir zu lahm war und einfach auch kein Interesse hatte". Dem stimmt B2 (63-jährig) zu, die der Meinung ist, dass das, was von der Trainerin „rüberkommt", eine große Rolle spielt. „Ob jemand motiviert ist, ob jemand gute Stimmung hat oder ob das (die Vermittlung der Kursinhalte G.S.) eher so eine Pflichterfüllung ist." Auch C4 (67-jährig) geht aus gutem Grund nur zu einer bestimmten Trainerin: „Die Trainerin, zu der ich sehr gerne gehe, ja, die motiviert einen total gut. Macht Spaß durch die Musik, durch ihre Art und das ist echt total gut." D9 (67-jährig) schätzt Trainerinnen dann, wenn sie „enthusiastic and positive and knowledgeable" auftreten. A5 ergänzt, das Training sollte „nicht so stur sein, die Trainerin sollte ein bisschen lustig sein, man muss auch mal lachen können." Auch D2 (67-jährig) wünscht sich Trainerinnen, die „warm and encouraging" sind, die „care about you to a certain extent" oder wie es D4 (74-jährig) auf den Punkt bringt, die sich „positive in the group" präsentieren und „knowledgeable about being careful when you do these exercises".

Anknüpfend an die letzten beiden Äußerungen von D2 und D4, die erwarten, dass die Trainerin vorsichtig und angemessen dosiert anspruchsvolle Übungen präsentiert, wird der Trainerin also dann Glaubwürdigkeit zugeschrieben, wenn sie kenntnisreichen Umgang mit Einschränkungen durch das Älter-Werden der Interviewpartnerinnen pflegt. Wie in Abschn. 4.2.3 ausgeführt, kann die verstärkte Akzeptanz von körperlichen Grenzen als Widerstandsstrategie der Befragten gegen eine sportliche Ethik verstanden werden, die auch Teil der Fitnesskultur ist, und die Risiken und Schmerzen rational akzeptiert, um ständig besser zu werden. In diesem Sinne äußert sich C6 (65-jährig):

> „Ja, das spielt schon eine Rolle, weil manche Trainer, die sind halt einfach richtig heftig. Da, da hängt dir die Zunge am Boden. Ja, aber jeder macht es unterschiedlich und dem einen gefällt dieses heftige. Aber ich brauch das jetzt nicht mehr! Das ist der Unterschied zu früher (lacht)."

Auch A4 (74-jährig) sucht sich diejenige Trainerin aus, bei der sie Pilates „gut mitmachen kann", bei „der anderen, da kann ich es nicht gut mitmachen." D11 (69-jährig) verweist noch einmal deutlich auf ihre Interessen in Differenz zur angestrebten Körperoptimierung im Rahmen der Fitnesskultur: „For me it's form, technique and maintenance. We're not building bodies to go to compete. Not interested in that." D13 fordert stärker eine Anpassung der motorischen Anforderungen von Trainerinnen an individuelle Alterungsprozesse: „A good trainer will assess your age, the state of your health, give you a good program to start or to keep", ähnlich wie D7 (64-jährig), die von ihrer Trainerin erwartet: „(…) to be motivating, finding ways to adjust, and not be a cookie cutter". Allerdings scheinen der demografische Wandel und der damit verbundene und auch gewünschte

Zulauf von Älteren (vgl. Abschn. 2.4.3) noch nicht bei allen Trainer*innen ‚angekommen' zu sein. So erzählt C2 (60-jährig) im Interview davon, wie sie auf dem Kursplan einen Rückentrainingskurs gesucht hat und was aus ihrem Wunsch, an diesem teilzunehmen, geworden ist:

> „Da stand irgendwas mit Rücken und ich hab gedacht ja, Rücken ist immer gut! Dann war das aber ein Powerrückenkurs und als ich den Trainer danach gefragt habe, ob es auch einen Kurs für das Alter ab 60 Jahren gibt, da hat der mich ausgelacht!"

Eine wesentliche Determinante für die Zuschreibung von Glaubwürdigkeit und die Auswahl eines Kurses bezieht sich neben individuellen Vorlieben – „wo man gerne hingeht" (B4, 72-jährig); „Kurse dürfen nicht zu voll sein" (C5, 62-jährig), auch die „Sympathie" (A7, 65-jährig; A10, 72-jährig; A12, 67-jährig), „Chemie" oder „Wellenlänge muss stimmen" (C1, 65-jährig; C2, 60-jährig; A3, 60-jährig) – auf die Expertise der Trainerin. Grundlegende Fragen, die dabei im Fokus stehen, sind: Wie wird ihre Fachkompetenz eingeschätzt, wechselt sie das Übungsprogramm oder präsentiert sie immer gleiche Abfolgen, bietet sie Alternativen zu schwierigen Übungen, vor allem, wenn nicht alle folgen können, korrigiert sie Fehlhaltungen usw. In erster Linie bescheinigen die Interviewpartnerinnen der Trainerin eine hohe Fachkompetenz, wenn sie „eine gute Anleitung" (A6, 71-jährig) für die Ausführung der Übungen gibt und dabei angemessen korrigiert (A5, 75-jährig). Auch für B4 (72-jährig) ist es wichtiger, welche und wie präzise Übungen oder Übungsabfolgen „gebracht werden" als die Person und Präsentation der Trainerin. C9 legt den Schwerpunkt auf eine qualifizierte Ausbildung der Trainerinnen, die sich letztlich auf die Ausführung des Trainings auswirkt. Es geht ihr darum „dass die Trainer was verstehen von ihrem Handwerk. (…) Das ist mir schon wichtig, die Qualität". B2 (63-jährig) ist von der Trainingsqualität in den Kursen ihres Studios überzeugt: „Es gibt einfach sehr, sehr gute (Trainerinnen), wo ich denke, das ist fast schon wie Physiotherapie, was ich da mach". Auch C6 (65-jährig) schätzt die Expertise der Trainerinnen, die sie als Beraterinnen bei ihren physischen Problemen in Anspruch nimmt:

> „Man kann ja jederzeit (…) sagen, (…) ich hab da und da mal wieder ein Problem. Ich hab's am Knie oder ich hab's an der Schulter und dann geht eine mit und zeigt einem Übungen, die man selber machen kann und das finde ich auch schon ganz toll."

Dass Übungen korrigiert werden, ist auch für eine ganze Reihe der Befragten des aS ausschlaggebend, um ein Training qualitativ als gut zu bewerten. D9 (67-jährig) schätzt an ihrer Trainerin nicht nur, dass sie „always corrects exactly how you stand, (…) it's really detailed", sondern vielmehr auch, dass sie diese Korrektur auf alle Gruppenmitglieder bezieht: „But, she really keeps an eye on everybody. (…) So, it was really good, she's very competent". Dies gilt auch für D2 (67-jährig). Sie wählt in ihrem Studio eine kompetente Trainerin aus, „who knows their stuff, who will correct you, if you're doing something wrong". D4 möchte ebenfalls professionell mit guten Alternativen beraten werden, wenn sie Übungen nicht mitmachen kann: „I would want the trainer to be able to say, well, if you can't do this, you can do this, which happens! Yes, alternatives." Für D5 (69-jährig) gelten grundsätzlich kleine Variationen im Programm als attraktiv, außerdem schätzt sie es, wenn die Trainerin mit ihren Übungen und Anregungen das Körperbewusstsein schult: „(…) those little things that they bring in (…) differently, that you hadn't been aware of". Wenn diese Form der Beratung und Korrektur, die auch B3 (65-jährig) als Teil einer Trainerinnenexpertise interpretiert, fehlt, bleibt letztlich ein Arrangement, dass als nicht zufriedenstellend bewertet wird:

> „Wünschen würde ich mir manchmal einen *personal trainer,* der so genau darauf achtet, was wichtig wäre und mich da beraten würde, was ja da (in ihrem Studio G. S.) nicht der Fall ist. Es ist einfach so die zweit-, drittbeste Möglichkeit (lacht) mit der (Trainerin) dann da was zu machen."

Von den 14 Interviewpartnerinnen des aS nimmt die Hälfte, also sieben, ein *personal training* in Anspruch, was insofern ein Vorteil für allem für diejenigen Befragten darstellt, die wenig Sporterfahrungen haben, da sich die Trainerin mit ihrem Programmangebot vollständig auf die einzelne einstellen kann. Genau aus diesem Grund suchte D6 (70-jährig) sich ein „one-on-one thing" aus, weil sie es vorzieht, wenn sie „being by myself with the fitness person, who is focused on me", wie auch D10 (67-jährig) bestätigt: „I like the private". Denn die Trainerin kann nun auf eine Verletzung von D10, „a horrible knee injury", besser eingehen oder hat nach D6 einen größeren Spielraum, intensiver nachzufragen: „How I'm doing. Do I have aches and pains?". Wenn D6 gerade in bestimmten Bereichen physische Probleme hat, fokussiert die Trainerin „on something else for that session rather than trying to aggravate things. I've really enjoyed it." Auch D1 (63-jährig) profitiert vom Einzeltraining, da sie bisher in keine sportlichen Aktivitäten involviert war und erst lernen musste, wie ihre Muskeln arbeiten und zu nutzen sind. Sie beschreibt ihre Intention folgendermaßen: „I felt like I needed someone to evaluate where I was and how to get a better place, who really was professionally qualified". D3 (68-jährig) und D13 (67-jährig) heben ebenso die Kompetenz ihrer Trainerin hervor. „I started to go to an individual trainer, because I felt like I wasn't getting enough satisfaction about my shoulder revovering" (D3). D10 (67-jährig) bevorzugt ein Einzeltraining, da ihre Trainerin Fragen nach ihren Bedarfen stellt, aber auch selbst diagnostizieren kann, welche sportlichen Routinen die Fitnessaktive in ihrem Trainingsalltag entwickeln sollte:

> „What do you need? They see a lot (…) the muscle is getting soft and you need to improve. They have to see you to assess you and give you a good routine and then you would be fine and you would like it."

D12 (77-jährig) erwartet von der Trainerin vor allem ein abwechslungsreiches Übungsprogramm sowie hilfreiche Übungen gegen ihre Arthritis: „Jetzt mach mal was Neues für uns (…) und gib uns Feedback. Wir wollen Abwechslung für alle Muskelgruppen. Zum Beispiel, meine Arthritis wird schlecht!" Andere Interviewpartnerinnen, die physische Beschwerden hatten und haben und sich aufgrund dessen sowie aufgrund ärztlichen Rats, stärker sportlich engagieren sollten und wollten, haben zu der Trainerin, die sie berät und betreut, eine freundschaftliche Beziehung aufgebaut, die sie ‚am Ball' bleiben lässt. Ein gutes Beispiel dafür ist D8 (68-jährig), die sich ans „department physical education" des Amherst College wandte, um Unterstützung für ihr Anliegen zu erhalten: „Do you have somebody there, who can work with an older woman who hates to exercise, finds it pointless and stupid?" Es ließ sich eine geeignete Trainerin finden, auf die sie ihre positiv empfundene Mutter-Tochter-Beziehung überträgt: „She seemed very much like my daughters. I have two gay daughters, and she was gay also, and she was their age." Nicht nur diese Identifikation hilft ihr das Training zweimal in der Woche aufrecht zu erhalten, sondern auch, weil „she made me laugh, which I think is probably why I still go." Letztlich braucht sie jemand, die ihr sagt: „(…) do it. I'm going to sit here and watch you." Allerdings setzt die Inanspruchnahme eines individuellen Trainings voraus, dass genügend ökonomisches Kapital zur Verfügung steht. So gibt z. B. D3 (68-jährig) an, dass das Einzeltraining „hideously expensive" ist und sie 78 Dollar pro Stunde kostet.

Auch in Deutschland gibt es mittlerweile eine größere Nachfrage nach individualisiertem Training. Laut dem Bundesverband Personal Training (2021), die eine umfassende Ausbildung anbieten, sind mittlerweile 8000–10.000 Personal Trainer aktiv. Ein Einzeltraining in Deutschland kostet ähnlich wie in Amherst 70–99 €[32] pro Stunde.

---

[32] Abgerufen von https://www.check24.de/profis/kosten/personal-trainer/.

4.4.4 Zusammenfassender Vergleich der Netzwerke des dS und aS unter Berücksichtigung der Intersektionen von Alter(n), Geschlecht und Klasse

Im Kontext *primärer Netzwerke,* der Familienbeziehungen, wurden insbesondere die heterosexuellen Paarbeziehungen näher untersucht, da nahezu alle Interviewpartnerinnen beider Samples in einer solchen leben oder länger gelebt haben. Im Folgenden soll die unterschiedliche Ausgestaltung dieser Paarbeziehungen des dS und aS auf dem Hintergrund der spätmodernen Klassengesellschaft zusammengefasst werden, in der je nach Klasse ungleich verteilte materielle Ressourcen zur Verfügung stehen sowie Unterschiede hinsichtlich des erworbenen kulturellen Kapitals festzuhalten sind (vgl. Abschn. 4.1.1), die sich in Wahrnehmungen, Einstellungen und Haltungen zu Geschlechterverhältnissen niederschlagen.

An den Paarbeziehungen des dS lässt sich zunächst zeigen, dass die Modernisierung der Geschlechterverhältnisse nicht als „unilineare Entwicklung auf ein wie auch immer spezifiziertes Ziel der Geschlechtergleichheit zu verstehen" ist (Meuser 2019, S. 61). Wie schon Wetterer (2003, S. 288) vor zwanzig Jahren konstatierte, ist das modernisierte Geschlechterverhältnis „vor allem durch Widersprüche, Brüche und Ungleichzeitigkeiten gekennzeichnet", was bis in die Gegenwart Bestand hat. Dies zeigt sich zum einen, wie Possinger (2019, S. 1284) darlegt, in der deutschen Familienpolitik, die trotz Pluralisierung der Familienverhältnisse ihre Fördermaßnahmen immer noch stärker am Leitbild der heterosexuell verheirateten Kernfamilie ausrichtet. Zum anderen konzentrieren sich aufgrund von immer noch bestehenden Männlichkeitsnormen Männer stärker auf die Erfüllung von Anforderungen der Erwerbsarbeit, auch auf Druck der Arbeitgeber, als auf Anforderungen gleichberechtigter Familienarbeit. Daran hat auch der Bildungsaufstieg von Frauen und Mädchen seit den 1970er Jahren und der Erosion des ‚männlichen' Ernährermodells nichts Wesentliches geändert. Das hat zur Folge, dass Familiengründung bei heterosexuellen Paaren häufig mit einem (Re-)Traditionalisierungseffekt verbunden ist; denn in der Regel sind es die Mütter, die in den ersten Lebensjahren der Kinder die Erziehungsarbeit übernehmen und aus dem Erwerbsleben für diese Zeit ausscheiden, wie auch das Beispiel von B3 zeigt. B3 verzichtet in den ersten Jahren der Familiengründung trotz hoher akademischer Ausbildung darauf, berufstätig zu sein, versorgt ihre drei Kinder, während ihr Mann bei gleicher Berufsausbildung (beide studierten Medizin, B3 absolviert eine Zusatzausbildung und wird Psychotherapeutin) in vollem Umfang berufstätig bleibt. Die Kosten der asymmetrischen Verteilung der Carearbeit, wie ein erhöhtes Armutsrisiko bei Trennungen, aber auch im Rentenalter, ob durch eine späte Wiederaufnahme der Berufstätigkeit oder durch vorrangig ausgeübte

Teilzeitarbeit – bezeichnet als ‚Gender-Care-Gap‘ und ‚Gender-Pension-Gap‘ (vgl. Abschn. 2.2.2) –, tragen einseitig die Frauen.[33] Ein Beispiel dafür ist A6, die auf Anraten ihres Mannes („Das, was du verdienst, bezahlen wir an Steuern.") früh ihre Erwerbstätigkeitsphase als medizinisch-technische Assistentin beendet und sich um die Erziehung und Versorgung der drei Kinder – die Familie wohnte in einem großen Haus mit Garten – kümmert. Sie lebt inzwischen nach der Scheidung allein in einer kleinen 60 m^2 großen Wohnung zur Miete. Koppetsch und Speck (2015, S. 254) resümieren, dass sich die „Modernität scheinbar traditioneller Geschlechterverhältnisse" gerade durch „die Anpassung von Männlichkeits- und Weiblichkeitstraditionen an veränderte gesellschaftliche Bedingungen" zeigt. Zu kulturellen Männlichkeits- oder Weiblichkeitsbildern und deren Reproduktion lässt sich die Zuweisung bestimmter Attribute zählen, z. B. Eigenschaften, Verhaltensweisen, Einstellungen oder Kompetenzen, die Mitgliedern einer sozialen Gruppe, z. B. Frauen, Männer, Trans* oder non-binären Personen, usw., zugeschrieben werden, ohne individuelle Unterschiede innerhalb dieser Gruppe zu berücksichtigen (Hannover und Wolter 2019, S. 202). Solche Stereotype beziehen sich nicht nur auf Genusgruppen, sondern können z. B. auch Menschen mit anderen religiösen Überzeugungen oder Gruppen mit anderer ethnischer Zugehörigkeit betreffen. Dies zeigen die Beispiele von A10 und B4. A10 konstruiert eine ‚Wir-Gruppe‘, die abwertende Haltungen gegenüber Frauen überwunden hat und eine Gruppe der Anderen, andere Frauen in der Welt, die „selber schuld sind", wenn sie sich solchen Haltungen beugen. B4 spricht deutlicher von der „arabischen Welt", die „die Aufklärung noch nicht hinter sich" gebracht hat und deshalb Frauen als „zweitklassig" ansieht. (Geschlechter-)Stereotype funktionieren wie sich selbst erfüllende Prophezeiungen, denn sie beeinflussen die Wahrnehmung von sich und anderen (ebd., S. 206). Oder anders formuliert: Weltsichten sind nach Bourdieu (1999) in den Körper eingeschrieben, sodass Wahrnehmungs- und Einstellungsschemata des Habitus bestimmen, welche Informationen überhaupt wahrgenommen, wie sie kategorisiert und bewertet werden. Die Machtwirkungen des Geschlechterverhältnisses liegen nicht im Zwang zu einem bestimmten Verhalten, sondern zeigen sich im Gegenteil, in einer positiven Identifikation mit herrschenden Normen und Zuordnungen. Beispiele aus dem dS sind B4, die „kochen *muss*", weil ihr Mann dies einfordert, und „viel Sport machen *muss*", um im Rahmen gängiger Körperidealbilder „nicht so negativ auf(zu)fallen". Auch A12 will lieber als verheiratete Frau gelten, als sich von ihrem alkoholkranken Mann

---

[33] Possinger (2019, S. 1285) verweist darauf, dass bei der Verteilung von Care-Arbeit auch kulturell verankerte Geschlechternormen eine Rolle spielen, was dazu führen kann, dass Frauen Carearbeit als ihr ureigenes Ressort ansehen und der Vater auf eine Mithelferrolle festgelegt wird.

zu trennen, obwohl er weder mit ihr spricht, noch irgendeine andere Form von Interesse für sie aufbringt.

Die neue akademische Mittelklasse des aS, die sich in Amherst und Umgebung niedergelassen hat, zeigt einen hohen Grad an räumlicher und teilweise internationaler Mobilität, der bereits durch die unterschiedlichen Herkunftsorte nahezu aller Interviewpartnerinnen repräsentiert wird, zum einen innerhalb von Amerika, aber zum anderen auch durch Einwanderung. Z. B. D13, die aus Costa Rica nach Amerika migriert ist oder die Familienmitglieder von D10 und D11, die aus Italien und Deutschland kommend sich an der Ostküste der USA niedergelassen haben. Dass Amherst ein hoch akademisch ausgebildetes Klientel erzeugt und anzieht, darauf verweist D1. Zu den fünf Hochschulen in Amherst und Northampton gehört auch das Smith College, das größte Frauencollege der USA und eines der angesehensten der Welt. Die private, konfessionslose Bildungseinrichtung ist Mitglied der „Seven Sisters", der sieben renommiertesten Frauencolleges der Vereinigten Staaten, was neben der von D1 beschriebenen Szenerie als „very progressive and left-wing" die Annahme einer ebenso feministisch geprägten Atmosphäre dieser „different area" stützt. Alle Interviewpartnerinnen sind Hochschulabsolventinnen und Hochqualifizierte, die über entsprechendes ökonomisches und eben auch kulturelles Kapital verfügen. Parameter dieses Lebensstils sind Selbstverwirklichung, kulturelle Offenheit und Diversität, Lebensqualität und Kreativität (Reckwitz 2021, S. 274), die sich z. B. im selbstverständlichen Thematisieren der Homosexualität der Töchter, des Sohnes, der Kollegin oder auch der Trainerin ausdrücken, die sich aber auch auf das Geschlechterverhältnis insgesamt auswirken. Z. B. nimmt D1 eine Flexibilisierung der Geschlechterordnung vor, hat polyamoröse Beziehungen und lebt weite Teile ihrer Ehe nicht mit ihrem Ehemann zusammen. D3 spricht davon, dass sie im Zuge der ersten Feminismuswelle sich mit ihrem Mann zusammen gegen eigene Kinder entschieden hat, um flexibel und in Vollzeit ihren Beruf ausüben zu können. Sie schaffen sich durch die Aufnahme einer „artificial daughter" eine selbstgewählte Familie. D8 fühlt sich ihrem Ehemann gegenüber nicht verpflichtet, die traditionelle Rolle als umsorgende Hausfrau einzunehmen. Im Gegenteil, er kocht für sie und wäscht seine Wäsche selbst. Beide führen in der Paarbeziehung ein selbstständiges Leben, was auch für die meisten der anderen Interviewpartnerinnen gilt. Beispielhaft steht dafür die Aussage von D11, die für ihre Paarbeziehung das Bild der „two circles that overlap in various ways" (D11) kreiert. Auch D13 aus Costa Rica, die aus einer sehr traditionell aufgestellten Herkunftsfamilie stammt, lehnt durch Unterstützung ihres Vaters die traditionelle Rollenverteilung und damit die Einteilung der Lebensbereiche in eine mütterliche „small world" gegenüber einer väterlichen „outside world" für ihre eigene Lebensgestaltung ab. Den Rat ihres Vaters, erst eine gute Ausbildung zu erlangen und dann zu heiraten, um unabhängig zu bleiben, versucht sie an ihre Töchter weiter zu vermitteln.

Bezüglich *sekundärer Netzwerke,* der freundschaftlichen Beziehungen, resümiert Reckwitz (2021, S. 281), dass klassenübergreifende persönliche Beziehungen zwischen Individuen aus unterschiedlichen Milieus seit den 1990er Jahren deutlich zurückgegangen sind. Dies zeigt sich auch in den sozialen Beziehungen beider Samples. Es geht vorrangig um Gemeinsamkeiten, um eine ähnliche „Ausbildung" und Lebensstil, wie A5 konstatiert, damit Kontakte als fruchtbar empfunden werden. Dazu gehört, vor allem im dS, eine ‚körperliche' Verbundenheit, die durch die Ausübung sportlicher Aktivitäten entstehen kann. Mit einem sportiven Lebensstil werden zugleich Profitchancen gegenüber weniger sportlichen Freund*innen thematisiert, z. B. indem durch ein höheres Fitnesslevel mehr Möglichkeiten der Freizeitgestaltung beschrieben oder der Erwerb symbolischen Kapitals betont wird (was z. B. meint, beneidet und bewundert zu werden, A13, C9). Diese Ausrichtung, also Freund*innen nach sportlicher Fitness auszusuchen, trifft nur auf einen kleinen Teil der Amerikanerinnen zu, z. B. sehr stark auf D3 und zum Teil auch auf D11. Bei allen Interviewpartnerinnen aber dominiert das Ziel, eine hohe Lebensqualität zu erreichen, die sich im guten, gesunden Leben manifestiert, das sie mit ihren gleichgesinnten Freund*innen, für D8, D10 und D12 sind das hauptsächlich Frauen, teilen möchten. Die Bevorzugung gemeinsamer kultureller Aktivitäten wie Theater-, Konzert- oder Museumsbesuche, zum Essen ins eigene Haus einzuladen oder gemeinsam ins Restaurant zu gehen, den gleichen Geschmack zu teilen, auch beim Umgang mit Produkten der Kulturindustrie, bezeichnet Reckwitz (ebd.) als „Selbstkulturalisierung des Lebensstils". Dazu gehören auch vielfältige Reisen in ferne Länder (nicht nur nach Europa, auch z. B. zu den Bahamas, nach Indien oder China). Reckwitz (2021, S. 320) resümiert, dass Reisen eine Schlüsselpraxis in der Lebensführung der Akademikerklasse darstellt, um „Anregendes, Interessantes und Herausforderndes" zu erleben. Dies gilt zum einen auch für einen Teil der Interviewpartnerinnen des dS mit einem mittleren ökonomischen und kulturellen Kapital. Für sie sind Fernreisen ein wichtiges Zeichen eines kulturellen Lebensstils. Dass Trägerinnen einfacher Bildungsabschlüsse wie im dS, die noch in der nivellierten Mittelstandsgesellschaft als normaler Durchschnitt galten, zu „Niedrigqualifizierten mit extrem begrenzten Möglichkeiten" (ebd., S. 283) absteigen, ist durch den Einbezug des Geschlechterverhältnisses zu präzisieren. Die Beispiele von A6 und C6, die geschieden sind, so auch von A4 und C7, die beide nicht verheiratet waren und ohne Partner leben, zeigen, dass durch geringes ökonomisches und kulturelles Kapital – hinzu tritt die Reduzierung der freundschaftlichen Kontakte bei fortgeschrittenem Alter – tatsächlich eingeschränkte Chancen bestehen, zufriedenstellende soziale Beziehungen zu führen.

Im *tertiären Netzwerk* sind zum einen die eher flüchtigen Kontakte zu erwähnen, die für einige Interviewpartnerinnen durchaus sozialen Wert besitzen. Zum anderen sind es die Trainerinnen, die als Bezugspersonen und Expert*innen mit Blick auf Wissen und (Anleitungs-)Können eine große Rolle für die Kontinuität des Trainings im Fitnessstudio spielen. Damit Trainerinnen als Expertinnen glaubwürdig erscheinen, müssen sie in der Wahrnehmung der Interviewpartnerinnen beider Samples verschiedene Erwartungen erfüllen. Als erstes stellt für einige vor allem die körperliche Präsentation als zentrales Distinktionsmedium (nicht nur) im Rahmen der Fitnesskultur ein entscheidender Faktor dar, um die Trainerin als *role model* zu akzeptieren. Dazu gehört ein schlankes, aber nicht zu ‚dünnes‘ Erscheinungsbild (A1, A11, D6 und D11), ein gesundes Aussehen (D2, D6 und D7) sowie eine positive Ausstrahlung (C8), Tatkraft und die Motivation der Teilnehmerinnen durch eine „klare Stimme" (C7), durch einen angemessenen „Ton" (B1) und durch eine gute, nicht wertende Kommunikationsfähigkeit (D5). Kritische Bemerkungen oder Ignoranz bezüglich der mangelnden Leistungsfähigkeit von Teilnehmerinnen sollten tunlichst unterbleiben (B1 und A12), wohingegen eine kompetente Anleitung, ein variantenreiches Übungsprogramm sowie angemessene Korrektur erwünscht sind. Vor allem die Interviewpartnerinnen des aS, die ja durchschnittlich älter als die Befragten des dS sind, legen Wert darauf, dass die Trainerin von der Logik der Fitnesskultur, den Körper zu optimieren, Abstand nehmen und ihre Übungen unter Berücksichtigung des Alters der Teilnehmerinnen auswählen sowie den Schwierigkeitsgrad entsprechend anpassen kann (D7, D11 und D13). Diese Form der zur Kenntnisnahme und Berücksichtigung von Alter(n) scheint in den ausgewählten Studios der deutschen Interviewpartnerinnen nicht in dieser Konsequenz gegeben. Für sie sind die Möglichkeiten begrenzter, Kurse und Trainerinnen zu finden, die ein älteres Klientel ins Zentrum ihres Trainingskonzeptes stellen (vgl. dazu auch Abschn. 2.4.3 und 5.2). Dennoch wird aus Äußerungen einiger Interviewpartnerinnen des dS deutlich, dass manche Trainerinnen bereit sind, individuelle Beratung bei physischen Problemen zu geben (C6), womit sie zu einer wichtigen Bezugs- und Ansprechperson avancieren. Das bedeutet auch, die befragten Frauen können erst einmal auf die Konsultation von Ärzt*innen oder die Einnahme von Medikamenten zur Schmerzreduktion verzichten (vgl. Abschn. 4.2.2). Ein individuell angepasstes Training, Hilfestellungen und Beratungen bei körperlichen Problemen sowie der Erwerb von Kenntnissen über Funktionsweise und Aufbau des Muskelapparates (D1) sind im Einzeltraining selbstverständlich sehr viel eher möglich als im Kurstraining. Diese Chance haben vor allem diejenigen, die ausreichend ökonomisches Kapital besitzen und einen solchen exklusiven Raum sogar zum Aufbau einer gleichsam freundschaftlichen Beziehung (D8) nutzen können. Eine solcherart gestaltete Expertise im Einzeltraining wird sicher auch in naher Zukunft in Deutschland stärker nachgefragt werden, vor allem von denjenigen, die es sich leisten können und die Inanspruchnahme eines solchen exklusiven Raumes als Zugewinn betrachten.

Fitnessstudios und demografischer Wandel

5

5.1 Diskursanalyse von Alter(n)s-, Geschlechterbildern und Fitnessdiskursen[1]

Der Analyse lag die Fragestellung zugrunde, welcher normative Rahmen mit den Internetauftritten der untersuchten Fitnessstudios zu Alter(n), Geschlecht, Fitness und Gesundheit anhand der dort präsentierten Texte und Bilder geschaffen wird. Es geht also darum, wirkmächtige Ideale auf der Ebene der symbolischen Repräsentationen zu identifizieren, auf der sich zum einen gesellschaftliche Machtstrukturen artikulieren und die zum anderen als Vorlage für Identitätskonstruktionen dienen können. Der Bezug zu den Interviewpartnerinnen wird immer dann hergestellt, wenn eine durch die in den Texten und Bildern empfohlene Strategie, z. B. der Körperbearbeitung, von den Befragten im Fitnesstraining aufgegriffen und umgesetzt worden ist. Dies bedeutet nicht, dass der spezielle Werbetext zu diesem Verhalten geführt hat, er wird lediglich als Beispiel innerhalb eines gesamtgesellschaftlichen Diskurses angeführt, der sich seit den 1980er Jahren durch den demografischen Wandel westlicher Gesellschaften intensiviert hat und die Aktivierung von Älteren in den Blick nimmt (vgl. Abschn. 2.1).

In einem ersten Schritt werden zunächst ausgewählte Ergebnisse der quantitativen und qualitativen Inhaltsanalyse und in einem zweiten Schritt Ergebnisse der Bildanalyse mit Bezügen zur Interviewstudie[2] vorgestellt.

---

[1] Wie in Abschn. 3.3.2 erwähnt, basieren die folgenden Ausführungen auf der Diskursanalyse von Hartung (2018).

[2] Auch wenn es sich um deutsche Fitnessstudios mit einem Schwerpunkt auf lokal basierte Fitnessketten handelt, ist der identifizierte Fitnessdiskurs, wie ausgeführt, mit seinen Bildern, Vorstellungen und Wissenselementen Teil eines gesamtgesellschaftlichen Diskurses über

5.1.1   Quantitative/Qualitative Inhaltsanalyse

Als erstes ist zu konstatieren, dass die untersuchten Studios (im Zeitraum von
2017–2018) in drei Kategorien eingeteilt werden können: sowohl in kleine lokale
Studios ohne weitere Anbindung, in lokal basierte Fitnessketten mit bis zu 20
Standorten als auch in die großen Fitnessketten mit bis über 100 Standorten in
Deutschland. Von diesen sind die lokal basierten Fitnessketten die dominante
Form in Freiburg, z. B. das „Rückgrat" mit insgesamt acht Standorten und der
„Sportpark" mit sechs Standorten. Damit stellen diese mehr als die Hälfte der
Freiburger Fitnessstudios. Die anderen neun Center sind entweder Einzelstudios
oder große Ketten, die vor Ort nur einmal vertreten sind. Wie bereits im Metho-
denkapitel erwähnt (vgl. Abschn. 3.3.2.1) sind in Texten und Bildern von den
insgesamt 23 untersuchten Fitnessstudios lediglich bei fünf Studios deutliche
Altersbezüge auf den werbenden Internetseiten festzustellen, d. h. die Werbetexte bezogen sich auf ältere Personen, die auch in Trainingssituationen auf der
Homepage abgebildet wurden. Diese fünf Studios (Fitness Gym, Körperwerk,
Rückgrat, Multisports und Maxx!) sind nun einer genaueren Analyse unterzogen worden.[3] Als erstes Ergebnis ist festzuhalten, dass Gesundheit das weitaus
größte Themenfeld der fünf Studios darstellt und häufig mit Aufrufen zur Selbst-
verantwortlichkeit verbunden wird. Immerhin drei der fünf Studios bieten zum
Thema Alter(n) eigene Unterseiten an, die mit „Fit im Alter" (Fitness Gym und
Maxx!) oder mit „Mehr Lebensqualität in den besten Jahren – Fit für die Enkel"
(Multisports) angeboten wurden. Nach genauerer Analyse der Texte lässt sich
festhalten, dass erfolgreiches Alter(n) als ein wählbarer Lebensstil verkauft wird.
Aufrufe zur Selbstverantwortung bei der Herstellung von Gesundheit werden
sogar speziell an Ältere gerichtet, denen versprochen wird, durch das Fitnesstraining ihre jugendliche Lebensenergie zurückgewinnen zu können. „Fit für die
Enkel" verweist zusätzlich auf den Aspekt der sozialen Vernetzung, der quasi als
positives Ergebnis einer solchen Körpermodellierung mitgeliefert wird und Fitnesstraining als Selbsttechnik einer umfassenden Anti-Ageing-Strategie ausweist.

Alter(n), Geschlecht, Fitness und Gesundheit, der sich auch auf Amerika bezieht und deshalb die interviewten Amerikanerinnen mit ihren Fitnesspraktiken ebenso einschließt (vgl.
Abschn. 2.4.1).

[3] Interessanterweise sind diese fünf Studios im mittleren bis höchsten Preissegment zu verorten. Damit werden selbstverständlich lediglich diejenigen Älteren angesprochen, die über
entsprechendes ökonomisches und kulturelles Kapital verfügen, was ja auch durch die Analyse der Interviews deutlich geworden ist.

Das folgende Beispiel greift die beschriebene Strategie auf, indem die Profitchancen durch das Training über die Polarisierung der Effekte von aktivem versus inaktivem Verhalten betont werden:

> „Sport hält Sie gesund, jung, fit und mobil. Doch warum kommt es dann täglich zu unserem Kampf mit dem inneren Schweinehund? (…) Vielleicht können wir Sie doch noch davon überzeugen von Ihrem Sofa aufzustehen. (…) Prävention ist das Stichwort! Wer sich der Auswirkungen bewusst ist, die mit einem Verlust der körperlichen Leistungsfähigkeit einhergehen, der wird von sich selbst aus aktiv werden" (Multisports).

Die Zusammenstellung der Adjektive „gesund, jung, fit und mobil" verweisen direkt ins Zentrum des Diskurses. Es wird suggeriert, dass es gar nicht so schwer ist, erfolgreich zu altern, wenn sich Ältere zu einem sportiven Lebensstil entscheiden. Denn die Verlängerung von Jugendlichkeit und Leistungsfähigkeit bis ins höhere Lebensalter hängt von der individuellen Wahl ab, mit der die eigene Lebensqualität gesichert, Krankheiten und Gebrechlichkeit vermieden werden können. Die Herstellung von Gesundheit wird auf diese Weise zur Aufgabe eines selbstverantwortlichen Individuums, dass sich „mit dem Verlust körperlicher Leistungsfähigkeit" keinesfalls abfinden muss, wenn es den „inneren Schweinehund" bekämpft und „von sich selbst aus aktiv" wird. Das passive Ruhen auf dem Sofa, dass ja auch von den Interviewpartnerinnen als abzulehnende Mußestrategie deklariert wird, wird hier zum Symbol von Inaktivität und Verlust. Zudem ist eher implizit herauszulesen („wer sich der Auswirkungen bewusst ist"), dass es nie zu spät ist, mit dem Training zu beginnen. Diese Botschaft wird in einem anderen Werbetext noch deutlicher formuliert:

> „Wieder beweglich werden. Ein Mensch ist so alt wie seine Wirbelsäule und wie diese ihm erlaubt sich uneingeschränkt zu bewegen. Denn nur wenn wir uns bewegen und das in alle Richtungen, bleibt unser Rücken schmerzfrei und gesund. Wer kennt das nicht? (…) Wir arbeiten im Sitzen, wir fahren Auto, abends sitzen wir auf dem Sofa und auch im Schlaf rollen wir uns ein. (…) Mit zunehmenden Alter passt sich unsere Muskulatur immer mehr dieser Haltung an (…), Schmerzen im Rücken und Verspannungen im sensiblen Hals-Nacken-Bereich machen sich bemerkbar. (…) Wirken Sie dem entgegen (…), lernen Sie sich wieder aufzurichten (…) und die natürliche Beweglichkeit wieder herzustellen. (…) Menschen aller Altersklassen können das Training durchführen und in kürzester Zeit Erfolge spüren" (Rückgrat).

Schon die Überschrift mit „wieder beweglich werden" verweist darauf, dass es möglich ist, gegen die schädigenden Lebensweisen in der modernen Gesellschaft,

die spätestens im Alter zu Fehlhaltungen, verkürzter Muskulatur, zu Schmerzen und Verspannungen führt, vorzugehen. Der gebeugte Rücken kann durch
entsprechende Übungen wiederaufgerichtet und eine „natürliche Beweglichkeit"
wiederhergestellt werden. Fitnesstraining verhilft also Zivilisationsgeschädigten
zur Schadensminimierung (van Dyk 2015, S. 102) und zum Erhalt oder Wiederherstellung einer ‚aufrechten Haltung'. Die äußere Aufrichtung steht symbolisch
für die Rechtschaffenheit und Legitimität des Anliegens der Fitnessstudiowerbung, sie verweist zugleich auf die innere Haltung, auf die Aufrichtigkeit,
denn „Körperhaltung ist Haltung zur Welt" (vgl. Alkemeyer 2007; Sobiech
2006b). Die Interpretation, dass die gegenwärtigen Lebensbedingungen per se
den Körper schwächen und krank machen können, zeigt sich auch im nächsten
Beispiel. Zusätzlich wird betont, dass im Körper zugleich Kräfte wohnen, die
durch einen entsprechenden Lebensstil ‚geweckt' werden und Gesundheit und
Leistungsfähigkeit bewirken können:

> „Der moderne, anspruchsvolle Lebensstil verlangt Ihrem Körper viel ab. Für Ihren
> wichtigsten Verbündeten im Leben sind vier Kraftquellen essentiell. Bewegung –
> Beweglichkeit – Ernährung – Entspannung. Nur wenn sich diese vier Komponenten
> im Gleichgewicht befinden, fühlen Sie sich fit, sind gesund und leistungsfähig. Wir
> bei Rückgrat möchten Sie dabei unterstützen, diese Komponenten in Ihren Alltag zu
> integrieren. So gewinnen Sie neue Lebensqualität und Fitness."

Selbstverständlich stehen für diese Selbsttransformation zu individueller Gesundheit und Leistungsfähigkeit die Expert*innen aus dem Fitnessstudio zur Verfügung, die die „Kraftquellen des Körpers", zu denen neben „Bewegung" auch
„Entspannung" gehört, zur Entfaltung bringen können. Das Versprechen hinter
dem durch professionelle Unterstützung hergestellten Gleichgewichts lautet: eine
„neue Lebensqualität und Fitness" zu schaffen. Dass diese Heilsversprechen, die
ebenso den Aktivierungsdiskurs prägen und sportliche Aktivität als Zauberformel für gesundes Alter(n) darstellen (van Dyk 2015, S. 104), wirkmächtig sind,
zeigen die Äußerungen der Interviewpartnerinnen, die davon überzeugt sind,
dass das Training dafür sorgt, Alterungsprozesse zu verlangsamen und durch
das erworbene physische Kapital länger am Leben teilnehmen zu können. Weitere Profitchancen liegen in gewonnener Selbstständigkeit und der Steigerung
des eigenen Selbstwerts (vgl. Abschn. 4.2.2). Gesundheit wird, wie das oben-
stehende Beispiel zeigt, aber auch in anderen Werbetexten hauptsächlich auf die
Funktionstüchtigkeit des Körpers reduziert, auch wenn zusätzlich für die Entspannung nach dem Training Wellnessbereiche zur Verfügung stehen. Das heißt,
dass sich Bewegungsangebote zur Herstellung eines leistungsfähigen und gesunden Körpers in erster Linie auf die Steigerung von Beweglichkeit, Kräftigung

der Muskulatur und Arbeit an der Körperhaltung beziehen. Da zur Ausdauer-
schulung nicht unbedingt eine Trainingsanleitung erforderlich ist, denn diese Art
des Trainings kann leicht durch Fahrrad fahren (auch im Studio), Ausdauerlaufen oder Schwimmen in Eigenregie durchgeführt werden, wird auf diese kaum
Bezug genommen. Beweglichkeits- und Kräftigungstraining wird in der Regel in
Kursen durch qualifiziertes Personal angeboten, das ja auch vom Großteil der
Interviewpartnerinnen bevorzugt wird. Die Hälfte der Amerikanerinnen können
sogar durch ihr ökonomisches Kapital individuelles, auf ihre Bedarfe angepasstes
Krafttraining durch einen *personal trainer* in Anspruch nehmen.

Eine weitere Untersuchungsfrage war, ob auf den Internetseiten nach
Geschlecht differenziert wird. Die Analyse zeigt, dass Geschlechtszugehörigkeit und damit differente Trainingsstrategien nur an wenigen Stellen thematisiert
werden und damit kein dominantes Themenfeld darstellen. Dies wird dadurch
unterstrichen, dass auf sprachlicher Ebene Frauen als Kundinnen nicht gesondert
angesprochen werden, das generische Maskulinum ist vorherrschend. Lediglich
auf der organisatorischen Ebene wird erwähnt, dass getrennte Wellnessbereiche
für Frauen und Männer vorhanden und Erzieherinnen für die Kinderbetreuung
im Studio zuständig sind (Multisports). Wenn Geschlecht explizit thematisiert wird, dann liegt der Fokus auf Weiblichkeit, Männlichkeit wird noch
seltener angesprochen. Zudem wird durch die Analyse offensichtlich, wie in
Abschn. 2.4.3 ausgeführt, dass abweichende Identitäten von einem zweigeschlechtlichen Geschlechtermodell nicht berücksichtigt und Zweigeschlechtlichkeit weiterhin als ‚natürliche' Differenz konstruiert und verstärkt wird. Das im
Fitnessfeld propagierte durchtrainierte, schlanke, fettfreie Körperideal als symbolischer Ausdruck einer hegemonialen weißen und heterosexuellen Weiblichkeit
zeigt sich auch in explizit an Frauen gerichtete Werbetexte. Denn wenn Frauen
durch eine bestimmte Trainingsstrategie gewonnen werden sollen, geht es hauptsächlich darum, das Erscheinungsbild nach ästhetischen Standards zu formen.
Krafttraining und Muskelaufbau stellen dabei nicht mehr nur eine Trainingsart
für Männer dar, sondern scheinen dann besonders gut für Frauen geeignet, wenn
sie abnehmen oder ihre Figur formen wollen:

„Macht weibliche Kurven: Krafttraining für Frauen. Krafttraining ist nur Männern
vorbehalten? Im Gegenteil: Es bringt die Weiblichkeit noch besser zur Geltung, indem
es die Kurven betont, die Kontur strafft und die Proportionen optimiert. Mit dem
richtigen Work-out haben Schwabbel-Schenkel und Winkearme keine Chance. (…)
Muskeln sind das neue Schlank" (Rückgrat).

Der Hinweis auf „Schwabbel-Schenkel" und „Winkearme" bezieht sich hier möglicherweise auch auf ein älteres Klientel, da mit dem Älterwerden und einer fehlenden Bearbeitung der Körper aus der Form zu geraten droht. Diese Haltung vertreten ja auch nahezu alle Interviewpartnerinnen beider Samples, die für ein moderates Gewichtsmanagement durch Fitnesstraining plädieren. Dass „Muskeln das neue Schlank" sind, verweist zum einen auf einen Wandel im Körperidealbild für Frauen, da Muskelaufbau bis vor wenigen Jahren eher Männern vorbehalten war (vgl. Sobiech 2004), zum anderen auf die Verringerung des verpönten Körperfetts durch Krafttraining, dass in einer Unterseite des „Rückgrat Women" noch einmal betont wird:

> „Mehr Muskulatur bedeutet: Schönere Körperform, höherer Kalorienverbrauch, mehr Kraft. Sie trainieren an unseren hoch effektiven computergesteuerten Zirkeln. (…) Optimal zum Abnehmen. (…) Erleben Sie, wie die Pfunde purzeln und Ihre Figur immer besser wird! Starten Sie jetzt in Ihr neues, leichteres, aktiveres Leben und genießen Sie es."

Das Heil- und Glücksversprechen bezieht sich in diesem Werbetext auf den Genuss eines „leichteren aktiveren Leben(s)" für Frauen. Zum einen wird suggeriert, dass es leicht ist, an den „effektiven, computergesteuerten" Maschinen abzunehmen, zum anderen lässt eine dadurch erworbene Beschwingtheit und Leichtigkeit durch die verlorenen Pfunde das Leben zum Genuss werden. Die Schwere des ‚Übergewichts', die implizit die Gegenseite zur Leichtigkeit bildet, zieht buchstäblich zu Boden und wird als das zu vermeidende Andere abgewertet. Diese Be- und Abwertungen lassen sich vor allem auch in den Äußerungen des deutschen Samples wiederfinden (vgl. Abschn. 4.2.3). Um ‚Übergewicht' zu vermeiden oder abzunehmen, werden aber nicht einfach Diäten empfohlen, vielmehr wird in den untersuchten Studios insbesondere die gesunde Ernährung als umfassende Gewohnheits- und dauerhafte Lebensstiländerung angepriesen:

> „Fehlernährung führt (…) zu Übergewicht und Zivilisationskrankheiten. (…) Wir möchten Ihnen Lebensmittel und Ernährungsformen vorstellen, die aus unserer Sicht interessant sind, um dauerhaft zu einer guten Figur, Gesundheit und Energie zu gelangen. Vielleicht können wir Sie ja dazu anregen, Ihre Essgewohnheiten zu überdenken und nach und nach ein bisschen abzuändern" (Rückgrat).

Intendiert wird nicht nur, Fett zu verbrennen, um einen schlanken Körper zu formen, das Ziel ist vielmehr die Vermittlung eines gesunden Lebensstils, denn ‚Übergewicht' erscheint als selbstverschuldete Folge von „Fehlernährung", die zu fehlender Energie und Gesundheit führt. Nur durch eine gesunde und selbstverantwortliche Lebensweise kann eine „gute Figur", „mentale Stärke" und ein „dauerhaftes Wohlbefinden" erzeugt werden:

> „Fitness für Ihre Gesundheit. Trainieren Sie gezielt Kraft, Ausdauer und Beweglichkeit. Dadurch erhalten und bewahren Sie sich körperliche Fitness, mentale Stärke sowie dauerhaftes Wohlbefinden. Im Rückgrat bieten wir Ihnen viele Trainingsmöglichkeiten."

Dass zu einem gesunden Lebensstil eine gesundheitsbewusste Ernährung, die ein spezifisches Ernährungswissen voraussetzt, sowie die Ausübung sportlicher Aktivität gehört, wissen auch die Interviewpartnerinnen, die neben gesunder Ernährung die selbstdisziplinierende und selbstregulierende Funktion von Fitnesstraining mit Blick auf ihr Gewichtsmanagement zu schätzen wissen. Zu berücksichtigen ist, dass sowohl die gesundheitsbewusste Ernährung als auch die Ausübung sportlicher Aktivitäten mit sozialen Ungleichheiten korrespondieren, da zugleich außer Acht gelassen wird, dass die Befähigung zur Selbstorganisation und zur permanenten Selbstsorge vom kulturellen Kapital und finanziellen Ressourcen abhängen(vgl. Abschn. 2.3.1 und 2.3.2). Dass die Fitnessstudios von einem zahlungskräftigen Klientel profitieren und genau diese Gruppe gewinnen möchten, zeigt das folgende Beispiel:

> „Ausgerichtet auf Menschen mittleren und auch höheren Alters, die in gepflegter Atmosphäre und mit kompetenter Betreuung therapeutisch und auch präventiv Rücken, Fitness und Gesundheit trainieren möchten" (Rückgrat).

Durch die Anmerkung „in gepflegter Atmosphäre" und „kompetente Betreuung" wird auf die Exklusivität des Studios verwiesen und damit der relativ hohe Mitgliedsbeitrag dieser Kette gerechtfertigt. Die Gesundheitsausrichtung, mit der sogar therapeutisch und präventiv der Rücken trainiert und allgemein Gesundheit hergestellt werden soll und die zusätzlich eine „tolle Prävention gegen Osteoporose, hohen Blutdruck, Diabetes" darstellt, wird ja auch von den Interviewpartnerinnen stark befürwortet, konnten sie dadurch sogar Krankheiten wie Krebs oder Depressionen überwinden und ihre Lebensqualität wiederherstellen (vgl. Abschn. 4.2.2). Mit diesen Argumenten, die noch einmal auf die Bearbeitung von Zivilisationskrankheiten verweisen und die besonders für Ältere ins Gewicht fallen, wird die Selbstbearbeitung zur Pflicht erhoben. Ausreden, dem Fitnessstudio fernzubleiben, werden als nicht akzeptabel deklariert. So nutzen alle Studios die Strategie des ‚ins-Gewissen-Redens', auch damit zum einen die Fitnessbesucher*innen der Schadensminimierungspflicht nachkommen und damit diese dann zum anderen dauerhaft als Kund*innen gewonnen werden können. Die intendierte Stärkung der individuellen Selbstverantwortung spielt der politisch motivierten Altersaktivierung in die Hände und kann vor allem Personen der akademischen Mittelklasse aktivieren und motivieren, die dazu fähig sind und über entsprechendes kulturelles und ökonomisches Kapital verfügen.

5.1.2 Ergebnisse der Bildanalyse

Die Art und Häufigkeit von Personenabbildungen ist bezüglich des Selbstbildes und auch der Auswirkungen auf das Handeln von abgebildeten Personen nicht zu unterschätzen, denn die fehlende Präsenz einer Altersgruppe, z. B. von älteren Frauen (vgl. Hoppe et al. 2016), aktualisiert Stereotype und ruft negative Konnotationen mit Alterserscheinungen hervor. Im Folgenden werden nur diejenigen bildlichen Darstellungen vorgestellt, die ältere Männer und Frauen zeigen. Ältere werden insgesamt auf 51 Bildern (von insgesamt 750) dargestellt und neun von fünfzehn Studios verweisen mindestens an einer Stelle auf ältere Fitnessstudiobesucher*innen. 63 Personen auf den Bildern wurden auf über 60 Jahre eingestuft (etwa 5,9 % der Gesamtmasse an Bildern). Von diesen wurden wiederum 36 (57 %) als männlich und 27 (43 %) als weiblich eingeordnet, was weder aktuellen Mitgliedszahlen – 2021 waren 45 % Männer und 55 % Frauen Mitglied (vgl. Abschn. 2.4.3) –, noch den über 60-Jährigen in der Gesamtbevölkerung von 22 % (Statistisches Bundesamt 2021a) entspricht. Ältere Menschen sind also deutlich unterrepräsentiert, Hochaltrigkeit, repräsentiert durch Personen über 75 Jahren, bleibt quasi unsichtbar (es lassen sich lediglich fünf Personen in dieser Altersgruppe auf Bildern der untersuchten Studios finden). Gruppentrainingsbilder zeigen gerade einmal fünf Männer und vier Frauen, was den Schluss zulässt, dass es keine abgestimmten Angebote für Gruppen von Älteren gibt, sie müssen vielmehr an Angeboten für Jüngere teilnehmen. Während altersunabhängig Frauen im Verhältnis drei zu zwei Männern dominieren, kehrt sich das Verhältnis um, wenn die über 60-jährigen betrachtet werden. Ähnliches gilt für die Darstellung der verschiedenen Trainingsformen nach Alter. Während altersunabhängig Frauen und Männer in einem ausgeglichenen Verhältnis beim Krafttraining gezeigt werden, ist bei den Bildern mit älteren Personen das Krafttraining deutlich männlich konnotiert. Männer sind doppelt so häufig beim Krafttraining positioniert wie Frauen, was möglicherweise darauf rückschließen lässt, dass die Idee Krafttraining als eine Trainingsart für beide Geschlechter vorzustellen bei den über 60-jährigen wieder stereotyp abgebildet wird: Männer verfolgen das Prinzip der Expansion, machen Masse, Frauen das der Reduktion, sollen/wollen möglicherweise das durch die Wechseljahre zugelegte Körperfett reduzieren. Ein umgekehrter Effekt ergibt sich beim Beweglichkeitstraining. Hier dominieren altersunabhängig Frauen, während bei Älteren das Verhältnis ausgeglichen ist, was möglicherweise ebenso mit den zugeschriebenen Körperbildern im Alter korreliert. Anzumerken ist, dass die Anzahl der dargestellten Personen so gering ausfällt, dass nur von einer Tendenz gesprochen werden kann. Ein weiterer Fakt ist, dass auch bei der Darstellung von Älteren Ausdauertraining kaum Beachtung findet. Zudem fällt auf, dass Trainer*innen in unterstützenden Positionen im Kontext mit Älteren kaum zu finden sind, wenn, dann ist unter den Trainingspersonen keine einzige Frau abgebildet. Den über 60-jährigen helfen also ausschließlich Männer, was die Vorstellung einer traditionell geprägten Zielgruppe in der Freiburger Fitnessstudiowerbung nahelegt. Ebenso sind im Bildmaterial keinerlei von der Zweigeschlechtlichkeit abweichende Identitäten repräsentiert, was den Aspekt der Heteronormativität in der Fitnessstudiowerbung zusätzlich verstärkt. Vergleichbar lassen sich keine abweichenden Darstellungen vom fitten, durchtrainierten Körper finden, d. h. die Abbildung des dickeren Körpers wird möglicherweise als Symbol des Scheiterns an der Gestaltungsaufgabe, Körper fit, gesund und schlank zu formen, in der Fitnessstudiowerbung vermieden.

5.2 Analyse der Trainer*innenexpertise[4]

5.2.1 Berufliche Qualifikationen und Kompetenzen im Umgang mit Älteren in fitnessorientierten Kursangeboten

Zum Zeitpunkt des Interviews sind nahezu alle der Befragten als Trainer*innen seit zehn bis dreißig – eine sogar bereits seit vierzig – Jahren in unterschiedlichen Studios tätig. Zu ihrem Betätigungsfeld gehören ausschließlich Gruppenkurse wie Aerobic, Dance Aerobic, Step Aerobic, Beckenbodentraining, Pilates, Beweglichkeitstraining, Yoga, Bauch Beine Po, Wassergymnastik, Wirbelsäulen- und Rückentraining, Faszientraining, Zumba, Präventionskurse, Sturzprophylaxe, Spinning und verschiedene Ganzkörpertrainings mit unterschiedlicher Intensität.

---

[4] Eine umfassende Analyse der Expert*inneninterviews ist nachzulesen in Leipert (2022).

Viele arbeiten in Teilzeit, häufig als Springer*in in verschiedenen Fitnessstudios. CT2[5] gibt z. B. an, in sieben Studios gleichzeitig zu arbeiten, eine prekäre Beschäftigungssituation, wie auch die DSSV-Eckdatenstudie (2021, S. 56) konstatiert. Danach waren im Jahr 2020 durchschnittlich 52,15 % aller Beschäftigten einer Fitnessanlage als Honorarkräfte oder geringfügig Beschäftige tätig. Was die Ausbildung zur Fitnesstrainer*in betrifft, geben die Expert*innen unterschiedliche Qualifikationen an. Drei der Befragten sind ausgebildete Physiotherapeutinnen, haben zum Teil zusätzliche Fortbildungen für verschiedene Kursangebote wie Pilates, Aerobic oder Rücken- und Beweglichkeitstherapie absolviert. Andere geben eine Ausbildung als Fachlehrkraft im Sport[6] als Grundlage für ihre Trainerinnentätigkeit an. AT5, AT6 und BT1 sind ausgebildete Yogalehrerinnen, wie auch BT2, die aus Rumänien stammt und dort im Leistungsbereich Leichtathletik aktiv war. BT3 hat sogar das Fach Sport studiert und ist inzwischen als Pilatestrainerin, Sport-, Bewegungs- und Tanztherapeutin tätig, „unter anderem in Kliniken". Auch CT2 ist im Tanzbereich aktiv, die entsprechende Ausbildung dazu wie auch zum Fitnesstrainer hat er in seinem Heimatland, der Dominikanischen Republik, absolviert. Fitnesstrainerinnen sind auch AT2, AT5, BT1 und BT2, wobei aber nur die erste an der Bundessportakademie in München eine Trainer-A-Lizenz erworben hat, wie auch BT2 vor ihrer Spezialisierung zur Yogalehrerin:

> „(…) das ist das höchste, was es gibt. Also da sind alle Ausbildungen drin, von Yoga bis präventivem Reha-Training und Gesundheitstraining. Aber auch Ausdauerkurse, auch für Jugendliche oder auch Fußballmannschaften. Also für alles" (AT2).

CT1 sattelt auf ihre Berufserfahrungen als Sport- und Gymnastiklehrerin in den 1980er Jahren Weiterbildungen innerhalb der Fitnesskultur, vor allem im US-amerikanischen Raum, auf, die sie auch als persönliche Bereicherung erlebt. Das dadurch erworbene Wissen bringt sie in das deutsche Ausbildungssystem ein:

> „Das ganze Ausbildungssystem, was es heute für alle Trainer gibt, die hier im Studio arbeiten, das hat es ja damals nicht gegeben. Deswegen konnte ich das so ein bisschen mit ins Leben rufen und gestalten, ja das war schön" (CT1).

---

[5] Im Folgenden werden die Expert*innen je nach Fitnessstudio gekennzeichnet: AT = Trainer*innen aus Fitnessstudio Kirchzarten; BT = Trainer*innen aus Fitnessstudio 1 Freiburg; CT = Trainer*innen aus Fitnessstudio 2 Freiburg.

[6] Eine Fachlehrer*innenausbildung ohne Studium wird nur in Bayern, Baden-Württemberg und Nordrhein-Westfalen angeboten. Ein Fachlehrer bzw. eine Fachlehrerin kann an allgemeinbildenden oder berufsbildenden Schulen danach in lediglich einem Fach, z. B. im Sport, unterrichten.

Inzwischen sind branchenspezifische Aus- und Weiterbildungen Voraussetzungen für die Tätigkeit als Fitnesstrainer*in, was auch in der DSSV-Eckdatenstudie (2021) hervorgehoben wird. So besitzen in allen deutschen Fitnessanlagen 48,9 % aller Mitarbeitenden eine Trainer*innenausbildung (ohne Lizenzangabe A, B oder C), die als höchste Qualifikationsstufe gilt. 22,7 % können eine Berufsausbildung, z. B. als Sport- oder Fitnesskauffrau/-mann, vorweisen; 20,6 % haben einen branchenspezifischen Hochschulabschluss, z. B. einen Bachelor of Arts ‚Fitnessökonomie', erworben und 7,8 % bringen eine medizinische Qualifikation mit, z. B. als Physiotherapeut*in.

Ob in diesen vielfältigen Aus- und Weiterbildungen speziell das Training mit Älteren thematisiert wurde, war eine weitere Frage an die Expert*innen, die allerdings vielfach verneint wurde. AT6 und BT2 reagieren angesichts der Frage sogar ratlos, da sie davon ausgehen, dass solche Schwerpunkte gar nicht angeboten werden.[7] Immerhin hat AT6 durch ihre Tätigkeit in einer Rehaklinik Erfahrungen im Umgang mit Älteren gesammelt: „Von dem her brauche ich jetzt nicht noch zusätzlich eine Ausbildung". Auch BT4 ist der Meinung, „Profi genug" zu sein, um auf Ältere eingehen zu können. Lediglich AT1 kann langjährige Erfahrungen vorweisen – sie ist seit vierzig Jahren in der Fitnessbranche aktiv – und hat verschiedene Weiterbildungen zum Training mit Älteren absolviert. AT2 und AT3 geben an, dass innerhalb der Trainerinnenlizenz A und im Rahmen der Physiotherapieaus- und -weiterbildung entsprechende Schwerpunkte gesetzt wurden, können im Weiteren aber keine spezifischen Gestaltungsprinzipien für das Training mit Älteren benennen. AT5 vertritt die Meinung „letzten Endes ist es die Erfahrung und Beobachtung, (…) man muss nicht alles als Kurs machen". Dies scheint allerdings eher für ältere Trainer*innen zu gelten, die bereits am eigenen Leibe erfahren haben, welche Körperveränderungen mit Alterungsprozessen verbunden sind. So gibt CT1 an, dass sie – sie ist selbst in der Trainer*innenausbildung tätig – mehrfach versucht hat, das Training mit Älteren in der Ausbildung zu thematisieren und damit am Desinteresse der jungen Auszubildenden gescheitert ist:

---

[7] Ein Blick auf Homepages etablierter und seriöser Ausbildungsakademien in der Fitnessbranche genügt allerdings, um entsprechende Fort- und Weiterbildungsangebote zu finden: BSA Akademie (https://www.bsa-akademie.de/lehrgaenge/fitness-gruppentraining/kursleiter-senioren.html Zugriff am 28.11.2022), Akademie für Sport und Gesundheit München (https://www.akademie-sport-gesundheit.de/ausbildung-seniorentrainer.html Zugriff am 28.11.2022) oder die Fernakademie Klett (https://www.fernakademie-klett.de/allgemeinbildung-medien-gesundheit/gesundheit-psychologie/fachtrainer-seniorensport Zugriff am 28.11.2022).

„Ja, weil der junge Trainer sich noch gar nicht vorstellen kann, wie sich so ein Körper verändert und dass diese Regenerationszeit, die man hat, ganz anders wird. Also ich weiß, vor zehn Jahren hätte ich so auch noch nicht gedacht. Aber diesen Prozess jetzt selbst so zu erleben, das verändert das (das Erleben G. S.) jetzt einfach. Und ich glaube, ich würde mal fast behaupten, dass ich eine der ältesten Trainerinnen hier bin, was den Groupfitness-Bereich angeht. Dass es einfach so ist, wie die Jungen es sich gar nicht vorstellen können. Dass sie denken, wenn sie es jetzt ein bisschen leichter machen, dann ist es schon altersgerecht!" (CT1).

Damit verweist CT1 bereits auf entsprechende Altersbilder von Trainer*innen, die „insofern wirkmächtig [sind], als dass sie nicht einfach Wirklichkeit abbilden, sondern Wirklichkeit herstellen" (Pichler 2020, S. 572). D. h. die Vorstellungen, die Trainer*innen über Ältere haben, werden maßgeblich die Art des Umgangs mit ihnen und auch das Trainingsprogramm bestimmen, vor allem dann, wenn es sich speziell um einen Kurs mit mehreren Älteren handelt.

5.2.2 Altersbilder und Vorstellungen über erfolgreiches Alter(n)

In diesem Abschnitt steht im ersten Schritt die Frage im Zentrum, welche „Vorstellungen, Konzepte, Stereotypen" (Göckenjan 2000, S. 557) die Expert*innen über Ältere entwickelt haben. Zu den Altersbildern gehören in erster Linie charakterliche Zuschreibungen, die die Trainer*innen vornehmen. So hebt BT3 vor allem die Vorzüge von Älteren hervor, die mit ihrer „Lebenserfahrung (…) ein bisschen gelassener" sind, „wenn ich mal zu spät komme wegen meiner Tochter". Zudem sind Ältere für die durch die Trainerin erhaltene Aufmerksamkeit und Zuwendung „total dankbar und geben das auch zurück", indem sie signalisieren „das hast du gut gemacht, toll gemacht und mir tut das so gut" (AT6). Weiterhin kommen sie „immer gut gelaunt" ins Training (AT4), „haben mehr Freude", wenn sie „diese Choreografie, die ich anbiete", schaffen (CT2). Nach AT5 sind „Senioren" höflicher und motivierter, „was einfach die Atmosphäre entspannt". Zudem fallen sie durch Disziplin und Pflichtbewusstsein auf, „was es ja auch braucht, um Fortschritte zu machen". Denninger et al. (2014, S. 194 f.) fanden diese charakterlichen Zuschreibungen an Ältere auch in ihrer Studie vor, Ältere im dritten Alter werden Erfahrungswissen, Gewissenhaftigkeit und soziale Wärme bescheinigt (vgl. Abschn. 2.1.2). Im weiteren Verlauf des Interviews zeigt sich, dass AT5 mit „Senioren" offenbar Frauen assoziiert, die aufgrund ihrer Fitness „ihre Männer (…) zu Hause pflegen müssen, weil die älter sind (…) und nicht mehr so aktiv sind". An dieser Stelle wird bereits die (auch wissenschaftliche) Einteilung in verschiedene Altersphasen deutlich. Die „Jungen Alten" gelten als aktiv, autonom, normal (van Dyk 2017, S. 41), während das vierte Alter als defizitär erscheint und von Inaktivität geprägt ist. In diese Richtung äußert sich auch BT2, die aussagt: „Also 80-jährige Leute trainiere ich nicht gern (…) Also, die 70-, 80-jährigen Leute, das muss nicht unbedingt sein. Bis 70 Jahre trainiere ich gerne." Jin und Harvey (2021) verweisen anhand vielfältiger internationaler Studien (z. B. Fougner et al. 2019; Stephan et al. 2015; Kirby und Kluge 2013; u. a.) auf Altersdiskriminierungen in der Fitnesskultur hin, denn die Annahme, Erwachsene im höheren Lebensalter seien körperlich inaktiv, gebrechlich, schnell erschöpft und litten unter Schmerzen, sind offenbar weit verbreitet.

Neben den positiven Zuschreibungen werden Ältere durchaus auch als schwieriger im Umgang wahrgenommen, vor allem dann, wenn Gewohntes verändert wird. BT1 hebt z. B. hervor, dass ältere Trainierende dann „engstirniger" reagieren, wenn sie „an etwas Neues" herangeführt werden. Auch AT6 fand es ein „bisschen schwierig" das Training einer Gruppe älterer Aktiver zu übernehmen, „weil sie so fixiert sind auf den einen Trainer und was er macht". Ähnlich beschreibt CT1 „man wird vielleicht im Alter einfach kritischer", so hat sie sich damit abgefunden, dass der „Rückentraining-Kurs", den sie für Ältere anbietet, dann „schon kritischer" beurteilt wird. Auch andere Studien (Sossa Rojas 2022; Gluchowski et al. 2018; Lübcke et al. 2012) bestätigen eine von Trainer*innen stärker wahrgenommene kritische Haltung von Älteren, da sie deutlich zum Ausdruck bringen, was ihnen im Trainingsumfeld wichtig ist und was sie ablehnen.

Wenn körperliche Voraussetzungen von Älteren bezüglich ihrer Trainingspartizipation in den Fokus gestellt werden, sind sich die Expert*innen durchaus einig: ältere Aktive benötigen „nicht so anstrengend(e)" Kurse (CT1), da sie „einfach langsamer" sind (AT5). Auch CT2 ist der Auffassung, dass Ältere es „ein bisschen ruhiger" wollen, „mir macht das nichts aus". AT4 hebt aus den genannten Gründen hervor, dass Ältere besondere Kurse benötigen wie „Easy oder Relax oder sowas. Und das ist dann auch gerade für Ältere oder Leute, die nicht so gut trainiert sind". Denn in Kursen, die nicht auf Ältere abgestimmt sind, zeigt sich, dass sie „länger brauchen, bis sie Kursübungen verstanden und eintrainiert haben". AT6 reagiert in ihren Kursen ähnlich mit geringerer Trainingsintensität, also „weniger Cardio-Belastung" und dem Beobachten dessen, „was sie noch können. Also manche können nicht stützen, manche können schlecht auf dem Bauch liegen, manche können nicht in die Knie gehen". Aufgrund körperlicher Einschränkungen, so sieht es BT2, können aktive Ältere „zerbrechlich" sein. Jin

und Harvey (2021) zeigen in ihrer Untersuchung auf, dass vor allem Gesundheitsexpert*innen im Fitnessfeld wie Trainer*innen, Physiotherapeut*innen etc.
körperliche Fähigkeiten von Älteren schlechter einschätzen und daher weniger
intensive Trainingseinheiten sowie Maßnahmen zur Gewichtsreduzierung empfehlen. Diese Einschätzungen teilen nahezu alle befragten Expert*innen. So ist
AT2 ebenfalls davon überzeugt, dass die „Vielfältigkeit an Krankheiten steigt
(…), das muss man berücksichtigen", was BT2 wiederum „schwierig" findet,
da es Leute gibt, „die wirklich krank sind, denen die Ärzte auch keine Kran-
kengymnastik mehr verschreiben, was weiß ich warum. Und dann kommen sie
ins Fitnessstudio". An dieser Stelle wird noch einmal deutlich, wie wichtig eine
entsprechende Ausbildung für das Training mit Älteren ist, die neben „Rheuma,
Arthrose" auch Krankheiten wie Krebs zu bewältigen haben.

Dass das Hinausschieben von Alterungsprozessen und der eigenverantwortlichen Gesundheitsprophylaxe Grenzen hat, geschweige denn ein Lebensstil der
Selbstoptimierung als erstrebenswert angesehen wird, ist bei der Darstellung des
Fitnesstrainings und der Positionierung zu erfolgreichem Altern der befragten
älteren Frauen mehrfach hervorgehoben worden (vgl. Abschn. 4.2 und 4.3; vgl.
dazu auch Sobiech und Hartung 2019; Sobiech und Leipert 2021). Diese Haltung,
die Ältere entgegen der Logik der Fitnesskultur entwickelt haben, immer besser
und attraktiver zu werden, was AT5 für Jüngere als unumstößlich konstatiert: „Sie
(die Jüngeren) müssen ihre Grenzen testen, einen schönen Body haben", wird von
einigen Trainerinnen honoriert und geschätzt:

> „Viele sind hier seit Jahren im Fitnessstudio, zwanzig Jahre oder so. Und damit umzu-
> gehen, ich sage jetzt mal, dass manches nicht mehr so geht wie früher und trotzdem
> dranzubleiben. Das finde ich total beachtenswert, schätzenswert, cool, ja!" (BT3).

Auch AT1, die zum Zeitpunkt des Interviews 74 Jahre alt ist und noch Kurse
gibt, ist der Auffassung, dass „Ältere noch so viel Power haben", was AT2 mit
der sportlichen Aktivität in jungen Jahren zusammenbringt:[8]

> „Manche gehen von klein an (zum Sport G. S.) oder als Jugendliche und halten die
> Fitness. Und klar, das wirkt sich dann auf die Ergebnisse aus. Man merkt Leuten auch
> an, wenn sie schon von jüngerem Alter an dabei sind zu trainieren. Wenn jetzt eine

---

[8] Klostermann und Nagel (2011) als auch Klein (2009) zeigen auf, dass ältere Menschen eher
sportlich aktiv sind, wenn sie es bereits in früheren Lebensphasen waren. Dies trifft auf die
meisten Interviewpartnerinnen des vorliegenden Samples (dS und aS) nicht zu, da viele erst
im mittleren Erwachsenenalter oder im höheren Lebensalter sportliche Aktivitäten ausüben
und eine Mitgliedschaft im Fitnessstudio aufgenommen haben.

50-jährige kommt, die noch nie was gemacht hat, ist das natürlich ein Unterschied (zu trainierten 60-jährigen G. S.)" (AT2).

In einem zweiten Schritt wurde danach gefragt, was die Expert*innen für ein erfolgreiches Alter(n) als grundlegend betrachten. Dazu gehören neben physischer und geistiger Leistungsfähigkeit, es wäre gut „geistig und körperlich fit ins Alter (zu) gehen" (AT3), auch die Abwesenheit von Schmerzen und Krankheit, „Gesundheit natürlich, schmerzfrei, das ist das Wichtigste" (BT2). Nach Rowe und Kahn (1997, S. 433), die den Ansatz des *successful ageing* popularisiert haben (vgl. Abschn. 2.1), darf neben diesen beiden Dimensionen auch ein aktives Sozialleben nicht fehlen, was auch von AT5 betont wird:

> „Erfolgreiches Altern bedeutet für mich, dass man Körper, Seele und Geist im Einklang hat und einfach im Großen zufrieden mit sich ist. (…) Einfach, dass man ein ausgefülltes Leben hat, soziale Kontakte, die einen bereichern. Natürlich ist es auch die Gesundheit des Körpers. Also so einfach ein ausgewogenes Leben in allen Lebensbereichen."

Selbstverständlich sehen die Expert*innen die Herstellung von Gesundheit und die Bewältigung von Beschwerden und Einschränkungen vor allem durch das Training im Fitnessstudio gewährleistet. „Also ich versuche meinen Teilnehmern immer zu sagen: ‚Bleib dran! Kämpf dich damit durch! Weil, je länger du dich selbst versorgen kannst, alles machen kannst, das ist wertvoll!'" (CT1). Aber auch Studien zeigen (Alain und Marschall 2017; Tulle und Dorrer 2012), dass Ältere ihre physische und psychische Gesundheit verbessern, soziale Eingebundenheit erleben und ihre körperliche Konstitution realistischer einschätzen können, wenn sie im Fitnessstudio trainieren.

> „Und das sehen wir an unseren Mitgliedern auch, dass Leute, die regelmäßig etwas machen – hier sehe ich ja z. B. viele Leute, die ich von früher auch kenne, die früher nie Sport gemacht haben und im Alter angefangen haben. Und du siehst auch, wie die Körper sich verändern, wie sie sich körperlich und geistig fit halten. Das ist für mich erfolgreiches Altern" (AT3).

Mit Blick auf erfolgreiches Alter(n) werden, wie auch die Aussagen der Interviewpartnerinnen des deutschen (und amerikanischen) Samples zeigen (vgl. Abschn. 4.3.3), die Selbstermächtigungsgewinne als Resultat eines kontinuierlichen sportlichen Trainings hervorgehoben. Fitnesstraining wird zur Selbsttechnik, um das eigene (Alt-)Aussehen und (Alt-)Fühlen zu optimieren, um Jugendlichkeit und Leistungsfähigkeit bis ins höhere Lebensalter zu verlängern, ein Heilsversprechen, das auch in der Fitnessstudiowerbung in verschiedensten Variationen präsentiert wird (vgl. Abschn. 5.1). Aktive, die dieses Ziel nach Wahrnehmung von CT1 erreichen, lösen ihre umfassende Bewunderung aus und stellen für sie ein *role model* für das eigene Altern dar:

> „Ich habe auch Frauen in meinem Kurs, die wirklich schon auf die Achtzig zugehen und die sind so beweglich, die sind so fit, die sind wahnsinnig jung im Kopf. Das finde ich toll. Und das gibt mir selbst auch die Motivation. Dann denke ich, so möchte ich eigentlich auch alt werden."

An der Zuschreibung „die sind so fit", „wahnsinnig jung im Kopf" offenbart sich zudem die „pauschale Positivierung des jungen Alters" (Denninger et al. 2014, S. 376) und als Kehrseite die Negativstereotypisierung von Hochaltrigkeit. Auch BT1 beschreibt, dass die Akzeptanz des eigenen Alterns in unserer Gesellschaft „gar nicht immer so einfach (ist), weil unsere Kultur ist ja extrem jugendwahnsinnig". Jin und Harvey (2021) konstatieren, dass mit der Idealisierung des jungen attraktiven Körpers in westlichen Gesellschaften Altersdiskriminierungen zugenommen haben. Mit dem gesellschaftlichen Imperativ, sich möglichst jung zu fühlen und zu präsentieren, ist zugleich ein sozialer Druck für die Einzelnen verbunden, auch weil Inaktivität mit der Belastung des Sozialsystems gleichgesetzt wird (vgl. Abschn. 4.2.2). „Aber das macht auch jeder kluge Mensch (sportlich aktiv zu bleiben G.S.) und jeder bequeme macht es eben nicht und der hat dann ein Problem und dann muss er zum Arzt" (AT1). Auch CT1 verweist darauf, dass diejenigen, die ihren „Körper halt komplett vernachlässigen" – das sind z. B. „fettleibige Menschen, die im Supermarkt ungesunde Lebensmittel kaufen" – „auch krank werden und dem Gesundheitssystem viel Geld kosten". „Wenn die dann", so formuliert es AT5, „irgendein Arzt oder ein AOK-Kurs" in die Kurse des Fitnessstudios schickt, ist es ein Problem, weil sie nicht „mit Eigenmotivation diesen Kurs bestreiten (…) und es bleibt viel weniger hängen im Schnitt".

Der mit erfolgreichem Alter(n) erhobene Anspruch, das eigene Alter(n) eigenverantwortlich zu gestalten, individuelle Leistungsfähigkeit, Produktivität und Selbstständigkeit aufrecht zu erhalten, wird demnach auch von den Expert*innen vertreten. Das bedeutet, dass es ähnlich wie bei den Interviewpartnerinnen auch bei den Expert*innen verpönt ist, „sich (…) einfach zu Hause in den Schaukelstuhl zu hocken, wie man das vielleicht von der Oma kannte" (CT1), sich „auf die Couch (zu) setzen" (BT3) oder zu denken „Ich bin alt und sitze dann schön auf der Couch (…). Nein, das ist es nicht!". „Man hat ja seine Gesundheit und sein Wohl und Körperbefinden selbst in der Hand. Man kann ja viel für das Selbst tun!" (AT2). Auch BT1 sieht zwar, dass es „eine gesellschaftliche Aufgabe" ist, „Aufklärung zu betreiben", aber:

> „Ich finde, du bist für dich verantwortlich und das ist auch ein Reifungsprozess. (…) Ich denke, für die Gesellschaft und die Politik ist es wichtig, dass sie die Grundlagen schaffen, aber wirklich Verantwortung übernehmen, das musst du für dich selbst."

Denn nur auf diese Weise ist ein „hohes Maß an Selbstständigkeit bis zum Schluss" gewährleistet, mit der die Aktiven „ein wertvoller Teil der Gesellschaft" (AT5) und „in Kontakt mit anderen Menschen" (BT3) bleiben können.

Zugleich nehmen einige der Expert*innen durchaus wahr, dass sowohl kulturelles Kapital, z. B. ein Wissen, um eine gesundheitsbewusste Grundhaltung entwickeln zu können (BT4), als auch ökonomisches Kapital notwendig sind, um auf dem „großen Markt" an Angeboten und an „Möglichkeiten" des Anti-Ageing zu partizipieren (BT1). Denn es ist eher „die gehobene Schicht" (AT5), die einen gesunden Lebensstil verfolgen kann, was ja auch zahlreiche Studien belegen (vgl. Abschn. 2.3).

5.2.3 Geschlechterbilder und geschlechterdifferenzierte Trainingsgestaltung

Im Folgenden wird die Frage gestellt, welche Geschlechterbilder die Expert*innen vertreten und auf welche Weise diese ihre Trainingsgestaltung beeinflussen. Zunächst einmal ist festzuhalten, dass alle Expert*innen im Rahmen kultureller Zweigeschlechtlichkeit funktionale und charakterliche Zuschreibungen an Männer und Frauen vornehmen, Trans*personen kommen nicht vor, was möglicherweise auch durch die heteronormative Struktur von Fitnessstudios (vgl. Abschn. 2.4.3 und 5.1) nicht in den Blick gerät. So erfüllen beispielsweise nach AT5 Frauen gesundheitsbezogene Aufgaben kompetent und zuverlässig, wovon besonders der Ehemann, aber auch die ganze Familie profitieren:

> „Frauen haben in unserer Gesellschaft einfach eine andere Funktion. Sie sind einfach schon immer eher für die Gesundheit zuständig, dass die Familie gesund ist, allein durch die Ernährung, und (sie) müssen ganz viel coachen, sich ständig daran anpassen. Männer sind es gewohnt, wenn sie erkältet sind, dass man ihnen den Tee serviert, die Medikamente serviert. (…) Und die Frauen sind einfach viel motivierter, etwas für die Gesundheit zu tun, im Großen."

Dass Frauen deutlich häufiger für Hausarbeit und Pflege der Angehörigen bis ins höhere Lebensalter zuständig sind, wurde ausführlich beschrieben in Abschn. 2.2.2. Vor allem auch die deutschen Interviewpartnerinnen sehen sich mit ähnlichen Verpflichtungen konfrontiert, die sie stärker als die Amerikanerinnen erfüllen sollen und wollen. Allerdings kann die Mehrfachbelastung durch längere Berufsbiografien, Kindererziehung, Haushalt und Pflege mit gesundheitlichen Problemen für Frauen verbunden sein (Wattenberg et al. 2018). Interessant in dem Interviewausschnitt von AT5 ist zudem die Aussage, dass Männer bei Krankheiten mehr leiden und umsorgt werden wollen. Dies beschreibt auch AT1: „Und hat der Mann einen Schmerz, dann sagt er [Stimme geht nach oben]: ‚oh nein, ich will nicht mehr! Nicht anfassen!‘ (lacht)." Männer werden im Weiteren als „eher bequemer" (AT5), „unbeweglicher, ziemlich verkürzt" (BT2), die aufgrund ihrer „Berufskarriere (…), die ihnen fast nicht erlaubt hat, etwas zu tun" einen Körper haben, der „völlig eingesteift" ist. Frauen haben (trotz Berufstätigkeit?) dagegen mehr Körpergefühl, sind „flexibler", „Frauen sind fitter und beweglicher" (AT3). BT3 überträgt diese äußeren, körperlichen Merkmale auf innere Haltungen beider Geschlechter:

> „Meine Wahrnehmung ist, dass Männer im Alter noch mehr mit der Festigkeit ihres Gewebes zu tun haben als die Frauen. Und auch innerlich ein bisschen fester sind. Von ihrer Flexibilität her, vom Geist her, auch mal etwas Neues zu machen. (…) Sie tun sich einfach schwerer, auch mal Sachen zu machen, die sie nicht so können und sich zu zeigen in ihrem Nicht-Mehr-Fit-Sein als die Frauen, habe ich den Eindruck."

Nach dem Grundsatz ‚Körperhaltung ist Haltung zur Welt' (s. o.) steht die fehlende „Festigkeit des Gewebes" symbolisch für mangelnde, auch innere Flexibilität und weniger Offenheit, z. B. gegenüber Yoga-Kursen, denen sie nach Aussage von BT1 „skeptischer" gegenüberstehen. Dass Männer ihr eigenes „Nicht-Mehr-Fit-Sein" verbergen wollen, führt dann im Weiteren dazu, dass „die Toleranzgröße bei Männern geringer ist. Also, wenn sie merken, dass klappt jetzt nicht so gut, dass sie dann auch schneller abbrechen" (CT1). Auch AT1 ist davon überzeugt, „wenn es mal nicht so klappt, ein Mann gibt auf!", während Frauen „sehr diszipliniert sind" und eher bereit, „sich durchzukämpfen". Und dies, obwohl Männer als „leistungsorientierter" eingeschätzt werden und stärker als Frauen den „Wettkampfgedanken" verfolgen, „möglichst gut zu sein und möglichst viel zu leisten" (CT1). AT1 geht davon aus, dass Männer auf Krafttraining fokussiert sind, „die wollen zeigen, ich bin der Herkules hier, ne!". Auch AT4 bestätigt, ältere Männer haben „ein bisschen mehr Kraft", während Frauen dagegen „oft weniger Kraft als Männer" (BT1) vorweisen können.

An dieser Stelle zeigt sich, dass die Trainer*innen im Sinne der Fitnessstudiowerbung agieren, die jüngere Frauen zwar für Krafttraining gewinnen wollen,
allerdings bei der Darstellung von Älteren wieder auf stereotype Bilder – Frauen
sind beim Beweglichkeits- und Männer beim Krafttraining abgebildet – zurückgreifen. Diese stereotypen Geschlechterbilder werden zusätzlich heteronormativ
aufgeladen durch die Frage danach, wie die Expert*innen die Strategie mancher
Frauenstudios einschätzen, Trainer in dort auszurichtenden Fitnesskursen einzu-
setzen. „Ein männlicher Trainer", so BT4, „der muss nicht viel machen. (…) Das
ist leider so. Und wenn der noch ein bisschen ‚shaky, shaky' und so, dann hat
er alle Karten in der Hand. Dann hat er ein richtig gutes Leben (lacht)". AT1
und AT5 sind ebenfalls der Meinung, dass Frauen sich mehr anstrengen, sobald
Kurse von Trainern geleitet werden. AT6 ist dagegen der Auffassung, dass Frauen
in Frauen-Studios nicht „angegafft" werden wollen. CT1 konstruiert weitergehend
mit dem Einsatz eines Trainers in reinen Frauenkursen eine ethnische Differenz
unter den Teilnehmerinnen, denn „ein Teil der Frauen" kann, dass ein Mann
sie trainiert, „gut akzeptieren", „aber ein Teil der Frauen, speziell aus anderen
Religionen, haben natürlich Probleme damit".

Diese Einstellungen bezüglich eines zweigeschlechtlichen Klientels wirkt sich,
wie zu erwarten, auch auf die Trainingsgestaltung aus. So geht AT3 „feinfühli-
ger" mit älteren Männern um, „denn überhaupt den Mann da oder die männlichen
Mitglieder (des Kurses) ja dann da zu halten, da muss man zaghafter herange-
hen". Auch BT1 muss „in den Yoga-Stunden (…) auf die Männer ein bisschen
mehr Rücksicht nehmen als auf die Frauen, also bisschen langsamer machen oder
so. (…) Also ich lasse meistens Männer zuerst mal in Ruhe". Denn, „wenn man
dann zu schnell (…) korrigiert oder auf etwas hinweist, ist (es) oftmals wie ein
Block". Auch BT3 wählt eine Strategie, die ältere Männer, die nach ihrer Wahrnehmung im Training unbeweglicher sind, aber zugleich körperliche Schwächen
nicht zeigen wollen, in Ruhe lässt: „Bei manchen gehe ich schon gar nicht mehr
hin und sage: ‚Hier mach mal!', weil ich weiß, sie nehmen das sowieso nicht
an." Sie löst die Situation „mit Humor und Gelassenheit. Ich will ja nichts ver-
biegen. Ich lasse sie dann halt". AT3 nimmt umgekehrt wahr, dass Männer, die
ihrer Auffassung nach eher die Geräte nutzen und selten Kurse besuchen, dann
aber, wenn sie in die Kurse kommen, ihre Leistungsfähigkeit unter Beweis stellen
wollen:

> „Und da muss ich die Männer dann natürlich viel häufiger zurückpfeifen als die
> Frauen. Also halt mal sagen: ‚langsam!'. Und: ‚lieber ein bisschen weniger und qua-
> litativ hochwertiger'. Und das ist schon ein Unterschied" (CT1).

An den unterschiedlichen Wahrnehmungen zeigt sich bereits, dass es ‚die' Älteren nicht gibt, sondern vielmehr, dass manche gut trainiert sind, andere wiederum aufgrund von Schmerzen oder Einschränkungen die Erfahrung und Unterstützung des Trainers bzw. der Trainerin benötigen. Dies sieht auch BT3, die, um verschiedene Leistungsniveaus bedienen zu können „manchmal (…) zwei verschiedene Varianten (einer) Übung anbietet." Ein anderer Trainer, der unter den Expert*innen mit seiner stärker differenzierten Sicht eher die Ausnahme bildet, erkennt darüber hinaus, dass die Heterogenität, die sich durch die Zusammensetzung der Kurse ergibt – in der Regel wird auf Klassifizierungen der Leistungsniveaus in den Kursen verzichtet –, die Wahrnehmung individueller Voraussetzungen und Befindlichkeiten als auch ihre Berücksichtigung bei der Trainingsgestaltung notwendig macht:

> „Ich passe das an dem an, wer wirklich auftaucht. Weil wir haben immer gemischte Klassen hier, wir haben auch keine verschiedenen Levels. Also, es kann kommen (wer will) und deshalb hast du auch verschiedene Zusammensetzungen von Teilnehmern. Du hast ganz junge Menschen, du hast ältere, du hast verletzte, gesunde, du hast flexible. Also da ist alles drin und dementsprechend gucke ich auch einfach, wer alles da ist und wer vielleicht auch mal eine Einzelbetreuung braucht. Aber dass ich jetzt speziell für Ältere hier Kurse mache – nein, nein!" (BT1).

Tulle und Dorrer (2012) als auch Jin und Harvey (2021) sehen es als wünschenswert an, dass auch die Heterogenität der Älteren, die sich nicht nur in abnehmender körperlicher Leistungsfähigkeit manifestiert, zu berücksichtigen ist. Eine solche Trainingsgestaltung scheint in den beschriebenen Kursen bisher nicht ausreichend umgesetzt zu werden und wird möglicherweise zukünftig die Nachfrage von Älteren nach *personal training* verstärken, zumindest von denjenigen, die es sich finanziell leisten können.

5.2.4 Fitnesstraining aus Sicht der Expert*innen und aus Sicht der Interviewpartner*innen – ein Vergleich

In Abschn. 4.4.3 wurde hervorgehoben, dass Trainer*innen als Vermittler*innen von Normen und Werten der Fitnesskultur gelten können und es auf ihre Einstellungen, Haltungen und Kompetenzen ankommt, ob Ältere sich an das jeweilige Fitnessstudio binden lassen.

Interessanterweise gehen die Expert*innen auf die Frage nach den Erwartungen von älteren Kursteilnehmenden an die Trainingsgestaltung auf ihre eigenen sportiven Fähigkeiten und ihre Performanz, auch bezogen auf die Verkörperung eines gesunden Lebensstils, nicht ein. Dies liegt wohl auch daran, dass ein sportiver Habitus, die Bereitschaft, nach der Durchführung des eigenen Kursangebots auch nachfolgende Kurse für Kolleg*innen zu vertreten sowie in bestimmten Kursbereichen Fortbildungen zu absolvieren, was entsprechende konditionelle und leistungsbezogene Fähigkeiten voraussetzt, selbstverständlich sind. Vergleichbar mit Abbildungen in Fitnessstudios, die junge, schlanke, gut aussehende und trainierte Personen in Szene setzen, wird eine solche körperliche Präsentation auch von den Trainer*innen erwartet. Dass Trainer*innen von dem in Fitnessstudios präferierten Körperidealbild abweichen, kommt so gut wie nicht vor. Mit Blick auf die Kontaktaufnahme zu Älteren, die sich eine zielgerichtete Ansprache in angemessenem Ton wünschen, sehen die Expert*innen das Schaffen einer angenehmen, eher mit Humor angereicherten Atmosphäre als zentral an. So ist AT1 der Auffassung, dass sich Ältere „Spaß" und „eine gewisse Lockerheit mit (…) der ganzen Materie" wünschen, denn, „wenn es zu ernst oder zu streng wird, das ist dann auch nicht mehr das, was es sein soll". Auch AT4 geht davon aus, dass „gute Laune (und) Humor" eine solide Grundlage für die Trainingsdurchführung bieten. BT3 sieht sogar eine „liebevolle Atmosphäre" und „einen gewissen stressfreien Raum" für ältere Erwachsene als grundlegend an. Dies scheint nicht immer auf diese Weise gegeben zu sein. Eine Interviewpartnerin des dS beklagt sich: „Bei dem einen Herrn (einem Trainer G. S.) habe ich auch schon ein paar Mal gesagt, er macht das so laut, dass selbst mit, mit Ohrstöpseln das noch weh tut (…), aber die jungen Leute also" (A10, 72-jährig). Wie bedeutend die Atmosphäre für Ältere im Kurstraining ist, heben Hawley-Hague et al. (2016, S. 12 f.) hervor. Auch nach Sossa Rojas (2022) sind es weniger die körperlichen Voraussetzungen, die Ältere vom Besuch eines Fitnessstudios abhalten als Kurse mit lauter Musik, eine „no pain no gain"-Kultur und ein gewisser Wettbewerb zwischen den Aktiven. Darauf weist ja auch A10 hin, die das Problem sieht, dass Kurse hauptsächlich an Interessen der jungen Teilnehmenden ausgerichtet werden. Dieser Auffassung ist auch CT1, die bestätigt, „ich glaube, da ist es denen sehr wichtig, dass man nicht nur sein Programm durchzieht und dass es nicht nur für die Jüngeren gemacht ist, sondern, dass man sie respektiert". Die Formulierung „denen" verweist auf eine eher distanzierte Haltung, die vermutlich vor allem jüngere Trainer*innen älteren Kursteilnehmenden entgegenbringen. So stellten Tulle und Dorrer (2012), die in ihrer qualitativen Studie Erfahrungen von älteren Fitnessteilnehmenden und jüngeren Trainer*innen untersuchen, in ähnlicher Weise fest, dass beide Gruppen häufig konkurrierende Vorstellungen von angemessenem Training und den damit verbundenen Zielen aufweisen. Auch wenn BT1 vor allem die „Lebenserfahrung" von Älteren schätzt und eine „gewisse Art von Respekt" gegenüber dem, „was sie alles schon geleistet haben" empfindet, erwarten die älteren Interviewpartnerinnen stärker noch einen kenntnisreichen Umgang mit möglichen Einschränkungen durch das Älterwerden und eine Anpassung des Trainings an individuelle Alterungsprozesse. BT3 betont, dass ältere Aktive den Anforderungen im Kursangebot folgen wollen, „ohne sich zu blamieren". Dies zu berücksichtigen, gehört nach Äußerungen einiger Interviewpartnerinnen (vgl. Abschn. 6.1.2.4) allerdings nicht zum Selbstverständnis der meisten Trainer*innen, wodurch eine „verkörperte Differenz" (Sobiech 2022) zu Normen und Werten der Fitnesskultur offenbar wird.[9] Damit Ältere „nicht bis an die Grenzen gepuscht werden", verfolgen einige Trainer*innen die Strategie, ihre Trainingsdurchführung zu „verlangsamen" (AT4). AT6 ist demgegenüber davon überzeugt, dass Ältere „auch ein bisschen gefordert werden wollen", ähnlich wie BT1, der „nicht zu sehr auf die softe Schiene" setzen will, denn „dieses Behandeln, als wären sie eh schon alt und könnten nicht so viel, das finden sie nicht so toll". Beides muss sich ja nicht ausschließen, vielmehr kommt es, wie oben erwähnt, darauf an, dass die Heterogenität von Älteren von den Trainer*innen wahrgenommen und ins Trainingskonzept eingebaut wird. AT3 geht darüber hinaus davon aus, dass Ältere in „Kursprogrammen besser aufgehoben" sind – diese Annahme wird von allen Befragten des dS bestätigt, die ausnahmslos Kursprogramme in Anspruch nehmen[10] –, was sicher auch mit der Vorstellung, dass Ältere „Nähe, Persönlichkeit (und) Freundlichkeit" (CT1) von Trainer*innen erwarten, zusammenhängt:

> „Dass du auf sie eingehst, wahrscheinlich. Viel mehr auf sie eingehst (…) und eben diese Fürsorge. Also ich habe schon gemerkt, wenn du ein Mitglied etwas besser beobachtest und er es merkt, dann ist er dir schon dankbar. Aber das brauchen sie, das brauchen sie" (BT2).

> „Also von der Rückmeldung höre ich, dass sie sich wünschen, persönlich gesehen zu werden, also nicht so jetzt in der Masse unterzugehen" (BT3).

> „Dass jemand da ist, der guckt. Das ist wichtig für sie" (BT4).

---

[9] Verkörperte Differenz zu Normvorstellungen und/oder von üblichen Körperumgangsformen und gängigen Praktiken im Fitnessstudio entsteht, wenn Kursteilnehmer*innen weder den Erwartungen eines fitten, schlanken und jugendlichen Körperideals noch den gängigen Leistungsansprüchen in Kursangeboten entsprechen (Sobiech 2022, S. 100). Häufig ist verkörperte Differenz mit einem Gefühl der Beschämung für die Betroffenen verbunden.

[10] Die Hälfte der Amerikanerinnen trainiert dagegen im *personal training* mit Gewichten oder an Geräten, wobei die Beziehung zur Trainerin hierbei auch eine nicht zu unterschätzende Rolle spielt.

Neben dem Wahrgenommenwerden und dem Gesehenwerden ist es die Expertise der Trainer*innen, die die Interviewpartnerinnen als zentral setzen: eine
nachvollziehbare und gut hörbare Anleitung bei der Ausführung der einzelnen
Übungssequenzen als auch Abwechslung und Alternativen für weniger Trainierte
oder Ältere mit Einschränkungen. Dieses Ergebnis bestätigen auch verschiedene
Studien (Gluchowski et al. 2018; Lübcke et al. 2012). Die gewünschten Kompetenzen weisen nur einige wenige der befragten Expert*innen durch zusätzliche
Fortbildungen auf. Bei den meisten fehlen berufliche Qualifikationen, die speziell
auf Trainingskonzepte mit Älteren ausgerichtet sind.

5.3   Zusammenfassung und Fazit

Mit der Fitnessstudiowerbung wird in Wort und Bild aufgezeigt, welche Profitchancen mit der in den Körper investierte Zeit und Arbeit durch Training,
Ernährung und Entspannung verbunden sind. Selbsttechnologien beziehen sich
hauptsächlich auf die Herstellung von Gesundheit, Schmerzfreiheit und Jugendlichkeit. Das erwirtschaftete Körperkapital enthält das Versprechen, Distinktionsgewinne und Wettbewerbsvorteile zu erzielen, um die eigene Positionierung
zu stärken. Dies gilt allerdings bisher kaum für Ältere über 60 Jahren, die ja
nur von wenigen Studios in Freiburg in der Fitnessstudiowerbung oder auch in
Abbildungen berücksichtigt werden. Zudem sind in den wenigen Abbildungen
mit Älteren keine Personen mit stärkeren Altersanzeichen gleich welcher Art zu
sehen, was als Altersdiskriminierung des vierten Alters gewertet werden kann.
Auch non-binäre oder Trans*Personen bleiben unsichtbar, wodurch Heteronormativität reproduziert und verstärkt wird. Die Betonung von Weiblichkeit und
Vernachlässigung von Männlichkeit in der Fitnessstudiowerbung kann auch als
Folge einer im Sport verbreiteten Auffassung von Männlichkeit als normativer
Maßstab interpretiert werden. Frauen müssen nach dieser Vorstellung spezieller
‚betreut‘ werden, da ihr ’unvollkommener’ Körper ausgewählter Bearbeitungsformen bedarf, was die Aufrufe zum Abnehmen und zur Figurformung durch
Kraft- und Beweglichkeitstraining zeigen. Der damit verbundene Synergieeffekt
zwischen ästhetischer Körperbearbeitung und Gesundheit unterstützt das Konzept
der symbolischen Gesundheit (vgl. Abschn. 4.3.3.1).

Insgesamt betrachtet deuten die analysierten Texte und Bilder darauf hin,
dass auch die Freiburger Fitnessstudios ihre Position im Gesundheitssektor weiter
ausbauen wollen und mit ihrer Werbung die neoliberale Haltung „jede*r ist seines/ihres Glückes Schmied“ verstärken. Das passt dazu, dass die Branche selbst

sich in einer gesellschaftlichen Schlüsselposition sieht, „einen ganz wesentlichen Gesundheitsauftrag" zu erfüllen, der „den Menschen zu einem aktiveren und gesünderen Leben verhilft" (DSSV 2021, S. 8). Fitnessstudios avancieren also zu kommerziellen Dienstleistern im Sinne der Altersaktivierung und füllen somit als marktwirtschaftlich agierende Akteure eine Lücke im Gesundheitswesen. Zugleich zeigt die Analyse der Eckdaten der deutschen Fitnesswirtschaft 2021, dass weder spezielle Kurs- und Trainingsangebote für Ältere ab 60 Jahre etabliert sind noch Qualifizierungen für Trainer*innen im Bereich des Sports mit Älteren verlangt oder angeboten werden.

Auch die Analyse der Ausbildung der Trainer*innen bestätigt, dass nur wenige Qualifikationen vorweisen können, die speziell für das Training mit Älteren relevant sind. Eine entsprechende Lizenz für z. B. „Fitnesstraining mit Senior*innen"[11] hat niemand absolviert. Möglicherweise liegt hier auch ein Grund dafür, dass einerseits davon ausgegangen wird, dass Alterungsprozesse häufig mit Krankheiten einhergehen und Ältere aufgrund dessen weniger leistungsfähig sind. Andererseits werden älteren Aktiven charakterliche Eigenschaften zugeschrieben, die sie als höflich, gut gelaunt, diszipliniert und motiviert klassifizieren. Demgegenüber werden dicke Menschen, so urteilen auch viele der Interviewpartnerinnen beider Samples, als krank und belastend für das Sozialsystem eingeschätzt. Nur diejenigen, die selbstverantwortlich ihren Körper bearbeiten, um ihre Selbstständigkeit so lange wie möglich zu bewahren und Alterungsprozesse hinauszuschieben, gelten als erfolgreich Gealterte. Der fitte Körper wird zur Visitenkarte eines charakterstarken, leistungsfähigen Individuums, der übergewichtige verweist dagegen auf Disziplinlosigkeit, Krankheit und Passivität. Das Individuum soll als Koproduzent staatlicher Leistungen in Aktion treten, indem die Verantwortlichkeit den Einzelnen zugeschoben und durch Selbstbearbeitung Selbstheilung in Aussicht gestellt wird. Das unternehmerische Selbst (Bröckling 2007) der (akademischen) Mittelklasse folgt selbstverständlich dem Präventionsimperativ des Anti-Ageing, während das passive Verhalten ‚Untätiger' und ‚Unwilliger' im Alterungsprozess nur als Fehlverhalten gedeutet werden kann. Dass für ein erfolgreiches Alter(n) individuelle Ressourcen in Form von kulturellem und ökonomischem Kapital eine Voraussetzung darstellen, sehen nur wenige der Expert*innen. Interessant ist, dass die Geschlechterbilder der Trainer*innen, die Frauen als gesundheitsbewusster, kommunikativer und fitter,

---

[11] Eine entsprechende Ausbildung wird bspw. von der Akademie für Sport und Gesundheit in München angeboten (https://www.akademie-sport-gesundheit.de/ausbildung-seniorentrai ner.html Zugriff am 28.11.2022).

Männer hingegen als bequem, versteifter und verkürzter einordnen, zu diffe-
renten Umgangsstrategien im Training führen. Männer werden einerseits mehr
in Ruhe gelassen, sie werden während des Trainings weder angesprochen noch
verbessert, andererseits werden sie gebremst, wenn sie ihre angeblich höheren
Kraft- und Leistungsressourcen im Kurs unter Beweis stellen wollen. Insgesamt
wird eine heteronormative Sicht auf Geschlecht, ähnlich wie in der Fitnessstudiowerbung, deutlich, wodurch Geschlechterstereotype und ein alltagstheoretisches
Verständnis von Geschlecht (vgl. Abschn. 2.2.1) weiter verfestigt werden.

Die Analyse zeigt, dass die Anbieter im neuen Gesundheitsmarkt als marktwirtschaftliche Akteure die Ebene der symbolischen Repräsentationen prägen
und dadurch die Idealbilder des gesamtgesellschaftlichen Diskurses durch ihre
wirtschaftlichen Interessen mit beeinflussen. Der Schwerpunkt liegt also auf
Gewinnmaximierung, gleichberechtigte Zugangschancen zu gesundheitsfördernden Maßnahmen spielen auf dieser Ebene keine Rolle.

Typenbildung durch die Analyse der Habitusformen

In diesem Kapitel geht es darum, die Interviews nach der Fragestellung: ‚Welche Funktion haben sportliche Aktivitäten/Fitnesstraining präziser in der Biografie der Befragten unter Berücksichtigung von Bildung, Klasse und Körper?' zu ordnen und vor allem daraufhin zu überprüfen, inwieweit ihre Handlungen einen Überschuss an Bedeutungen produzieren (Hoffarth 2018, S. 7). Ziel ist es, nicht nur die Fremd- und Selbstführung im Sinne der Gouvernementalität nach Foucault zu analysieren, in der nur ein vermessener und gesunder Körper Chancen zur souveränen Selbstbildung zu eröffnen scheint. Vielmehr gilt es, den Körper als Ort des Eigensinns, der Widersprüchlichkeit und nicht nur als Objekt der Zurichtung und Disziplinierung in den Blick zu nehmen. Denn der Sinn, der Einstellungen und Handeln von Akteur*innen zugrunde liegt, erschließt sich erst dann vollständig, wenn zugleich Bedingungen und Kräfteverhältnisse analysiert werden, die das Handeln beeinflussen. Die Akteur*innen entwickeln praktische Strategien, mit denen sie ihre Lebensbedingungen bearbeiten und mit denen sie ihren Ort im sozialen Gefüge behaupten (Bremer und Teiwes-Kügler 2013). Indem verschiedene Sinnschichten an der einzelnen Biografie aufgezeigt werden, kann durch eine ungleichheitsreflexive Perspektive neben dem Nachvollzug normativer Vorgaben in den Blick genommen werden, auf welche Weise sich Machtverhältnisse in den Praktiken des Körpers, dem Ort der Hierarchiebildung, manifestieren.

6.1 Beschreibung der Typenbildung in der vorliegenden Interviewstudie

Typenbildung, so zeigt es Kuckartz (2016, S. 146) auf, geschieht, indem aufgrund von Gemeinsamkeiten in ausgewählten Merkmalsausprägungen Elemente

G. Sobiech, „Forever Young?", Sport – Gesellschaft – Kultur, https://doi.org/10.1007/978-3-658-40770-4_6

zu Typen (Gruppen) zusammengefasst werden. Ein Typus weist die Kombination gleicher Merkmalsausprägungen auf, verschiedene Züge und Dispositionen werden zu einem sinnvollen Ganzen zusammengefügt, während diese gegenüber anderen Typen möglichst unähnliche und verschiedene Merkmale aufweisen sollen. Dies kann mit Blick auf die vorliegende Studie nicht in einer maximalen Kontrastierung aller Merkmale erfolgen, da, wie die Inhaltsanalyse in Abschn. 4.2 gezeigt hat, große Ähnlichkeiten in den Strategien der Körperformung und Körperbearbeitung der Interviewpartnerinnen bestehen. Denn das Fitnesstraining avanciert im Kontext neoliberaler Selbstverantwortung für alle Befragten zur moralischen Verpflichtung, die Arbeit am Selbst durch die Herstellung eines schlanken, gesunden und funktionstüchtigen Körpers zu demonstrieren. Dennoch können durch eine intersektionale Analyse aufgrund ähnlicher, auf die Herkunft bezogener Voraussetzungen, der Akkumulation verschiedener Kapitalien im Lebenslauf sowie durch die Herausbildung ähnlicher Eigenschaften aufgrund vergleichbarer biografischer Erfahrungen und anhand der spezifischen Konstellation dieser Elemente vier Typen differenziert herausgearbeitet werden. Ein Mittel, um die verschiedenen Typen zu bestimmen, sind Fallvergleiche und Fallkontrastierungen, die aus den vierzig durchgeführten Interviews mithilfe der Fallvignetten (vgl. Abschn. 3.3.1.3) nachvollzogen und nach empirischen Regelmäßigkeiten und Differenzen durchsucht und geordnet wurden. Bevor näher auf die Bestimmung des Merkmalsraums eingegangen wird, soll kurz die Art der Fallinterpretation beschrieben werden. Kuckartz (ebd., S. 158) schlägt neben anderen Möglichkeiten die „repräsentative Fallinterpretation" vor, bei der ein möglichst geeigneter Einzelfall ausgewählt wird, der quasi einem „Prototypen" gleicht und der stellvertretend für alle Forschungsteilnehmenden innerhalb dieses Typus steht. Individuelle Besonderheiten werden vom Typischen abgegrenzt. Diesem Ansatz wird hier gefolgt.

6.1.1   Prozess der Typenbildung

Kelle und Kluge (2010, S. 85 ff.) beschreiben die verschiedenen Schritte der Typenbildung, wobei es zunächst darum geht, relevante Vergleichsdimensionen zu erarbeiten. D. h., in diesem Schritt werden Kategorien und Merkmale sowie relevante Subkategorien bzw. Merkmalsausprägungen festgelegt. Für die vorliegende Interviewstudie bildet durch die Frage nach ihrer Funktion im Lebenslauf sportliche Aktivität/Fitnesstraining die erste Kategorie. Dabei geht es um den *Zeitpunkt,* wann genau sportliche Aktivitäten/Fitness systematisch, also zwei- bis mehrmals in der Woche *(Häufigkeit)* betrieben wurden, und welche Haltungen und Einstellungen die Befragten zur Fitnesskultur, zu ihren inhärenten *(Fitness-)Normen* und Aufforderungen auf dem Hintergrund biografischer Erfahrungen ausgebildet haben. Wie in Abschn. 2.4 ausgeführt, sind damit Ziele wie die Herstellung eines fitten Körpers verbunden, die durch Vorstellungen von Attraktivität, Gesundheit und Freude an der Bewegung oder aber stärker durch Leistungsfähigkeit und eine funktionelle Ausrichtung des Körpertrainings zu differenzieren sind. Grundlegend für die Partizipation an sportlicher Aktivität und Fitnesskultur sind – dies zeigt Abschn. 2.3 – *ökonomisches und kulturelles Kapital*. Unter kulturellem Kapital werden hier Schulabschlüsse und Bildungstitel gefasst, die zur Einteilung ‚unterer‘ und ‚akademischer Mittelklasse‘ geführt haben (vgl. Abschn. 4.1.1). Ein weiteres Merkmal bezieht sich auf den *Körper,* der von Winker und Degele (2009, S. 40) als „Gesellschaft strukturierende Kategorie" beschrieben worden ist. Zu dieser gehören kulturelle Standardisierungen und Optimierungen sowie Modifikationen des Körpers, die die körperliche Verfasstheit, Gesundheit und Attraktivität immer bedeutsamer werden lassen, da diese letztlich darüber entscheiden, wer z. B. in sportiven und/oder fitnessorientierten Settings dazugehört und wer ausgeschlossen wird. Die sich verändernde Körperlichkeit über den Lebenslauf wird vor allem in der Auseinandersetzung mit der Dimension *‚Alter‘* (Krekula 2007) erfahren, die im Merkmalsraum Körper eine Subkategorie bildet. Welche Profite dann durch das erworbene *Körperkapital* als Ergebnis sportlicher Aktivität/Fitnesstraining im Alter erreicht werden, ist wiederum abhängig von erfahrenen biografischen Brüchen, Krisen, aber auch von dem Gewinn symbolischen Kapitals (Anerkennung) bezüglich der erbrachten Leistung, der Wiedergewinnung von Lebensqualität nach schweren Krankheiten oder der Ausdehnung von Bewegungsräumen durch Wandern, Reisen etc. Ein letztes Merkmal bezieht sich auf *Eigenschaftszuschreibungen,* die sich im Lebenslauf als charakteristisch für Einstellungen und Bewertungen einer Person erweisen und zwar differenziert nach *individuellen Dispositionen* und inneren Haltungen zu *sportiven Aktivitäten/Fitness,* die mit ersteren korrespondieren. Also ob eine Person das Fitnesstraining diszipliniert und regelmäßig betreibt oder ob der ‚innere Schweinehund‘ ein regelmäßiges Training verhindert, ist durchaus relevant bezüglich der Einstellung zu und Bewertung von Fitnessnormen. Diese Eigenschaftszuschreibungen knüpfen an die Typenbildung von Bremer und Teiwes-Kügler (2013) an, die dem theoretisch-methodologischen Ansatz von Habitus und Feld nach Bourdieu folgen. Der Habitus als Dialektik von Struktur und Handeln verweist von sich aus auf eine intersektionale Perspektive, die Machtverhältnisse und die individuelle Lebensführung als ineinander verwoben betrachtet. Die Autor*innen (ebd.) verstehen in Anlehnung an Bourdieu (1999) unter einem Typus die Ausbildung bestimmter Wahrnehmungsmuster,

Züge und Dispositionen, die nicht widerspruchs- und spannungsfrei in Erscheinung treten, da immer auch Kämpfe um den eigenen Ort stattfinden. Der Fokus der Analyse liegt auf der Klassifizierung und Bewertung der sozialen Welt der Akteur*innen, denn „der Wahrnehmungsakt stellt eine Klassifikation des Wahrgenommenen und zugleich einen Bewertungsakt dar" (Engler 2001, S. 127). Beim Erwerb der Wahrnehmungs- und Bewertungsmuster sind Sichtweisen und Haltungen eingeflossen, die für den sozialen Ort der Akteur*innen typisch sind. Bremer und Teiwes-Kügler (2010, S. 258 f.) gehen davon aus, dass sich Habitusschemata in der Verwendung klassifizierender Adjektive manifestieren, mit denen soziale Gruppen ihre Zugehörigkeit ausdrücken und sich zugleich von anderen abgrenzen. Im Weiteren werden Habituszüge als Extrempole festgelegt, die meist so in der Realität nicht vorkommen, die aber als „analytische Elementarkategorien" (Bremer und Teiwes-Kügler 2013, S. 115) grundlegende Formen sozialen Handelns zeigen. In Anlehnung an diesen Ansatz sind mithilfe dieser Elementarkategorien den Interviewpartnerinnen Habituszüge zugeordnet worden, die anschließend auf wesentliche Eigenschaftszuschreibungen bezüglich individueller Dispositionen, auch mit Blick auf sportliche Aktivitäten, reduziert worden sind.

Aus diesen Ausführungen lässt sich folgender Merkmalsraum für die relevanten Vergleichsdimensionen erstellen:

Zu klassifizierende Habitusform		
Sportive Aktivitäten im Lebenslauf	Zeitpunkt und Häufigkeit	Bewertung von Fitnessnormen
Kapitalien	Ökonomisches Kapital	Kulturelles Kapital (Bildungstitel)
Körper	Alter	Körperkapital/Profite
Dispositions- und Eigenschaftszuschreibungen (Bremer und Teiwes-Kügler 2013, S. 115)	Individuelle Dispositionen	Bezogen auf sportive Aktivität

Aus der Sichtung und Gruppierung der Fälle und der Analyse empirischer Regelmäßigkeiten nach den erstellten Kategorien ist die jeweilige Habitusform entwickelt worden (Kelle und Kluge 2010, S. 91), die typisch für die Funktion sportlicher Aktivitäten/Fitness auf dem Hintergrund biografischer Erfahrungen der Interviewpartnerinnen ist. Belege anhand von Zitaten aus den Interviews für die Zuordnung werden in den nachfolgenden Typusdarstellungen und der anschließenden repräsentativen Falldarstellung aufgezeigt, in der die Interpretationsarbeit als Pendelbewegung zwischen Material, Kategorien, Theorie und Material verstanden wird.

6.1.2 Charakterisierung der gebildeten Typen

Der nächste Schritt bezieht sich auf eine umfassende und möglichst genaue Charakterisierung der vier gebildeten Typen anhand der relevanten Vergleichsdimensionen und Merkmalskombinationen.

6.1.2.1 Struktur- und haltorientierte Habitusformen

a) Darstellung des Typus

Struktur- und haltorientierte Habitusformen	Interviewpartnerinnen: A2 (67), A3 (60), A4 (74), A6 (71), A7 (65), A11 (69), A14 (77), C4 (67), C6 (65), C7(62), C8 (62), D5 (69), D14 (69)	
Sportive Aktivitäten im Lebenslauf	**Zeitpunkt und Häufigkeit** • Häufig im mittleren Erwachsenenalter; • Durch persönliche Krise (z. B. Erkrankung, aufgrund familiärer Belastungen oder Einsamkeitsgefühle); • Regelmäßig bis häufig;	**Bewertung von Fitnessnormen** • Befürwortung: attraktives Erscheinungsbild/fitter Körper/ • Eigenverantwortung für gesunden Lebensstil; • Abgrenzung von Untätigen; = struktur- und haltgebende Funktion liegt vorrangig auf der leiblich-affektiven Ebene (angestrebt wird aber auch die Wiederherstellung oder Bewahrung von Selbstständigkeit und Mobilität);
Kapitalien	**Ökonomisches Kapital** • In der Regel abgesichert;	**Kulturelles Kapital (Bildungstitel)** • Untere Mittelklasse; • Häufig kein akad. Abschluss (Ausnahmen A7, D5, D14);
Körper	**Alter** • Spüren von Altersgrenzen; • Hinausschieben von Altersgrenzen;	**Körperkapital/Profite** • Emotionale Stabilisierung, Selbstwertstärkung, • Wohlbefinden durch Aktivierung und Formung des Körpers; • Gesundheitsorientierung;

Struktur- und haltorientierte Habitusformen	Interviewpartnerinnen: A2 (67), A3 (60), A4 (74), A6 (71), A7 (65), A11 (69), A14 (77), C4 (67), C6 (65), C7(62), C8 (62), D5 (69), D14 (69)	
Dispositions- und Eigenschaftszuschreibungen nach Bremer und Teiwes-Kügler (2013, S. 115)	**Individuelle Dispositionen Aufstiegsorientiert:** Karriere- und Statusorientierung (auch durch Heirat); **Sicherheitsorientiert:** Festhalten an Vertrautem und Gewohntem;	**Bezogen auf sportive Aktivität Disziplin:** Pflicht; **Materiell:** körperbetont;

Dieser Typus hat in der Kindheit zunächst mit sportlichen Aktivitäten nichts im Sinn, sei es aufgrund des Aufwachsens auf einem landwirtschaftlichen Betrieb (A2, 67-jährig; A4,74-jährig; A6, 71-jährig; A14, 77-jährig; C6 65-jährig; C7, 62-jährig), auf dem die Mithilfe der Kinder verlangt wurde, und aufgrund eines mangelnden Angebots an Sportunterricht in der Volksschule (vgl. Abschn. 4.1.2): „Sport war gar nicht" (C7), „mit Sport war überhaupt nix" (C6) oder weil Schulsport „als Qual" (A3, 60-jährig) erlebt und abgelehnt wurde: „I hated it. We had to wear ugly clothes. We had to wear these awful uniforms" (D14, 69-jährig). Auch A7 (65-jährig) drückt sich vor dem Sportunterricht, da sie Geräteturnen einfach nicht „ausstehen" konnte: „Später hatte ich immer meine Tage (lacht)".

Besonders die Befragten des Kirchzartener Fitnessstudios, aber auch C6 (65-jährig) und C7 (62-jährig), die unter ähnlichen Bedingungen aufwachsen, verlassen den landwirtschaftlichen Betrieb ihrer Eltern und steigen durch ihre Ausbildung in medizinischen oder in kaufmännischen Berufsbereichen sozial auf (vgl. Abschn. 4.1.1). A4 (74-jährig), die alleinerziehend, aber „immer berufstätig" war, hat dadurch die Möglichkeit, von ihrer Rente leben zu können und ist auch im Alter „auf niemanden angewiesen". Die Interviewpartnerinnen kommen häufig durch verschiedene körperliche Krisen zum Sporttreiben. Zum einen sind körperliche Erkrankungen für eine Mitgliedschaft im Fitnessstudio ausschlaggebend, z. B. A14 (77-jährig), die an Hautkrebs erkrankt, oder C4 (67-jährig), die nach einem „schlaganfallähnlichen Erscheinungsbild" freigestellt wird und ebenfalls mit Fitnesstraining beginnt: „Dann hatte ich ja ganz viel Zeit und da muss man sich schon was suchen, was einem ein bisschen *Halt* gibt." Ähnlich formuliert es D5 (69-jährig), die am Sjören-Syndrom, einer Autoimmunerkrankung mit rheumatischen Beschwerden erkrankt ist: „Yes, and a lot of reason why I started coming here I need some *structure*. (…) I'm working on that problem (Sie spürt einen starken Kraftverlust in den Beinen. G. S.). And I think I'm going to make some improvement!" Auch C7 (62-jährig), die allein lebt und nach einer

schweren Krebserkrankung mit Brustamputation chronische Schmerzen bewältigen muss, suchte einen Ort, um „einfach nur fit (zu) bleiben (…) und jetzt gerade
wieder mehr kraftvoll zu werden". Sie wünscht sich in der Lage zu sein, Wanderungen und Reisen (z. B. nach Indien) durchführen und durchhalten zu können.
D14 (69-jährig), die an einer stark einschränkenden Erkrankung, der Fibromyalgie, leidet, was neben anderen Symptomen eine erhöhte Schmerzempfindlichkeit
der Haut und Muskulatur bedeutet, versucht ähnlich wie C7 Schmerzen durch
das Training zu reduzieren und ihre Alltagsroutine aufrecht zu erhalten: „To be
able to do, what I can do. To be able to move!" Zum anderen sind es familiäre
Umstände, die eine persönliche Krise auslösen können, der durch Sportaktivitäten
versucht wird etwas entgegenzusetzen. C8 (62-jährig) z. B. bekommt drei Kinder
und bleibt berufstätig. Das Training im Fitnessstudio spielt für sie eine „rie-
sengroße Rolle", da sie sich dadurch „von der Familie zurückziehen" will. Wie
zwingend dieser Rückzug ausfallen kann, zeigt die folgende Äußerung: „Meine
Familie *muss* richtig umdenken, weil sie wissen, das ist wie eine Berufstätigkeit.
Ich *muss* ins Fitnessstudio". Auch A3 (60-jährig) formuliert deutlich, dass sie
nach der Geburt ihres ersten Sohnes das dringende Bedürfnis hatte, der familiären
Situation und der Arbeit im Homeoffice durch das Fitnesstraining zu entgehen:

> „Gut, dann war ich schwanger und als dann das Kind da war, dann dachte ich, ich
> muss irgendwann mal hier raus, sonst werde ich wahnsinnig. Arbeiten und Kind. Ich
> möchte was (für mich G. S.) machen und dann habe ich von meinem Mann das erste
> Abo bekommen und dann bin ich eigentlich, habe ich auch angefangen regelmäßig zu
> gehen."

Bei A4 (74-jährig) und A6 (71-jährig), die beide allein leben, sind vor allem
die Einsamkeitsgefühle ausschlaggebend, die sie zur Mitgliedschaft im Kirchzartener Fitnessstudio bewegen. A6 gerät nach der Trennung von ihrem Mann in
„tiefste Depressionen", sie zieht nach Kirchzarten und tritt dort als Erstes dem
ortsansässigen Fitnessstudio bei, um aus dem „circulus vitiosus" auszubrechen.
Die Trainerinnen erlebt sie dort als „sehr ansprechbar (…) und auch mensch-
lich angenehm". Das Training bietet ihr demnach die Möglichkeit, zum einen
die Folgen von Arthrose, auch von ihren Hüft- und Knieoperationen, zu bearbeiten, zum anderen, ihren psychischen Beschwerden: „Das dümmste Gefühl ist
die Einsamkeit!" etwas entgegenzusetzen. Eine ähnliche Funktion erhält die Mitgliedschaft im Fitnessstudio bei A4. Ihr einziger Sohn, der selbst Fitnesstrainer
in Berlin ist, schenkt ihr 2004, als sie „in Rente geht", ein „Abo" zunächst in
einem Freiburger Fitnessstudio. Dort bleibt A4 vier Jahre und als sie schließlich
ihren Wohnort nach Kirchzarten verlegt, wechselt sie auch in das ortsansässige

Fitnessstudio. Die Mitgliedschaft dort wird in ihrer Aussage quasi zur Notwendigkeit erhoben, da das Fitnesstraining ihr Struktur und Halt gibt: „Was soll man den ganzen Tag machen? (…) Ja, es ist einfach wichtig, morgens wegzugehen, rauszugehen, nicht jetzt daheim abstauben und rumtrödeln, sondern ein Ziel zu haben". Sie nimmt mindestens fünf Mal in der Woche an verschiedenen Kursen im Fitnessstudio teil und genießt neben dem Ziel, die körperlichen Alltagsanforderungen weiterhin bewältigen zu können („Treppen rauf und runter", „vom Boden wiederhochkommen"), auch die soziale Eingebundenheit: „(…) was auch schön ist, dass man immer Leute trifft. Inzwischen kennt man ganz viele Leute, kann sich ein bisschen austauschen". Da sie keine weiteren Freundinnen hat, ist diese soziale Dimension der Mitgliedschaft im Fitnessstudio nicht zu unterschätzen. Ähnlich sind für C6 (65-jährig), die auch allein lebt, Kontakte durch das Fitnessstudio ein wesentlicher Bestandteil ihres sozialen Lebens: „Man kennt viele, man kennt sich zum Teil auch privat." Auch D5 (69-jährig) betont, dass für sie neben der Herstellung einer Trainingsroutine soziale Aspekte für eine kontinuierliche Trainingsbeteiligung ausschlaggebend waren: „I think it was both, disciplining myself to do a set, routine, and the social. And so I got to know all the people in the class, and there's new people coming in, so it's social and physical." A3 (60-jährig) hebt neben struktur- und haltgebenden Aspekten stärker noch die leiblich-affektive Ebene des Fitnesstrainings hervor, die von allen Befragten als ausschlaggebend für die kontinuierliche Körperarbeit benannt wird:

> „Für mich überwiegt einfach (…) der positive Nutzen des Sports, dass ich mich einfach erfrischt fühle, erquickt fühle und dass es mir psychisch gut geht. Da habe ich immer sehr große Angst, irgendwann mal in ein psychisches Loch zu fallen, und ich glaube, wer Sport macht, schon allein dieser Pusch, dass der Blutdruck mal richtig hochgeht, dass man mal richtig in Wallung ist, das tut einfach gut, mir jetzt zumindest."

Neben den Zielen der Körperformung mit Blick auf Muskelaufbau, Stabilisierung und Haltung des Körpers ist für A3 auch ein figurformendes Training zentral, das „auf jeden Fall (…) daran gekoppelt" ist und nach dem Training ein Wohlgefühl auslöst: „Hach, schön!" (C6, 65-jährig). Betont wird in diesem Zusammenhang zugleich die Eigenverantwortung für die Herstellung eines attraktiven Erscheinungsbildes im Rahmen eines gesunden Lebensstils. A11 (69-jährig) z. B. ist sehr modebewusst und möchte noch mit jüngeren Frauen, auch auf die Figur bezogen, mithalten können. Sie genießt die Komplimente, die sie von jüngeren Frauen im Studio erhält und sieht sich auch selbst als Vorbild „für die Mädels". Zum einen geht es ihr darum, ihr Gewicht zu halten: „Ich mache ja auch Sport, schweißtreibenden Sport (…), dann kann ich ja mehr Zucker essen, Schokolade".

Zum anderen will sie durch einen gesunden Lebensstil „mehr belastbar" sein, um sich nicht in die Hände von Ärzten begeben zu müssen und um ein positives „Lebensgefühl" zu spüren. C7 (62-jährig), die die Waage für die Überprüfung ihres Gewichts nutzt und täglich beobachtet, „dass das Gewicht bleibt", spricht von einem „geilen Gefühl" direkt nach dem Training. Für A2 (67-jährig), die angibt, noch eine „ganz ansehnliche Figur" zu haben und aufgrund dessen Neid von anderen Frauen verspürt, sind Sportaktivitäten zentral für ein positives Lebensgefühl. Zudem möchte sie „möglichst positiv altern" und es ist für sie „ein tolles Gefühl" mit dem Mountainbike den Feldberg hochzukommen. Auch durch das Training im Fitnessstudio hat sie den Eindruck, „mehr Luft" zum Durchatmen zu erlangen. A14 (71-jährig), der Figurbewusstsein ähnlich wichtig ist, äußert sich folgendermaßen: „Ich finde ich habe noch eine ganz gute Figur für mein Alter. Ich kann notfalls mal ohne BH gehen, ich habe nicht so einen Hängebusen wie manche anderen!" Sie ist davon überzeugt, dass ihre Bekannten sie aufgrund ihrer Fitness bewundern, selber aber kein ästhetisches Empfinden haben: „Es gibt ja Leute, die halten überhaupt nichts auf sich, haben dicke Beine und tragen kurze Röcke!" Auch A6 (71-jährig) vergleicht sich mit unsportlichen Gleichaltrigen: „Ja, wie man aus dem Leim gehen kann, so, mit eins, zwei Rettungsringen oder Hängebauch und Hängebusen! (…) Wenn ich mich so umschaue, (…) da bin ich schon gut dran!" An den Aussagen lässt sich zeigen, dass einige Interviewpartnerinnen dieses Typus sich durch sozialen Vergleich von denjenigen abgrenzen, die sich einer Bearbeitung des Körpers im Fitnessstudio nicht unterziehen wollen oder können.

Neben Figurformung haben sportliche Aktivitäten auch das Ziel, die spürbaren Grenzen des Alter(n)s hinauszuschieben: „Einen fitten Körper zu haben, das sehe ich für mich als lebensverlängernd" (C8, 62-jährig). C6 (65-jährig) wird von ihrem Bekanntenkreis zehn Jahre jünger eingeschätzt, weil „ich (…) mich da nicht hängen lass". D5 (69-jährig) fühlt sich als „sixty-nine year old woman (…) in pretty good shape. I really do". Auch D14 (69-jährig), die im Training durch ihre Erkrankung starke Schmerzen verspürt: „It exhausts me, because througout the whole yoga practice I'm in pain. I'm always in pain!", sieht dennoch die mit dem Training verbundenen Vorteile gegenüber inaktiven Gleichaltrigen: „I can do things most people my age can't do!" Die gefühlten und erfahrenen Gewinne, die die Interviewpartnerinnen mit dem Betreiben von sportlichen Aktivitäten verbinden, führen zu der Überzeugung, genau das Richtige zu tun:

„Sport ist, glaube ich, die einzige Lebens*versicherung*, die wir haben. Dass wir unseren physischen Körper einfach gut pflegen und *halten,* (…) ein *Muss* in unserem

Leben. (…) Und man spürt einfach im Körper, dass es gut tut hinterher" (C8, 62-jährig).

„Ich brauche keine Motivation (zum Training G.S.) (…) Ich denke, dass es sicher sinnvoll ist, wenn man sich bewegt, denn sonst wird man vielleicht nicht so gut durchs Leben gehen" (C4, 67-jährig).

„Wie sind 60-jährige im Vergleich zu untrainierten 30-jährigen? Ich merke das immer mal wieder, wo ich merke, die Mädchen haben keinen Pepp. Da weiß man, ein gut trainierter 60-jähriger ist besser als ein untrainierter 30-jähriger. Ich glaube, das bestätigen alle. Wenn Sie sich gut trainiert fühlen, dann fühlen Sie sich auch *selbstsicherer*" (C7, 62-jährig).

Die mit dieser Überzeugung verbundene innere Stabilisierung wird zusätzlich unterstützt durch eine gesunde Ernährung, die wiederum als Teil eines selbstverantworteten gesunden Lebensstils über den Lebenslauf interpretiert wird. „Ich lebe seit dreißig Jahren vegetarisch, kein Fleisch! (…) Ich kaufe keine Fertignahrungsmittel. (…) Ich kaufe sonst immer nur frisches Gemüse und regional und saisonal" (C7, 62-jährig). Das Festhalten an Gewohntem und Vertrautem zeigt sich auch an dem Umstand, dass viele Interviewpartnerinnen, die auf einem landwirtschaftlichen Betrieb groß geworden und weggegangen sind, im Alter wieder zurück ins ländliche Umfeld von Kirchzarten ziehen. Dies geschieht trotz vorausgegangener, zum Teil starker Abgrenzung bis hin zum Bruch mit dem Elternhaus und trotz weiterer Distanzierung durch sozialen Aufstieg, wie noch einmal das Beispiel von A2 (67-jährig) verdeutlicht: Sie verlässt den landwirtschaftlichen Familienbetrieb und ist durch ihre berufliche Ausbildung in „ganz Deutschland unterwegs", zieht nach der betriebsbedingten Kündigung aber wieder mit ihrem Ehemann zurück nach Kirchzarten in eine Mietwohnung. Auch D14 ist in Westfield, Massachusetts, aufgewachsen und im nahen Umfeld (Mount Holyoke) geblieben.

Für den struktur- und haltgebenden Typus ist festzuhalten, dass ein zentrales Anliegen dieser Interviewpartnerinnen darin liegt, Wohlbefinden zu erzielen, indem eine emotionale Stabilisierung und Selbstwertstärkung über das Fitnesstraining gesucht und gefunden wird. Zentraler Aspekt ist dabei eine Sicherheitorientierung, ein Festhalten an Gewohntem und Vertrautem durch eine kontinuierliche Lebensweise: „Turne bis zur Urne, never ever Pflegefall" (C7, 62-jährig); das bedeutet zusätzlich für einige Befragte in eine vertraute Umgebung zurückzukehren.

Das Beispiel von Josephine[1] zeigt, wie durch unterstützende sportliche Aktivität auch ein erkrankter Körper als Ort des Eigensinns und der Widersprüchlichkeit Chancen zur souveränen Selbstbildung eröffnen kann.

b) Darstellung des repräsentativen Einzelfalls am Beispiel von Josephine
Josephine wächst in dörflicher Umgebung auf einem „kleinen Bauernhof" mit einem Bruder auf, der zwei Jahre älter ist als sie. Der Vater ist unbekannt, die Mutter alleinerziehend, zu der sie aufgrund ihrer Distanziertheit keine Bindung entwickeln kann, „weil wir nicht so, ja nicht so eng waren". Im weiteren Verlauf des Interviews spricht sie vom „gestörten Verhältnis" zu ihrer Mutter und vom „guten Verhältnis" zu ihrer „Oma, die mich eben erzogen hat". Allerdings starb die Großmutter früh, „für mich war es zu früh", womit sie „da irgendwo in der Schwebe war und auch nicht damit zurechtkam". Dieses bindungsarme, distanzierte Verhältnis zu ihrer Mutter kann sie mit ihrer Heirat durch die Beziehung zu ihrer Schwiegermutter in gewisser Weise „ersetzen", zu der sie „Liebe auf den ersten Blick" empfindet und von der sie als „fünftes Kind angenommen wird". Während ihrer Kindheit und Jugend spielen sportliche Aktivitäten keine Rolle: „Bewegung war damals Feldarbeit." Nach dem Volksschulabschluss absolviert sie eine Lehre als kaufmännische Angestellte. Sie beginnt zunehmend unter chronischen Kopfschmerzen zu leiden und versucht durch eine Schmerztherapie Abhilfe zu schaffen, was ihr aber nicht gelingt. Die Therapeutin rät ihr zu einem Kuraufenthalt, was mit anfänglichem Widerstand verbunden war: „in meinem Alter geht man nicht zur Kur". Dann aber, mit ca. 35 Jahren, tritt sie aufgrund ihrer nicht zu beseitigenden Kopfschmerzen einen achtwöchigen Kuraufenthalt in einer psychosomatischen Klinik an:

> „Da hat man mich einfach dann soweit bearbeiten können, dass ich mich geöffnet habe und eben erzählt habe von Kindheit und Jugend. (…) Und man hat mir auch erklärt, ich brauche keine Gewissensbisse zu haben, dass ich jetzt kein Verhältnis zu meiner Mutter habe, wie es sich gehört oder wie es normal ist, weil nicht jede Mutter, die in der Lage ist, ein Kind zu gebären, auch in der Lage ist, eine Mutter zu sein."

Dort wird sie das erste Mal an sportliche Aktivitäten herangeführt und „da habe ich gemerkt, das tut mir gut". Diese positive Körpererfahrung nimmt sie, nach Hause zurückgekehrt, zum Anlass, mit dem Joggen zu beginnen. Das Laufen wird

---

[1] Für die Darstellung des repräsentativen Einzelfalls wird zum Zweck einer zusätzlichen Anonymisierung ein fiktiver Name ausgewählt und auf die Altersangabe verzichtet, die sich im angegebenen Spektrum von 60–80 Jahren bewegt.

zur Passion und sie nimmt, zum Teil mit ihrem Mann, an mehreren Stadtläufen teil. Die Kopfschmerzen hören mit dem regelmäßigen Laufen auf.

Josephine ist zwar davon überzeugt, dass Altern bearbeitbar ist, aber mit dem Älterwerden bemerkt sie körperliche, wenig zu beeinflussende „Einbußen", z. B. ein Nachlassen des Bindegewebes: „(...) das habe ich geerbt von meiner Mutter, also ich habe denselben Bauch wie meine Mutter (...) und da habe ich angefangen mich ein bisschen zu *wehren*". Da sie Ähnlichkeiten mit ihrer Mutter auf jeden Fall vermeiden will, beginnt sie, von ihrem Gynäkologen unterstützt, mit 57 Jahren eine Hormonersatztherapie, was sie zunächst als unterstützend und hilfreich empfindet. Allerdings bleibt diese Art der Therapie für sie nicht ohne Folgen: Sie erkrankt an Brustkrebs, „verursacht durch diese Hormonersatztherapie", denn „der Tumor war östrogenabhängig". Aufgrund der Größe des Tumors wird ihr nahegelegt, sich eine Brust amputieren zu lassen: „das müsste amputiert werden", was sie aber nicht will: „ich habe gesagt, das bleibt dran!". Die Versachlichung des eigenen Körperteils, der vom Krebs befallenen Brust, deutlich in der Verwendung des Artikels „das", macht es offenbar leichter, um die Unversehrtheit ihres Körpers zu kämpfen. Josephine setzt sich insofern gegen den Widerstand des behandelnden Arztes durch, als sie dreimal operiert wird, um ihre Brust zu erhalten:

> „Ich bin dann irgendwann zum Kämpfer geworden, weil ich gedacht habe, das kann nicht sein. Ich habe gemerkt, ich habe auch meine Stärken und habe auch selber dafür gesorgt, dass ich mein Selbstbewusstsein ein bisschen beeinflussen kann."

Bezüglich ihres Kampfes, sich Gehör zu verschaffen, in ihrer Haltung anerkannt, gesehen zu werden, was auch ihr „Selbstbewusstsein" positiv beeinflusst, spielt der Sport eine erhebliche Rolle. Laufen dient ihr als Medium zur Erschließung körperlicher Kraftquellen, die als eine Stärkung des Innenraums bei gleichzeitiger Ausdehnung von Außenräumen gedeutet werden können:

> „Ja, also während der Chemozeit, ich hatte eine Glatze und habe meine Mütze aufgesetzt und bin Joggen und zwar ein und eine halbe Stunde bis (Ortsangabe), kam nach Hause und habe in den Spiegel geguckt und gesagt: ‚ICH bin hier der Chef, ja!‘"

Mit diesem Gewinn an Selbstbestimmung durch die leibliche Erfahrung, ihr eigener „Chef" zu sein, wächst auch ihr Wille, ihr kulturelles Kapital zu erweitern. Zur gleichen Zeit beginnt sie, Englisch in der Volkshochschule zu lernen und steigt in ihrer Firma zur Abteilungsleiterin im Ressort „Bekleidung" auf. Eine anspruchsvolle Aufgabe für sie ist z. B., Kontakte zu amerikanischen Lieferanten herzustellen und zu pflegen. Jahre später wird die Firma aus ökonomischen Gründen umstrukturiert und diese Abteilung abgebaut. „Da durfte keiner übrigbleiben, weil sonst andere Ansprüche an die Firma hätten geltend gemacht werden können", sodass Josephine mit „schmutzigen Tricks" aus der Firma entlassen wird. „In dem Moment habe ich dann einfach die Flucht nach vorn angetreten und angefangen, mich zu bewerben." Sie „hätte gerne länger gearbeitet", aber auch ein Kurs bei der Volkshochschule zur Wiedereingliederung hilft ihr aufgrund ihres fortgeschrittenen Alters nicht, wieder in ‚Lohn und Brot' zu gelangen. Sie zieht mit ihrem Mann in ihr heimatliches, dörfliches Umfeld zurück und wird Mitglied im ortsansässigen Fitnessstudio. Inzwischen kann sie aufgrund von Knieproblemen nicht mehr so ausgiebig wie bisher Joggen, muss auch die Stadtläufe aufgeben. Sie entdeckt Mountainbiken für sich, welches sie im Sommer mit einer Gleichgesinnten bis zum Zeitpunkt des Interviews betreibt, und wird Mitglied im Fitnessstudio, um zunächst als „Schlechtwetterersatz" mit dem „Spinning-Training", also dem Fahrradfahren auf feststehenden Fahrrädern, zu beginnen. Später kommen Gerätetraining und Pilateskurse hinzu. Das Fitnessstudio wird für sie zum sicheren Ort, in dem sie ihr Körperkapital „achten" und „pflegen" kann:

> „Also für mich ist mein Körper und meine Gesundheit mein Kapital und ich sehe mich in der Pflicht, dieses Kapital zu pflegen. Also für mich ist das pures Kapital, weil es nutzt mir nichts, wenn ich richtiges (im Sinne von ökonomischem G.S.) Kapital habe, aber nichts mehr damit anfangen kann."

Die Bearbeitung des Körpers wird quasi zur existentiellen Frage, denn die Stärke ihres Körpers verleiht ihr innere Sicherheit. Zugleich achtet sie auch darauf, dass sie sorgsam mit ihrem „Kapital" umgeht, es pflegt, also ihrem Körper auch nicht zu viel zumutet. Beim Mountainbiken steht z. B. der „Genuss" und „die schöne Aussicht", die sie anschließend per Fotos ihrem Mann präsentiert, im Vordergrund. Auf ökonomisches Kapital, das ihr tatsächlich durch eine schmale Rente nur in geringem Maße zu Verfügung steht, kann sie dagegen eher verzichten. So gibt sie an, etwa zehn Prozent ihrer Rente für die Mitgliedschaft im Fitnessstudio auszugeben.

Zum anderen ist das Fitnessstudio für Josephine, die keine „beste Freundin" braucht, „mir geht auch nix ab", und auch sonst kaum Freunde und Bekannte hat, „ein Kommunikationszentrum", was sie als „Geschenk" bezeichnet, „dass man unter Menschen ist, man hat Interesse an anderen und man merkt, die anderen haben dich vermisst, (…) und das ist auch ein positives Gefühl". Außerhalb des Studios hat sie keine Kontakte, engere Beziehungen zu Frauen meidet sie, möglicherweise aufgrund ihrer abweisenden Erfahrungen durch ihre Mutter, aber auch, weil sie sich häufig in Konkurrenzsituationen mit Frauen wiederfindet. So berichtet sie von Gleichaltrigen, z. B. ihrer Schwägerin, „die anders aussehen" als sie, „nicht so sportlich", weshalb im Kontakt mit ihr „ein bisschen Neid" deutlich wird. Z. B. „(…) wenn man über Gewichtsprobleme spricht, dann ja, du hast ja kein Problem und das stimmt einfach nicht. (…) Das ist einfach Quatsch, nur, weil der so aussieht, hat der kein Problem". Auf der anderen Seite kann sie durch ihr geringes ökonomisches Kapital nicht mit der Modebewusstheit ihrer Schwägerin konkurrieren. „Ich merke dann auch, wie die mich so taxieren, so der Scannerblick von oben bis unten. (…) Ich habe eben nicht so viel Verschiedenes wie eben diese Frauen." Die einzige, enge Beziehung, die sie eingegangen ist und halten will, ist die zu ihrem Partner und Ehemann. So beantwortet sie die Frage nach sozialen Beziehungen, die ihr wichtig sind, folgendermaßen: „Die Beziehung zu meinem Mann, die ist mir wichtig. Das ist unsere *Muschel* für beide und ansonsten, ich gehe gern einkaufen und freue mich, wenn ich jemand treffe. Ich brauche Kommunikation."

In diesem Sinne wird das Training im Fitnessstudio auf dem Hintergrund ihrer biografischen Erfahrungen zu einem zentralen haltgebenden und belebenden Faktor, der in ihrem Alltag: „Man fühlt sich fitter für den Tag, also wenn ich nach Hause komme vom Spinning. (…) Man fühlt sich fitter und unternehmungslustiger!" einen wichtigen Platz, auch im Sinne eines Gefühls sozialer Eingebundenheit, einnimmt. Damit ist der Einzelfall ‚Josephine' ein durchaus typisches Beispiel für diese Gruppe.

6.1.2.2 Leistungsorientierte Habitusformen

a) Darstellung des Typus

Leistungsorientierte Habitusformen	Interviewpartnerinnen: A13 (63), B2 (63), C1 (65), C2 (60), C3 (63), C5 (62), C9 (65), D3 (68), D4 (74), D9 (67)	
Sportive Aktivitäten im Lebenslauf	**Zeitpunkt und Häufigkeit** • z. T. von Kindheit an; • z. T. Mitglied im Sportverein; • Beibehaltung über den Lebenslauf, evtl. mit Unterbrechung/ Reduzierung während der Kindererziehungsphase; • häufiges Training im Fitnessstudio/ Ausüben weiterer Sportarten außerhalb des Studios;	**Bewertung von Fitnessnormen** Befürwortung des fitten Körpers; Fähigkeitskonzept: • körperliche Grenzen werden weniger akzeptiert; • Selbstverantwortung für sportiven Lebensstil; = Funktion: Gewinn symbolischen Kapitals durch sportive Leistungen;

Leistungsorientierte Habitusformen	Interviewpartnerinnen: A13 (63), B2 (63), C1 (65), C2 (60), C3 (63), C5 (62), C9 (65), D3 (68), D4 (74), D9 (67)	
Kapitalien	**Ökonomisches Kapital** • abgesichert;	**Kulturelles Kapital (Bildungstitel)** • untere Mittelklasse (Ausnahmen D3, D4 und D9); • kein akad. Abschluss (Ausnahmen D3, D4 und D9);
Körper	**Alter** • Hinausschieben der Altersgrenzen; • Abwehr von Alterungsprozessen; • z. T. starke Abgrenzung gegenüber inaktiven Gleichaltrigen;	**Körperkapital/Profite** • individuelle Aufwertung durch besondere sportive Leistungen und Anstrengungen (neben Fitnesstraining werden noch andere Sportarten betrieben); • Idealisierung der eigenen Sportaktivitäten; • Wohlbefinden durch starke Beanspruchung des Körpers; • moralische Überlegenheit gegenüber inaktiven Gleichaltrigen;
Dispositions- und Eigenschaftszuschreibungen nach Bremer und Teiwes-Kügler (2013, S. 115)	**Individuelle Dispositionen** **individuell:** Abgrenzen von der „Masse"; Betonung von Einzigartigkeit; **aufstiegsorientiert:** Streben nach ‚Höherem'; **selbstsicher:** Selbstbewusste Darstellung; Selbstgewissheit im Umgang mit Anforderungen; Anspruchshaltung, die z. T. gegen den eigenen Körper gerichtet ist;	**Bezogen auf sportive Aktivität** **asketisch:** Verzicht steht vor Lust und Genuss; Selbstbeherrschung; diszipliniert; **funktional:** Orientierung an Funktionalität; Inhalt ist wichtiger als Form; z. T. Instrumentalisierung des Körpers für sportliche Ziele;

Dieser Typus zeichnet sich durch eine starke Bindung an den Sport aus. Bereits in der Kindheit werden Bewegungsmöglichkeiten im Freien für Sport und Spiel genutzt:

„Für uns war Sport einfach nachmittags draußen sein und hüpfen, Gummitwist machen, Rollschuh fahren, klettern und so was alles. Das war aber jeden Tag und zwar ordentlich" (C2, 60-jährig).

„Ja also, meine Kindheit war immer schon auch geprägt durch viel Bewegung. Wir waren sehr viele Kinder in dem Haus. Ich habe eigentlich, ja immer so große Freude gehabt an der Bewegung" (C9, 65-jährig).

Meist führen diese Aktivitäten später zu einer Mitgliedschaft im Sportverein, in dem verschiedene Sportarten von Geräteturnen über Leichtathletik bis hin zu verschiedenen Ballsportarten ausgeübt werden. Dies trifft selbstverständlich nicht auf die drei Amerikanerinnen zu, da eine Sportvereinskultur dort nicht existiert. D3 (68-jährig) wurde aber früh durch ihre sportbegeisterte Familie an verschiedene Sportarten herangeführt. Vor allem Schwimmen, Golf und Tennis waren die Familiensportarten. Als Kind nimmt sie bereits an Schwimmwettkämpfen teil. Außerdem spielt sie seit ihrem achten Lebensjahr Tennis. D4 (74-jährig) spielt während ihrer Kindheit und Jugend Basketball und Volleyball, später ist sie in einem Softballteam auf Wettkampfebene 15 Jahre lang aktiv. Bereits mit 31 Jahren beginnt sie mit dem Training im Fitnessstudio. Auch D9 (67-jährig) beschreibt ihre Familie als sehr sportaffin: „They skied, they sailed (…) So, what we did as a family was always, a lot of it was very athletic."

Die deutschen Väter sind, wie beschrieben, zum großen Teil in einem Handwerk beruflich tätig, die Mutter übt keinen Beruf aus, widmet sich dem Haushalt und der Kindererziehung. Wenn jemand von den Eltern sportlich aktiv ist, dann in den meisten Fällen der Vater, der die Tochter, z. B. wie bei C5 (62-jährig), zum Skifahren motiviert: „Ich habe das Skifahren schon mithilfe des Vaters dann gelernt, noch so richtig mit Treppensteigen und alles natürlich ohne Skilift." Bei anderen Interviewpartnerinnen spielen sportliche Anregungen durch die Eltern keine Rolle, da sie entweder unsportlich waren (C9, 65-jährig), das Leben durch „harte Arbeit" geprägt wurde, sodass für sportliche Aktivitäten weder Zeit noch Raum blieben (A13, 63-jährig) oder ihre Art der Lebensführung abgelehnt wurde: „Also das Schlimmste, was man zu mir sagen kann ist, du bist wie deine Mutter" (C3, 63-jährig). Diese Frauen werden durch Freundinnen oder Geschwister zum Sporttreiben angeregt: „Als ich so fünfzehn, sechzehn war, bin ich mal in die Gymnastik (im ortsansässigen Sportverein), eigentlich durch meine Schwester, die sagte: ‚Komm doch mal mit!'" (A13, 63-jährig). Die sportliche Aktivität wird über den Lebenslauf beibehalten, Ausnahme bildet die Kindererziehungsphase wie bei C2 (60-jährig), die in der Zeit, in der zwei Töchter geboren wurden, „müde war, die Nächte durchgemacht hat und dann noch nebenbei gearbeitet" hat, sodass ihre täglichen Bewegungsaktivitäten „zwischenzeitlich ein bisschen verloren gingen". Alle steigen nach gewisser Zeit wieder ein. C9 (65-jährig) wird bereits nach der Geburt ihres zweiten Sohnes im Fitnesssektor aktiv, absolviert eine Ausbildung zur „Fitness- und Gesundheitstrainerin", unterrichtet „Bauch, Beine, Po und Callanetics", später, nach einer weiteren Ausbildung, ergänzt sie ihr Angebot durch „Zumba und Pilates". Die meisten Interviewpartnerinnen üben neben dem Fitnesstraining weitere Sportarten aus, das Spektrum ist weit gefasst: Schwimmen, Wandern, Tanzen, (Marathon-)Lauf(en), Rennrad und Mountainbike fahren, Langlauf, Skitouren, Tennis. Der Körper wird erst dann als leistungsfähig bewertet, wenn alle sportlichen Ambitionen mühelos bewältigt werden können:

„Ja, unter Fitness verstehe ich jetzt, dass der Körper leistungsfähig ist für meine Hobbys wie Schwimmen, Bergsteigen, Trekkingtouren, Rennrad fahren, Skilaufen. Das verstehe ich jetzt unter Fitness" (C5, 62-jährig).

Das Sporttreiben kann bei diesem Ausmaß sogar suchthafte Züge annehmen, die den Lebensstil maßgeblich bestimmen. So nennt C5 sich selbst „bewegungssüchtig". Sie läuft in 11 Jahren 10 Marathons, treibt fast jeden Tag Sport, ernährt sich gesund und legt Wert auf eine „geistige Fitness", die sie neben der körperlichen erhalten will („auch mal ein Fachbuch lesen"). Auch bei B2 (63-jährig), die seit 1986 drei bis vier Stunden „am Stück" im Fitnessstudio drei bis vier Mal in der Woche trainiert zusätzlich zu sportlichen Aktivitäten wie Schwimmen und Radfahren, und C3 (63-jährig), die seit dem Jahr 2000 nach einer Krebserkrankung fünf Mal die Woche im Fitnessstudio trainiert, „um sich selber wohlzufühlen", wird deutlich, dass ein intensives Fitnesstraining – C3 absolviert mindestens zwei Kurse hintereinander oder nimmt an einem Kurs teil und nutzt anschließend noch eine Stunde das Laufband – gebraucht wird, um „Glückshormone" freizusetzen:

„Allerdings kann das auch gefährliche Ausmaße annehmen, weil ich schon merke, dass ich manchmal sehr unruhig bin, wenn ich nicht gehen kann. (…) Sport baut gut auf, die Glückshormone werden aktiviert!" (C3, 63-jährig).

Die eine Seite des Betreibens gerade verschleißender Sportarten wie Marathonlauf ist, dass körperliche Beschwerden Grenzen setzen wie bei C5 (62-jährig):

„Ich konnte mir ja früher ein Leben ohne Laufen nicht vorstellen. (…) Das gibt es sehr wohl, weil ich laufe ja quasi nicht mehr (aufgrund von starken Kniebeschwerden G.S.), ich fahre jetzt viel Rad. Ich mache jetzt diese Gymnastik zum Ausgleich."

Die andere Seite bezieht sich auf den Gewinn symbolischen Kapitals, die mit der sportlichen (Hoch-)Leistung verbunden ist:

„Also eigentlich meine Freunde und Bekannten, die beneiden mich um die Fitness, die wären gerne auch so fit, sag ich jetzt mal. Die machen zwar einiges, aber so einen Halbmarathon runterzulaufen, können sie sich nicht vorstellen. Das wird dann auch schon mal geäußert" (A13, 63-jährig).

Auch B2 (63-jährig) spricht davon, dass ein fitter Körper für sie wichtig ist und dass Bekannte und Freunde sie darum beneiden, „aber die sind dann natürlich

auch etwas kompakter". Das Training selbst wird nach funktionellen Gesichts-
punkten absolviert, in dem in möglichst kurzer Zeit möglichst effektiv trainiert
wird:

> „And I read in the New York Times – they have that wellness column – that main-
> taining your muscles is important. But the only way you can do it is to really – it's
> almost like you hurt your muscles. You use havier weights and you do it until your
> muscles are so sore. (…) I figure if I'm going to go to the gym (…) I don't want to
> waste that time" (D9, 67-jährig).

Die Orientierung an Funktionalität, Zweckmäßigkeit und Nützlichkeit, nicht nur
auf das Fitnesstraining bezogen, gehört zu einem Lebensstil, der eine asketische
Haltung, Disziplin und Selbstbeherrschung impliziert. Alle Interviewpartnerinnen
achten nicht nur auf eine gesunde Ernährung mit viel Gemüse und wenig Fleisch,
sondern verfolgen Strategien, die sehr genau selbstgesetzten Regeln folgt. Bei C1
(65-jährig) zeigt sich diese Haltung besonders an den gewählten Adjektiven wie
die Einhaltung einer „bewussten Ernährung", bei der sie „ganz streng darauf achtet" „Gemüse und Salat" zu sich zu nehmen, was sie als „nicht extrem", sondern
als die „normalste" Handlungsstrategie bezeichnet. Das „Hineinhorchen" in den
eigenen Körper verweist möglicherweise auf die Angst vor unkontrollierbaren
Veränderungen:

> „Ich bin, wie Sie sich denken, das passt zu meinem Bild, eine sehr bewusste Ernähre-
> rin! (…) Aber ich achte auch ganz streng darauf, dass ich mein Gemüse oder meinen
> Salat krieg. (…) Ich bin keine Vegetarierin, aber ich ess' fast kein Fleisch. Ich bin
> bestimmt nicht extrem. Ich denke, das ist das Normalste! Das könnte jeder tun! Ich
> horche in mich hinein, ich achte auf mich, ich nehm' Veränderungen sicher wahr!"

Durch die Bemerkung „Das könnte jeder tun!" wird sich gegenüber denjenigen
abgegrenzt, die diese disziplinierte Haltung bezüglich Ernährung gerade nicht
aufbringen können oder wollen.

Der asketische Lebensstil sowie die sportliche Leistungserbringung ist bei
allen Interviewpartnerinnen dieses Typs mit Stolz und Selbstaufwertung verbunden, die das leistungsbezogene Sporttreiben als Übernahme von Selbstverantwortung und richtige Wahl im Kampf gegen das Alt-Aussehen und Alt-Werden
erscheinen lässt. Das Alter(n) wird auf diese Weise nicht als Realität wahrgenommen oder auf später verschoben:

„But just keeping exercise, going with exercises. I think just the most important thing: keeping active. (…) It affects self-esteem. It affects my view of myself. (…) I think that's just (…) keeps people from getting old minded" (D4, 74-jährig).

„I mean I don't mind aging, I don't want to be less active. (…) And I try to keep my muscles. (…) And I try not to think in terms of being old. I don't want to limit my options or kind of … I like the attitude that I don't feel old" (D9, 67-jährig).

„You know, when you turn sixty, you don't have to go sit in your chair for the rest of your life. There are people, who are in marathons now, who are much older" (D3, 68-jährig).

Auch C9 (65-jährig) berichtet von einer Situation, in der sie als Seniorin bezeichnet wird, wogegen sie sich heftig zur Wehr setzt. Durch ihre schlanke und durchtrainierte Erscheinung, für die sie von anderen viel Anerkennung erhält, und durch ihr sportliches Können gelingt es ihr, bisher Alterungsprozesse abzuwehren:

„Also, ich sag ja, ich tanze Zumba. Ich habe vier Zumbagruppen und habe junge Frauen drin (…). Und ich da, die Alte, steh da vorne dran und das ist mir dann gar nicht bewusst! Und die kommen, da kommen auch die jungen Frauen, also Mütter mit Töchtern und Mädels und so und das finde ich einfach schön. Und deswegen, so ALT, also das Thema Alter ist noch nicht so griffig für mich. Das muss ich ehrlich sagen (lacht)."

Gegenüber anderen, nicht-aktiven Gleichaltrigen, empfinden die leistungsorientierten Interviewpartnerinnen eine moralische Überlegenheit, da sie die eigene Selbstbeherrschung und Disziplin weder körperlich noch mental aufbringen und damit im Kontext eines neoliberalen Selbstverständnisses kein selbstverantwortliches Verhalten zeigen. Dabei wird außer Acht gelassen, dass die Befähigung zur Selbstorganisation und permanenten Selbstsorge vom kulturellen Kapital und finanziellen Ressourcen abhängen (vgl. Abschn. 2.3.2):

„Ich nehme es den Dicken nicht ab, dass die sich wohlfühlen mit ihren zwanzig Kilo Übergewicht! Ja, ja also diese Ausrede, das (die körperliche Fitness G.S.) ist angeboren oder so oder das ist Veranlagung, die zählt bei mir nicht. Muss man sagen, nee, das ist Disziplinlosigkeit, sonst nix!" (C5, 62-jährig).

„Also nichts ist schlimmer als ein träger Körper, so ein Körper, der zu nichts mehr fähig ist. Das ist für mich schon eher abstoßend" (B2, 63-jährig).

„Also was ich ganz schlimm finde, wenn Männer in der Stadt mit freiem Oberkörper rumlaufen. Würde jetzt eine Frau nie machen. Oder Männer mit ihrem Ranzen, (…). Da fällt Ihnen nichts mehr ein. Es gibt nichts Schlimmeres wie die alten Männer da. (…) Also Männer lassen sich mehr gehen im Alter!" (C3, 63-jährig).

Diese Art der Abgrenzung und Abwertung verweist zugleich auf das eigene Alleinstellungsmerkmal: Die Interviewpartnerinnen heben sich mit ihrem sportlichen Erscheinungsbild aus der Vielzahl von Gleichaltrigen , die keinen sportiven Lebensstil pflegen, hervor. Dies schlägt sich im Weiteren zum einen in einer gefühlten Differenz zum kalendarischen Alter und zum anderen in einer aus der sportlichen Aktivität gewonnenen Vitalität nieder, die das Selbstwertgefühl stärkt:

> „Da gibt es schon eine Diskrepanz zum tatsächlichen Alter, weil ich ja auch alle Menschen, weil ich auch die Menschen sehe in meinem Alter, die sich gar nicht mehr bewegen können. (…) Also ich halte mich für sportlich, beweglich, so fühle ich mich auch!" (C5, 62-jährig).

> „I believe, that you can ignore your age (lacht). (…) All the time I'm thinking about people say: ‚oh, I don't have nearly as much energy as I did ten years ago‘. I don't feel that way. I feel like I have just as much energy. (…) I have a friend in California and she's always writing and saying: ‚oh, I'm so tired!‘, I don't feel that way!" (D3, 68-jährig).

Abschließend ist für die leistungsorientierten Interviewpartnerinnen festzuhalten, dass die Fitnesssteigerung im Alter den Charakter von Technologien des Selbst annehmen, mit denen sie zum einen den „heroischen" Kampf gegen sich selbst führen (vgl. Reckwitz 2021, S. 329) und zum anderen ihren Abgrenzungswillen gegenüber nicht-aktiven Gleichaltrigen zum Ausdruck bringen. Das „Streben nach Höherem" durch leistungssportliche Aktivitäten (Bremer und Teiwes-Kügler 2013, S. 115) kann aber auch mit großen körperlichen Einbußen verbunden sein, wie die Analyse des repräsentativen Einzelfalls von Gerlinde im Folgenden zeigt.

b) Darstellung des repräsentativen Einzelfalls am Beispiel von Gerlinde
Gerlinde wächst in einem „Dorf" im Hessischen mit einer zehn Jahre älteren Schwester auf. Der Vater war als Zimmermann auf „Montage" und „war in ganz Deutschland" unterwegs, bis er aufgrund eines Unfalls seinen Beruf nicht mehr ausüben konnte. Die Mutter hat „Haus und Hof zusammengehalten, (…) hat wahnsinnig viel gearbeitet. Die ist Putzen gegangen, war beim Bauern auf dem Feld, hat alles gemacht, damit das wenige Geld einfach reichte". Der Mutter „wäre nie eingefallen", „mal ruhig (zu) sitzen, die Beine hoch und die Hände in den Schoß" zu legen. Sie hat zudem „nie Geld ausgeben können, was mein Vater, so wie sie sagte, sauer verdient hat". In diesem eher von Verzicht geprägten familiären Umfeld besucht Gerlinde die Hauptschule und danach eine Handelsschule, auf der sie die „Wirtschafts-Mittlere-Reife" erwirbt. Anschließend absolviert sie eine Lehre als Arzthelferin.

Den Sportunterricht lehnt Gerlinde aufgrund des Unvermögens der Lehrer zwar ab, „da waren zwei, die eben aus dem Krieg zurück" waren, „es war alles sehr reduziert, es war nicht Sport", aber als Kind bewegt sie sich viel draußen, fährt Rollschuh, klettert auf Bäume. Durch ihre Schwester kommt sie mit fünfzehn, sechzehn Jahren in den ortsansässigen Gymnastikverein, nimmt dort zunächst regelmäßig an einem „Zirkeltraining" teil. Im Weiteren wird sie Mitspielerin in einem Handballteam – durch das Handballtraining lernt sie ihren späteren Mann kennen – fährt zu Auswärtsspielen mit und wird zusätzlich im expandierenden Sportverein aufgrund ihrer Körpergröße angefragt, ob sie Interesse hätte, in einem neu gegründeten Basketballteam mitzuspielen, was sie gerne zusagt. Auch in diesem Ballsport fährt sie zu Wettkämpfen in „ganz Hessen" mit. Die Überlastung durch das Ausüben der verschiedenen Ballsportarten führt zum ersten Mal zu einem Meniskuseinriss, der zur damaligen Zeit nicht operiert wird.

Nach der Heirat und der Geburt von zwei Söhnen zieht die Familie nach Süddeutschland, diesen Umzug betrachtet sie im Interview als wesentlich für ihre persönliche Entwicklung:

> „Ich denke, wenn ich zu Hause geblieben wäre, da wäre ich eine völlig andere Frau geworden, ganz anders. Also dieser, dieser Einfluss der direkten Familie und auch, wenn du auf dem Dorf groß wirst, ist zwar jetzt (Ortsname), aber war halt Dorf und (Ortsteil) bleibt Dorf, wenn du da geboren bist. Die haben unglaublich Zugriff irgendwo, nicht Macht, aber du bist dann schon unter Beobachtung. Das ist dann schon unter Beobachtung, das ist dann schon anders als jetzt, so weg von allem."

Gerlinde hört zunächst aufgrund der Belastung von Beruf und der Geburt zwei weiterer Söhne „mit Sport in dem Sinn" auf, aber „was ich immer gemacht habe (…), dass ich in eine Gymnastikgruppe bin, einfach um rauszukommen, soziale Kontakte zu haben". Auch wenn sie sich von ihrer Herkunftsfamilie und ihrem Einfluss abgrenzt, lebt sie erstens in einem ähnlichen Familienmodell wie ihre Eltern, d. h. ihr Mann war aufgrund seiner Berufstätigkeit „wahnsinnig viel unterwegs, (…) der war ja schon immer, auch als unsere Kinder klein waren, viel weg". Zweitens greift sie häufiger auf die Unterstützung ihrer Eltern zurück, denn „unsere Kinder waren viel krank, dann war ich froh, wenn Opa und Oma (…) im Zug saßen". Zudem hilft ihr Vater mit „bei den Umzügen, für alles, was handwerklich zu machen war, war mein Vater zuständig". In der Zeit, in der drei ihrer Söhne in die Pubertät kommen und sie einen vierten kleineren Sohn versorgen muss – ihr Mann hat zu dieser Zeit sechs Jahre im Ruhrgebiet gearbeitet und kam nur am Wochenende nach Hause –, was „knackig" war, verstärken sich ihre Herzrhythmusstörungen:

„Das hatte mich schon beunruhigt, weil diese Pausen nicht so schön sind, weil wenn du merkst, das Herz schlägt nicht, sollte eigentlich schlagen, schlägt immer noch nicht, dann denkst du eeeyyy…, aber das habe ich abklären lassen."

Ihr wird dann von ärztlicher Seite geraten, statt Medikamente zu nehmen mit Ausdauerlaufen zu beginnen, was sie mit einer Freundin gemeinsam versucht, die aber schnell wieder aufgibt. Sie läuft von dieser Zeit an regelmäßig, muss sich aber einer Meniskusoperation unterziehen, da ihr alter Meniskusschaden ihr das Laufen erschwert. Schließlich läuft sie in Freiburg eine Strecke beim Marathon mit, zieht sich dadurch aber einen neuen Meniskusschaden zu, den sie bald darauf wieder operieren lässt. Davor stand für sie eine weitere OP an: „Vorher hatte ich noch einiges mit Blutungen. Sag ich jetzt mal, die Gebärmutter musste noch raus zwischendrin." Die verwendete Sprache verweist auf die Verdinglichung ihres Körpers: „die Gebärmutter musste noch raus", denn der Körper wird zum Instrument, den sie für ihre sportlichen Ziele einsetzen will. Die Blutungen und vor allem die Meniskusschäden, die als Ausdruck der Überlastungen des Körpers zu interpretieren sind, hinderten sie daran, ausreichend für ihre sportlichen Ambitionen zu trainieren, denn nach den Operationen „ging es wirklich kontinuierlich bergauf mit der Lauferei, mit der Fitness".

2004 läuft sie ihren ersten Halbmarathon in Freiburg: „Dann habe ich gedacht, das wäre doch mal ein tolles Ziel Halbmarathon Freiburg und da habe ich dann daraufhin trainiert und habe mir eine Zeit unter zweidreißig gesetzt und bin dann mit zweizwanzig ins Ziel, aber *geschlichen* (lacht)." Ab diesem Zeitpunkt läuft sie regelmäßig einen Halbmarathon in Freiburg mit. Schließlich sieht sie ein Bild in der Zeitung vom New Yorker Marathon und schwört sich, „wenn du fünfundfünfzig bist, läufst du über die Verazzano Bridge und das habe ich dann gemacht". Ihr Ziel war unter fünf Stunden zu laufen, was sie dann auch mit vier Stunden fünfzig geschafft hat. Allerdings sind diese Erfolge weiterhin mit einem körperlichen Preis verbunden. So berichtet sie von einem heftigen Sturz, der aufgrund einer Kollision mit einer anderen Läuferin zustande kam. Die Heftigkeit der Verletzungen – Platzwunde am Kopf, leichte Gehirnerschütterung, Rippenprellung, Schlüsselbeinbruch – sind vermutlich der großen Erschöpfung und der damit einhergehenden mangelnden Fähigkeit sich abzufangen geschuldet. Der Arzt hätte den Schlüsselbeinbruch gerne operiert, was sie aber vehement ablehnt, denn „wir hatten dann auch die Radtour schon wieder geplant, das wäre dann nichts gewesen". In den folgenden Jahren kommen weitere körperliche Beschwerden hinzu: Belastungsasthma, ihre Schilddrüse ist nicht voll funktionsfähig, außerdem leidet sie zurzeit unter erheblichen Schulterbeschwerden und Schwindel durch eine

Verschiebung der Halswirbel. Diese Beschwerden nimmt sie aber nicht als ernst-zunehmend wahr, sondern verharmlost ihre Auswirkungen: „Der Schwindel spielt beim Laufen keine Rolle," hingegen wohl bei Gymnastikkursen: „wenn ich mit dem Kopf nach hinten gehe, wird mir dermaßen schwindelig, ich kann das im Moment nicht". Aber auch Laufen funktioniert nicht mehr so einwandfrei: „(…) was ich jetzt eben beim Laufen spüre, so ab einer Stunde, merke ich halt, dass da hinten (am Rücken G.S.) auch zumacht, da tut es mir auch weh, aber da *muss, muss* ich jetzt durch. Das brauche ich jetzt für meinen Kopf." Degele (2008, S. 75 f.) nennt eine solche Bewertung von Schmerzen: „Schmerz norma-lisieren". Dem Schmerz wohnt ein „sinnstiftendes und identitätskonstruierendes Potenzial" inne, da Grenzen zum Zweck der Leistungssteigerung neu definiert werden. Zudem kann die Schmerzerfahrung Selbstbestimmtheit, Eigenverantwor-tung und Härte signalisieren. Gerade das Aushalten von Schmerzen verweist auf die eigene Einzigartigkeit, auf das eigene Held(inn)entum durch das Ausharren in extremen Situationen. Dass nur die starke Beanspruchung des Körpers Gefühle des Wohlbefindens hervorruft, zeigt auch Gerlindes Besuch im Fitnessstudio, bei dem jedes Training nach dem Motto „Ohne Fleiß keinen Preis" stattfindet:

> „Wenn du nichts gemacht hast, kannste nicht in die Sauna gehen. Ja, dann gibste eine Stunde alles und denkst, mein Gott, warum tust du dir das eigentlich an (…) und dann nachher denkste, ach, das war ja wieder eine tolle Stunde, das hat Spaß gemacht und dann gehst du duschen und dann ab in die Sauna, super!"

Der Anlass ins Fitnessstudio zu gehen war, „gut über den Winter" zu kommen, um für den Halbmarathon ausreichend vorbereitet zu sein und „da war das Lauf-band für mich attraktiv". Zusätzlich trainiert sie auf der Cardiofläche auf dem Rudergerät, da „war ich mal sehr intensiv bei dem Rudern dabei, hat mir wahn-sinnig Spaß gemacht". Sie nutzt das Rudergerät drei Mal in der Woche, eine Trainingsfrequenz, mit der sie ihren Körper überfordert, da sie sich eine Entzün-dung „im tiefen Gesäßmuskel" zuzieht, was bis in die Gegenwart Folgen hat. D. h. sie kann höchstens noch 20 min auf dem Gerät trainieren, bevor heftige Schmerzen einsetzen. Schließlich ersetzt sie Rudern mit Spinning, „ich bin kein Gerätetyp, ich brauche immer die *Qual* in der Gruppe".

Dass eine solche „Qual", die zu Verletzungen des Körpers führt, „Spaß" macht, hängt möglicherweise zum einen mit ihren biografischen Erfahrungen zusammen: das Leben ihrer Eltern war durch Verzicht und „harte Arbeit" geprägt. Zum anderen kann das „Streben nach Höherem" als eine Überidealisierung des Leistungsethos im Sport interpretiert werden, denn die damit verbundene Emp-findung, zu dieser Art der Leistungserbringung durch reine Willensanstrengung fähig zu sein, ist für Gerlinde positiv konnotiert. Im Selbsterleben ist diese Anstrengung und sogar Überforderung des Körpers zusätzlich mit Selbstbestimmung und Unabhängigkeit verbunden, was sie an einer Stelle des Interviews auch so formuliert: „(...) für mich ist einfach gut zu wissen, wenn ich mit dem Fahrrad nach (nächster Ort, ca. 13 km entfernt) fahren müsste, *ich kann das* und zwar ohne nachzudenken und das finde ich einfach wirklich gut. Das gibt mir auch ein Stück *Freiheit.*" Für diese Fähigkeiten erhält sie zudem viel Zuspruch von ihren Freunden und Bekannten, die sie „um ihre Fitness beneiden". Auch von einer sportlichen jungen Frau, die wie sie zu einer Berganhöhe von knappen 1300 m mit dem Fahrrad hochfahren will – allerdings im Gegensatz zu ihrem Rad mit einem modernen Karbonrad -, bekommt sie Anerkennung: „dann guckte die mich an, der fiel so die Kinnlade runter ‚wow in dem Alter und mit so einem Rad, Respekt, das ist ja toll'!" Für Gerlinde zählt ‚nur' der leistungsfähige Körper und der Wille ihrem Körper alles abzuverlangen: „(...) wir haben uns dann da hoch gebissen." Der attraktive, weibliche Körper wird dagegen abgelehnt oder ist für sie nicht (mehr) erstrebenswert. So erzählt sie im Interview, wie sie und ihre Freundin nach dem Training im Fitnessstudio beide zufällig vor dem Spiegel stehen. Sie in „ihrem grauen Mäuseanzug" und ihre Freundin im „kurzen Rock mit roten Stöckelschuhen". Sie probiert den roten Lippenstift ihrer Freundin aus, den sie aber sofort wieder abwischt, „nee, das bin ich nicht". An anderer Stelle sagt sie:

> „Ich sag mal, wenn eine zwanzig Jahre alte Schlampe mit langen Beinen daher geht und ich geh daneben, ist doch klar, wen man anguckt. Wir waren auch mal in dem Alter, (...) macht mir kein Problem, macht mir kein Problem, hat alles seine Zeit für mich!"

Alter(n) ist für Gerlinde noch kein Thema, sie fühlt sich höchstens fünfundvierzig Jahre alt, da „mach ich mir eigentlich überhaupt keinen Kopf übers Alter, übers Älterwerden oder übers Alter(n)". Alterungsprozesse kann sie durch ihre sportlichen Fähigkeiten abwehren oder auf später verschieben. Dies zeigt auch ihre Bewertung des Fitnessstudios als Ort der Lebendigkeit und das Altersheim – in dem sie noch stundenweise arbeitet – als Ort des Lebensentzugs und der Verkümmerung:

> „Wenn ich mir die (im Fitnessstudio G.S.) angucke, das ist ein himmelweiter Unterschied. Vom Alter nimmt sich das nicht viel und da denk ich, da kann man schon was machen. (...) Das ist für alles gut: Körper, Geist und Seele. Für alles und die, die das nicht haben (im Altersheim G.S.), da verkümmert alles viel, viel schneller."

Gerlinde kann also aufgrund ihrer biografischen Erfahrungen und ihres erworbenen disziplinierten Habitus Selbstgewissheit im Umgang mit hohen Anforderungen an sich selbst gewinnen, dadurch symbolisches Kapital erwerben sowie ihre sportliche ‚Einzigartigkeit' selbstbewusst im Interview präsentieren, was für diese Gruppe typisch ist. Allerdings ist der hohe Preis, den sie für ihre körperliche Beanspruchung zahlen muss, in dieser Ausgeprägtheit von Verletzungen und Beschwerden individuell, auch wenn andere Interviewpartnerinnen dieses Typus Sportaktivitäten ähnlich idealisieren sowie ihren Körper für ihre Ziele funktionalisieren.

6.1.2.3 Autonomieorientierte Habitusformen

a) Darstellung des Typus

Autonomieorientierte Habitusformen	Interviewpartnerinnen: A1 (66), A5 (75), A10 (72), B1(80), B3 (65), B4 (72), D1 (63), D2 (67), D5 (69), D6 (70), D7 (64), D8 (68), D10 (67), D11 (69), D12 (77), D13 (67)	
Sportive Aktivitäten im Lebenslauf	**Zeitpunkt und Häufigkeit** • Häufig später im Alter; • Durch körperliche Krise (Funktionseinschränkungen); • Regelmäßig;	**Bewertung von Fitnessnormen** • Befürwortung: fitter, aufrechter Körper auf der funktionalen Ebene; • ästhetisches Erscheinungsbild: schlank sein; • Eigenverantwortung für gesunden Lebensstil; = Funktion: Aufrechterhalten des körperlichen und sozialen Status einer autonomen, akademisch geprägten Identität (Bewahrung von Selbstständigkeit und Mobilität);
Kapitalien	**Ökonomisches Kapital** • Gut situiert bis hoch;	**Kulturelles Kapital (Bildungstitel)** • Akad. Mittelklasse (auch durch Heirat); • mittlere bis hohe Bildungstitel (durch abgeschlossenes Studium);

Autonomieorientierte Habitusformen	Interviewpartnerinnen: A1 (66), A5 (75), A10 (72), B1(80), B3 (65), B4 (72), D1 (63), D2 (67), D5 (69), D6 (70), D7 (64), D8 (68), D10 (67), D11 (69), D12 (77), D13 (67)	
Körper	**Alter** • Spüren von z. T. starken Altersgrenzen; • Hinausschieben von Altersgrenzen;	**Körperkapital/Profite** • moralische Überlegenheit; Distinktion von Statusniedrigeren; • Wohlbefinden durch die Wiederherstellung der Lebensqualität;
Dispositions- und Eigenschaftszuschreibungen nach Bremer und Teiwes-Kügler (2013, S. 115)	**Individuelle Dispositionen** **Individuell:** Anspruch auf Unabhängigkeit und Selbstbestimmung; häufiges Streben nach Selbstverwirklichung und Persönlichkeitsentfaltung; Abgrenzen von der Masse: Betonung von Einzigartigkeit und Unkonventionalität; **Herrschend:** symbolische Formen der Herrschaft über hochkulturelle Muster, z. B.: ‚politische Korrektheit'; **Aufstiegsorientiert:** Karriere- und Statusorientierung; **Selbstsicher:** selbstbewusste Darstellung;	**Bezogen auf sportive Aktivität** **Disziplin:** methodisch, planend; **funktional:** Orientierung an funktioneller Körperarbeit;

Alle Interviewpartnerinnen dieses Typs stammen aus dem akademischen Milieu oder sind in das selbige aufgestiegen. Im Interview zeigen sie ihr hohes kulturelles Kapital an ihren Bildungsaspirationen, zu denen auch Fremdsprachenkenntnisse gehören. B1 (80-jährig) gibt z. B. an, die französische und englische Sprache zu beherrschen, auch A5 (75-jährig) erzählt, dass sie für eine übernommene Patenschaft Übersetzungen ins Französische getätigt hat, ähnlich wie B4 (72-jährig), die ehrenamtlich Englisch „für Migranten" unterrichtet, die einen Hauptschulabschluss nachholen wollen. A1 (66-jährig) verweist auf ihre Reisen nach Florida, dort hat ihr Sohn sich niedergelassen, und auf ihre Arbeit im Förderverein ihrer Schule. Durch ihre Mitgliedschaft im Vorstand einer Stiftung, die sie von ihrem Mann „geerbt hat", wird ihr ein „lebhaftes Gestalten" mit hoher

Verantwortung zuteil, wie sie die Bewilligung finanzieller Mittel in einer Stiftung mit sich bringt. A10 (72-jährig) gibt an, in einer „privilegierten Gegend" zu wohnen, wo sich „viele mit guter Ausbildung und auch relativ vermögend" niedergelassen haben.

Die Amerikanerinnen haben allein durch ihre erworbenen Bildungsabschlüsse und den erreichten beruflichen Status (vgl. Abschn. 4.1.1) hohes kulturelles und auch ökonomisches Kapital zu verzeichnen.

Unterschiede zwischen den deutschen und amerikanischen Interviewpartnerinnen zeigen sich allerdings in der Sportsozialisation. Wie im Abschn. 2.3.1 deutlich wird, haben Kinder der akademischen Mittelklasse in Deutschland über das kulturelle Kapital der Eltern eine erhöhte Chance an sportlichen Aktivitäten im Sportverein zu partizipieren. A1 (66-jährig) betreibt z. B. die Sportarten Turnen und Volleyball im Sportverein, studiert nach dem Abitur neben den Sprachen Englisch und Französisch auch das Fach Sport und wird Gymnasiallehrerin. Auch A5 (75-jährig) wird mit den Fächern Französisch und Sport Gymnasiallehrerin und ist zusätzlich zu ihrer Tätigkeit als Sportlehrerin an einem Gymnasium mit ihrem Fach Französisch an der Universität, am Goethe-Institut, am Carl-Duisberg Kolleg und schließlich an der VHS als Lehrerin tätig. Mit ihrem Ehemann betreibt sie regelmäßig verschiedene Sportarten wie Volleyball, Tennis, Joggen, Walken und Skilaufen, bis sie nach und nach „alle Sportarten aufgeben (musste) wegen Arthrose und allem Möglichen". A10 (72-jährig) stammt aus einer Familie, in der die Eltern trotz schwieriger Nachkriegszeit „schon sehr sportlich interessiert" waren. Z. B. hat sie Skifahren von den Eltern gelernt, die Familie ist mit Fellen die Berge hochgestapft und im Tiefschnee wieder heruntergefahren, „das haben auch nicht viele gemacht in der Zeit!". A10 betreibt später weiter mit ihrem Mann und drei Kindern die Sportarten Skifahren, Wandern und Tennis. Ähnlich wächst auch B3 (65-jährig), die aus einer Arztfamilie stammt, sehr sportlich auf. Zu den Familiensportarten gehören Schwimmen, Reiten, Wandern und Fahrrad fahren. Nach dem Abitur will sie Englisch, Psychologie und Sport studieren, schafft allerdings für das Fach Sport die Aufnahmeprüfung nicht und konzentriert sich in ihrer weiteren Bildungslaufbahn auf Psychologie. B4 (72-jährig) ist als Kind Mitglied im ortsansässigen Ballettclub, behält, zeitweise eingeschränkt, das Betreiben sportlicher Aktivitäten bei und möchte sogar mit dreißig Jahren – in der Zwischenzeit war sie als Industriekauffrau und Stewardess beruflich tätig – ein Lehramtsstudium mit den Fächern Englisch, Deutsch und auch Sport aufnehmen, was ihr Ehemann aber nicht befürwortet: „Was? Willst du mit fünfzig noch über den Bock springen?" Sie wählt dann stattdessen das Fach Philosophie. B1, die mit ihren 80 Jahren die älteste aller Interviewpartnerinnen ist, wächst noch während des zweiten Weltkriegs in einem Haus mit großem Garten in Freiburg auf.

Der Vater bringt ihr mit drei Jahren Schwimmen bei, was für sie „die schönsten Kindheitserinnerungen" waren. Vom Bruder lernt sie Fahrradfahren und später auch Skilaufen, war zusätzlich Mitglied bei den Pfadfindern, die häufig im „Wald rumgestreunt" sind. Nach der Mittleren Reife absolviert sie eine Lehre als Einzelhandelskauffrau, lernt ihren späteren Mann, der als Rechtsanwalt tätig ist, beim Tanzen in einer Studentenverbindung kennen. Sie heiraten schließlich und bekommen drei Kinder, währenddessen B1 berufstätig bleibt: sie steigt zur Geschäftsführerin in einer ortsansässigen Sozialstation auf.

Die meisten amerikanischen Interviewpartnerinnen werden durch ihre Eltern ebenfalls an Sport herangeführt, den sie aber aus Desinteresse ablehnen oder verweigern. Z. B. engagiert die Mutter von D1 (63-jährig), eine Tennis- und Golflehrkraft, in Sportarten, deren Betreiben aber D1 überhaupt keine Freude bereiten: „Watching the ball, I would sometimes get headaches sometimes, so it was never really enjoyable to do a lot of activity", sodass sie diese Sportarten schließlich aufgibt. Das amerikanische Bildungssystem sieht Sportpflichtkurse an der High School und am College vor, was D1 veranlasst, bei erstem Schultyp Volleyball auszuwählen. Diese Sportart betreibt sie aber nicht wettkampfmäßig im Team. Auf dem College wählt sie die Sportart Softball, das Team besteht aus Männern und Frauen, in dem sie allerdings nicht durch Freude am Sport länger mitspielt, sondern vielmehr aufgrund der Möglichkeit, Jungen in ihrem Alter kennenzulernen: „And that was fun, because there were a lot of guys that I dated on the team." Sport spielt letztlich in ihrem weiteren Erwachsenenleben keine Rolle mehr bis sie in älteren Jahren aufgrund von Schmerzen und Beschwerden die Notwendigkeit erkennt, das „stupid exercise thing" aufzunehmen, um ihre Beschwerden zu bearbeiten und „comfortably as possible" zu altern. Eine ähnliche ‚Sportkarriere' zu verzeichnen haben D2 (67-jährig): „I was never in competition sport", because I'm not very good at it", D6 (70-jährig), die sich als Kind eher für Musik begeistern konnte, und D8 (68-jährig), die als Mädchen nach kulturellen Geschlechterstandards nicht toben und schwitzen durfte und ständig von ihrer Mutter aufgefordert wurde „to neaten up". D2 entdeckt allerdings das Tanzen für sich und engagiert sich in diesem Feld, wird später Tanztherapeutin. Auch D10 (67-jährig) entwickelt während ihrer Kindheit an einer anderen Tätigkeit Interesse, nämlich am Lesen, während Sportaktivitäten sie nicht begeisterten: „I wasn't good at sport." Dies trifft auch auf D11 (69-jährig) zu, die sich ähnlich wie D10 als Kind als sehr unsportlich wahrgenommen hat. Sie probiert zwar verschiedene Sportarten wie Golf und Tennis im Erwachsenenalter aus, gibt diese aber schnell wieder auf. D13 (67-jährig), die aus Costa Rica stammt, wächst zunächst auf einem Bauernhof mit zwölf Geschwistern auf und übernimmt wie ihre Geschwister Aufgaben im elterlichen Betrieb: „So, we were active all the time". Nach Amerika emigriert, besucht sie an der Ostküste die High School und belegt Sportkurse wie Volleyball und Basketball, was ihr so gefällt, dass sie sogar im Schulteam spielt, „because I loved it". Allerdings treten später sportliche Aktivitäten hinter ihre Bildungsambitionen zurück. Nach dem Erwerb des *Master Degrees* im Bereich der Kommunikationswissenschaften absolviert sie erfolgreich ein PhD-Studium und wird schließlich Professorin in diesem Wissenschaftszweig.

Alle Interviewpartnerinnen dieses Typus befürworten die disziplinierte Körperarbeit aus gesundheitlichen Gründen, aber auch, um den „Körper zu festigen und zu stabilisieren" (A1, 66-jährig), ihn vertikal auszurichten und aufzurichten. B3 (65-jährig) spricht z. B. davon, dass sie *„gebückt"* ins Studio geht „müde, und wenn ich rauskam, hab' ich was für mich getan. Hatte Zeit und Ruhe und geh *aufrechter* wieder heraus". A5 ist der Meinung, dass „man sich nicht hängenlassen darf", ihr „Rücken ist gut stabil" und die „Muskeln nicht so schlaff". A10 (72-jährig) will „nicht nur dasitzen und immer mehr auseinandergehen, da hat man doch eine gewisse Verantwortung, da kann man selber was tun". Auch B4 (72-jährig) möchte nicht „als altes, krankes Mütterlein daherkommen (…), da dürfen Sie sich nicht gehen lassen". Sie absolviert Kurse, die „den Rücken strecken (…) und das ist, glaube ich auch gut, damit man nicht so klein und gebückt aussieht im Alter (…), man schrumpft ja ein bisschen. (…) Also, wenn ich aus dem ‚Five' (einem Kurs im Fitnessstudio G.S.) komme, da meine ich, ich sei zehn Zentimeter größer!".

Ähnlich wollen die Amerikanerinnen eine gebückte Haltung, die als Folge von Kraftlosigkeit durch Alterungsprozesse in Erscheinung tritt, überwinden, wie D1 (63-jährig): „I noticed that I could barely get up the stairs, without being bent over and pulling myself up. I was loosing all my strength." Auch D7 (74-jährig) will ihre Knochen stärken, um authentisch und aufrecht zu wirken: „Yeah, so legs and bone structure. Making the bones strong (…), sitting is the new cancer!" D2 (67-jährig) weist im Interview darauf hin, dass sie nicht sehr groß ist und dass sie alles dafür unternimmt, um in Form („in shape") zu bleiben, mit dem Ziel wie B4 ein Schrumpfen des Körpers zu verhindern: „So, I try to stretch as much as possible." Auch D8 (68-jährig) favorisiert einen kräftigen Körper, den so leicht nichts erschüttern kann und der zu Durchhaltevermögen fähig ist. Sie erzählt von Ihrem Hirnaneurysma, dem ein heftiger Sturz folgte, bei dem sie sich eine schwere Gehirnerschütterung zuzog. Ihr Figurideal sieht sie von den amerikanischen Fußballspielerinnen verkörpert: „Those women are built, (…) the're healthy and strong!" Für D10 (67-jährig) sollte ein Körper ebenfalls mit Kraft und Energie aufgeladen sein, um präventiv Stürzen vorzubeugen. Sie selbst stürzte vor ein paar Jahren, brach sich einen Wirbel und einen Arm. Sie schätzt sich durch ein entsprechendes Training als „very self controlled" ein, um ihre Ziele umsetzen zu können: „It means you are exercising more regulary, and, so that you have a reasonable level of fitness, muscles, muscle tone, strength, energie." Dies gilt auch für D11 (69-jährig), die seit 2011 drei Mal pro Woche im Fitnessstudio trainiert: „Mainly for strength in the bones and strengthening core. And a typical body pump or resistance class also includes stretching."

An diesen Aussagen und Konnotationen zu inneren Haltungen wie „sich nicht hängen" oder „sich nicht gehen lassen", „aufrecht, kraftvoll und widerständig sein, die Mitte zu stärken" lässt sich noch einmal zeigen, was Alkemeyer (2007) in der historischen Genese des Körpers als Statussymbol und der an äußerer Körperhaltung ablesbaren inneren Haltungen analysiert hat. In der Sorge um sich zeigt sich die Distinktionsfähigkeit des Bürgertums. „Das aufstrebende Bürgertum machte sich die Herrschaftssymbolik des Aufrechten zu eigen" und demonstrierte „im kraftvoll gestrafften, gesunden Körper die moralische Überlegenheit seines ‚Besitzers'" (ebd., S. 18). Das Aufrichten des Körpers wird zum Differenzmarker, da es als Gegenbild zum Gebeugt-Sein der unteren Stände fungierte, die durch Lastentragen ihren Unterhalt verdienen mussten, aber auch Ruhen und Liegen wurde als faules und unproduktives Verhalten gedeutet und abgelehnt. Zwar betraf raumgreifendes Verhalten zunächst einmal ‚nur' die Männer, aber über die Zeit und in der Gegenwart gilt auch für Frauen der akademischen Mittelklasse in neoliberalen, nach kapitalistischen Prinzipien organisierten Gesellschaften, dass Körperpraktiken als Teil einer Bildungs- und Repräsentationsarbeit erscheinen, mit denen sie sich eine erkennbare soziale Form geben und ihre Position im sozialen Raum behaupten (ebd., S. 19). Die moralische Überlegenheit zeigt sich aber nicht so sehr in dem Duktus der unteren Mittelklasse, die sich durch abwertende Äußerungen abgrenzen, um ihre Einzigartigkeit zu verdeutlichen. Die Distinktion wird vielmehr in gesellschaftspolitischen Einschätzungen und Einordnungen dargeboten, die als ‚politisch korrekt' den Diskurs dominieren. D. h. präziser, es werden Hintergründe und Erklärungen für ein von der Norm abweichendes Erscheinungsbild und Verhalten von weniger Gebildeten und nicht sportlich Aktiven präsentiert, z. T. mit gleichzeitiger Aufforderung sich z. B. an Körpernormen anzupassen.

B3 (65-jährig) erzählt von ‚übergewichtigen'[2]), unsportlichen Patient*innen, die als Kind im Sportunterricht als letzte gewählt wurden und so keinen Spaß am

---

[2] Mackert (2022, S. 271) zeigt auf, dass der Begriff "Übergewicht" auf ein Körpergewicht verweist, dass über einer angenommenen festen Grenze liegt, die aber seit gut 150 Jahren verhandelt wird. Kritisiert wird weiterhin, dass die angeblich risikobehaftete Abweichung vom Normal- und Idealkörper pathologisiert wird, weshalb der Begriff in den Fat Studies vermieden wird. Da die Interviewpartnerinnen diesen Begriff in ihren (Selbst-)Beschreibungen verwenden, wird dieser in diesem Kapitel in einfache Anführungsstriche gesetzt.

Sport entwickeln konnten. „Schule und Lehrer", so sagt sie, „sind das A und O fürs ganze Leben." Auch D10 (67-jährig) sieht Gründe für ‚Übergewicht' in einer ‚aufgezwungenen' Lebensweise durch die Notwendigkeit Geld zu verdienen:

> „The women around here, they just totally let themselves go. These women I know from sewing, they're huge. And they sit all day at their sewing machines. And they can't even move, and that may be natural in their milieu, but it's not natural for me."

A10 (72-jährig) bezieht sich ebenfalls auf die Lebensbedingungen, die zu ‚Übergewicht' führen können. Die ‚Übergewichtigen', die sie im Studio wahrnimmt, „die tun etwas dagegen, woanders, ich denke, es hängt halt schon mit der ganzen Sozialstruktur da draußen zusammen". Die Auffassung, dass Menschen mit ‚Übergewicht' so akzeptiert werden, wie sie sind, aber dann einen Bonus erhalten, wenn sie etwas dagegen tun, teilt auch D2 (67-jährig). Sie betont, dass ‚Übergewichtige' im Fitnessstudio nicht abgewertet oder beschämt werden, sondern vielmehr ermutigt, den Weg zu einem „appropriate weight" und damit einem gesunden Lebensstil zurückzufinden: „People are encouraging of people who are trying to get back in shape." D7 (64-jährig) hat zu Collegezeiten selbst an einer Essstörung („disordered eating") gelitten, sodass sie Dünnsein nicht mit Gesundsein assoziiert. Ihre Empfehlung lautet: „(…) wake up and enjoy life and enjoy your day and accomplish some things, but also, have peace and serenity, and enjoy your day." Dass diese Lebensweise für Menschen kaum möglich ist, die aufgrund geringen ökonomischen Kapitals Existenzsorgen verspüren, krank geworden sind, oder die in anderen Ländern Amerikas keinen Zugang zu gesunden Lebensmitteln haben, hebt D8 (68-jährig) hervor: „(…) most of the people I know who are very ill with diabetes and things like that, (…) are from lifestyle. (…) Some people don't even have grocery stores." Ähnlich gibt D10 (67-jährig), die selbst aufgrund einer Stoffwechselstörung ‚übergewichtig' war, zu bedenken, dass Menschen nicht nur aufgrund eines Mangels an Selbstkontrolle zu ‚Übergewicht' neigen: „I realized, there are a lot of reasons why people are overweight, and it's not all about self control or lack of self control." Zugleich aber verweist sie darauf, dass ‚Übergewichtige' – sie zeigt dies am Beispiel ihrer Schwester auf – nach Gründen für ihren körperlichen Zustand in ihrer Persönlichkeit suchen müssen, damit sie diesem erfolgreich ein Ende setzen können:

> „I think she (her sister) could try harder to recognize aspects of her personality that make her eat so much. (…) That's ridiculous, of course she could, she did it before. (…) She lost eighty pounds, and she looked fantastic, and she put it all back on."

Diese Haltung vertritt auch D13 (67-jährig). Sie selbst hat bereits 1990 begonnen im Fitnessstudio zu trainieren, um Stress abzubauen und ihren Cholesterinwert zu reduzieren. Deshalb geht sie wie selbstverständlich davon aus, dass Menschen mit ‚Übergewicht' ein Problem zu lösen haben und dies am besten mit Hilfe eines *personal trainer* bewältigen könnten: „Probably they should have a personal trainer to help them with specifics, or they have a health problem. That's what I think. They have something to solve." Allerdings bleiben hier wieder die hohen finanziellen Kosten außer Acht, die für ein Einzeltraining aufgewendet werden müssen. Auch D13 zeigt wie D10 an ihrem eigenen Beispiel auf, dass ein gesunder Lebensstil für alle zu erreichen ist, wenn man bereit ist, selbstverantwortlich zu handeln und an sich zu arbeiten: „I think you can maximize your health and your outlook by taken advantage of these things. (…) you have some kind of investment in psyche and time."

Eine andere Strategie des Umgangs mit dicken Menschen oder Ungebildeten umfasst die Distanzierung oder das nicht Wahrnehmen-Wollen, da ‚solche Menschen' als irrelevant für die eigene Lebensführung betrachtet werden. A5 (75-jährig) z. B. schaut nicht hin, wenn ‚Übergewichtige' im Studio auftauchen: Man „(…) achtet nicht so drauf. Also man spricht sie nicht drauf an, man macht sich nicht über sie lustig (lacht), sondern man akzeptiert sie so, wie sie sind, ja." Durch die Verwendung des unpersönlichen „man" entsteht der Eindruck, dass es sich bei der Aussage um eine unausgesprochene Regel handelt, die Abwertungen delegitimiert: man lacht eben nicht über Menschen, die anders aussehen oder sich anders verhalten, zugleich hält man sich von ihnen fern, da sie nicht den gleichen, eigenen Lebensstil verfolgen. So sagt sie an anderer Stelle des Interviews deutlicher, dass sie „hauptsächlich Kontakt mit Gleichgesinnten (sucht), die auch eine Ausbildung haben und dadurch mehr Gesprächsthemen" anbieten können. D1 formuliert es noch drastischer, ihre akademischen Freund*innen haben Besseres zu tun, als sich über das Körpergewicht von anderen Gedanken zu machen, obwohl D1 ständig mit abwertenden Äußerungen über ‚Übergewichtige' konfrontiert wird:

> „No, don't really talk about that sort of thing. (…) Most people speak negative about others being ‚fat' about being ‚lazy' you know, or, having bad diets. A lot of people talk like that, I hear it all the time. (…) But *we were academics,* we had more interesting things to talk about our projects, (…) studies and our families, and not to gossip each others's bodies, you know?"

Die Aussage lässt durch die Gegenüberstellung der Haltung der akademisch Gebildeten, die über ihre Projekte sprechen, zu denjenigen, die nicht aus diesem Milieu stammen und sich über dicke Menschen auslassen, sie seien ‚fett und faul‘, vermuten, dass die akademisch Gebildeten zugleich als die moralisch Integren gelten sollen. Reckwitz (2021, S. 305) bezeichnet diese Form des kulturellen Kapitals als „psychophysisches Subjektkapital", das als Ressource der akademischen Mittelklasse gilt, aber nur dann ein „stabiles Fundament" für einen erfolgreichen Lebensstil liefert, wenn es ständig weiterentwickelt wird. Zentral ist hierbei die „Statusinvestition in Fitness und Gesundheit", die sowohl für die Steigerung der eigenen Lebensqualität als auch für das Erreichen sozialer Anerkennung gewinnbringend erscheint. Diese Statusinvestition, die individuelle Anstrengungsbereitschaft, Ausdauer und Kontinuität erfordert, ist zugleich mit einem „sozialen Blick von oben nach unten" gegenüber vermeintlich weniger Gebildeten und sportlich Inaktiven verbunden.

Auf welche Weise die eigene Lebensqualität durch Fitnesstraining wiederherzustellen oder zu steigern ist, darüber berichten alle Interviewpartnerinnen. Die meisten Amerikanerinnen erreichen dies durch ein mit hohem ökonomischem Kapital finanzierten *personal training,* wie es in Abschn. 4.4.3 ausführlich beschrieben worden ist. Dabei geht es häufig darum, die körperliche Alltagsroutine nach erfahrenen, körperlichen Beschwerden und Funktionseinschränkungen im Zuge von Alterungsprozessen wiederherzustellen. D1 (63-jährig) will aufgrund ihrer Schmerzen und physischen Beeinträchtigungen eine professionelle Einzelbetreuung, um die Lebensqualität zurückzugewinnen, die sie verloren hat („gained back a lot of what I had lost"). D6 (70-jährig) sieht ihren Körper als Störfaktor, der sie nicht mehr das tun lässt, was sie Jahre lang getan hat, nämlich Piano spielen, was ihr nun aufgrund ihrer rheumatischen Beschwerden in den Händen kaum gelingt. Sie intendiert durch eine Einzelbetreuung in ihrem Fitnessstudio ihre körperliche Funktionsfähigkeit wiederherzustellen: „ ‚Fitness Together‘ helps me to feel comfortable doing all those things." D8 (68-jährig) hat es ebenfalls mithilfe ihrer persönlichen Trainerin geschafft, ihre Alltagsroutine wiederzuerlangen: „Because of my now very dedicated sense of need for the exercise and care for my body." Dass die Sorge um sich in Form des Hinzuziehens einer professionellen Einzelbetreuung, vor allem nach einem Sturz mit Knochenbrüchen, zu einer Stärkung der Muskulatur und einer besseren Kondition führt, weiß auch D10 (67-jährig), die mit einer Trainerin in ihrem Haus zusammengearbeitet hat: „That worked well for me (…), because I could'nt escape it. (…) I did not enjoy the physical limitations or the pain of my injury, so I want to be more strong and more fit.". Ähnlich bedeutet für D11 (69-jährig), bei der eine

Schilddrüsenüberfunktion diagnostiziert wurde, die Herstellung eines fitten Körpers, ihren alltäglichen Anforderungen nachgehen zu können: „For me, it means
strong enough to do what I need to do on a daily basis", was auch D12 (77-
jährig) herausstellt: „I go to the gym, so I can carry my groceries home." Die
Herstellung von Alltagsfunktionalität wird zugleich mit Gesundheit assoziiert:
„I think the main impact is health probably and keeping me able to do everything I do." D2 (67-jährig) und D7 (74-jährig) bevorzugen das Gruppentraining,
um zum einen sozial eingebunden zu sein „the social context, it is important"
(D2, 67-jährig) und zum anderen sich durch die Gruppe motivieren zu lassen:
„They'll inspire me to push myself" (D7, 74-jährig). Die Ziele sind ähnlich wie
von denjenigen, die ein *personal training* bevorzugen.

Auch die deutschen Interviewpartnerinnen trainieren in Kursen – das Einzeltraining hat sich bisher in deutschen Fitnessstudios noch zu wenig durchgesetzt
(vgl. Abschn. 2.4.1) –, um zum einen Ziele der Körperformung wie die Herstellung eines „straffen Körpers" (A1, 66-jährig), der Stärkung von Rücken,
Bauch und Po (A10, 72-jährig) zu erreichen, zum anderen aber auch ähnlich
wie die Amerikanerinnen, Alltagsanforderungen so lange wie möglich selbstständig bewältigen zu können. „Fitness ist eine Gegenbewegung zum Alter, ich hol
wenigstens des raus, was noch zu machen ist" (B1, 80-jährig).

Zusammenfassend lässt sich für den Typus der autonomieorientierten Habitusformen festhalten, dass die Befragten der akademischen Mittelklasse einen
Anspruch auf Unabhängigkeit und Selbstbestimmung geltend machen sowie ihre
Einzigartigkeit betonen, indem sie sich von anderen durch distinguierte Mittel
abgrenzen. Zugleich werden in den Strategien der eigenen, erfolgreichen Positionierung Machtansprüche und Dominanz durch einen sozialen Blick von oben
nach unten deutlich. Das psycho-physische Subjektkapital wird insbesondere
durch die Investition in Fitness und Gesundheit dazu genutzt, den körperlichen
und sozialen Status der akademischen Mittelklasse aufrecht zu erhalten oder
wiederherzustellen.

Dass das Streben nach Autonomie, Selbstverwirklichung und Persönlichkeits-
entfaltung mit Unterstützung durch die Ausübung sportlicher Aktivitäten aber
auch eine Überlebensstrategie sein kann, zeigt das Beispiel von Silke.

b) Darstellung des repräsentativen Einzelfalls am Beispiel von Silke
Silke wächst als „Kriegskind und Nachkriegskind" in Norddeutschland mit einer
vier Jahre älteren Schwester auf. „Sport war für mich sehr wichtig, denn meine
Schwester war immer, hatte immer das *brain,* Gehirn", sie hingegen war laut ihres
Vaters „kein Universitätsmaterial". „Und darum wurde ich immer als ein bisschen
dumm von der Familie – das war eigentlich sehr schmerzhaft – markiert". Da sie

in der Schule aufgrund ihrer Lese- und Rechtschreibschwäche keine sehr guten Leistungen erbringen konnte, konzentriert sie sich in ihrer Freizeit auf Sport, übt sich in „Figurenrollschuhlaufen", agiert als *„cross country runner"* und spielt Tennis im Verein. „Zu Hause wurde ich eigentlich nie anerkannt für das, was ich konnte. (…) Und dann habe ich gedacht: Ich zeig's euch!" Sport hilft ihr während Kindheit und Jugend, ihre Lernschwäche zu kompensieren und ihr Abitur mit einer anschließenden MTA-Ausbildung zu absolvieren. Sie erwirbt das „drittbeste Examen", zeigt es ihrem Vater, zu dem sie „eine sehr kritische und nicht gute Verbindung hatte". Ihr Vater erkennt jedoch ihre Leistung wieder einmal nicht an, er behauptet, dass sie „wohl das falsche Zeugnis mitgebracht" habe. Silke bezeichnet ihren Vater, der den Beruf des „Kaufmanns" erlernt hat und später „Politiker" wurde, als „unglücklichen Mann, der sehr viel Erfolg hatte (…). Er war selber ein Waisenkind, der nie seine Mutter finden konnte und mit einem Stiefvater aufgewachsen ist, der brutal war". Auch die Mutter, die als Hausfrau für die Kindererziehung zuständig war, war „todunglücklich", sie hat „immer das Opfer gespielt. (…) Das war eine *dysfunctional* Heirat." Da die Schwester „sehr nah mit meinem Vater" war, konnten sich beide später, als sie über ihre Kindheit gesprochen haben, nicht verständigen: „das war, als ob einer vom Mond kommt und der andere kommt vom Mars".

Mit zweiundzwanzig Jahren will Silke von zu Hause fort ins Ausland gehen. Sie bewirbt sich auf eine Stelle als wissenschaftliche Assistentin in New Haven, erhält die Stelle und bleibt auch nach Ablauf der vorgesehenen zwei Jahre dort. Sie beschreibt ihren Aufenthalt als junge Frau im puritanischen Amerika als sehr schwierig. Nach sechs Jahren lernt sie ihren zukünftigen Mann, einen Jurastudenten, kennen. Da sie ihn ins Navajo-Reservat begleiten will, müssen sie heiraten, denn „nur" als zusammenlebendes Paar „wäre es gar nicht gegangen". Dort lernt sie viel über „Armut", „Klassenunterschiede" und „Rassismus". Sie engagiert sich im *„after school program"*, um den Navajos zu besserer Bildung zu verhelfen. Im Reservat kommt ihr erster Sohn zur Welt, nach zwei Jahren, da hatte Silke mit ihrer Familie das Reservat bereits verlassen, wird ihr zweiter Sohn geboren „und dann ging die ganze Ehe innen Eimer und dann habe ich ihn rausgeschmissen, weil er ein *womanizer* war. Und das war die beste Entscheidung, die ich gemacht habe". Die folgenden Jahre „waren dann sehr schwere Jahre mit den beiden Jungs und nicht die richtige Unterstützung". Sie engagiert sich im Weiteren im *„food co-op movement"*, durch die für Menschen mit einem geringen finanziellen Budget qualitativ hochwertiges Essen für wenig Geld angeboten wird. Nachdem sie aber feststellt, dass die Aktiven auf ihrer Bildungsebene „nur ganz kleine Gehälter gekriegt (haben) und die Professoren haben ganz billiges Essen gekriegt", obwohl sie mehr verdienten, gründet sie ihr eigenes Kollektiv. Mit dem Laster fährt sie zweimal in der Woche nach Boston, um Gemüse einzukaufen. Allerdings macht sie im Einkauf schlechte Erfahrungen, da die Verkäufer Frauen in dieser Position nicht gewohnt waren und sich ihr gegenüber als *„sexist pigs"* verhielten. Schließlich spürt sie den Drang „mehr (zu) lernen", um „dieses Land (zu) verstehen". Sie möchte „irgendetwas für die *social equality* tun" und absolviert ihren Master in „Education", schreibt sich anschließend für zwei Kurse an der Universität ein. Allerdings verspürt sie Zweifel, ob sie ein Studium überhaupt bewältigen kann mit zwei Kindern und „vollem Job". Zudem waren die Kurse ja „in Englisch und nachdem mir mein ganzes Leben erzählt worden ist, dass ich kein *universitymaterial* bin". Erschwerend kommt hinzu, dass sie zu diesem Zeitpunkt die Diagnose Brustkrebs erhält und sich eine Brust amputieren lassen muss. Von ärztlicher Seite wird ihr eine Brustreproduktion vorgeschlagen, was sie aber ablehnt. „Ja, was soll denn die Reproduktion? Dann habe ich einen Busen, der hängt auf dem Knie und der andere Busen steht wie ein Eisberg." Zudem glaubt sie, dass die Brustreproduktion dem ‚männlichen' Blick auf die ‚weibliche' Brust geschuldet ist. „Und das ist irgendwie auch, das ist, was die Männer über Frauen denken. Da kann ich nur sagen: ‚Scheiß der Hund drauf'." Mit der darauffolgenden Chemotherapie wächst ihre Unsicherheit, ob sie neben ihrer Berufstätigkeit tatsächlich ein Studium aufnehmen und bewältigen kann, aber „ein „phantastischer Professor" kommt ihr zur Hilfe und unterstützt sie in ihrem Vorhaben. Zeitgleich unterzieht sie sich einer Therapie und befasst sich vermehrt mit Meditation und Spiritualität. Durch die Therapie kann sich Silke zudem aus der Beziehungsdynamik zwischen ihren Eltern – dem autoritären Vater und der leidenden, sich aufopfernden Mutter – in die sie sich involviert sah, befreien. „Da bin ich aus dieser ganzen *victimhood,* da dieser Verbindung mit meinem Vater einfach rausgekommen." In der Therapie lernt sie, die von der Mutter übernommene Opferrolle zurückzuweisen und ihr Verhältnis zu ihrer Mutter umzudeuten: „Das war sehr gravierend (…), weil meine Mutter und Großmutter für mich zum Überleben sehr wichtig waren und diese Rolle habe ich überhaupt nicht gesehen." Sportliche Aktivitäten treten in dieser Zeit zurück, sie legt an Gewicht zu und erhält erneut für die verbliebene Brust eine Brustkrebsdiagnose, der eine zweite Brustamputation folgt.

Mit Mitte 60 beginnt sie mit dem Training im Fitnessstudio, „weil ich nicht mehr auf einem Bein stehen konnte (…) und dann habe ich im *gym* angefangen". Sie geht dort mit ihrer besten Freundin hin, die sie in ihrem Vorhaben unterstützt.

> „Ich muss eine bestimmte Zeit haben. Das ist genau wie in der Meditation (…) und es muss ganz diszipliniert sein. Disziplin ist nicht mein Mittelname, nicht einmal

mein zweiter Mittelname. (…) Und es hat mindestens drei Monate gedauert, bis das
wirklich in der Routine war."

Disziplin herzustellen ist für Silke „ein großes Stück Arbeit", da beneidet sie
ihre Schwester, die „wahnsinnig diszipliniert" ist, etwas, dass sie mehr und mehr
anerkennt. Ihr Ziel ist, eine Verbindung zwischen Emotionen, Geist und Körper herzustellen. „Ich habe also mit meinen *emotions* gearbeitet und ich habe
mit meinem *spirit* gearbeitet, aber die *body connection* fehlte." Aufgrund ihrer
Skoliose und Osteoporose absolviert sie moderates Gewichttraining, aber am
„Dienstag und Donnerstag ist immer *abs* (Bauchmuskeltraining G.S.) und die
anderen (Tage) sind dann Gewichte, aber jeden Tag *treadmill*". Zu ihren Trai-
ningszielen gehört „vor allen Dingen *flexibility*, Ausdauer und Balance". Sehr
selten nutzt Silke auch Geräte für ihr Trainingsprogramm, denn sie ist kein „Ma-
schinenfreund". Gruppenkurse hat Silke auch mal ausprobiert, aber da konnte sie
die geforderte koordinative Leistung nicht erbringen, „da bin ich erstmal *ship-
wreck* gegangen, (…) da war ich so *out of shape*", sodass sie dieses Vorhaben
aufgibt. Zwischenzeitlich nehmen sie und ihre Freundin einen *personal trainer*
zur Hilfe, um häufiger mal „was Neues", mehr „Abwechslung" zu haben, und
zur besseren Kontrolle der Ausführung der Übungen, was sie gerne wiederholen
möchte, „weil da doch ein bisschen mehr Dampf dahinterkommt". Die Trainingszeiten legt sie vor allem auf den Morgen, „also nachmittags, da hätte ich, glaube
ich, da hätte ich nicht die Energie. (…) Morgens, das kurbelt mich so an für
den Tag". Auf die Frage, ob für sie zur Fitness auch Leistungsfähigkeit gehört,
antwortet sie:

> „Die Deutschen haben immer dieses, dieses leistungsfähig sein! (…) Was für eine
> Leistung hast du denn heute erbracht? Es gibt auch Gründe, warum ich nicht mehr
> in Deutschland lebe."

Langfristige Wirkungen ihrer täglichen Trainingseinheiten sieht Silke vor allem
in der Prävention von psychischen Beeinträchtigungen. „Ich weiß, wenn ich ein
paar Wochen nicht gehen würde, meine Depressionen würden wiederkommen."
Aber auch Auswirkungen des Trainings auf das körperliche Erscheinungsbild sind
ihr wichtig, „ich mein, das gehört doch alles zusammen". So muss sie zusätzlich
immer „ein bisschen aufpassen", weil sie gerne isst, vorrangig „gerne zu viel".
‚Übergewichtige' sind in ihrem *gym* nicht vertreten, „vor ein paar Jahren war
jemand, aber die hat dann aufgehört. Nee, wir sind eigentlich alle normal". Normalität herzustellen, also nach gängigen Idealkörpernormen zu handeln und zu
bewerten, wird nicht infrage gestellt, aber abfällige Äußerungen, wenn sie die

z. B. von ihren Studierenden über dicke Menschen zu hören bekäme, will sie nicht tolerieren. „Ja, ich bin da sehr, sehr streng mit meinen Studenten, wenn ich so was hören würde, da würde ich aber drauf reagieren!" An anderer Stelle des Interviews, an der sie sich selbst als „breitknochig" und als ein „westfälischer Schrank" beschreibt, sagt sie: „Schön, dass es ganz verschiedene Körper gibt, weil diese Bohnenstangen finde ich langweilig." Ob aber dicke Körper in den „verschiedenen Körpern" enthalten sind, bleibt fraglich.

Mit 77 Jahren arbeitet sie immer noch als Professorin an der Universität und gibt, was ihr ein großes Anliegen ist, Kurse in „contemplative practice" in der Lehramtsausbildung. Sie möchte ihre Lehrtätigkeit solange ausführen, wie es ihre Kräfte zulassen, denn sie hat durch das Alter(n) eine „viel größere Freiheit im Klassenzimmer". Z. B. schafft sie durch ihre „Offenheit" ein vertrauensvolles Verhältnis zwischen sich und ihren Studierenden. „Da bin ich nach der ersten Brustabnahme in das kleine Resto, das den Studenten gehört, und habe gesagt: ‚Guckt, hier ist meine Prothese.' Und dann haben die das an alle rumgegeben und dann wäre die fast noch in den Suppentopf gefallen." Anschließend kommt eine Studentin zu ihr, die ihr mitteilt, dass ihre Mutter gerade die Diagnose Brustkrebs erhalten hat, aber „wir sprechen darüber nicht zu Hause". „Meine Offenheit", so resümiert Silke, „war da sehr wichtig." Ihre unkonventionelle Haltung zeigt sich auch in ihrer Beschreibung, wie sie von Männern gesehen wird, nämlich „als aggressiv, aber das ist natürlich wieder das *woman stereotyp*. Die können mir mal den Buckel runterrutschen". Sie bevorzugt die Gemeinschaft von Frauen unterschiedlichen Alters: „Mein Lebenskreis ist auch mehr mit Frauen als mit Männern und das finde ich schön." Ihr Anspruch auf Unabhängigkeit und Selbstbestimmung zieht sich durch ihre gesamte Biografie, da sie bei ihrer Familiengeschichte nur in „die Rebellion gehen konnte". So gibt sie auch dem Wunsch ihres Sohnes und seiner Familie, mit ihnen zusammenzuleben, nicht nach, da sie das Jahr, das sie zusammengewohnt haben, kaum „überlebt hat, weil ich brauche ein offenes Haus, ich habe für dreizehn Monate keine *dinner party* gehabt. Das war furchtbar!". Sie bezeichnet ihre Flucht zurück ins Alleinleben als „*month of my liberation,* dass ich wieder so leben kann, wie ich will und das ist nicht das Leben, was sie leben und jeder kann so leben, wie er will und ich mache da keine Vorwürfe".

Mit dem Älter-Werden hat Silke keinerlei Probleme, im Gegenteil, „Älter werden ist für mich wirklich auch ein Geschenk, denn mit fünfundvierzig wusste ich nicht, ob ich die Kinder, ob ich die Kinder sehe, wie sie aufwachsen". Sie versteht auch nicht, warum sich andere „ständig über Zipperlein hier und Zipperlein da" aufregen, für sie ist es wichtig zu „akzeptieren, was ist, (…) es ist die Frage, wie kann man durch diese Phasen gehen (…) und so präsent sein, wie man es sein kann". Den Begriff erfolgreiches Alter(n) lehnt sie ab:

> „Da ist wieder dieses *measuring! Are you happier than I am?* (haut auf den Tisch) *What does that mean?* Das ist diese *competition.* Alles wird mit allem verglichen! Und ich bin da so allergisch, weil ich das von der Kindheit weiß: Du bist kein Universitätsmaterial!"

Silke ist glücklich darüber, siebenundsiebzig Jahre alt geworden zu sein, und bezeichnet sich als „mehr selbstzufrieden, als ich je war", auch wenn oder gerade weil sie als Großmutter einer zehnjährigen Enkeltochter die Erwartungen ihres Sohnes nicht erfüllt, der festgestellt hat „du bist ja gar keine Oma zu (Name der Enkelin), (…) *you are just like two bickering sisters!*". Denn sie weiß nicht oder will es nicht wissen, was zum normalen Verhalten einer (älteren) Frau gehört, „ich habe nie irgendwie so in dieses Bild (der Normalität G.S.) gepasst".

Selbstverständlich merkt sie auch Begrenzungen durch das Alter(n), so muss sie mehr aufpassen, „viel bewusster sein", z. B. auch beim Treppensteigen, da es sie bei Fehlbelastungen stärker umhaut „als vielleicht vor zwanzig Jahren".

Silke betont ihre Einzigartigkeit nicht so sehr über distinguierte Mittel wie die anderen Interviewpartnerinnen, sondern vielmehr dadurch, dass sie sich von Erwartungen ‚normal‘ zu agieren, ob als Mutter, Großmutter, Patientin, Professorin, Kollegin oder Freundin, auf verschiedene Weise abgrenzt. Diese Abgrenzung auf ihre individuelle Art hat für Silke weitreichende Bedeutung, denn „Rebellion" gegen gesellschaftliche Normalität wird zur Überlebensstrategie: „Ich zeig's ihnen!" Ihre soziale Positionierung lässt sich eher durch die Infragestellung von Machtansprüchen und Dominanz beschreiben, ihr sozialer Blick ist trotz ihrer erkämpften Zugehörigkeit zur akademischen Klasse stärker von unten nach oben ausgerichtet. Symbolische Formen der Herrschaft über hochkulturelle Muster konterkariert sie durch ihre derbe Sprache: „Scheiß der Hund drauf!" Das psycho-physische Subjektkapital dagegen wird insbesondere durch die Investition in Fitness und Gesundheit, sichtbar am täglichen Training im Fitnessstudio, auf typische Weise zu stärken versucht. Körperarbeit und Sport sind jedoch bei diesem Typus nicht wie bei den anderen beiden Typen mit idealisierten Bedeutungen aufgeladen, bilden aber für Silke in Kindheit und Jugend ein Gegengewicht zur Lese-Rechtschreibschwäche, die eine ihren Lebenslauf begleitende Unsicherheit darstellt. Wohlbefinden wird durch ein Ausbalancieren der körperlichen, geistigen und spirituellen Kräfte erzeugt. Sport und Fitness dienen zwar der Aufrechterhaltung des körperlichen und sozialen Status einer autonomen, akademisch geprägten Identität, stellen aber eine Aktivität unter vielen anderen, auch ehrenamtlichen, Tätigkeiten für diesen Typus dar.

6.1.2.4 Widerständige, gesundheitsorientierte Habitusformen

a) Darstellung des Typus

Widerständige, gesundheitsorientierte Habitusformen	Interviewpartnerinnen A8 (60), A12 (67)	
Sportive Aktivitäten im Lebenslauf	**Zeitpunkt und Häufigkeit** • später im Lebenslauf, auch durch betriebliche, finanzielle Unterstützung (Hansefit); • Häufigkeit, also tatsächliche Trainingseinheiten, sind nicht einschätzbar durch widersprüchliche Angaben;	**Bewertung von Fitnessnormen** • Unterwanderung fitnessorientierter Normen und Aufrufe; • Vermeidungsstrategien, aber auch der Wille, an gesundheitsfördernden Wirkungen von Fitness/ Sport zu partizipieren; = Funktion: Sicherstellung der Zugehörigkeit zur dominanten Kultur;
Kapitalien	**Ökonomisches Kapital** • abgesichert;	**Kulturelles Kapital (Bildungstitel)** • untere Mittelklasse; • kein akad. Abschluss;
Körper	**Alter** • Alter(n) wird aufgewertet durch erreichtes Können und Wissen;	**Körperkapital/Profite** • Erzeugung von Wohlbefinden durch Anerkennung des Anders-Seins; • Wissen um gesundheitsförderliche Struktur des Fitnesstrainings;
Dispositions- und Eigenschaftszuschreibungen nach Bremer und Teiwes-Kügler (2013, S. 115)	**Individuelle Dispositionen materiell:** Pragmatismus, Orientierung an Machbarkeit und Notwendigkeit; positive Bewertung von Ordnung und Unterordnung; **sicherheitsorientiert** „Lieber den Spatz in der Hand als die Taube auf dem Dach"; Festhalten an Vertrautem und Gewohntem;	**Bezogen auf sportive Aktivität zeigt Ambivalenzen auf:** konterkariert die Logik der Fitnesskultur (z. B. Körperoptimierung); sportliche Ambitionen vs. Vermeidungsstrategien;

Unter diesen Habitustyp sind nur zwei Interviewpartnerinnen einzuordnen, was auf den ersten Blick nicht so sinnvoll erscheint, da zwei von vierzig Befragten kaum ins Gewicht fallen. Dennoch ist dieser Typus im Sinne der Kontrastierung zu den anderen Habitusformen sehr aufschlussreich, da hier die Zugehörigkeit zur Fitnesskultur gegen widrige Umstände behauptet und auf eigenwillige Weise durchgesetzt wird. Das heißt genauer, dass diese zwei Personen Perspektiven in diese Studie einbringen, durch die eher diejenigen repräsentiert werden, die aufgrund der fehlenden Passung zur Fitnesskultur gar nicht erst ein Fitnessstudio aufsuchen und/oder eine Mitgliedschaft recht bald wieder aufgeben. Der zusätzliche Fokus auf die Strategien einer ‚widersprüchlichen' Partizipation hebt die exkludierenden Wirkungen der in 5.1 dargestellten Körper-Idealbilder, die durch eine kritische Diskursanalyse der Homepages von Freiburger Fitnessstudios zu Alter(n) und Geschlecht herausgearbeitet worden sind, wie durch ein Brennglas hervor. Dass abweichende Körper vom gängigen Schönheits- und Leistungsideal nicht nur kritisch be- und entwertet werden, ihnen vielmehr zugleich ein Mangel an Verantwortung, Disziplin und Gestaltungswillen zugeschrieben wird, ist in Abschn. 4.2.2 ausführlich dargestellt worden. Kreisky (2008, S. 155) spricht im Kontext neoliberaler Gesellschaften mit ihren normativen Körperidealen sogar von sich neu herausbildenden „Körperklassen", in denen alle „vom kapitalistischen Körper-Phantasma abweichenden, etwa alternden, überforderten, abgekämpften, übergewichtigen, kranken (…) mehr oder minder gesellschaftlich ausgegrenzt" werden (ebd., S. 156). Auch wenn dem alternden Körper inzwischen größere, individuelle Gestaltungsspielräume zugesprochen werden (vgl. Kap. 2), sind die Spielräume für individuelle Inszenierungen des alternden Körpers soziokulturell vorgegeben. Demnach stoßen Ältere, die von diesen wiederum normierten Altersinszenierungen abweichen, durch Blicke, Gesten und Bemerkungen, aber auch durch Ignorieren und Abwenden an Grenzen des Akzeptablen. Vermessende und abschätzende Blicke sind gerade immanenter Teil der Fitnesskultur und im Fitnessstudio durch die Ausstattung mit großen Spiegeln symbolisiert. Zum einen sollen diese der korrekten Ausführung der Übungen dienen, zum anderen aber auch der Kontrolle der eigenen Körperformen nach heteronormativen Köperidealen. Schon allein diese Spiegel fordern zur Wahrnehmung von „verkörperter Differenz" (Sobiech 2022, S. 99), also von Personen, die von körperlichen Normvorstellungen und/oder von üblichen Körperumgangsformen und leistungsbezogenen Praxen abweichen, geradezu heraus. Zumindest sind solche Wahrnehmungsprozesse in diesen Raumarrangements kaum zu vermeiden. Aber auch die Sichtbarkeit und Anordnung der Trainierenden auf der Trainingsfläche und in den Kursräumen sowie dem Training zugrunde liegenden Normen und Werte der körperlichen Performanz haben Einfluss auf die Wahrnehmung verkörperter Differenz. Dazu ein Beispiel von einer der beiden Interviewpartnerinnen dieses Typus:

> „Also mich hat das schon ein wenig beelendet, dass ich in dem Kurs ‚Body Styling',
> also da bin ich schon enttäuscht, dass ich da nicht mithalten kann, Ja, da habe ich die
> Grenzen gemerkt und es waren auch so Leute drin wie ich. (…) Man ist auch nicht
> jeden Tag gleich drauf, aber das hat mich schon beelendet."

Neckel (2000) betont, dass die Fremdbewertung im Akt der Beschämung zu einem Teil der Selbsteinschätzung wird, sodass die Bloßstellung quasi als selbst verursacht erscheint. Der Verlust von Distanz zum Geschehen führt zum Verlust der eigenen Würde, wenn durch den sozialen Vergleich der eigene Körper mit seinen mangelnden Fähigkeiten offenbar wird. Ein zentraler Aspekt ist dabei die atmosphärische Qualität des räumlichen Empfindens: „und es waren auch so Leute drin wie ich", die als Bindeglied zwischen Raum und Emotionen fungieren und durch die Gefühle der Zugehörigkeit oder Fremdheit, Wohlbefinden, Unsicherheit oder Beschämung erzeugt werden (Modes 2016). Sich nicht mit der Logik der Fitnesskultur, immer besser und schlanker zu werden, identifizieren zu können, zwingt, wie oben erwähnt, entweder zum Aufgeben, also dem Verlassen des Feldes (Sobiech 2022, S. 104 f.), oder aber zu einem Kampf um Zugehörigkeit und Anerkennung. Wie dieser Kampf um den Verbleib im Fitnessfeld, der durch Brüche und Widersprüchlichkeiten gekennzeichnet ist, ausgefochten wird, zeigt das Beispiel von Irene.

b) Darstellung des repräsentativen Einzelfalls am Beispiel von Irene
Irene wächst in Süddeutschland, „meine Eltern waren Flüchtlinge aus dem Krieg", mit einem ein Jahr älteren Bruder und einer sieben Jahre jüngeren Schwester auf. Sie musste zur Schule, einer Klosterschule, sehr weit laufen. Der Vater verpflichtet sich zu der Zeit, als Irene das dritte Schuljahr besucht, als Berufssoldat, sodass die Familie durch die permanente Versetzung des Vaters in unterschiedliche Regionen häufig umziehen muss. Irene besucht in „zehn Schuljahren (…) acht verschiedene Schulen". Während der Vater durch Abwesenheit glänzte, hat die Mutter „nie gearbeitet" und war „immer kränklich. (…) Wir Kinder mussten ‚ach meine arme Mama'" versorgen. Nach dem Schulabschluss absolviert Irene drei Jahre lang eine Ausbildung zur Krankenschwester beim „Roten Kreuz" und bekommt in dieser Zeit ihren ersten Sohn, „unehelich, wie man heute so schön sagt". Drei Jahre später lernt sie ihren zukünftigen Mann kennen, heiratet ihn nach einem Jahr und bekommt ihr zweites Kind. Irene und ihr Mann bauen gemeinsam ein Haus, haben aber mit Anfang dreißig den Drang etwas zu verändern, ziehen vom Norden in den Süden, bauen wieder ein Haus, bekommen ein drittes Kind. Beide arbeiten als Krankenpfleger und Krankenschwester im ortsansässigen Krankenhaus und bekommen schließlich ihr viertes Kind. Fünf

Jahre später „hatten wir so die Idee, wieder was ganz Anderes zu machen und sind auf die Idee gekommen, wir wandern aus nach Portugal". Sie leben dort mit den zwei jüngeren Kindern sieben Jahre zusammen – die älteren Kinder sind in Deutschland geblieben -, bauen wieder ein Haus, unterhalten Ferienwohnungen, halten Schweine, „haben Fleisch und Wurst gemacht und Marmelade gekocht (…), Selbstversorger". Die Familie hatte „zwar ein großes Stück Land und Wohnung und Haus und alles, aber wir hatten kein Bargeld zur Verfügung". Dieses wird insofern wichtig, als die Tochter in Lissabon studieren will, aber aus Mangel an finanziellem Kapital dieses Vorhaben nicht umsetzen kann. Hinzu tritt, dass der kleine Sohn, der im siebten Schuljahr war, zwar „perfekt portugiesisch" sprechen konnte, aber die deutsche Schrift nicht beherrschte, sodass Irene sich entschloss, nach Deutschland mit den beiden Kindern zurückzukehren. Dies ist nicht der einzige Grund, so führt Irene aus, „es gab auch Probleme mit meinem Mann, er hat sehr viel getrunken dort (…), also es lief nicht so gut". Vier Jahre später wollte ihr Mann nicht mehr alleine in Portugal bleiben, sodass Irene und ihr Mann dort alles verkauften, um sich in einem Ort in Süddeutschland niederzulassen. Sie nutzen ihr Kapital aus dem Verkauf für den Erwerb einer gemeinsamen Eigentumswohnung. Zwischenzeitlich ist ihr Mann aber „sehr krank gerade mit dem Alkohol geworden, hatte auch einen Entzug, hatte auch Rehaaufenthalte und hat dann nicht mehr in seinem Beruf gearbeitet". Irene hingegen arbeitet bis zur Rente bei der Sozialstation und ist anschließend noch eineinhalb Jahre dort „geringfügig beschäftigt". Ihre Tochter hat inzwischen den Beruf der „Europasekretärin" ergriffen und „war in Mosambik, in Maputo, zwischendurch mal in Hongkong und ich bin immer hinterher gereist, habe schöne Aufenthalte in Afrika gehabt". Allerdings fällt Irene das Reisen zunehmend schwerer, „diese tollen großen Reisen (werden) schon beschwerlicher (…), die Beweglichkeit (fehlt), wenn ich aus dem Zug aussteige". Sie hat Angst davor zu stürzen, denn, „wenn ich falle, hat es andere Konsequenzen". Die Einschränkung der Beweglichkeit hängt nicht nur mit Alterungsprozessen zusammen, sondern auch mit ihrem Körpergewicht. Auf die Frage, wie sie ihren Körper wahrnimmt, antwortet sie:

> „Übergewicht, übergewichtig! (…) Wenn ich mich im Spiegel sehe, denke ich, um Himmelswillen! Es gab Zeiten, da war ich schlank und rank (…), jetzt ist es einfach so, dass ich überall meine Röllchen habe, (…) schön ist er nicht mehr, aber er ist meiner!"

Die Auswirkungen ihres „Übergewichts" beschreibt sie folgendermaßen:

> „Die Beweglichkeit, die Beweglichkeit, also vor paar Jahren, da konnte ich mich noch
> hinknien (…), jetzt kann ich mich noch nicht mal mehr bücken, habe zwei neue Knie,
> weil ich nicht mehr laufen konnte, also Arthrose hatte in den Knien, was vielleicht
> auch beruflich durch das Heben (von hilfebedürftigen Personen G.S.) bedingt war.
> (…) Dieses Bücken, ich komm nicht mehr runter. Vielleicht würde sich das durch
> mehr Sport oder durch mehr Gymnastik ändern, aber wenn ich auf dem Stand bleibe,
> wie ich jetzt bin, bin ich auch schon zufrieden."

An dieser Stelle deutet sich bereits an, dass sich Irene der gesellschaftlich
erwünschten Umgangsweise mit dem dicken Körper bewusst ist, nämlich gegen
'Übergewicht' aktiv vorzugehen. Das hätte zur Konsequenz, ihr hohes Gewicht
z. B. durch Sport und Bewegung als auch durch Kalorienreduzierung zu ‚bekämpfen'. Zugleich aber, auch wenn sie um diese Anforderung weiß, behauptet
sie ihr körperliches So-Sein: „wenn ich auf dem Stand bleibe (…), bin ich (…)
zufrieden". Das Lavieren zwischen Selbstbehauptung und sozialer Erwünschtheit
zeigt sich auch an ihren auf Gewicht bezogenen Körperumgangsstrategien. Einerseits beschreibt sie, „wenn ich *wirklich* anders sein wollte, hätte ich *wirklich* was
dagegen getan, ja!". Andererseits erzählt sie von ihrem Versuch im letzten Jahr,
durch die Reduzierung von Kohlehydraten abzunehmen, wodurch sie zunächst
„vierzehn Kilo" weniger wiegt, aber „die letzten vier Wochen" wieder an Gewicht
zugenommen hat. Sie begründet die vorgenommene Gewichtsreduktion mit ihrem
„Traum", einen Tandemflug (Drachenfliegen) buchen zu können:

> „Ich habe einen verrückten Traum, der total verrückt ist, alle lachen, aber ich werde
> es vielleicht schaffen, dass ich zum Siebzigsten ein Gewicht habe, mit dem ich ein
> Tandemflug machen kann."

Beim Abnehmen geht es Irene im Weiteren nicht darum, ihr Erscheinungsbild
der gängigen Körpernorm anzupassen, also auf einer tiefer liegenden Ebene vermutlich um akzeptierende Blicke und Zustimmung von außen, sondern um ihr
Inneres, „um das Fühlen, wie ich mich fühle, ja also ich fühle mich unheimlich
toll, wenn ich weniger wiege. (…) Es geht nicht ums Aussehen, es geht für mich
erstmal darum, wie ich mich fühle, also mein Körpergefühl selber". Für Irene ist
das „Wohlfühlen" mit Gesundheit verbunden:

> „Wenn ich jetzt andauernd zum Doktor müsste, weil ich irgendwelche Beschwerden
> hätte, die aufgrund meines Körpergewichts wären, dann würde ich sagen, ich muss
> abnehmen, ja aber nicht um schlank zu sein, sondern um mich gesund zu fühlen."

Irene versucht sich so zu verhalten, dass sie sich „gesund fühlt". Dazu gehört auch die sportliche Aktivität im Fitnessstudio. Allerdings wird sie erst spät Mitglied im ortsansässigen Fitnessstudio, denn sie hat aufgrund der häufigen Umzüge in ihrer Jugend und Wohnortwechsel während ihrer Ehe, ihrer Berufstätigkeit und des Großziehens von vier Kindern „gar keine Zeit gehabt" sich sportlich zu betätigen. „Ich habe eigentlich erst angefangen, als dieses Hansefit hier aufkam und es war einfach so, also wenn ich schon zwanzig Euro zahle, dann sollte ich da auch hingehen." Sie gibt zunächst an, „ganz regelmäßig am Dienstag an der Seniorengymnastik und am Freitag an der Aquagymnastik" teilzunehmen:

> „Und ich achte darauf oder ich gebe mir Mühe, mindestens zweimal in der Woche Nordic Walking zu machen, also richtig eine Stunde mit den Stöcken zu laufen, klappt aber nicht immer so, aber das ist so mein, mein Ziel."

An anderer Stelle des Interviews schränkt sie ein: „ja Gymnastik ist zurzeit ein bisschen sehr überfüllt, (…) man muss immer gucken, dass man keinen anstößt". Im weiteren Verlauf führt sie noch genauer aus: „es ist immer eine Überwindung, dass ich zu diesen Gruppen gehe". Die „Gruppendynamik", z. B., dass Anwesende sie begrüßen, „ist für mich, ist es besser (…), aber bequemer ist das andere", womit das Training an Geräten gemeint ist, an denen sie jederzeit ohne Beachtung ihrer Trainingsleistung trainieren kann. Die Gründe, warum es Irene Überwindung kostet, an Kursen teilzunehmen, zeigen sich noch stärker bei der Beantwortung der Frage, welche Rolle die Trainerin in den Kursen für sie spielt:

> „Eigentlich ist sie sehr wichtig (…), für mich persönlich. Sie muss auch so, wie soll ich sagen, auch, auch so eingehen auf welche, die das nicht so gut können, also nicht mit den einen rumschäkern, weil die es so unheimlich toll können und dann stehste daneben und dann kriegste das Bein nicht hoch. Dann würde ich mich schon nicht so gut fühlen! Also ich möchte, dass sie, wenn ich nicht mitkomme, dass sie auch mal hinguckt und sagt: ‚Mach mal wie du kannst!' und so einfach diese persönliche Ansprache, wobei sie sich nicht dauernd um mich kümmern muss, um Himmels Willen, (…), sondern einfach auch auf alle so ein bisschen Rücksicht nimmt."

An der Aussage wird noch einmal deutlich, dass die Logik der Fitnesskultur, leistungsstärker zu werden und den Körper zu optimieren, für Personen, die aus Altersgründen, unterschiedlicher Befähigung oder von der Norm abweichender, körperlicher Performanz, von den meisten Trainer*innen kaum reflektiert und Trainingsprogramme in der Regel nicht an das zahlende, aber eben nicht nur leistungsstarke Klientel angepasst werden. Eine dementsprechende Aus- oder Fortbildung, so zeigt Abschn. 5.2, fehlt. Diesen Mangel erfährt nicht nur Irene am

eigenen Leib, sondern wird auch von anderen Interviewpartnerinnen in der archi-
tektonischen Struktur, in Umkleiden und Kursen als Mangel wahrgenommen. So
kritisiert C2 (60-jährig) die erschwerten Zugangschancen ins Fitnessstudio nicht
nur für Ältere: „Ja, warum gibt es keinen Lift? Warum gibt es keinen Raum
für Rollstuhlfahrer oder Kurse für Rollstuhlfahrer?" Auf welche Weise die (An-)
Ordnung und Platzierung von Artefakten und Menschen (Löw 2017) eine hierarchische Differenz (Sobiech 2022) erzeugen, zeigt sich für Irene bereits beim
Eintritt ins Fitnessstudio. So führt sie aus, dass der Studiobesuch „jedes Mal ein,
ein Überwinden des inneren Schweinehundes" für sie bedeutet:

> „Ähm (Pause), bisschen ein Problem an diesem Studio ist, dass ich, nee andersherum,
> dass an der Theke total gestylte Damen sitzen mit solchen Nägeln, geschminkt, auf-
> gedonnert, mit einer Figur, dass du also denkst, das ist nicht wahr! Und so, das war für
> mich so ein, so ein, so ein Überwindungs-…, also ich fand das einfach blöd. Dachte
> also, die müssen jetzt nicht zeigen, was ich nicht bin, gell!"

Verkörperte Differenz wird dann besonders offensichtlich, wenn mit der eigenen Wahrnehmung Gefühle des „Versagens(s) vor gesellschaftlichen Leistungs-
und Erscheinungsnormen" (Neckel 2000, S. 98) hervorgerufen werden und sich
stärker noch „Unterschiede in Wertmängel verwandeln" (ebd., S. 102). Das hat
zur Konsequenz, dass ein Beziehungsraum, der die Differenz zu gesellschaftlich
ausgewiesenen Bewertungsschemata in soziale Scham überführt, selbstverständlich gemieden wird. So beschreibt Irene, dass sie nach der Gymnastik „meistens
noch an die Geräte" geht, „weil im Umkleideraum dann zu viele Leute sind".
C9 (65-jährig), die selbst Kurse gibt, bezeichnet neben dem Umkleideraum vor
allem die Dusche als „Ort der Wahrheit", den „ein paar Schamerfüllte" meiden,
„die gehen dann zu Hause duschen". Möglicherweise trifft diese Praxis auch auf
Irene zu, da Duschen nach dem Sport auf die Frage, wie ein typischer Studiobesuch bei ihr aussieht, gar nicht erst erwähnt wird. Villa (2022, S. 242) betont,
dass soziale Scham „aus der geteilten Anerkennung von Normen" erwächst, die
von einer Person nicht eingehalten werden (können). Als „wirkmächtiger Effekt
sozialer Herrschaft" signalisiert soziale Scham, dass die Person auf allen Ebenen gescheitert ist. Auch Irene scheint ihr Übergewicht als Scheitern an der
Normalität wahrzunehmen und versucht Gründe dafür zu finden:

> „Problemzonen? Nuja mein Bauch und mein Hintern (lacht), nicht, also mein Überge-
> wicht, dass sich bei mir überwiegend am Bauch und am Gesäß, an den Oberschenkeln
> auswirkt, aber ähm, das hört sich jetzt ganz doof an, aber das ist einfach auch familiär
> bedingt."

Irene erzählt von ihrer Schwester, die bis vor fünfzehn Jahren mehr „drauf hatte" als sie, abgenommen und wieder zugenommen hat. Sie bringt gegenwärtig nicht so viel Gewicht auf die Waage wie sie selbst, „aber die ist total steif, wesentlich steifer als ich und die ist sieben Jahre jünger, (…) und ich (mit vier Kindern G.S.) musste halt funktionieren". Der Vergleich ist für sie insofern wichtig, als sie Strategien entwickelt, um Beschämungsgefühle zu vermeiden und weiterhin am Training teilnehmen zu können. Zum Umgang mit ‚Übergewichtigen' im Fitnessstudio sagt sie:

> „Ich meine, zwei Drittel hat eine schöne Figur, gell, und ja und ein paar sind also schon dabei, die in meinem Ding (sind) und deshalb aber, mir macht das eigentlich nichts aus, muss ich sagen, ich guck halt nicht immer in den Spiegel (lacht)".

Der Verbleib ist auch aus dem Grund für sie wichtig, da sie um die gesundheits- fördernde Wirkung des Sports weiß und sich dann wohlfühlt, „wenn ich einen fitten Körper habe (…), nein, es ist umgekehrt, wenn ich mich wohlfühle, weiß ich, dass ich einen fitten Körper habe". Ihre Trainingsziele sind „Beinkräftigung", weil sie ja zwei neue Knie hat, und „was ich unbedingt machen *müsste,* das ist das Gleichgewicht, weil ich nicht auf einem Bein mehr stehen kann". Der Konjunk- tiv verweist noch einmal auf den Kampf, den sie immer wieder mit sich selbst führt, ob sie ins Fitnessstudio zum Training geht oder sich lieber „bequem" auf dem Sofa einrichtet, „eine Decke drüber und schön Fernsehen gucken", womit sie sich „momentan wohler fühlen" würde, „aber ich weiß genau, wenn ich mich jetzt aufraffe und was tue, dass es mir dann hinterher wesentlich besser geht". Denn der Studiobesuch bedeutet für sie neben der Ausübung gesundheitsfördern- der Aktivitäten auch Kontakt zu anderen aufnehmen zu können, da zum einen ihr Mann alkoholkrank und „sehr zurückgezogen" lebt, den sie als „asozial" bezeichnet, weil er alle Kontakte, auch mit den eigenen Kindern ablehnt, „das ist schon sehr schlimm und das bedrückt mich manchmal auch". Aber, da sie festhält am gewohntem ‚Zusammenleben' und beschlossen hat „es auszuhalten", ist sie auf Kontakte außerhalb, „soziale Kontakte sind schon wichtig", angewie- sen. Ihre Kinder wohnen weiter weg, hinzu tritt, dass auch ihre Freundinnen „in ganz Deutschland verteilt" sind. Auch „Kolleginnen, die haben einfach keine Zeit, weil die noch berufstätig sind". Einzig mit einer Freundin, „die keine andere beste Freundin hat als mich" und die zwei Straßen weiter wohnt, ist sie „viel zusam- men". Auf die Frage, welchen Sinn sie diesem Lebensabschnitt, in dem sie sich gerade befindet, zuschreibt, antwortet Irene:

„Meine Daseinsberechtigung geht dahin, dass ich noch, dass noch viele Menschen was von mir, also dass ich für viele Menschen noch in irgendeiner Form wichtig bin und das ist meine Daseinsberechtigung und wenn das mal nicht mehr ist, dann hoffe ich, dass ich für mich selber noch wichtig genug bin. (…) Also es ist nicht so, dass ich mich alleine fühle auf der Welt, wenn man es mal so sagen will, also ich fühle mich schon so mittendrin und passend. (…) Es ist so, wie es ist, ich bin zufrieden, ich habe mich entschlossen, es zufrieden zu finden."

An dem repräsentativen Einzelfall von Irene kann gezeigt werden, wie trotz großer Widerstände durch die etablierten Normen der Fitnesskultur individuelle Zugehörigkeit behauptet wird. Dass Irene und auch die zweite Person dieses Typus ihre Mitgliedschaft aufrechterhalten, auch wenn die damit verbundenen Machteffekte verkörperte Differenz und individuelle Beschämung erzeugen, ist sicher abhängig von biografischen Erfahrungen, der Möglichkeit, soziale Kontakte zu Gleichaltrigen zu knüpfen sowie um die gesundheitsfördernde Wirkung von sportlichen Aktivitäten zu wissen und danach zu handeln. Die Frage, ob diese Art der Selbstbehauptung auf Dauer trägt, der „innere Schweinehund" und äußere Hindernisse auch zukünftig überwunden werden können, kann an dieser Stelle nicht beantwortet werden.

6.2   Zusammenfassung der Ergebnisse der Typenbildung

Für die Typenbildung wurde die Frage nach dem Stellenwert von sportlichen Aktivitäten und Fitnesstraining in der Biografie, der Ausbildung zentraler, individueller Dispositionen über den Lebenslauf der Befragten unter Berücksichtigung von Bildung (kulturellem Kapital), Klasse (ökonomischen Kapital) und Körper (Alter und Körperkapital) zugrunde gelegt. Durch Sichtung und Gruppierung der Fälle anhand der relevanten Vergleichsdimensionen und Merkmalskombinationen wurden insgesamt vier Typen identifiziert und klassifiziert. Nach der Beschreibung der einzelnen Typen und der Darstellung des jeweiligen repräsentativen Einzelfalls zeigt sich, dass sich die Typen hauptsächlich durch den Grad der Zugehörigkeit (hoch/gering) zur Fitnesskultur und zum anderen in den Gewinnen/Profiten durch die Körperarbeit (hoch/gering) unterscheiden. Daher dienen diese Differenzierungen im Folgenden zur An- und Einordnung der vier Typen in ein zweidimensionales Koordinatensystem, um die Unterschiede zu visualisieren und anschließend vergleichend zusammenzufassen (Abb. 6.1).

Diejenigen, die sich der Fitnesskultur sehr stark zugehörig fühlen und am meisten davon profitieren, sind die „Halt- und Strukturorientierten", da viele zum einen seit dem mittleren Erwachsenenalter an der Fitnesskultur und -praxis

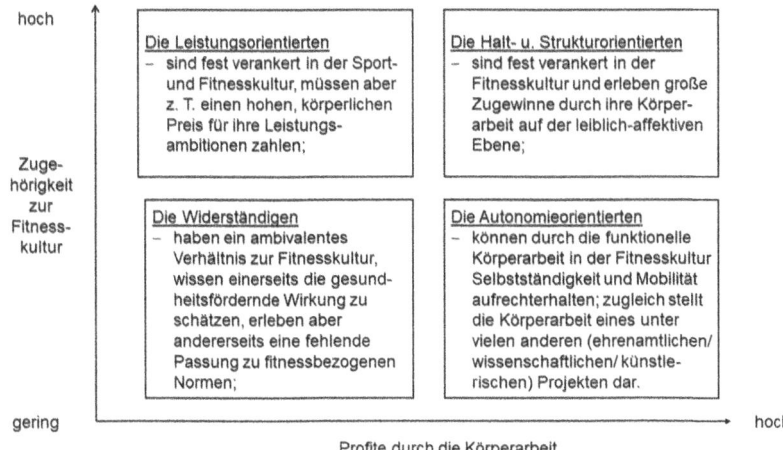

hoch

Die Leistungsorientierten
– sind fest verankert in der Sport-
  und Fitnesskultur, müssen aber
  z. T. einen hohen, körperlichen
  Preis für ihre Leistungs-
  ambitionen zahlen;

Die Halt- u. Strukturorientierten
– sind fest verankert in der
  Fitnesskultur und erleben große
  Zugewinne durch ihre Körper-
  arbeit auf der leiblich-affektiven
  Ebene;

Zuge-
hörigkeit
zur
Fitness-
kultur

Die Widerständigen
– haben ein ambivalentes
  Verhältnis zur Fitnesskultur,
  wissen einerseits die gesundheitsfördernde Wirkung zu
  schätzen, erleben aber
  andererseits eine fehlende
  Passung zu fitnessbezogenen
  Normen;

Die Autonomieorientierten
– können durch die funktionelle
  Körperarbeit in der Fitnesskultur
  Selbstständigkeit und Mobilität
  aufrechterhalten; zugleich stellt
  die Körperarbeit eines unter
  vielen anderen (ehrenamtlichen/
  wissenschaftlichen/ künstle-
  rischen) Projekten dar.

gering   hoch

Profite durch die Körperarbeit

Abb. 6.1 Zweidimensionale Darstellung der vier gebildeten Typen (Sobiech 2022)

partizipieren und schon allein durch die lange Zeit von bis zu dreißig Jahren Mitgliedschaft die Normen zur Herstellung eines attraktiven Erscheinungsbildes als auch fitten Körpers internalisiert haben. Zum anderen können sie über das disziplinierte Fitnesstraining ihre Kräfte und ihren Selbstwert stärken und sich emotional stabilisieren, was sie gegenüber anderen, ‚Untätigen‘ und ‚Unwilligen‘, auszeichnet und was sie auch durch ihre Bewertungen zum Ausdruck bringen. Wohlbefinden wird durch die Aktivierung und Formung des Körpers erreicht, mit der auch Gesundheit assoziiert wird und Altersgrenzen hinausgeschoben werden. Durch ihre Sicherheitsorientierung sind die Befragten dieses Typus nicht nur stark in der Fitnesskultur verankert, sondern halten auch im Rahmen ihrer Lebensumstände am Gewohnten und Vertrauten fest.

Bei den *„Autonomieorientierten"* lassen sich Differenzen zwischen den deutschen und amerikanischen Interviewpartnerinnen bezüglich des Aufwachsens mit Sport und Bewegung konstatieren, sie haben aber, was die Teilnahme an der Fitnesskultur betrifft, ähnliche Strategien entwickelt. In erster Linie dient die Investition in Fitness und Gesundheit im späteren Lebenslauf der Aufrechterhaltung des körperlichen und sozialen Status einer autonomen, akademisch geprägten Identität und damit dem Erhalt oder der Wiederherstellung von Selbstständigkeit und Mobilität im Zuge von Alterungsprozessen. Ihr Anspruch auf Unabhängigkeit und Selbstbestimmung wird zum Teil durch Machtansprüche und

Dominanz durchgesetzt, der soziale Blick von oben nach unten zeigt sich in distinguierten Mitteln der Abgrenzung von weniger Erfolgreichen. Die Zugehörigkeit zur Fitnesskultur ist, anders bei den Halt- und Strukturorientierten, nicht so stark ausgeprägt, da die Interviewpartnerinnen dieses Typus in vielen anderen sozialen Feldern aktiv sind.

Die *„Leistungsorientierten"* weichen von den beiden anderen Typen insofern ab, als sie zwar eine hohe Zugehörigkeit zur Sport- und Fitnesskultur durch ihr im Lebenslauf nahezu durchgängiges Sporttreiben entwickelt haben, vergleichbar mit den Halt- und Strukturorientierten, aber durch ihre starke sportliche Leistungsbereitschaft und Anspruchshaltung einen mitunter hohen Preis zahlen müssen. D. h. die Instrumentalisierung des Körpers zur Erreichung ehrgeiziger, sportiver Ziele hat zum Teil körperliche Beschwerden oder Beeinträchtigungen zur Folge, die aber durch die Idealisierung von Sportaktivitäten billigend in Kauf genommen werden. Wohlbefinden wird erst durch die starke sportliche Beanspruchung des Körpers erreicht, womit zugleich Alterungsprozesse abgewehrt werden. Die individuelle Aufwertung der eigenen Leistungsfähigkeit, aber auch die Bewunderung von anderen führen in vielen Fällen zu einer moralischen Überlegenheit und starken Abgrenzung gegenüber inaktiven Gleichaltrigen.

Die *„Widerständigen"* zeigen die geringste Übereinstimmung mit gesellschaftlichen Normen eines ästhetischen Erscheinungsbildes und eines fitten, leistungsfähigen Körpers. Sie verweisen mit ihren Wahrnehmungen und Einschätzungen auf die exkludierenden Wirkungen der Fitnesskultur. Einerseits entwickeln sie durch diese Erfahrung der fehlenden Passung Vermeidungsstrategien, andererseits ringen sie um Zugehörigkeit, um an der gesundheitsfördernden Wirkung von sportlichen Aktivitäten partizipieren zu können. Wohlbefinden wird durch Wahrnehmung und Zuwendung von anderen Aktiven oder Trainer*innen erzeugt.

Wechselbeziehungen zwischen Subjekt-, Repräsentations- und der Ebene der strukturellen Herrschaftsverhältnisse

In diesem Kapitel geht es mit Blick auf die gestellten Forschungsfragen (vgl. Abschn. 2.5) um eine zusammenfassende Betrachtung der in diesem Buch geleisteten Analysen unter einer intersektionalen Perspektive, die die Wechselbeziehungen der verschiedenen Ebenen herausstellt und diese konkret an den vorliegenden Studien aufzeigt.

Als Erstes ist festzuhalten, dass sich die Strukturebene in diesem Buch auf die Kategorien Körper/Alter(n), Geschlecht und Klasse bezieht, die mit Macht- und Herrschaftsverhältnissen durchzogen Einfluss auf die Repräsentations- und Subjektebene nehmen. Gesellschaftliche Ungleichverhältnisse offenbaren sich in Bodyismen und Heteronormativismen, die z. B. in Diskriminierungen des alternden[1], dicken oder geschlechtlich uneindeutigen Körpers zum Ausdruck kommen, sowie in Klassismen, die sich in der „strukturierten Struktur" (Bourdieu 1999) materialisieren und das Handeln von Menschen formen. Zugleich sind diese Strukturen wiederum durch das Handeln von Menschen geschaffen („strukturierende Struktur", ebd.), indem Akteur*innen nach Maßgabe entsprechender Regeln und Ressourcen ihr Handeln situationsspezifisch modellieren (Winker und Degele 2009, S. 71) und auf diese Weise in Interaktionen des *Doing Age, Doing Gender* oder *Doing Class* Strukturen (re-)produzieren. In der Auseinandersetzung mit ihren Lebensbedingungen, ihrem sozialen Umfeld geben sich die Akteur*innen also auch selbst eine Form (vgl. Abschn. 3.1). Ob sie von diesen Handlungen

---

[1] Strukturelle Altersdiskriminierungen können im Rechtssystem, in den Medien, im Pflege- und Gesundheitssystem, in der Wirtschaft und in vielen anderen Bereichen auftreten. Dass in Deutschland immer noch negative Stereotype und fragwürdige Klischees gegenüber älteren Menschen weit verbreitet sind, zeigt die Studie „Ageismus – Altersbilder und Altersdiskriminierung in Deutschland" im Auftrag der Antidiskriminierungsstelle des Bundes, die am 15.12.2022 in Berlin vorgestellt wurde (Kessler und Warner 2022).

profitieren, hängt maßgeblich von Möglichkeiten individueller Kapitalakkumulation über den Lebenslauf ab. So zeigt sich, dass der Gewinn ökonomischen und kulturellen Kapitals ausschlaggebend dafür sein kann, ob z. B. Frauen im Alter von Armut betroffen sind oder sich Reisen und andere Annehmlichkeiten leisten können (vgl. Abschn. 2.2.2).

Als wirkmächtige Strukturen mit Blick auf das Alter(n) wurden vor allem politische Aktivierungsprogramme im sich entwickelnden flexiblen Kapitalismus identifiziert, die, durch wissenschaftliche Diskurse abgesichert, Potenziale von Älteren ‚zum Wohle der Gesellschaft' nutzen wollen. Produktives Alter(n) erscheint vor allem für die „jungen Alten" (van Dyk 2015) als Voraussetzung für erfolgreiches Alter(n), um die eigene Positionierung im sozialen Gefüge zu sichern. Risiken des Alter(n)s, so zeigen wissenschaftliche Studien, lassen sich neben Ernährung und Körperpflege hauptsächlich durch sportliche Aktivitäten/Fitness bearbeiten, die in neoliberalen Gesellschaften zu zentralen Technologien des Selbst avancieren und mit Wettbewerbsvorteilen verbunden sind. Soziale Ungleichheiten offenbaren sich demnach durch die Tatsache, dass auch ein gesunder Lebensstil häufig denjenigen vorbehalten bleibt, die über entsprechendes ökonomisches und vor allem kulturelles Kapital verfügen.

Wie positionieren sich nun die befragten Frauen zu diesen strukturellen Vorgaben des erfolgreichen Alter(n)s, welche Körperpraktiken und welches Gesundheitsmanagement präferieren sie, welche Ermächtigungsgewinne und Distinktionsprofite sind mit der Arbeit am Körper verbunden, spüren sie Zwang und Verpflichtung zu Selbstvermessung und Selbstregulierung? Auf welche Weise spielt die Stellung im sozialen Raum eine Rolle bei der individuellen Positionierung?

Zur Beantwortung der letzten Frage muss zunächst festgehalten werden, dass Gemeinsamkeiten in Praktiken der Lebensführung beider Samples sich in der äußeren Erscheinung, im ästhetischen Empfinden, in Essgewohnheiten, Gesundheitsvorstellungen und in sportlichen sowie kulturellen Aktivitäten manifestieren und diese als Klassenhabitus bezeichnet werden können (Krais und Gebauer 2002, S. 36 ff.). Modifizierend weist Reckwitz (2021, S. 271) mit Blick auf die Klassenlage der Mittelschichten und deren Aufstiegsambitionen auf einen Wandel in der Spätmoderne hin, der von einer nivellierten Mittelstandsgesellschaft zu einer kulturellen Klassengesellschaft stattgefunden hat. Die Analyse des deutschen und amerikanischen Samples bezüglich ihrer Klassenzugehörigkeit zeigt, dass das amerikanische Sample aufgrund seines kulturellen Kapitals stärker der akademischen Mittelklasse zuzuordnen ist (vgl. Abschn. 4.1.1). Aufgrund kultureller und klassenspezifischer Differenzen wurden neben Gemeinsamkeiten in den

Identitätskonstruktionen beider Samples auch unterschiedliche Wahrnehmungs-, Bewertungs- und Handlungsschemata deutlich, die an entsprechender Stelle thematisiert und begründet wurden.

So reagieren z. B. die Interviewpartnerinnen des deutschen Samples auf gesellschaftspolitische Forderungen, produktiv zu alter(n), was mit Versprechen von Anerkennung, Wohlbefinden sowie positiven Effekten der Selbstwirksamkeit für Ältere verbunden ist, eher ablehnend. Die meisten Befragten – Ausnahme sind diejenigen, die in der Mehrzahl aus ländlichen Regionen rund um Freiburg stammen – sprechen sich gegen heteroproduktive Tätigkeiten aus, die für andere unmittelbar von Nutzen sind, wie z. B. bürgerschaftliches Engagement und Pflegearbeiten in staatlichen Institutionen, da sie diese Art der gesellschaftlichen Erwartung als Überlastung und Ausnutzung unbezahlter Arbeitskraft empfinden. Stärker noch verweisen die Interviewpartnerinnen auf die mangelnde Anerkennung dessen, was die Älteren in ihrem Leben bereits geleistet haben. Dennoch präsentieren sie sich als hochgradig aktiv: Einige gehen weiterhin beruflichen Tätigkeiten auf ‚Minijobebene' nach, sind in die Betreuung von Enkelkindern eingebunden, pflegen den erkrankten Partner oder begeben sich auf längere Reisen. Die im Ruhestandsmodell verankerte Aussicht, Freiheiten für sich selbst nutzen zu können, wird als weiterhin gültig betrachtet. Das lässt den Schluss zu, dass eine „Universalisierung und Normalisierung" des produktiven Alter(n)s in Deutschland noch nicht stattgefunden hat (Denninger et al. 2014, S. 371). In Amerika zählen Ältere hingegen längst zu einer zentralen Ressource ehrenamtlichen Engagements, sodass die Amerikanerinnen neben ihren zum Teil noch ausgeübten beruflichen Tätigkeiten in den verschiedensten Organisationen ehrenamtlich tätig sind. Allerdings sind einige bereits dabei, diese Aktivitäten aufgrund ihres fortgeschrittenen Alters aufzugeben.

Zum erfolgreichen Alter(n) gehört für die Befragten beider Samples neben dem selbstverantwortlichen Erhalt körperlicher und geistiger Fitness, um so lange wie möglich selbstständig zu bleiben, auch die Bewahrung körperlicher Attraktivität, die im *Doing Age* unter Gleichaltrigen Anerkennung, Zugehörigkeit und Wertschätzung verspricht. An dieser Stelle zeigt sich die Verknüpfung der Identitätskonstruktionen der Interviewpartnerinnen mit den Normen der Repräsentationsebene, die über Performativität miteinander verbunden sind und wiederum vorhandene Strukturen der Selbstoptimierung stabilisieren. Wenn auch die eigene Selbstoptimierung durch die Interviewpartnerinnen relativiert wird, so erwarten sie dennoch von den jüngeren Trainer*innen, dass sie ein schlankes, durchtrainiertes Erscheinungsbild mit einer positiven Ausstrahlung aufweisen, da sie nur dann als glaubwürdige Akteur*innen der Fitnesskultur erscheinen (vgl. Abschn. 5.2). Verstärkt werden solche Erwartungen durch die Fitnessstudiowerbung selbst, die spezielle Trainingsstrategien empfiehlt, um einen attraktiven, weiblichen Körper herzustellen. Wagner (2017, S. 109) bezeichnet die mit der Optimierung des eigenen (Alt-)Aussehens verbundenen modernen Subjektivierungspraktiken der Selbstkontrolle, Eigenbeobachtung und des sozialen Vergleichs mit anderen als neue Form des *„Lookism"*, womit ein sozialer Druck für die Einzelnen verbunden ist, auch weil der Mangel an körperlicher Fitness mit der Belastung des Sozialsystems gleichgesetzt wird. Jin und Harvey (2021) konstatieren, dass mit der Idealisierung des jungen attraktiven Körpers in westlichen Gesellschaften Altersdiskriminierungen zugenommen haben. So werden die stärker negativ besetzten Seiten des Alter(n)s zeitlich nach hinten, ins vierte Alter, verschoben, was wiederum eine Negativstereotypisierung von Hochaltrigkeit verstärkt.

Das Anliegen der Interviewpartnerinnen beider Samples, den Körper im Rahmen eines gesunden Lebensstils zu bearbeiten, verweist auf die Selbsttechniken der Befragten, die auf die Kontrolle von Alterungsprozessen, die Erzeugung von Wohlbefinden und Vitalität, auf die Herstellung sozialer Kontakte sowie auf eine umfassende Teilnahme am Leben gerichtet sind. Ermächtigungsgewinne beziehen sich weitergehend auf die Überwindung physischer oder psychischer Beeinträchtigungen und die Ausdehnung von Handlungsspielräumen durch sportive Aktivitäten mit Gleichaltrigen und/oder durch Reisen mit sportivem Charakter (z. B. eine Alpenüberquerung). Weitere Handlungsspielräume liegen in der widerständigen Ausdeutung der Logik der Fitnesskultur, die darauf gerichtet ist, Risiken und Schmerzen in Kauf zu nehmen, um ständig besser zu werden. Eine solche Art der körperlichen Selbstoptimierung wird abgelehnt, körperliche Grenzen werden zum großen Teil akzeptiert. Ziele sind ein moderates Gewichtstraining und ein Fähigkeitskonzept, das im dritten Lebensalter Gebrechlichkeit und körperlichen Verfall hinausschieben will. Zugleich offenbart die differenzierte Betrachtung der Aneignung sportlicher Aktivitäten/Fitness auf dem Hintergrund der biografischen Erfahrungen der Interviewpartnerinnen in der Typenbildung (vgl. Abschn. 6.1), dass Widerständigkeiten, wenn sie, sichtbar am Körper der Aktiven, gegen Normen eines ästhetischen Erscheinungsbildes und eines leistungsfähigen Körpers gerichtet sind, die exkludierenden Wirkungen der Fitnesskultur. Die fehlende Passung des ‚widerständigen, gesundheitsorientierten Typus' (vgl. Abschn. 6.1.2.4) führt einerseits zu Vermeidungsstrategien, andererseits wird um Zugehörigkeit zur Fitnesskultur gerungen, um von gesundheitsfördernden Wirkungen sportlicher Aktivitäten profitieren zu können.

Auf welche Weise die Klassenzugehörigkeit in der Aneignung der Fitnesskultur Ermächtigungsgewinne hervorbringt, zeigt der ‚autonomieorientierte Typus' (vgl. Abschn. 6.1.2.3), der durch den Habitus einer akademischen Mittelklasse geprägt ist. Das psycho-physische Subjektkapital wird insbesondere durch die Investition in Fitness und Gesundheit dazu genutzt, den körperlichen und sozialen Status der akademischen Mittelklasse aufrecht zu erhalten oder wiederherzustellen. Körperpraktiken erscheinen demnach als Teil der Bildungs- und Repräsentationsarbeit, mit denen sich die Interviewpartnerinnen dieses Typus eine erkennbare soziale Form geben und ihre Position im sozialen Raum behaupten. Die Distinktion wird in gesellschaftspolitischen Einschätzungen und Einordnungen hergestellt, die als ‚politisch korrekt' den Diskurs dominieren. Entsprechende Erklärungen für ein von der Norm abweichendes Erscheinungsbild und Verhalten von weniger Gebildeten und nicht sportlich Aktiven werden dennoch mit einer gleichzeitigen Aufforderung, sich z. B. an Körpernormen anzupassen, präsentiert. Damit werden in den Strategien der eigenen, erfolgreichen Positionierung auch Machtansprüche und Dominanz durch einen sozialen Blick von oben nach unten deutlich.

Neben den Ermächtigungsgewinnen durch das Fitnesstraining existiert auf der strukturellen Ebene ein gesellschaftlicher Druck zur Selbstdisziplinierung und Selbstvermessung, der neben sozialpolitischen Aktivierungsprogrammen durch die ‚Normalisierung' von Sport für Ältere (Gard et al. 2017) sowohl in wissenschaftlichen Diskursen als auch im Gesundheitssystem erzeugt wird. Die Repräsentationsebene, die symbolische Ordnungen und aktuelle Diskursformationen legitimiert, entfaltet ihre Wirkmacht, indem sie für Identitätskonstruktionen und individuelle Praxen einen normativen Rahmen bereitstellt. Zu diesem sind wissenschaftliche Studien zu ‚Sport im Alter' sowie populärwissenschaftliche Publikationen in den verschiedensten Medien zu zählen, die dafür sorgen, dass sportliche Aktivitäten im Kontext neoliberaler Selbstverantwortung als moralische Verpflichtung wahrgenommen werden. Auch die Werbestrategien auf den Internetplattformen der Fitnessstudios (Hartung 2018; vgl. Abschn. 5.1) tragen mit ihren Aufforderungen und Drohszenarien dazu bei, dass Fitness zur zentralen Bearbeitungsstrategie erhoben wird. Ergebnisse der Diskursanalyse lassen sich an neoliberale Imperative anschließen, da nur diejenigen, die die selbstverantwortliche Arbeit am Selbst durch einen schlanken, gesunden und funktionsfähigen Körper demonstrieren und dadurch Alterungsprozesse hinausschieben und dadurch ihre Selbstständigkeit so lange wie möglich bewahren können, als erfolgreich Gealterte gelten. Personen des vierten Alters sind in der Fitnessstudiowerbung nicht präsent. Vor allem diejenigen, die zu dieser Körperarbeit nicht in der Lage sind, womöglich passiv Zeit „auf dem Sofa" verbringen – ein wiederkehrendes Narrativ der Fitnessstudiowerbung –, werden mit den unausweichlichen Folgen konfrontiert: vor Schmerzen gebückt, energielos und frühzeitig zu altern. Dass symbolische Repräsentationen wie solche oder vergleichbare Werbebotschaften in verschiedensten Medien durch Anrufungen

Wirkungen erzeugen, zeigt sich an den Deutungen vieler Interviewpartnerinnen, die die mangelnde Ausrichtung auf sportliche Aktivitäten/Fitness als fehlende Selbstverantwortung und -disziplin wahrnehmen. Andere erkennen, dass kulturelles Kapital und ein Aufwachsen in gesicherten, ökonomischen Verhältnissen die Voraussetzung für Selbstsorge und ein präventives Körpermanagement sind. Dass die Pflicht zum sportlichen Training suchthafte Züge annehmen und sogar gegen den eigenen Körper gerichtet sein kann, zeigt der ‚leistungsorientierte Typus‘ (vgl. Abschn. 6.1.2.2). Die angestrebte Fitnesssteigerung auch im Alter vermag den Charakter von Technologien des Selbst anzunehmen, mit denen die Interviewpartnerinnen zum einen den „heroischen" Kampf gegen sich selbst führen (Reckwitz 2021, S. 329) und zum anderen ihren Abgrenzungswillen gegenüber nicht aktiven Gleichaltrigen zum Ausdruck bringen.

Dass ein gesunder Lebensstil mit sportlichen Aktivitäten nicht für alle offen steht, bestätigen auch neuere empirische Studien. In diesen zeigt sich, dass der Einfluss vertikaler, schichtspezifischer Ungleichheiten (sozioökonomischer Status) konstant bleibt, aber auch horizontale Ungleichheiten wie Alter, Geschlecht, Nationalität etc. hinzutreten (Rohrer und Haller 2015; Breuer 2018; Jekauc et al. 2018; Klein 2009). Für die USA (Hyde et al. 2013, S. 106) ist zu konstatieren, dass neben dem Sozialstatus die ethnische Zugehörigkeit für die Sportpartizipation ausschlaggebend ist. Humphreys und Ruseski (2006) belegen, dass Afroamerikaner*innen und Hispanics unabhängig vom ökonomischen Kapital seltener sportlich aktiv sind als weiße Amerikaner*innen (vgl. Abschn. 2.3.1). Gesundheitsbezogene Ungleichheiten wurden noch einmal genauer durch unterschiedliche Gesundheitschancen auf der Basis der Gesundheitssysteme in Deutschland und Amerika analysiert (vgl. Abschn. 2.3.3), die sich auch in den Aussagen der Interviewpartnerinnen widerspiegeln. Alle Befragten des deutschen Samples greifen mit großer Selbstverständlichkeit je nach Bedarf auf Leistungen des Gesundheitssystems zurück, während die Amerikanerinnen aufgrund eingeschränkter Leistungen des staatlichen Versicherungssystems als Privilegierte zusätzliche private Krankenversicherungen abschließen (müssen), um im Krankheitsfall umfassend versorgt zu werden. Sie sehen die Verantwortung für gesundheitliche Aufklärung und Vorsorgeleistungen beim Staat, sind allerdings davon überzeugt, dass ein soziales Sicherungssystem wie in Deutschland sich in Amerika nicht umsetzen lässt (vgl. Abschn. 4.3.3.1).

Neben den intersektionalen Verwobenheiten von Körper/Alter(n), Klassenzugehörigkeit, Fitness und Gesundheit bezog sich eine weitere Fragestellung auf die Geschlechterbilder und Geschlechterverhältnisse der Befragten. Haben sie Altersdiskriminierung und/oder Sexismus *(„double standard of ageing",* Sontag 1972) erfahren und auf welche Weise spielen die Geschlechts- und Klassenzugehörigkeit im Lebenslauf in wechselseitiger Beeinflussung der drei Ebenen eine entscheidende Rolle? Geschlechterbilder und -verhältnisse sind an den heterosexuellen Paarbeziehungen verdeutlicht worden, die für das deutsche und amerikanische Sample in differente Strukturen eingebunden sind.

Die Strukturebene wird für die Befragten des deutschen Samples z. B. durch die deutsche Familienpolitik bestimmt, die trotz Pluralisierung der Lebensverhältnisse ihre Fördermaßnahmen immer noch nach dem Leitbild der heterosexuell ausgerichteten Kernfamilie bestimmt (Possinger 2019, S. 1284). Auch der Bildungsaufstieg von Mädchen und Frauen seit den 1970er Jahren hat das traditionelle ‚männliche' Ernährermodell noch nicht wesentlich außer Kraft gesetzt, sodass vor allem bei Familiengründung von heterosexuellen Paaren ein (Re-) Traditionalisierungseffekt einsetzt. Dies zeigt sich auf der Subjektebene insofern, als es für die Befragten des deutschen Samples, auch nach dem Erwerb von hohem kulturellem Kapital, selbstverständlich ist, dass die Erziehungsarbeit von den Müttern übernommen wird. Den mit dem ‚Gender-Care-Gap' verbundenen ‚Gender-Pension-Gap' tragen damit einseitig die Frauen. Hinzu tritt, dass die Trägerinnen einfacher Bildungsabschlüsse, die noch in der nivellierten Mittelstandsgesellschaft als normaler Durchschnitt in Erscheinung traten, zu „Niedrigqualifizierten mit extrem begrenzten Möglichkeiten" (Reckwitz 2021, S. 283) absteigen. Einige Interviewpartnerinnen, die geschieden oder unverheiratet geblieben sind und ohne Partner*in leben, haben im fortgeschrittenen Alter eingeschränkte Chancen, zufriedenstellende soziale Beziehungen zu führen. Diese Befragten des ‚struktur- und haltgebenden Typus' (vgl. Abschn. 6.1.2.1) profitieren vom Fitnesstraining auf der leiblich-affektiven Ebene durch soziale Einbindung. Anderen Interviewpartnerinnen geht es vorrangig um Gemeinsamkeiten bei freundschaftlichen Kontakten, um einen ähnlichen, fitnessorientierten Lebensstil, nach dem Freund*innen ausgesucht werden. Dazu gehört eine körperliche Verbundenheit, die durch die gemeinsame Ausübung sportlicher Aktivitäten entstehen kann (vgl. Abschn. 4.4.2).

Bei den Amerikanerinnen der akademischen Mittelklasse dominiert das Ziel, eine hohe Lebensqualität zu erreichen, die sich im guten, gesunden Leben manifestiert. Sie weisen einen hohen Grad an räumlicher und teilweise internationaler Mobilität auf, haben sich aufgrund ihres hohen ökonomischen und kulturellen Kapitals bewusst in einer äußerst bildungsaffinen Region niedergelassen, die als „very progressive and left-wing" bezeichnet wird sowie von einer feministisch geprägten Atmosphäre bestimmt ist. Parameter ihres Lebensstils sind Selbstverwirklichung, kulturelle Offenheit und Diversität. Dies zeigt sich auch in den heterosexuellen Paarbeziehungen, die durch Flexibilisierung traditioneller

Geschlechterverhältnisse, Rollenzuschreibungen und Aufgabenteilung gekennzeichnet sind (vgl. Abschn. 4.4.1). Dazu gehört ebenfalls das selbstverständliche
Thematisieren der Homosexualität der Töchter, des Sohnes, der Kollegin oder
der Trainerin. D. h. geführt wird ein Diskurs über diverse sexuelle Orientierung, der bei den Interviewpartnerinnen des deutschen Samples nicht vorkommt.
Auch auf der Repräsentationsebene, der Diskursanalyse der Internetplattformen
der Fitnessstudios, ist geschlechtliche Vielfalt kein Thema. Analyseergebnisse
der Expert*inneninterviews (Leipert 2022; vgl. Abschn. 5.2) zeigen ebenso eine
heteronormative Sicht auf Geschlecht, wodurch Geschlechterstereotypen und
ein alltagstheoretisches Verständnis von Geschlecht weiter verfestigt werden.
Wenn auch die Expert*innen älteren Frauen positive Eigenschaften zuschrei-
ben, die sie als kommunikativer und gesundheitsbewusster als Männer bewerten,
lässt sich aus den Äußerungen der befragten Frauen schließen, dass sie sich
von einem *„double standard of ageing"* (Sontag 1972) distanzieren. Vor allem
auf der körperlichen Ebene setzen die Interviewpartnerinnen gegen die konstatierte Unsichtbarkeit älterer Frauen ein Fähigkeitskonzept, mit dem sie die
‚Unterwerfung' unter den männlichen Blick im Rahmen „symbolischer Herrschaft" (Bourdieu 2005) zurückweisen. Hier zeigt sich, dass sich Alter(n) und
Geschlecht als Diskriminierungskategorien nicht aufaddieren lassen, vielmehr differenziert eine intersektionale Perspektive unter Einbeziehung der sozialen Lage
der Befragten das Phänomen des strukturellen Sexismus im Alterungsprozess.

Ziel dieses Projektes war es, mit einer intersektionalen, ungleichheitsrefle-
xiven Perspektive anhand der Strukturkategorien Körper/Alter(n), Geschlecht
und Klasse sowie Fitness und Gesundheit einen differenzierten Blick auf die
Potenziale von älteren Frauen zu richten. Wie die Ausführungen gezeigt haben,
dienen die individuellen Ermächtigungsstrategien nicht nur der Stabilisierung
gesellschaftlicher Strukturen, vielmehr werden diese auch ignoriert oder sogar
unterminiert. Auf welche Weise die Strukturen durch die Ebene der symbolischen Repräsentationen (re-)produziert werden, zeigen die Analysen der
Internetplattformen der Freiburger Fitnessstudios und der Expert*inneninterviews.
Dass Repräsentationen einen „normativen", zugleich begrenzenden „Möglich-
keitsraum" (Winker und Degele 2009, S. 77) eröffnen, verdeutlicht innerhalb
der Fitnesskultur, ob in der Werbung oder in der Wahrnehmung der befragten
Expert*innen, das Beharren auf eine heteronormative Sicht auf Geschlecht. Auf
der strukturellen Ebene werden auf diese Weise Geschlechterstereotype und ein
alltagstheoretisches Verständnis von Geschlecht (vgl. Abschn. 2.2.1) legitimiert
und damit weiter verfestigt. Dieses Verständnis bildet dann ebenso die Grundlage für die körperlichen und alltäglichen Praxen des deutschen Samples, womit
traditionelle Geschlechterverhältnisse wiederholt und reproduziert werden. Die

Machtwirkungen des Geschlechterverhältnisses liegen dabei nicht im Zwang zu einem bestimmten Verhalten, sondern zeigen sich in einer positiven Identifikation mit herrschenden Normen.

Mit Blick auf einen gesunden Lebensstil beeinflussen Fitnessstudios als Anbieter auf dem neuen Gesundheitsmarkt und als marktwirtschaftliche Akteure die Idealbilder des gesamtgesellschaftlichen Diskurses um Fitness und Gesundheit durch ihre wirtschaftlichen Interessen. Hoffarth (2018, S. 8) hebt hervor, dass einerseits mit Blick auf die Fremd- und Selbstführung im Sinne der Gouvernementalität nach Foucault sich Kritik am Geist eines kapitalistischen Verwertungsmodus des Körpers üben lässt. Denn solche Leitbilder geben vor, dass nur ein vermessener, gesunder Körper die Chancen zur souveränen Selbstbildung eröffnen kann (Sobiech und Hartung 2019, S. 358). Wie aber die Ausführungen gezeigt haben, sind die Praktiken der älteren Interviewpartnerinnen nicht allein als Umsetzung normativer Vorgaben zu verstehen, auch wenn ein gesellschaftlicher Druck die Pflicht zum disziplinierten, selbstverantworteten und gesunden Lebensstil nahelegt. Entgegen der Logik der Fitnesskultur schaffen es die Befragten, sich gegenüber den neoliberalen Idealbildern – schön, leistungsfähig, jung, dynamisch – widerständig zu verhalten, indem sie diese Logik unterlaufen. Zudem beanspruchen sie einen ‚Raum' innerhalb der Fitnesskultur, der zunächst einmal für diese Altersgruppe, bezogen auf das deutsche Sample, nicht vorgesehen ist, wie die Analyse der Fitnessstudiowerbung und die mangelnde Ausbildung der Expert*innen mit Blick auf das Training mit Älteren belegt. Dieses widerständige Opponieren zeigt sich auch bei der gesellschaftspolitischen Forderung nach produktivem Alter(n), das durch erhebliche Praxis- und Deutungsspielräume beider Samples gekennzeichnet ist und damit eine intendierte Gleichschaltung von Programm und Praxis aushebelt. Diese Handlungsspielräume existieren allerdings hauptsächlich für diejenigen Älteren, die entsprechendes kulturelles und ökonomisches Kapital erworben haben, denn neben dem Gesundheitsmarkt liegt auch das Interesse des Fitnessmarktes auf Gewinnmaximierung, gleichberechtigte Zugangschancen zu gesundheitsfördernden Maßnahmen sind nicht intendiert. Ob Fitnessstudios zumindest in ihren Trainingsprogrammen und der Ausbildung der Trainer*innen dem demografischen Wandel zukünftig angemessener begegnen werden, bleibt abzuwarten.

Literatur

Alkemeyer, T. (2020). Soziale Ordnungen und ihre Subjekte. Überlegungen zum Verhältnis von Sozialisations- und praxeologischer Subjektivierungstheorie. In M. Grundmann & G. Höppner (Hrsg.), *Dazwischen – Sozialisationstheorie reloaded* (S. 81–105). Weinheim, Basel: Beltz Juventa.

Alkemeyer, T. (2007). Aufrecht und biegsam. Eine Geschichte des Körperkults. *Aus Politik und Zeitgeschichte, 18*, 6–18.

Allain, K., & Marshall, B. (2017). Foucault Retires to the Gym: Understanding Embodied Aging in the Third Age. *Canadian Journal on Aging. 36* (3), 402–414.

Auth, D., & Leitner, S. (2018). Alter(n): Doing Age and Doing Gender. In B. Kortendiek, B. Riegraf & K. Sabisch (Hrsg.), *Handbuch Interdisziplinäre Geschlechterforschung* (S. 1–6). Wiesbaden: Springer VS.

Backes, G. (2008). Von der (Un-)Freiheit körperlichen Alter(n)s in der modernen Gesellschaft und der Notwendigkeit einer kritisch-gerontologischen Perspektive auf den Körper. *Zeitschrift für Gerontologie und Geriatrie, 41* (3), 188–194. https://doi.org/10.1007/s00391-008-0546-7.

Banks, J., Marmot, M., Oldfield, Z., & Smith, J. P. (2006). Disease and disadvantage in the United States and in England. *JAMA, 295* (17), 2037–2045. https://doi.org/10.1001/jama.295.17.2037.

Barlösius, E., & Philipps, A. (2011). Die Gesellschaft und das Selbst der ,Dicken' – Wie Kinder und Jugendliche gesellschaftliche Haltungen und Erwartungen in ihre Selbstkonstituierung hineinnehmen. In M. Zwick, J. Deuschle & O. Renn (Hrsg.), *Übergewicht und Adipositas bei Kindern und Jugendlichen* (S. 181–201). Wiesbaden: Springer VS.

Beaufaÿs, S. (2019). Habitus: Verkörperung des Sozialen – Verkörperung von Geschlecht. In B. Kortendiek, B. Riegraf & K. Sabisch, K. (Hrsg.), *Handbuch Interdisziplinäre Geschlechterforschung. Geschlecht und Gesellschaft, Vol 65* (S. 349–358). Wiesbaden: Springer VS. https://doi.org/10.1007/978-3-658-12496-0_27.

Beck-Gernsheim, E. (1983). Vom ,Dasein für Andere' zum Anspruch auf ein Stück ,eigenes Leben': Individualisierungsprozesse im weiblichen Lebenszusammenhang. *Soziale Welt, 34* (3). 307–340.

Birnkraut, G. (2003). *Ehrenamt in kulturellen Institutionen im Vergleich zwischen den USA und Deutschland* (Dissertation, Pädagogische Hochschule Ludwigsburg) https://phbl-opus.phlb.de/frontdoor/deliver/index/docId/1/file/dissertation_birnkraut.pdf.

Birren, J. E., & Bengtson, V. L. (Hrsg.). (1988). *Emergent Theories of Aging.* New York: Springer VS.

Blackwell, D. L., Hayward, M. D., & Crimmins, E. M. (2001). Does childhood health affect chronic morbidity in later life? *Social science & medicine (1982), 52* (8), 1269–1284. https://doi.org/10.1016/s0277-9536(00)00230-6.

Blumer, H. (1954). What is Wrong with Social Theory? *American Sociological Review, 19*(1), 3–10. https://doi.org/10.2307/2088165.

BMFSFJ [Bundesministerium für Familie, Senioren, Frauen und Jugend], (2011). *Neue Wege – Gleiche Chancen. Gleichstellung von Frauen und Männern im Zeitverlauf. Erster Gleichstellungsbericht.* Abgerufen von https://www.bmfsfj.de/blob/93682/516981ae0 ea6450bf4cef0e8685eecda/erster-gleichstellungsbericht-neue-wege-gleiche?chancen-data.pdf.

Bohnsack, R. (2007). *Rekonstruktive Sozialforschung – Einführung in qualitative Methoden* (6. Aufl.). UTB: Stuttgart.

Boltanski, L. (1976). Die soziale Verwendung des Körpers, In D. Kamper & V. Rittner (Hrsg.), *Zur Geschichte des Körpers: Perspektiven der Anthropologie* (S. 138–183). Hanser Verlag.

Bolte, G., & Lahn, U. (2015). Geschlecht in der Public-Health-Forschung zu gesundheitlichen Ungleichheiten: Potenziale und Begrenzungen des Intersektionalitätsansatzes. *GENDER, 2,* 51–67. https://doi.org/10.3224/gender.v7i2.19312.

Bourdieu, P. (2021). *Die feinen Unterschiede. Kritik der gesellschaftlichen Urteilskraft* (28. Aufl.). Frankfurt am Main: Suhrkamp.

Bourdieu, P. (2016). *Sozialer Raum und Klassen. Leçon sur la leçon. Zwei Vorlesungen* (4.Aufl.). Frankfurt am Main: Suhrkamp.

Bourdieu, P. (2005). *Die männliche Herrschaft.* Frankfurt am Main: Suhrkamp.

Bourdieu, P. (1999). *Sozialer Sinn. Kritik der theoretischen Vernunft* (3. Aufl.). Frankfurt am Main: Suhrkamp.

Brandt M., & Schmitz A. (2020). Alter und Geschlecht. In K. Aner & U. Karl (Hrsg.), *Handbuch Soziale Arbeit und Alter.* Wiesbaden: Springer VS.

Brehm, W., Bös, K., Graf, C. H., Hartmann, H., Pahmeier, I., Pfeifer, K., Rütten, A., Sygusch, R., Tiemann, M., Tittlbach, S., Vogt, L., & Wagner, P. (2013). Sport als Mittel in Prävention, Rehabilitation und Gesundheitsförderung. Eine Expertise. *Bundesgesundheitsblatt, Gesundheitsforschung, Gesundheitsschutz, 56* (10), 1385–1389. https://doi.org/10.1007/s00103-013-1798-y.

Bremer, H., & Teiwes-Kügler, C. (2013). Zur Theorie und Praxis der „Habitus-Hermeneutik". In A. Brake, H. Bremer & A. Lange-Vester (Hrsg.), *Empirisch arbeiten mit Bourdieu. Theoretische und methodische Überlegungen, Konzeptionen und Erfahrungen* (S. 93–127). Weinheim: Beltz Juventa.

Bremer, H., & Teiwes-Kügler, C. (2010). Typenbildung in der Habitus- und Milieuforschung: Das soziale Spiel durchschaubarer machen. In J. Ecarius & B. Schäffer (Hrsg.), *Typenbildung und Theoriegenerierung: Methoden und Methodologien qualitativer Bildungs- und Biographieforschung* (S. 251–276). Berlin: Opladen; Toronto: Barbara Budrich.

Breuer, C. (2018). Demografische Entwicklungen im Sport. In U. Granacher, H. Mechling & C. Voelcker-Rehage (Hrsg.), *Handbuch Bewegungs- und Sportgerontologie* (S. 50–63). Schorndorf: Hoffmann.

Breuer, C., & Wicker, P. (2009). Decreasing sports activity with increasing age? Findings from a 20-year longitudinal and cohort sequence analysis. *Res Q Exerc Sport, 80* (1), 22–31.

Breuer, C., & Wicker, P. (2008). Demographic and economic factors influencing inclusion in the German sport system – a microanalysis of the years 1985 to 2005. *European Journal for Sport and Society, 5* (1), 33–42.

Bröckling, U. (2007). *Das unternehmerische Selbst. Soziologie einer Subjektivierungsform.* Frankfurt am Main: Suhrkamp.

Brunnett, R. (2009). *Die Hegemonie symbolischer Gesundheit. Eine Studie zum Mehrwert von Gesundheit.* Bielefeld: transcript.

Bublitz, H. (2006). Sehen und gesehen werden. Auf dem Laufsteg der Gesellschaft. In R. Gugutzer, Robert (Hrsg.), *body turn. Perspektiven der Soziologie des Körpers und des Sports* (341–361). Bielefeld: transcript.

Bülow, M., & Söderqvist, T. (2014). Successful ageing: a historical overview and critical analysis of a successful concept. *Journal of Aging Studies. 31* (1), 139–149. https://doi.org/10.1016/j.jaging.2014.08.009.

Bundesgesundheitsministerium (2022). *Gesundheitsförderung und Prävention für ältere Menschen.* Abgerufen von https://www.bundesgesundheitsministerium.de/praevention-aeltere-menschen.html.

Bundesverband Personal Training (2021). *Die häufigsten Fragen rund um den BPT e.V. & das Personal Fitness Training.* Abgerufen von https://www.bundesverband-pt.de/bundesverband/haeufige-fragen/.

Burkhardt, L., & Schupp, J. (2019). Wachsendes ehrenamtliches Engagement: Generation der 68er häufiger auch nach dem Renteneintritt aktiv. *DIW Wochenbericht, 86* (42), 765–773.

Burrmann, U. (2018.) Sportbezogene Sozialisation. In A. Güllich & M. Krüger (Hrsg.), *Sport in Kultur und Gesellschaft.* Berlin, Heidelberg: Springer VS.

Butler, J. (1991). *Das Unbehagen der Geschlechter.* Frankfurt am Main: Suhrkamp.

Butler, R. N., & Gleason, H. P. (1985). *Productive Aging. Enhancing Vitality in Later Life.* New York: Springer VS.

Caro, F.G. (2008). Produktives Altern und ehrenamtliches Engagement in den USA. In M. Erlinghagen & K. Hank (Hrsg.), *Produktives Altern und informelle Arbeit in modernen Gesellschaften* (S. 75–90). Wiesbaden: Springer VS.

Carr, K., Smith, K., Weir, P., & Horton, S. (2018). Sport, Physical Activity, and Aging: Are We on the Right Track? In R.A. Dionigi & M. Gard (Hrsg.), *Sport and Physical Activity across the Lifespan: Critical Perspectives* (S. 317–346). London: Palgrave Macmillan.

Chetty, R., Stepner, M., Abraham, S., Lin, S., Scuderi, B., Turner, N., Bergeron, A., & Cutler, D. (2016). The Association Between Income and Life Expectancy in the United States, 2001–2014. *JAMA, 315*(16), 1750–1766. https://doi.org/10.1001/jama.2016.4226.

Collinet, C., & Delandre, M. (2017). Physical and sport activities, and healthy and active ageing: Establishing a frame of reference for public action. *International Review for the Sociology of Sport, 52* (5), 570–583. https://doi.org/10.1177/1012690215609071

Crenshaw, K. (1989). „Demarginalizing the Intersection of Race and Sex: A Black Feminist Critique of Antidiscrimination Doctrine". *The University of Chicago Legal Forum, 140,* 139–167.

Cumming, E., & Henry, W. (1961). *Growing old. The process of disengagement*. New York: Basic Books.

Daskalopoulou, C., Stubbs, B., Kralj, C., Koukounari, A., Prince, M., & Prina, A.M. (2017). Physical activity and healthy ageing: A systematic review and meta-analysis of longitudinal cohort studies. *Ageing Research Reviews, 38*, 6–17. https://doi.org/10.1016/j.arr.2017.06.003.

Dausien, B. (2013). „Biographieforschung" – Reflexionen zu Anspruch und Wirkung eines sozialwissenschaftlichen Paradigmas. *BIOS, 26* (2), 163–176. https://doi.org/10.3224/bios.v26i2.19674.

Degele, N. (2008). Schöner Altern. Altershandeln zwischen Verdrängung, Resonanzen und Solidaritäten. In S. Buchen & M. Maier (Hrsg.), *Älterwerden neu denken. Interdisziplinäre Perspektiven auf den demografischen Wandel* (S. 165–180). Wiesbaden: Springer VS.

Degele, N., & Sobiech, G. (2008). „Fit for Life"? – Soziale Positionierung durch sportive Praxen. *Beiträge zur feministischen Theorie und Praxis: Arenen der Weiblichkeit. Frauen, Körper, Sport,* 31 (69),109–117.

Denninger, T., & Schütze, L. (Hrsg.) (2017). *Alter(n) und Geschlecht. Neuverhandlungen eines sozialen Zusammenhangs.* Münster: Westfälisches Dampfboot.

Denninger, T., van Dyk, S., Lessenich, S., & Richter, A. (2014). *Leben im Ruhestand. Zur Neuverhandlung des Alters in der Aktivgesellschaft.* Bielefeld: transcript.

Deutsche Schmerzgesellschaft (2022). *Schmerz bei Frauen und Männer.* Abgerufen von https://www.schmerzgesellschaft.de/patienteninformationen/besonderheiten-bei-schmerz/schmerz-bei-frauen-und-maenner.

Dickman, S. L., Himmelstein, D. U., & Wollhandler, S. (2017). Inequality and the healthcare system in the USA. America: Equity and Equality in Health. *Lancet, 389* (10077), 1431–1441. https://doi.org/10.1016/S0140-6736(17)30398-7.

Dierckx, H. (2018). Intersektionalität und Biografieforschung: Rekonstruktive Zugänge zu sozialer Ungleichheit. In D. Wagner-Diehl, H. Dierckx & S. Jakob (Hrsg.), *Intersektionalität und Biografie Interdisziplinäre Zugänge zu Theorie, Methode und Forschung* (S. 17–44). Berlin, Toronto, Opladen: Barbara Budrich.

Douglas, M. (1974). *Ritual, Tabu und Körpersymbolik. Sozialanthropologische Studien in Industriegesellschaft und Stammeskultur.* Frankfurt am Main: Fischer.

DSSV (2021). *Eckdaten der deutschen Fitness-Wirtschaft 2021.* DSSV e. V. – Arbeitgeberverband deutscher Fitness- und Gesundheits-Anlagen.

Duttweiler, S. (2016). Alltägliche (Selbst)Optimierung in neoliberalen Gesellschaften. *Aus Politik und Zeitgeschichte: Der neue Mensch, 66* (37–38), 27–32.

Dyk, S. van (2019). Poststrukturalistisch-praxistheoretische Perspektiven auf das Alter(n). In K.H. Schroeter, C. Vogel & H. Künemund (Hrsg.), *Handbuch Soziologie des Alter(n)s* (S. 1–26). Springer Reference Sozialwissenschaften. Wiesbaden: Springer VS.

Dyk, S. van (2017). Zur Interdependenz und Analyse von Alter(n) und Geschlecht. Theoretische Erkundungen und zeitdiagnostische Überlegungen. In T. Denninger & L. Schütze (Hrsg.), *Alter(n) und Geschlecht. Neuverhandlungen eines sozialen Zusammenhangs* (S. 25–50). Münster: Westfälisches Dampfboot.

Dyk, S. van (2016). Doing Age? Diversität und Alter(n) im flexiblen Kapitalismus. Zur Norm der Alterslosigkeit und ihren Kehrseiten. In K. Fereidooni & A. P. Zeoli (Hrsg.), *Managing Diversity. Die diversitätsbewusste Ausrichtung des Bildungs- und Kulturwesens, der Wirtschaft und Verwaltung* (S. 67–86). Wiesbaden: Springer VS.

Dyk, S. van (2015). *Soziologie des Alters*. Bielefeld: transcript.

Dyk, S. van, & Graefe, S. (2011). Fit ohne Ende – gesund ins Grab? Kritische Anmerkungen zur Trias Alter, Gesundheit und Prävention. In U. Baue, U. Bittlingmayer, A. Dieterich, R. Geene, T. Gerlinger, D. Hahn, M. Herrmann, J. Holst, S. Kümpers, U. Lenhardt, C. Schwarz, M. Simon & K. Stegmüller (Hrsg.). *Jahrbuch für kritische Medizin und Gesundheitswissenschaften 46. Verantwortung – Schuld – Sühne. Zur Individualisierung von Gesundheit zwischen Regulierung und Disziplinierung* (S. 96–121). Hamburg: Argument.

Dyk, S. van, & Lessenich, S. (2009). „Junge Alte" Vom Aufstieg und Wandel einer Sozialfigur. In S. van Dyk, & S. Lessenich (Hrsg.), *Die jungen Alten. Analysen einer neuen Sozialfigur* (S. 11–48). Frankfurt am Main: Campus.

Ellwardt, L., & Hank, K. (2019). Soziale Netzwerke im Alter. In K. Hank, F. Schulz-Nieswandt, M. Wagner & S. Zank (Hrsg.), *Alternsforschung* (S. 339–356). Baden-Baden: Nomos. https://doi.org/10.5771/9783845276687-339.

El-Mafaalani A. (2017). Diskriminierung von Menschen mit Migrationshintergrund. In A. Scherr, A. El-Mafaalani & G. Yüksel (Hrsg.), *Handbuch Diskriminierung* (S. 465–478). Wiesbaden: Springer VS. https://doi.org/10.1007/978-3-658-10976-9_26.

Eman, J. (2012). The role of sports in making sense in the process of growing old. *Journal of Aging Studies, 26* (4), 467–475. https://doi.org/10.1016/j.jaging.2012.06.006.

Engler, S. (2001). *„In Einsamkeit und Freiheit"? Zur Konstruktion der wissenschaftlichen Persönlichkeit auf dem Weg zur Professur*. Konstanz: UVK-Verlagsgesellschaft.

Erikson, R., & Torssander, J. (2008). Social class and cause of death. *European Journal of Public Health, 18* (5), 473–478.

Featherstone, M., & Hepworth, M. (1991). The mask of ageing and the postmodern life course. In M. Featherstone, M. Hepworth, & B. S. Turner (Hrsg.), *The body: social process and cultural theory* (S. 371–389). SAGE Publications Ltd.

Fenstermaker, S., & West, C. (2001). „‚Doing Difference' revisited. Probleme, Aussichten und der Dialog in der Geschlechterforschung". In B.Heintz (Hrsg.), *Geschlechtersoziologie. Sonderheft 41 der Kölner Zeitschrift für Soziologie und Sozialpsychologie* (S. 236–249).

Finger, J. D., Tylleskär, T., Lampert, T., & Mensink, G. (2012). Physical activity patterns and socioeconomic position: the German National Health Interview and Examination Survey 1998 (GNHIES98). *BMC Public Health 12* (1079). https://doi.org/10.1186/1471-2458-12-1079.

Flick, U. (2000). Konstruktion und Rekonstruktion. Methodologische Überlegungen zur Fallrekonstruktion. In K. Kraimer (Hrsg.), *Die Fallrekonstruktion. Sinnverstehen in der sozialwissenschaftlichen Forschung* (S. 179–200). Frankfurt am Main: Suhrkamp.

Foster, L., & Walker, A. (2015). Active and Successful Aging: A European Policy Perspective. *The Gerontologist, 55* (1), 83–90. https://doi.org/10.1093/geront/gnu028.

Foucault, M. (2004). *Die Geburt der Biopolitik. Geschichte der Gouvernementalität II*. Frankfurt am Main: Suhrkamp.

Foucault, M. (1993). Technologien des Selbst. In M. Foucault, R. Martin, L. Martin, W. Paden, K. Rothwell, H. Gutmann & P. Hutton (Hrsg.), *Technologien des Selbst* (S. 24–62). Frankfurt am Main: S. Fischer.

Foucault, M. (1977). *Überwachen und Strafen.* Frankfurt am Main: Suhrkamp.

Fougner, M., Bergland, A., Lund, A., & Debesay, J. (2019). Aging and exercise: Perceptions of the active lived-body. *Physiotherapy Theory and Practice, 35* (7), 651–662.

Gallup (2012). *In U.S., Blacks Most Likely to Be Very Obese, Asians Least.* Abgerufen von https://news.gallup.com/poll/155735/blacks-likely-obese-asians-least.aspx.

Gard, M., Dionigi, R.A., Horton, S., Baker, J., Weir, P., & Dionigi, C. (2017). The normalization of sport for older people? *Annals of Leisure Research, 20* (3), 253–272 https://doi.org/10.1080/11745398.2016.1250646.

Gebauer, G. (2017). Habitus. In R. Gugutzer, G. Klein & M. Meuser (Hrsg.), *Handbuch Körpersoziologie* (S. 27–32). Wiesbaden: Springer VS.

Geithner, L. (2020). Lebensstil und Distinktion im hohen Alter – eine Analyse sozialer Deutungsmuster und symbolischer Grenzziehungen. *Zeitschrift für Soziologie, 49* (5–6), 302–317.

Gerlinger, T. (2018). Baustelle Gesundheitssystem -Aktuelle Herausforderungen der Gesundheitspolitik. *Aus Politik und Zeitgeschichte – Krankheit und Gesundheit, 68* (24), 25–31.

Gieß-Stüber, P., & Sobiech, G. (2017). Zur Persistenz geschlechtsbezogener Differenzsetzungen im Sportunterricht. In G. Sobiech & S. Günter (Hrsg.). *Sport & Gender – (Inter-) nationale sportsoziologische Geschlechterforschung. Theoretische Ansätze, Praktiken und Perspektiven* (S. 265–280). Wiesbaden: Springer VS.

Gildemeister, R., & Hericks, K. (2012). Die Vergeschlechtlichung sozialer Wirklichkeit. In dies. *Geschlechtersoziologie: Theoretische Zugänge zu einer vertrackten Kategorie des Sozialen* (S. 261–308). München: Oldenbourg Wissenschaftsverlag.

Gildemeister, R. & Wetterer, A. (1992). Wie Geschlechter gemacht werden. Die soziale Konstruktion der Zweigeschlechtlichkeit und ihre Reifizierung in der Frauenforschung. In G.-A. Knapp & A. Wetterer (Hrsg.), *Traditionen Brüche: Entwicklungen feministischer Theorie* (S. 201–254). Freiburg im Breisgau: Kore.

Gilleard, C. (1996). Consumption and Identity in Later Life: Toward a Cultural Gerontology. *Ageing & Society 16* (4), 489–498. https://doi.org/10.1017/S0144686X00003640.

Gilleard, C., & Higgs, P. (2015). Social death and the moral identity of the fourth age. *Contemporary Social Science Journal of the Academy of Social Sciences, 10* (3), 262–271. https://doi.org/10.1080/21582041.2015.1075328.

Gilleard, C., & Higgs, P. (2000). *Cultures of Ageing. Self, citizen and the body.* London: Routledge.

Gluchowski, A., Warbrick, I., Oldham, T., & Harris, N. (2018). 'I have a renewed enthusiasm for going to the gym': what keeps resistance-trained older adults coming back to the gym? *Qualitative Research in Sport, Exercise and Health, 10* (3), 333–345.

Gnedt, J. (2018). *Selbstoptimierung. Ursachen und soziale Risiken eines modernen „Trends".* [Masterarbeit, Johannes Kepler University Linz]. Abgerufen von https://www.jku.at/fileadmin/gruppen/120/Publikationen_und_Downloads/Downloads/Masterarbeiten/Masterarbeit_Gnedt_2018.pdf.

Göckenjan, G. (2000). *Das Alter würdigen. Altersbilder und Bedeutungswandel des Alters.* Frankfurt am Main: Suhrkamp.

Graf, S. (2013). Leistungsfähig, attraktiv, erfolgreich, jung und gesund: Der fitte Körper in postfordistischen Verhältnissen. *Body Politics, 1* (1), 139–157.

Granacher, U., Mechling, H., & Voelcker-Rehage, C. (Hrsg.). (2018). *Handbuch Bewegungs- und Sportgerontologie.* Schorndorf: Hofmann.

Gregor, J.A., & Ruby, S. (2018). Biographie und Geschlecht. In H. Lutz et al. (Hrsg.). *Handbuch* Biographieforschung (S. 233–244). Wiesbaden: Springer VS.

Günter, S. (2017) Postkoloniale Denk- und Deutungsmuster im Feld des Sports. In G. Sobiech & S. Günter (Hrsg.). *Sport & Gender. (Inter-)nationale sportsoziologische Geschlechterforschung Theoretische Ansätze, Praktiken und Perspektiven* (S. 121–137). Wiesbaden: Springer VS.

Gugutzer, R. (2006). *body turn. Perspektiven der Soziologie des Körpers und des Sports.* Bielefeld: transcript.

Gugutzer, R., & Duttweiler, S. (2012). Körper – Gesundheit – Sport. Selbsttechnologien in der Gesundheits- und Sportgesellschaft. *Sozialwissenschaften und Berufspraxis, 35* (1), 5–18.

Hagemann-White, C. (1988). Wir werden nicht zweigeschlechtlich geboren … In C. Hagemann-White & M. Rerrich (Hrsg.), *FrauenMännerBilder. Männer und Männlichkeit in der feministischen Diskussion* (S. 224–235). Bielefeld: AJZ.

Haller, M. (2004). „Ageing trouble". Literarische Stereotype des Alter(n)s und Strategien ihrer performativen Neueinschreibung. In: IFG (Hrsg.), *Altern ist anders* (S. 170–188). Münster: LIT Verlag.

Hamil-Luker, J., & O'Rand, A. (2007). Gender differences in the link between childhood socioeconomic conditions and heart attack risk in adulthood. *Demography, 44* (1). 137–158.

Hannover, B. & Wolter, I. (2019). Geschlechtsstereotype: wie sie entstehen und sich auswirken. In B. Kortendiek, B. Riegraf & K. Sabisch, K. (Hrsg.), *Handbuch Interdisziplinäre Geschlechterforschung. Geschlecht und Gesellschaft, Vol 65* (S. 201–210). Wiesbaden: Springer VS. https://doi.org/10.1007/978-3-658-12496-0_16.

Hansefit (2022) *Firmenfitness Freiburg: Teamwork mit der Nummer 1.* Abgerufen von https://hansefit.de/firmenfitness-freiburg/.

Hartmann-Tews, I., & Hoppe, T. (2018). Körperliche Aktivitäten und Sport im Alter. In U. Granacher, H. Mechling & C. Voelcker-Rehage (Hrsg.), *Handbuch Bewegungs- und Sportgerontologie* (S.150–160). Hoffmann.

Hartmann-Tews, I. (2010). Alter und Geschlecht im Kontext von Sport und Bewegung. In N. Degele, S. Schmitz, M. Mangelsdorf & E. Gramespacher (Hrsg.), *Gendered Bodies in Motion* (S. 34–50). Leverkusen: Budrich University Press.

Hartmann-Tews, I., Tischer, U., & Combrink, C. (2012). *Bewegtes Alter(n). Sozialstrukturelle Analysen von Sport im Alter.* Leverkusen: Barbara Budrich.

Hartung, S. (2018). *Intersektionale Diskursanalyse der Internetpräsenzen von Freiburger Fitnessstudios in Bezug auf Alter(n), Gesundheit und Geschlecht* (Unveröffentlichte Masterarbeit). Albert-Ludwig-Universität Freiburg.

Haselwandter, E.M., Corcoran, S., Folta, S.C., Hyatt, R., Fenton, M., & Nelson, M.E. (2015). The built environment, physical activity, and aging in the United States: A state of the science review. *Journal of Aging and Physical Activity, 23,* 323–329.

Haut, J. (2018). Sport und soziale Ungleichheit. In A. Güllich & M. Krüger (Hrsg.), *Sport in Kultur und Gesellschaft*. Wiesbaden: Springer VS. https://doi.org/10.1007/978-3-662-53385-7_17-1.

Haut, J., & Emrich, E. (2011). Sport für alle, Sport für manche: Soziale Ungleichheiten im „pluralisierten" Sport. *Sportwissenschaft, 41* (4), 315–326.

Havighurst, R., Neugarten, B., & Tobin, S. (1968). Disengagement and patterns of aging. In B. Neugarten (Hrsg.), *Middle age and aging*. Chicago (S. 67–71). University of Chicago Press.

Hawley-Hague, H., Horne, M., Skelton, D. A., & Todd, C. (2016). Older Adults' Uptake and Adherence to Exercise Classes: Instructors' Perspectives. *Journal of Aging and Physical Activity, 24* (1), 119–128.

Hazan, H. (2011). Gerontological autism: Terms of accountability in the cultural study of the category of the Fourth Age. *Ageing and Society 31*, 1125–1140. https://doi.org/10.1017/s0144686x1100050x.

Heinemann, K. (1998). *Einführung in die Soziologie des Sports*. Schorndorf: Hofmann.

Helfferich, C. (2011). *Die Qualität qualitativer Daten. Manual für die Durchführung qualitativer Interviews*. Wiesbaden: Springer VS.

Herzlich, C. (1998). Soziale Repräsentationen von Gesundheit und Krankheit und ihre Dynamik im sozialen Feld. In U. Flick (Hrsg.), Wann fühlen wir uns gesund?: subjektive Vorstellungen von Gesundheit und Krankheit (S. 171–180). Weinheim: Juventa.

Hirschauer, S. (2017). Praxis und Praktiken. In R. Gugutzer, G. Klein & M. Meuser (Hrsg.), *Handbuch Körpersoziologie* (S. 91–96). Wiesbaden: Springer VS. https://doi.org/10.1007/978-3-658-04136-6_15.

Hirschauer, S. (1989). Die interaktive Konstruktion von Geschlechtszugehörigkeit. *Zeitschrift für Soziologie, 18* (2), 100–118.

Hoebel, J., Finger, J.D., Kuntz, B., & Lampert, T. (2016). Sozioökonomische Unterschiede in der körperlich-sportlichen Aktivität von Erwerbstätigen im mittleren Lebensalter: Welche Rolle spielen Bildung, Beruf und Einkommen? *Bundesgesundheitsblatt, 59*, 188–196. https://doi.org/10.1007/s00103-015-2278-3.

Höppner, G. (2017). Non-verbale (Neu-)Verhandlungen der geschlechtsspezifischen Körperoptimierungsdebatte im Alter am Beispiel des Imperativs „Sei schlank!". In T. Denninger & L. Schütze (Hrsg.), *Alter(n) und Geschlecht: Neuverhandlungen eines sozialen Zusammenhangs* (S. 191–209). Münster: Westfälisches Dampfboot.

Höppner, G. (2011). *Alt und schön. Geschlecht und Körperbilder im Kontext neoliberaler Gesellschaften*. Wiesbaden: Springer VS.

Hoffarth, B. (2018). Zur Produktivität von Techniken des Körpers. Eine Diskussion gouvernementalitätstheoretischer und intersektionaler Zugänge. *Open Gender Journal, 2*, 1–18. https://doi.org/10.17169/ogj.2018.4.

Homfeldt, H.G. (2020). Gesundheit und Krankheit im Alter. In K. Aner & U. Karl (Hrsg.). *Handbuch Soziale Arbeit und Alter* (S. 387–395). Wiesbaden: Springer VS. https://doi.org/10.1007/978-3-658-26624-0_32.

Honer, A. (1985). Beschreibung einer Lebenswelt – Zur Empirie des Bodybuilding. *Zeitschrift für Soziologie, 14* (2), 131–139.

Hoppe, T., Tischer, U. Philippsen, C. & Hartmann-Tews, I. (2016). Inszenierung von Alter(n) und älteren Menschen in TV-Werbespots. *Zeitschrift für Gerontologie und Geriatrie*, 49 (4), 317–326.

Humphreys, B.R., & Ruseski, J.E. (2006). Economic Determinants of Participation in Physical Activity and Sport. Working Paper Series of the International Association of Sports Economics (IASE), 06–13.

Hurd Clarke, L., & Griffin, M. (2007). The body natural and the body unnatural: Beauty work and aging. *Journal of Aging Studies, 21* (3), 187–201.

Hutson, D. J. (2016). Training Bodies, Building Status: Negotiating Gender and Age Differences in the U.S. Fitness Industry. *Qualitative Sociology, 39*, 49–70. https://doi.org/10.1007/s11133-015-9319-y.

Hyde, A. L., Maher, J. P., & Elavsky, S. (2013). Enhancing our understanding of physical activity and subjective well-being with a lifespan perspective. *International Journal of Wellbeing, 3* (1), 98–115.

Jäger, S. (2015). *Kritische Diskursanalyse. Eine Einführung.* Münster: Unrast.

Jekauc, D., Wäsche, H., Mess, F., Bös, K., & Woll, A. (2018). Soziale Determinanten der Aufnahme und Aufrechterhaltung der Sportteilnahme im mittleren und späten Erwachsenenalter. *Sport und Gesellschaft, 15* (2–3), 251–282. https://doi.org/10.1515/sug-2018-0012.

Jin, B., & Harvey, I. S. (2021). Ageism in the Fitness and Health Industry: A Review of the Literature. *Journal of Aging and Physical Activity, 29* (1), 99–115.

Kaiser Family Foundation (2020a). *Changes in Health Coverage by Race and Ethnicity since the ACA, 2010–2018.* Abgerufen von https://www.kff.org/racial-equity-and-health-policy/issue-brief/changes-in-health-coverage-by-race-and-ethnicity-since-the-aca-2010-2018/.

Kaiser Family Foundation (2020b). KFF Health Tracking Poll: The Public's Views on the ACA. Abgerufen von https://www.kff.org/interactive/kff-health-tracking-poll-the-publics-views-on-the-aca/#?response=Favorable--Unfavorab-le&group=Registered%2520Voters::Republican%2520Voters&rMin=1543622400000.

Kaiser Family Foundation (2019). *Poverty Rate by Race/Ethnicity.* Abgerufen von https://www.kff.org/other/state-indicator/poverty-rate-by-raceethnicity/?currentTimeframe=0&sortModel=%7B%22colId%22:%22Location%22,%22sort%22:%22asc%22%7D#notes.

Karl, F., & Tokarski, W. (Hrsg.). (1989). *Die >neuen< Alten. Beiträge zur XVII. Jahrestagung der Deutschen Gesellschaft für Gerontologie.* Kassel University Press.

Katz, S. (2005). *Cultural aging. Life Course, Lifestyle, and Senior Worlds.* Peterborough: Broadview Press.

Katz, S. (1996). *Disciplining old age: The Formation of Gerontological Knowledge.* University Press of Virginia.

Katz, S., & Calasanti, T. (2015). Critical perspectives on successful aging: does it „appeal more than it illuminates"? *Gerontologist, 55* (1), 26–33.

Kausmann, C., Vogel, C., Hagen, C., & Simonson, J. (2017). *Freiwilliges Engagement von Frauen und Männern – Genderspezifsche Befunde zur Vereinbarkeit von freiwilligem Engagement, Elternschaft und Erwerbstätigkeit.* Berlin: Bundesministerium für Familie, Senioren, Frauen und Jugend (BMFS).

Kelle, U., & Kluge, S. (2010). *Vom Einzelfall zum Typus. Fallvergleich und Fallkontrastierung in der qualitativen Sozialforschung* (2. überarbeitete Aufl.). Wiesbaden: Springer VS.

Kessler, E.-M., & Warner, L.M. (2022). *Ageismus – Altersbilder und Altersdiskriminierung in Deutschland.* Berlin: Antidiskriminierungsstelle des Bundes. Abgerufen von https://www.antidiskriminierungsstelle.de/SharedDocs/downloads/DE/publikationen/Expertisen/altersbilder_lang.html?nn=304718.

Kiep, P. (2017). Go hard or go home – Eine qualitative Untersuchung zur Bedeutung diverser Körper(-formen) für die Anerkennung junger Männer innerhalb der Fitnessszene. *Gender<ed> thoughts – New Perspectives in Gender Research. Working Paper Series, 3,* 1–14.

Kirby, J. B., & Kluge, M. A. (2013). Going for the gusto: Competing for the first time at age 65. *Journal of Aging and Physical Activity, 21* (3), 290–308.

Klein, T. (2009). Determinanten der Sportaktivität und der Sportart im Lebenslauf. *Koelner Z.Soziol.u.Soz.Psychol, 61,* 1–32. https://doi.org/10.1007/s11577-009-0040-2.

Klostermann, C., & Nagel, S. (2011). Sport treiben ein Leben lang? *Sportwissenschaft. 41* (216), 216–232. https://doi.org/10.1007/s12662-011-0198-4.

König, Tomke. (2012). *Familie heißt Arbeit teilen. Transformationen der symbolischen Geschlechterordnung.* Konstanz: UVK.

Kohli, M. (1985). Die Institutionalisierung des Lebenslaufs. Historische Befunde und theoretische Argumente. *Kölner Zeitschrift für Soziologie und Sozialpsychologie, 37,* 1–29.

Koppetsch, C., & Speck, S. (2015). *Wenn der Mann kein Ernährer mehr ist. Geschlechterkonflikte in Krisenzeiten.* Berlin: Suhrkamp.

Krais, B., & Gebauer, G. (2002). *Habitus.* Bielefeld: transcript.

Kreckel, R. (1992). *Politische Soziologie der sozialen Ungleichheit.* Frankfurt am Main; New York: Campus.

Kreisky, E. (2008). Fitte Wirtschaft und schlanker Staat: das neoliberale Regime über die Bäuche. In H. Schmidt-Semisch & F. Schorb, F. (Hrsg.), *Kreuzzug gegen Fette* (143–161). Wiesbaden: Springer VS. https://doi.org/10.1007/978-3-531-90800-7_9.

Krekula, C. (2009). Age coding – on age-based practices of distinction. *International Journal of Ageing and Later Life, 4* (2), 7–31.

Krekula, C. (2007). The Intersection of Age and Gender. Reworking Gender Theory and Social Gerontology. *Current Sociology, 55*(2), 155–171. https://doi.org/10.1177%2F0011392-107073299.

Krug, S., Jordan, S., Mensink, G. B. M., Müters, S., Finger, J., & Lampert, T. (2013). Körperliche Aktivität. *Bundesgesundheitsblatt-Gesundheitsforschung-Gesundheitsschutz, 56* (5–6), 765–771.

Kuckartz, U. (2016). *Qualitative Inhaltsanalyse. Methoden, Praxis, Computerunterstützung.* Weinheim: Beltz Juventa.

Künemund, H., & Kohli, M. (2020). Soziale Netzwerke im Alter. In K. Aner & U. Karl (Hrsg.), *Handbuch Soziale Arbeit und Alter* (S. 379–385). Wiesbaden: Springer VS. https://doi.org/10.1007/978-3-658-26624-0_31.

Kuster, F. (2019). Mann – Frau: die konstitutive Differenz der Geschlechterforschung. In B. Kortendiek, B. Riegraf & K. Sabisch, K. (Hrsg.), *Handbuch Interdisziplinäre Geschlechterforschung. Geschlecht und Gesellschaft, Vol 65* (S. 3–12). Wiesbaden: Springer VS. https://doi.org/10.1007/978-3-658-12496-0_3.

Lammert, C. (2017). Ein historischer Erfolg: Obama und die Reform des Gesundheitssystems. *Zeitschrift für Außen- und Sicherheitspolitik, 10,* 65–80.

Lampert, T., & Hoebel, J., & Kroll, L.E. (2019). Soziale Unterschiede in der Mortalität und Lebenserwartung in Deutschland: Aktuelle Situation und Trends. 4. *Journal of Health Monitoring,* 4 (1), 3–15.

Lampert, T. (2018). Soziale Ungleichheit der Gesundheitschancen und Krankheitsrisiken. *Aus Politik und Zeitgeschichte – Krankheit und Gesundheit. 24,* 12–18.

Lampert, T. (2016). Soziale Ungleichheit und Gesundheit. In M. Richter & K. Hurrelmann (Hrsg.). *Soziologie von Krankheit und Gesundheit* (S.121–137). Wiesbaden: Springer VS.

Lampert, T., Kuntz, B., & KiGGs Study Group (2015). Gesund aufwachsen. Welche Rolle spielt der soziale Status? Gesundheitsberichterstattung des Bundes. *RKI GBE kompakt,* 6(1).

Lampert, T., & Kroll L. (2014). Soziale Unterschiede in der Mortalität und Lebenserwartung. *GBE kompakt, 5* (2), 1–12.

Lampert, T., Kroll, L., von der Lippe, E., Müters, S., & Stolzenberg, H. (2013). Sozioökonomischer Status und Gesundheit. *Bundesgesundheitsblatt, 56,* 814–821. https://doi.org/ 10.1007/s00103-013-1695-4.

Land, B. (2018). *Das deutsche Gesundheitssystem – Struktur und Finanzierung: Wissen für Pflege- und Therapieberufe.* Stuttgart: Kohlhammer.

Lawton, G. (1946). *Aging successfully.* Columbia University Press.

Laz, C. (2003). Age embodied. *Journal of Aging Studies, 17* (4), 503–519.

Laz, C. (1998). Act Your Age. *Sociological Forum 13* (1), 85–113.

Lehne, G., & Bolte, G. (2019). Socioeconomic status and change in sports activity among middle-aged and older men and women: evidence from the German Ageing Survey. *Journal of public health (Oxford, England), 41*(4), 689–699. https://doi.org/10.1093/pubmed/ fdy188.

Leipert, S. (2022). *Perspektiven auf Alter(n), Geschlecht, Fitness und Gesundheit – Eine qualitative Interviewstudie mit Fitnesstrainer*innen* (Unveröffentlichte Masterarbeit). Pädagogische Hochschule Freiburg.

Leiprecht, R., & Lutz, H. (2005). Intersektionalität im Klassenzimmer: Ethnizität, Klasse, Geschlecht. In R. Leiprecht & A. Kerber (Hrsg.*), Schule in der Einwanderungsgesellschaft* (S. 218–234). Frankfurt am Main: Wochenschau Verlag.

Lemke, T., Krasmann, S., & Bröckling, U. (2000). Gouvernementalität, Neoliberalismus und Selbsttechnologien. Eine Einleitung. In U. Bröckling, S. Krasmann & T. Lemke (Hrsg.), *Gouvernementalität der Gegenwart. Studien zur Ökonomisierung des Sozialen* (S. 7–40). Frankfurt am Main: Suhrkamp.

Leontowitsch, M., & Werny, R. (2021). Geschlechter- und Genderforschung in der Soziologie des Alter(n)s. In K. R. Schroeter, C. Vogel & H. Künemund (Hrsg.), Handbuch Soziologie des Alter(n)s. Wiesbaden: Springer VS. https://doi.org/10.1007/978-3-658-09630-4_12-1.

Lessenich, S. (2009). Lohn und Leistung, Schuld und Verantwortung: Das Alter in der Aktivgesellschaft. In S. van Dyk & S. Lessenich (Hrsg.), *Die jungen Alten. Analysen einer neuen Sozialfigur* (S. 279–295). Frankfurt am Main: Campus.

Liebsch, K. (2018) Konstruktivismus und Biographieforschung. In H. Lutz, M. Schiebel. & E. Tuider (Hrsg.), *Handbuch Biographieforschung.* Wiesbaden: Springer VS.

Lim, S. S., Vos, T., Flaxman, A. D., Danaei, G., Shibuya, K., Adair-Rohani, H., et al. (2013). A comparative risk assessment of burden of disease and injury attributable to 67 risk factors and risk factor clusters in 21 regions, 1990-2010: a systematic analysis for the Global Burden of Disease Study 2010. *The Lancet, 380* (9859), 2224–2260.

Löw, M. (2017). *Raumsoziologie* (9. Aufl.). Frankfurt am Main: Suhrkamp.

Lübcke, A., Martin, C., & Hellström, K. (2012) Older Adults' Perceptions of Exercising in a Senior Gym. *Activities, Adaptation & Aging, 36* (2), 131–146.

Lutz, H. (2018). Intersektionelle Biographieforschung. In H. Lutz, M. Schiebel & E. Tuider (Hrsg.), Handbuch Biographieforschung (S. 139–150). Wiesbaden: Springer VS. https://doi.org/10.1007/978-3-658-21831-7_12.

Lum, T.Y., & Lightfoot, E. (2005). The effects of volunteering on the physical and mental health of older people. *Research on Aging, 27* (1), 31–55.

Mackert, N. (2022). Übergewicht. In A. Herrmann, T. J. Kim, E. Kindinger, N. Mackert, L. Rose, F. Schorb, E. Tolasch & P.-I. Villa (Hrsg.). *Fat Studies. Ein Glossar* (S. 273-275). Bielefeld: transcript.Mann, S., Beedie, C., & Jimenez, A. (2014). Differential effects of aerobic exercise, resistance training and combined exercise modalities on cholesterol and the lipid profile: review, synthesis and recommendations. *Sports medicine (Auckland, N.Z.), 44* (2), 211–221. https://doi.org/10.1007/s40279-013-0110-5

Martinson, M., & Berridge, C. (2015). Successful aging and its discontents: a systematic review of the social gerontology literature. *The Gerontologist, 55* (1), 58–69. https://doi.org/10.1093/geront/gnu037.

Martinson, M., & Minkler, M. (2006). Civic Engagement and Older Adults: A Critical Perspective. *The Gerontologist, 46*, 318–324.

Martschukat, J. (2019). *Das Zeitalter der Fitness. Wie der Körper zum Zeichen für Erfolg und Leistung wurde.* Frankfurt am Main: S. Fischer.

Massie, A.S., & Meisner, B.A. (2019). Perceptions of aging and experiences of ageism as constraining factors of moderate to vigorous leisure-time physical activity in later life. *Society and Leisure, 42* (1), 24–42. https://doi.org/10.1080/07053436.2019.1582903.

Mauss, M. (1975): Die Techniken des Körpers. In *Soziologie und Anthropologie. Bd. 2: Gabentausch – Soziologie und Psychologie – Todesvorstellung – Körpertechniken – Begriff der Person* (S. 197–220). München: Hanser.

McConatha, J. T, Volkwein-Caplan, K., & Akwarandu, A. (2018). The social and cultural context of well-being and physical activity in later life in the USA. In K. Volkwein-Caplan & J.T. McConatha (Hrsg.), *Ageing, Physical Activity and Health* (S. 9–18). London: Routledge.

Meisner, B. A., Dogra, S., Logan, A. J., Baker, J., & Weir, P. L. (2010). Do or Decline?: Comparing the Effects of Physical Inactivity on Biopsychosocial Components of Successful Aging. *Journal of Health Psychology, 15* (5), 688–696. https://doi.org/10.1177/1359105310368184.

Mena, E., Kroll, L. E., Maier, W., & Bolte, G. (2018). Gender inequalities in the association between area deprivation and perceived social support: a cross-sectional multilevel analysis at the municipality level in Germany. *BMJ Open, 8*(4). e019973

Mennell, S. (2020). Power, individualism, and collective self perception in the USA. *Historical Social Research, 45* (1), 309–329. https://doi.org/10.12759/hsr.45.2020.1.309–329.

Meuser, M. (2019). Wandel – Kontinuität: Entwicklungsdynamiken im Geschlechterverhältnis. In B. Kortendiek, B. Riegraf & K. Sabisch, K. (Hrsg.), *Handbuch Interdisziplinäre Geschlechterforschung. Geschlecht und Gesellschaft, Vol 65* (S. 55–63). Wiesbaden: Springer VS. https://doi.org/10.1007/978-3-658-12496-0_6.

Meuser, M. (2014). Körperarbeit – Fitness, Gesundheit, Schönheit. In A. Bellebaum, & H. Hettlage (Hrsg.), *Unser Alltag ist voll von Gesellschaft. Sozialwissenschaftliche Beiträge* (S. 65–81). Wiesbaden: Springer VS.

Meuser, M. (2006). Körper-Handeln. Überlegungen zu einer praxeologischen Soziologie des Körpers. In R. Gugutzer (Hrsg.), *body turn. Perspektiven der Soziologie des Körpers und des Sports* (S. 95–116). Bielefeld: transcript.

Meuser, M. (2005). Frauenkörper – Männerkörper. Somatische Kulturen der Geschlechterdifferenz. In M. Schroer (Hrsg.), *Soziologie des Körpers* (S. 271–294). Frankfurt am Main: Suhrkamp.

Meuser, M., & Nagel, U. (2005). ExpertInneninterviews – vielfach erprobt, wenig bedacht Ein Beitrag zur qualitativen Methodendiskussion. In A. Bogner, B. Littig & W. Menz (Hrsg.), *Das Experteninterview: Theorie, Methode, Anwendung* (2. Aufl.) (S. 71–94). Wiesbaden: Springer VS.

Mielck, A. (2000). *Soziale Ungleichheit und Gesundheit: Empirische Ergebnisse, Erklärungsansätze, Interventionsmöglichkeiten.* Bern: Verlag Hans Huber.

Minello, K., & Nixon, D. (2017) 'Hope I never stop': older men and their two-wheeled love affairs. *Annals of Leisure Research, 20* (1), 75–95.

Minkler, M. (1996). Critical Perspectives on Ageing: New Challenges for Gerontology. *Ageing & Society. 16* (4), 467–487. https://doi.org/10.1017/S0144686X00003639.

Modes, M.-T. (2016). *Raum und Behinderung. Wahrnehmung und Konstruktion aus raumsoziologischer Perspektive.* Bielefeld: transcript.

Möhring, M. (2012). Essen. In Netzwerk Körper (Hrsg.). *What can a body do? Praktiken des Körpers in den Kulturwissenschaften* (S. 47-56). Frankfurt a. M., New York: Campus Verlag.Möhring, M. (2011). Bodystyling. Körperkonzepte und Körperpraktiken der Fitnessbewegung (S. 73-78). In S. Wernsing, K. Matiasek & K. Vogel für das Dt. Hygiene-Museum (Hrsg.). *Auf die Plätze. Sport und Gesellschaft* (S.73-77). Göttingen: Wallstein Verlag.

Möhring, M. (2006). Die Regierung der Körper. „Gouvernementalität" und „Techniken des Selbst". *Zeithistorische Forschungen/Studies in Contemporary History, 3* (2), 284–290.

Moore, S. C., Lee, I. M., Weiderpass, E. et al. (2016). Association of Leisure-Time Physical Activity With Risk of 26 Types of Cancer in 1.44 Million Adults. *JAMA internal medicine, 176* (6), 816–825. https://doi.org/10.1001/jamainternmed.2016.1548.

Morris, D. B. (2000). *Krankheit und Kultur. Plädoyer für ein neues Körperverständnis.* München: Kunstmann.

Neckel, S. (2000). Achtungsverlust und Scham. Die soziale Gestalt eines existenziellen Gefühls. In S. Neckel (Hrsg.), *Die Macht der Unterscheidung. Essays zur Kultursoziologie der modernen Gesellschaft* (S. 92–109). Frankfurt a. M.: Campus.

Neelsen, S., & Metzger, M. (2009). Obamacare – Hoffnung auf eine Reform des amerikanischen Gesundheitssystems? *Ifo Schnelldienst, 62* (21), 45–51.

Öberg, P. (1996). The Absent Body – A Social Gerontological Paradox. *Ageing & Society, 16* (6), 701–719. https://doi.org/10.1017/S0144686X00020055.

OECD, (2021). *Overweight or obese population (indicator)*. Abgerufen von https://data.oecd. org/healthrisk/overweight-or-obese-population.htm.

OECD (2019). *OECD Indicators: Health expenditure per capita*. Abgerufen von https:// www.oecd-ilibrary.org/sites/876d99c3-en/index.html?itemId=/content/component/876 d99c3-en.

Ogden, C.L, Fakhouri, T.H., Carroll M.D., et al. (2017). Prevalence of Obesity Among Adults, by Household Income and Education — United States, 2011–2014. *MMWR Morb Mortal Wkly Rep, 66*, 1369–1373. https://doi.org/10.15585/mmwr.mm6650a1External

O'Rand, A. M., & Hamil-Luker, J. (2005). Processes of cumulative adversity: childhood disadvantage and increased risk of heart attack across the life course. *The journals of gerontology. Series B, Psychological sciences and social sciences, 60* (2), 117–124. https:// doi.org/10.1093/geronb/60.special_issue_2.s117.

Pahmeier, I. (2008). Sportliche Aktivität aus der Lebenslaufperspektive. *Zeitschrift für Gerontologie und Geriatrie, 41*, 168–176.

Phoenix, C., & Orr, N. (2015). The Multidimensionality of Pleasure in Later Life Physical Activity. In E. Tulle & C. Phoenix (Hrsg.), *Physical Activity and Sport in Later Life. Global Culture and Sport Series* (S. 101–112). London: Palgrave Macmillan.

Pichler, B. (2020). Aktuelle Altersbilder – ‚junge Alte' und ‚alte Alte'. In K. Aner & Karl U. (Hrsg.), *Handbuch Soziale Arbeit und Alter* (S. 571–582). Wiesbaden: Springer VS.

Pike, E.C. (2011). The active aging agenda, old folk devils and a new moral panic. *Sociology of Sport Journal, 28*, 209–225.

Poferl, A. (2019). Modernisierung und Individualisierung: Geschlechterverhältnisse in der zweiten Moderne. In B. Kortendiek, B. Riegraf & K. Sabisch, K. (Hrsg.), *Handbuch Interdisziplinäre Geschlechterforschung. Geschlecht und Gesellschaft, Vol 65* (S. 237–282). Wiesbaden: Springer VS. https://doi.org/10.1007/978-3-658-12496-0_25.

Posch, W. (2009). *Projekt Körper. Wie der Kult um die Schönheit unser Leben prägt*. Frankfurt am Main, New York: Campus.

Possinger, J. (2019). Familie: Wandel und Persistenz von Geschlecht in der Institution Familie. In B. Kortendiek, B. Riegraf & K. Sabisch, K. (Hrsg.), *Handbuch Interdisziplinäre Geschlechterforschung. Geschlecht und Gesellschaft, vol 65* (S. 1103–1110). Wiesbaden: Springer VS. https://doi.org/10.1007/978-3-658-12496-0_89.

Przyborski, A., & Wohlrab-Sahr, M. (2009). *Qualitative Sozialforschung. Ein Arbeitsbuch*. München: Oldenbourg.

Quéniart, A., & Charpentier, M. (2012). Older women and their representations of old age: a qualitative analysis. *Ageing and Society, 32* (6), 983–1007. https://doi.org/10.1017/S01 44686X1100078X.

Reckwitz, A. (2021). *Die Gesellschaft der Singularitäten* (4. Aufl.). Berlin: Suhrkamp.

Reiner, M., Niermann, C., Jekauc, D., & Woll, A. (2013). Long-term health benefits of physical activity – a systematic review of longitudinal studies. *BMC public health, 13* (813). https://doi.org/10.1186/1471-2458-13-813.

Richter, A.S. (2020). Altern aus intersektionaler Perspektive: Vorschläge zu einer mehr dimensionalen Konzeptualisierung intersektionaler Alternsforschung. *Zeitschrift für Gerontologie und Geriatrie 53* (3), 205–210. https://doi.org/10.1007/s00391-020-016 89-3.

Richter, A.S., & Kricheldorff, C. (2020). Alter(n) und Intersektionalität. *Zeitschrift für Gerontologie und Geriatrie, 53*, 203–204. https://doi.org/10.1007/s00391-020-01706-5.

Richter, M., & Hurrelmann, K. (Hrsg.) (2006). *Gesundheitliche Ungleichheit. Grundlagen, Probleme, Perspektiven.* Wiesbaden: Springer VS.

Riedel, M. (2017). Alter(n). In R. Gugutzer, G. Klein, & M. Meuser (Eds.), *Handbuch Körpersoziologie. Band 2: Forschungsfelder und Methodische Zugänge* (S. 3–16). Wiesbaden: Springer VS.

Robert Koch Institut [Finger, J.D., Mensink G.B.M., Lange, C., & Manz, K.] (2017). Gesundheitsfördernde körperliche Aktivität in der Freizeit bei Erwachsenen in Deutschland. *Journal of Health Monitoring 2* (2), 37–44.

Rohrer, T., & Haller, M. (2015). Sport und soziale Ungleichheit – Neue Befunde aus dem internationalen Vergleich. *Köln Z Soziol 67*, 57–82. https://doi.org/10.1007/s11577-014-0298-x.

Rose, L., & Schorb, F. (Hrsg.). (2017). *Fat-Studies in Deutschland: Hohes Körpergewicht zwischen Diskriminierung und Anerkennung.* Weinheim; Basel: Beltz Juventa.

Roth, M. (2018). *„Obamacare": die US-Gesundheitsreform im föderalen Mehrebenensystem der USA.* Baden-Baden: Nomos.

Rowe, J., & Kahn, R. (1997). Successful Aging. *The Gerontologist, 37* (4), 433–440. https://doi.org/10.1093/geront/37.4.433.

Rudman, D. L. (2015). Embodying positive aging and neoliberal rationality: Talking about the aging body with narratives of retirement. *Journal of Aging Studies, 34,* 10–20.

Rulofs, B., & Hartmann-Tews, I. (2017). Mediale Präsentation von Sportler_innen in der Presse – Ein Überblick zu den Befunden inhaltsanalytischer Studien. In S. Günther & G. Sobiech. (Hrsg.), *Sport & Gender. (Inter-)nationale sportsoziologische Geschlechterforschung: Theoretische Ansätze, Praktiken und Perspektiven* (S. 61–74). Wiesbaden: Springer VS.

Russell, A. R., Kim, E., Handy, F., & Gellis, Z. (2020). Formal versus informal volunteering and wellbeing: does volunteering type matter for older adults?, *Voluntary Sector Review,* 11(3), 317–336.

Sassatelli, R. (2014). *Fitness culture. Gyms and the commercialisation of discipline and fun.* Basingstoke: Palgrave Macmillan.

Schienkiewitz, A., Brettschneider, A.K., Damerow, S., & Schaffrath Rosario, A. (2018). Übergewicht und Adipositas im Kindes- und Jugendalter in Deutschland – Querschnittergebnisse aus KiGGS Welle 2 und Trends. *Journal of Health Monitoring, 3* (1), 16–23.

Schlagenhauf, K. (1977). *Sportvereine in der Bundesrepublik Deutschland. Teil 1: Strukturelemente und Verhaltensdeterminaten im organisierten Freizeitbereich.* Schorndorf: Hofmann.

Schmechel, C. (2018). ‚Andere' Körper in ‚anderen' Räumen? Zur Bedeutung von Körpern für die Konstruktion von Raum. L. Spahn, J. Scholle, B. Wuttig & S. Maurer (Hrsg.), *Verkörperte Heterotopien. Zur Materialität und (Un-)Ordnung ganz anderer Räume* (S. 155–168). Bielefeld: transcript.

Schorb, F. (2008). Adipositas in Form gebracht. Vier Problemwahrnehmungen. In H. Schmidt-Semisch & F. Schorb (Hrsg.), *Kreuzzug gegen Fette. Sozialwissenschaftliche Aspekte des gesellschaftlichen Umgangs mit Übergewicht und Adipositas* (S. 57–77). Wiesbaden: Springer VS.

Schroeter, K. R., & Künemund, H. (2020) ‚Alter‘ als soziale Konstruktion – eine soziologische Einführung. In K. Aner & U. Karl (Hrsg.) *Handbuch Soziale Arbeit und Alter* (S. 545–555). Wiesbaden: Springer VS.

Schroeter, K. R. (2012). Altersbilder als Körperbilder: Doing Age by Bodyfication. In F. Berner, J. Rossow, & K.P. Schwitzer (Hrsg.), *Individuelle und kulturelle Altersbilder. Expertisen zum Sechsten Altenbericht der Bundesregierung* (S. 154–229). Wiesbaden: Springer VS.

Schroeter, K. R. (2009a). Die Normierung alternder Körper – gouvernementale Aspekte des doing age. In S. van Dyk & S. Lessenich (Hrsg.), *Die jungen Alten. Analysen einer neuen Sozialfigur* (S. 359–379). Frankfurt am Main: Campus.

Schroeter, K.R. (2009b). Korporales Kapital und korporale Performanzen in der Lebensphase Alter. In H. Willems (Hrsg.), *Theatralisierung der Gesellschaft* (S. 163–181). Wiesbaden: Springer VS. https://doi.org/10.1007/978-3-531-91442-8_6.

Schroeter, K. R. (2008). Korporales Kapital und korporale Performanzen im Alter: der alternde Körper im Fokus von „consumer culture" und Biopolitik. In K.-S. Rehberg (Hrsg.), *Die Natur der Gesellschaft: Verhandlungen des 33. Kongresses der Deutschen Gesellschaft für Soziologie in Kassel 2006.* Teilbd. 1 u. 2 (S. 961–973). Frankfurt am Main: Campus.

Schultheis, F. (2004). *Das Konzept des sozialen Raums: Eine zentrale Achse in Pierre Bourdieus Gesellschaftstheorie.* In G. Mein & M. Rieger-Ladich (Hrsg.), *Soziale Räume und kulturelle Praktiken* (S. 15–26). Bielefeld: transcript.

Smith, M. (2016). I am woman, see me (sweat)! Older women and sport. *Kinesiology Review,* 5 (1), 75–80. https://doi.org/10.1123/kr.2015-0055.

Sobiech, G. (2022) Verkörperte Differenz im Fitnessstudio am Beispiel der Raumkonstruktionen älterer Frauen. In G. Sobiech & E. Grammespacher (Hrsg.), *Wir und die Anderen. Differenzkonstruktionen in Sport und Schulsport. Schriften der DVS, Band 295* (S. 99–108). Hamburg: Feldhaus.

Sobiech, G., & Leipert, S. (2021). Older women being active in fitness gyms: benefits or constraints? Results from a qualitative interview study (southern Germany and East Coast of USA). *German Journal of Exercise and Sport Research, 51,* 457–467. https://doi.org/10.1007/s12662-021-00777-9.

Sobiech, G., & Hartung, S. (2019). Doing Age zwischen Selbstoptimierung und Selbstermächtigung durch die Arbeit am Körper im Fitnessstudio. *Sport und Gesellschaft, 16,* 334–365.

Sobiech, G. (2017). Disziplin. In R. Gugutzer, G. Klein & M. Meuser (Hrsg.). *Handbuch Körpersoziologie. Bd. 1: Grundbegriffe und theoretische Perspektiven* (S. 15–20). Wiesbaden: Springer VS.

Sobiech, G., & Marks, S. (2008). Beschämungen vermeiden: Anderssein akzeptieren. *Sportpädagogik. Zeitschrift für Sport, Spiel und Bewegungserziehung. Scham und Beschämung, 32* (6), 4–8

Sobiech, G. (2006a). „Gender-Management" in Fitnessstudios – Aktualisierung und Neutralisierung der Geschlechterdifferenz in der Arbeit am Körper. In K.S. Rehberg (Hrsg.), Soziale Ungleichheit, Kulturelle Unterschiede. *Verhandlungen des 32. Kongresses der Deutschen Gesellschaft für Soziologie in München 2004* (S. 2719–2730). Frankfurt am Main: Campus.

Sobiech, G. (2006b). Ausgespielt: Techniknutzung und Körperverwendung in Fitnessstudios. In S. Poser (Hrsg.), *Spiel mit Technik. Katalog zur Ausstellung im Deutschen Technikmuseum Berlin* (S. 155–161). Leipzig: Koehler & Amelang GmbH.

Sobiech, G. (2004). Körper ohne Geschlecht? (Re- und De-)Konstruktionen der Geschlechterdifferenz durch die „ästhetische Arbeit" am Körper in Fitnessstudios. In S. Buchen, C. Helfferich & M. S. Maier (Hrsg.), *Gender methodologisch. Empirische Forschung in der Informationsgesellschaft vor neuen Herausforderungen* (S. 293–314). Wiesbaden: Springer VS.

Sobiech, G. (1994). *Grenzüberschreitungen. Körperstrategien von Frauen in modernen Gesellschaften.* Opladen: Westdeutscher Verlag.

Sonnenmoser, M. (2015). Substanzunabhängige Suchterkrankungen: Wenn der Sport das Leben dominiert. *Deutsches Ärzteblatt PP 5/2015.* Abgerufen von https://www.aerzte blatt.de/archiv/170598/Substanzunabhaengige-Suchterkrankungen-Wenn-der-Sport-das-Leben-dominiert.

Sontag, S. (1972). The Double Standard of Aging. *The Saturday Review,* 29–39.

Sossa Rojas, A. (2022). Body, Meanings, and Physical Exercise in Older Adults: The Qualitative Perspective of Frequent Gym-Goers. *Qualitative Sociology Review, 18* (3), 106–124.

Statistisches Bundesamt. (2022). *Scheidungsquote in Deutschland von 1960 bis 2021.* Abgerufen von https://de.statista.com/statistik/daten/studie/76211/umfrage/scheidungsquote-von-1960-bis-2008/.

Statistisches Bundesamt (2021a). *Anteil der Bevölkerung ab 65 Jahren an der Gesamtbevölkerung in Deutschland von 1991 bis 2020.* Abgerufen von https://de.statista.com/sta tistik/daten/studie/548267/umfrage/anteil-der-bevoelkerung-ab-65-jahren-und-aelter-in-deutschland/.

Statistisches Bundesamt (2021b). *Koordinierte Bevölkerungsvorausberechnung für Deutschland.* Abgerufen von https://service.destatis.de/bevoelkerungspyramide/#!y=2048&a= 20,65&g.

Statistisches Bundesamt (2020). Sozialleistungen: Angaben zur Krankenversicherung 2019 (Ergebnisse des Mikrozensus). *wissen.nutzen.* Fachserie 13, Reihe 1.1.

Stephan, Y., Sutin, A. R., & Terracciano, A. (2015). How old do you feel? The role of age discrimination and biological aging in subjective age. *PloS one, 10* (3).

Stern (2018). *FORSA-UMFRAGE. Tabu oder Trend? So denken die Deutschen über Schönheitsoperationen.* Abgerufen unter https://www.stern.de/gesundheit/tabu-oder-trend--so-denken-die-deutschen-ueber-schoenheitsoperationen-7899252.html.

Stoll, L. C. (2019). Fat Is a Social Justice Issue, Too. Humanity & Society, 43 (4), 421–441. https://doi.org/10.1177/0160597619832051.

Straub, J., & Balandis, O. (2018). Niemals Genug! Selbstoptimierung und Enhancement. Attraktive Praktiken für verbesserungswillige Menschen? *Familiendynamik, 43 (1),* 72–82.

Strübing, J. (2018). *Qualitative Sozialforschung. Eine komprimierte Einführung.* Berlin; Boston: DeGruyter Oldenbourg.

Tulle, E. (2015). Theorising embodiment and ageing. In J. Twigg & W. Martin (Hrsg.), *The Routledge handbook of cultural gerontology* (S. 125–132). London: Routledge.

Tulle, E., & Dorer, N. (2012). Back from the brink: Ageing, exercise and health in a small gym. *Ageing and Society, 32* (7), 1106–1127. https://doi.org/10.1017/S0144686X110 00742.

Tuppat, J. (2021). *Soziale Ungleichheit, Gesundheit und Bildungserfolg, Gesundheit und Gesellschaft.* Wiesbaden: Springer VS.

Twigg, J. (2006). *The Body in Health and Social Care.* London: Palgrave Macmillan,

U.S. Census Bureau (2019). *Current Population Report: Health Insurance Coverage in the United States: 2018.* Abgerufen von https://www.census.gov/content/dam/Census/lib rary/publications/2019/demo/p60-267.pdf.

Villa, P. I. (2022). Scham. In A. Herrmann, T. J. Kim, E. Kindinger, N. Mackert, L. Rose, F. Schorb, E. Tolasch & P.-I. Villa (Hrsg.), *Fat Studies – Ein Glossar* (S. 241–244). Bielefeld: transcript.

Villa, P. I. (2011). *Sexy Bodies: Eine soziologische Reise durch den Geschlechtskörper.* Wiesbaden: Springer VS.

Villa, P. I. (2008). Habe den Mut, dich deines Körpers zu bedienen! Thesen zur Körperarbeit in der Gegenwart zwischen Selbstermächtigung und Selbstunterwerfung. In P.I. Villa (Hrsg.), *Schön normal. Manipulationen am Körper als Technologien des Selbst* (S. 245–272). Bielefeld: transcript

Vobruba, G. (1983). Prävention durch Selbstkontrolle. In M. M. Wambach (Hrsg.), *Der Mensch als Risiko* (S. 29–48). Frankfurt am Main: Suhrkamp.

Vonneilich, N. (2020). Soziale Beziehungen, soziales Kapital und soziale Netzwerke – eine begriffliche Einordnung. In A. Klärner, M. Gamper, S. Keim-Klärner, I. Moor, H. von der Lippe & N. Vonneilich (Hrsg.), *Soziale Netzwerke und gesundheitliche Ungleichheiten* (S. 33–48). Springer VS, Wiesbaden. https://doi.org/10.1007/978-3-658-21659-7_2.

Vorsorge für Fürsorge (2022). *Geringe Inanspruchnahme von Vorsorgeuntersuchungen.* Abgerufen von https://vorsorge-ist-fuersorge.de/inanspruchnahme.html.

Wagner, G. (2017). *Selbstoptimierung. Praxis und Kritik von Neuroenhancement.* Frankfurt am Main: Campus.

Wahid, A., Manek, N., Nichols, M., Kelly, P., Foster, C., Webster, P., Kaur, A., Friedemann Smith, C., Wilkins, E., Rayner, M., Roberts, N., & Scarborough, P. (2016). Quantifying the Association Between Physical Activity and Cardiovascular Disease and Diabetes: A Systematic Review and Meta-Analysis. *Journal of the American Heart Association,* 5 (9). https://doi.org/10.1161/JAHA.115.002495.

Waldhoff, K. & Vollmar, B. (2019). Zur Glaubwürdigkeit von Influencern im Influencer Marketing. In *Forschungspapiere der PFH Göttingen, 2019/02.* Abgerufen von https:// www.pfh.de/sites/default/files/2021-10/glaubwuerdigkeit-von-influencern-im-influe ncer-marketing-waldhoff-vollmar.pdf.

Walgenbach, K. (2014). *Heterogenität – Intersektionalität – Diversity in der Erziehungswissenschaft.* Opladen; Toronto: Barbara Budrich.

Wattenberg, I., Lätzsch, R., & Hornberg, C. (2018). Gesundheit, Krankheit und Geschlecht: Ein gesundheitswissenschaftlicher Zugang zu Einflussfaktoren und Versorgungssystem. In B. Kortendiek, B. Riegraf & K. Sabisch (Hrsg.), *Handbuch Interdisziplinäre Geschlechterforschung. Geschlecht und Gesellschaft* (S. 1–10). Wiesbaden: Springer VS.

Wedemeyer-Kolwe, B. (2018). Bodybuilding. Zur sporthistorischen Genese einer Körperpraxis. In F. Bockrath & K. Schulz (Hrsg.), *Kraft, Körper und Geschlecht* (S. 25–36). Berlin: Lehmanns.

Wedemeyer, B. (1996). Körperkult als Lebenskonzept. Bodybuilding und Fitnessboom. In H. Sarkowicz (Hrsg.), *Schneller, höher, weiter. Eine Geschichte des Sports* (S. 407–489). Frankfurt am Main; Leipzig: Insel.

Wetterer, A. (2003). Gender Mainstreaming & Managing Diversity. Rhetorische Modernisierung oder Paradigmenwechsel in der Gleichstellungspolitik? *Die Hochschule: Journal für Wissenschaft und Bildung, 12* (2), 6–27.

Wetzel, D. (2014). *Auf der Suche nach Resonanz und Anerkennung – eine ethnographische Analyse moderner Subjektivierungsverhältnisse im Fitness-Studio.* Universität Jena. Abgerufen von http://www.kolleg-postwachstum.de/sozwgmedia/dokumente/WorkingPaper/wp6_2014.pdf.

White, R. L., Babic, M. J., Parker, P. D., Lubans, D. R., Astell-Burt, T., & Lonsdale, C. (2017). Domain-Specific Physical Activity and Mental Health: A Meta-analysis. *American journal of preventive medicine, 52* (5), 653–666. https://doi.org/10.1016/j.amepre.2016.12.008.

WHO Weltgesundheitsorganisation (2010). *A conceptual framework for action on the social determinants of health. Social Determinants of Health Discussion Paper 2 (Policy and Practice).* Abgerufen von https://www.who.int/sdhconference/resources/ConceptualframeworkforactiononSDH_eng.pdf.

WHO Weltgesundheitsorganisation (2002). *Active ageing – A policy framework.* World Health Organisation. Abgerufen von https://apps.who.int/iris/handle/10665/67215.

WHO Weltgesundheitsorganisation (1986). *Ottawa-Charta zur Gesundheitsförderung.* Kopenhagen: WHO. Abgerufen von http://www.education21.ch/sites/default/files/uploads/pdf-d/bne/dossiers_zugaenge/1986_WHO_Ottawa-Charta.pdf.

Wimbauer, C., & Motakef, M. (2019). Paarbeziehungen: Paare und Ungleichheiten als Gegenstand der Geschlechterforschung. In B. Kortendiek, B. Riegraf & K. Sabisch, K. (Hrsg.), *Handbuch Interdisziplinäre Geschlechterforschung. Geschlecht und Gesellschaft, Vol 65* (S. 1103–1110). Wiesbaden: Springer VS. https://doi.org/10.1007/978-3-658-12496-0_62.

Winker, G., & Degele, N. (2009). *Intersektionalität. Zur Analyse sozialer Ungleichheiten.* Bielefeld: transcript.

Witzel, A. (2000). Das problemzentrierte Interview. Forum Qualitative Sozialforschung/Forum: *Qualitative Social Research, 1*(1). Abgerufen von http://nbn-resolving.de/urn:nbn:de:0114fqs0001228

Woods, A. (2017). *Sports and Exercise. Spotlight on Statistics.* U.S. Bureau of Labor Statistics. https://www.bls.gov/spotlight/2017/sports-and-exercise/pdf/sports-and-exercise.pdf.

World Bank (2019). *Population ages and above (% of total population).* Abgerufen von https://data.worldbank.org/indicator/SP.POP.65UP.TO.ZS?view=map&year=1991.

The manufacturer's authorised representative in the EU is Springer
Nature Customer Service Centre GmbH, Europaplatz 3, 69115 Heidelberg,
Germany. If you have any concerns regarding our products, please
contact ProductSafety@springernature.com

Printed and bound by CPI Group (UK) Ltd, Croydon, CR0 4YY

24/04/2026

02096345-0005